TABLE DES CHAPITRES

PRIVILÉGES,

PRIVILEGES,

FRANCHISES

ET LIBERTÉS

DES Bourgeois & Habitans de la Ville & Fauxbourgs de Montargis-le-Franc, contenus en cinq Chartres du Roi Charles VII.

CHARTRE PREMIERE,

Contenant l'exemption de toutes Tailles, Aydes, Barrages, Péages, & tous autres Subsides & Impositions mis & à mettre.

CHARLES, par la grace de Dieu, Roi de France: Savoir faisons, à tous présens & avenir. Nous avoir reçu l'humble supplication de nos bien amés, les Bourgeois, Manans & Habitans de notre Ville de Montargis, nos Sujets & justiciables nuement & sans moyen, contenant comme de tous tems ils ayent toujours été vrais & loyaux envers nos prédé-

Tome I.   A

cesseurs, Nous & la Couronne de France , sans pour les divisions & guerres qui longuement ont régnées , & encore
régnent dans ce Royaume , ne pour autre cause ou couleur
avoir jamais varié ne vacillé , & d'eux-mêmes , seulement ,
se soient le plus de tems gardés & tenus à l'encontre desdits ennemis , qui comme incessamment les ont mena-
cés , courus & pillés à l'entour d'eux , faits & portés
tous dommages à eux possible , avec guerre mortelle , quand
les aucuns d'eux ont pû appréhender , & même dernie-
ment , depuis trois ans en çà. Ont été lesdits Supplians
assiégés de tous côtés par les Anglois , nos anciens ennemis
& adversaires , qui , par l'espace de deux mois ou environ ,
les ont tenus en grande détresse & nécessité , & tellement ,
qu'ils n'avoient plus de quoi vivre , & néanmoins en acquittant envers nous leurs loyautés , aimoient mieux élire la
mort ou prendre l'aventure , que eux rendre ne cheoir en la
subjection desdits ennemis , & si vertueusement se gouvernerent & résisterent à l'encontre d'eux , qui toutes voies étoient
audit Siége en grand & puissant nombre ; que par la grace de
notre Seigneur , & le bon aide & secours que leur donnâmes ,
ledit Siége fut levé , & y moururent & furent vaincus au
grand honneur de Nous & des nôtres , & à la louange des
Supplians , plusieurs & grande quantité desdits ennemis , &
le surplus mis en chasse & en fuite à leur grande confusion :
& soit ainsi qu'à l'occasion des choses devant dites , iceux
Supplians ayent été & soient si grevés , endommagés & appauvris , & sont encore de jour en jour par le fait & occasion
des places & garnisons à Nous contraires , dont ils sont de
toutes parts environnés , qu'à très-grande peine & méchef
ont de quoi vivre & alimenter eux , leurs femmes & enfans ,
& néanmoins sont jour & nuit excessivement travaillés , pour
faire en leurs personnes les guets & arriere-guets de notredite Ville , afin de la préserver desdits ennemis , qui souvent pour cuider venger leurdite honte , s'étudient & per-
forcent de la conquêter par emblée ou autrement ; pour lesquelles charges & autres importables auxdits Supplians ,
notredite Ville a été & est moult dépeuplée & chûe en
grande désolation , & est taillée de plus encore faire & devenir comme du tout à ruine sans soi résoudre , si par Notre
grace & libéralité , en reconnoissance des choses dessusdites ,
n'est par Nous secouru auxdits Supplians , en leur octroyant
aucuns particuliers priviléges , par moyen & jouissement
desquels , icelle notredite Ville se voye aucunement repeupler & relever , si , comme ils disent , requérans humblement
notredite grace leur être quant à ce impartie. Pour ce est-il ,
que Nous , les choses dessusdites considérées (qui sont toutes notoires) ayant regard mêmement à la recommandable
loyauté desdits Supplians , & à la vertueuse résistance ainsi
par eux faite en grande indigence & affliction , à l'encontre de nosdits anciens ennemis , qui a été moyennant le
fruit qui s'en est ensuivi , le commencement en cas pareil ,
de notre premier bien & bonheur à l'encontre desdits enne-

mis ; Voulant lefdits Supplians en récompenfer à mémoire
perpétuelle , & par maniere qu'au tems avenir s'en fentent
& éjouiffent , & que les autres à l'exemplaire d'eux s'effor-
cent de ainfi faire, iceux Supplians, leurs hoirs & fucceffeurs préfens & avenir , & chacun d'eux : Avons de notre
certaine fcience , grace fpéciale , pleine puiffance & autorité royale , exempté , quitté & affranchi , & par ces
préfentes, exemptons, quittons & affranchiffons à toujourf-
mais & perpétuellement , de tous Aydes , Tailles, quatriémes Impofitions , & autres Subfides , réfervé la Gabelle du
fel, qui de par Nous ou autrement ont été , font de préfent &
au tems avenir feront impofés & mis fus en notre Royaume , foit pour le fait de la guerre , pour notre Couronne-
ment, ou autre chofe quelle qu'elle foit , & auffi de tous
Barrages , entrées & iffües de Ville, de Ponts, Ports, Chauf-
fées & Paffages , & autres tels nouveaux Impôts & Subfides
quelconques , qui , par notre octroi ou autrement ont été &
feroient ci-après mis fus en notre Royaume, en faveur &
pour la réparation defdites Ville, Ponts & Paffages , ou pour
autre caufe quelle qu'elle fût ; femblablement de tous anciens
& nouveaux Péages , Tailles , Truages , Paffages , menues
coutumes , & autres Acquits , Redevances , ou Subventions
quelconques , qui , à caufe de notre Domaine ou autrement ,
nous pourroient compéter & appartenir : de toutes lefquelles chofes & chacune d'icelles , Voulons & Ordonnons
qu'ils foient tenus francs , quittes , exempts , déchargés &
paifibles , pour quelconques vivres , & autres denrées &
marchandifes , qu'eux , ou leurs femmes , enfans & ferviteurs puiffent mener ou ramener , paffer ou repaffer parmi
notredit Royaume , foit par terre ou par eau , tant en Ba-
teaux , Charrois , Charrettes , Chevaux , Jumens , Mules ,
Mulets , Afnes , ou autres voitures , qu'à Col , & à Charge ,
& autrement , en quelque maniere que ce foit ; & d'abondant , avons auxdits Supplians octroyé & octroyons de Notre
plus ample grace , pour plus grande mémoire , figne & dé-
montrance de leurdite loyauté , que dorénavant à toujourf-
mais perpétuellement , notredite Ville de Montargis foit
nommée & appellée MONTAROIS-LE-FRANC , & qu'à cette
caufe , iceux Supplians , & leurfdits hoirs & fucceffeurs qui
y demeureront , & chacun d'eux , puiffent & leur plaife ,
fi bon leur femble , chacun fa faculté & puiffance , porter en
devife en tous tems cette lettre *M.* couronnée , en brodure ,
orfevrerie ou autrement , ainfi qu'il leur plaira. SI DONNONS
EN MANDEMENT par cefdites préfentes à nos Amés & féaux
les Gens de notre Parlement , les Gens de nos Comptes , &
Tréforiers généraux , Confeillers fur le fait de nos Finances,
au Bailli de Montargis & de Cepoy , & des refforts & exemptions du Duché d'Orléans , & à tous nos autres Jufticiers &
Officiers , ou à leurs Lieutenans préfens & avenir , & à chacun d'eux , fi comme il lui appartiendra , que de nos préfentes graces , quittances , exemptions , affranchiffemens , & autres octrois ci-deffus déclarés , & de chacun d'iceux , faffent,

A 2

COUTUMES

DE

LORRIS-MONTARGIS,

SAINT - FARGEAU, PAYS DE PUISAYE, CHATILLON - SUR - LOING, SANCERRE, GIEN, NEMOURS, CHATEAU-LANDON, & autres Lieux, régis & gouvernés par lesdites Coutumes.

Commentées par M. LHOSTE, Lieutenant-Géneral au Baillage de Montargis.

Avec les Notes de M. DU MOULIN.

NOUVELLE EDITION,

Revue, corrigée & augmentée des Observations de M. LE PAGE, Lieutenant-Particulier au Bailliage dudit Montargis ; & de la Conference des Coutumes de Paris, Orleans, Troyes & Auxerre, par M. DURAND.

TOME I.

Prix 7 l. 10 f. reliées.

A MONTARGIS,

De l'Imprimerie de JEAN BOBIN, Libraire-Imprimeur de la Ville & du Collége, dans la Place.

M. DCC. LVIII.

TABLE
DES CHAPITRES

Contenus en ce premier Volume.

souffrent & laissent lesdits Supplians, leursdits hoirs & successeurs demeurans en ladite Ville, & chacun d'eux jouir & user à toujoursmais pleinement & paisiblement, tout par la forme & maniere ci-dessus déclarée & spécifiée, sans les contraindre, molester ou empêcher, ne souffrir être contraints, molestés ou empêchés en aucune maniere au contraire. Car ainsi pour les dessusdites causes Nous plaît être fait, nonobstant oppositions ou appellations, & quelconques autres octrois par Nous faits & à faire en faveur des autres Villes, sur le fait desdits Passages & Subsides, ou autrement. Que ne voulons en aucune maniere préjudicier auxdits Supplians, ne déroger à leurs présens Privileges; l'Ordonnance aussi par Nous autrefois faite de non donner, quitter ou délaisser aucune chose de notredit Domaine: Sur quoi & sur tout le demeurant, imposons silence perpétuel à Notre Procureur. Et pour ce que lesdits Supplians pourront avoir affaire de cesdites présentes en plusieurs & divers lieux, Voulons qu'au *vidimus* d'icelles, fait sous le Scel royal, pleine foi soit ajoutée comme au présent Original; & afin que ce soit chose ferme & stable à toujours, Nous avons fait mettre à cesdites présentes notre Scel, ordonné en l'absence du grand, sauf en autres choses notre droit, & l'autrui en toutes. DONNE' à Jargeau-sur-Loire, au mois de Mai, l'an de grace mil quatre cent & trente, & de notre Régne, le huitiéme: Ainsi signé sur le repli, Par le Roi en son Conseil, auquel les Evêques de Séez & d'Orléans, les Sieurs de la Trimouille, de Treves, de Barbajan, Maître Regnier de Bouligni, & plusieurs autres étoient: Le Picart, & scellées en lacs de soie verte & rouge; & à côté, *Expedita in Camera computorum Domini nostri Regis, decima die mensis Aprilis, anno Domini millesimo quadringentesimo tricesimo primo, post Pascha, & ibidem Registrata libro chartarum hujus temporis, folio centesimo trigesimo nono.* Signé, AGREELLE.

CHARTRE II.

Portant établissement des quatre Foires franches qui se tiennent audit Montargis.

CHARLES, par la grace de Dieu, Roi de France : Savoir faisons à tous présens & avenir : Nous avoir reçu l'humble supplication de nos bien amés, les Bourgeois, Manans & Habitans de notre Ville de Montargis, nos Sujets & justiciables nuement & sans moyen : contenant comme en tems de paix, bonne union & tranquillité, ladite Ville qui est chef de Pays, belle, forte & notable ; bien assise, en bon & fertile pays, bien garnie de tout ce qui est nécessaire & appartient à bonne Ville, comme Rivieres, Bois, Prés, Vignes, Terres arrables, Fruits, Pâtures & autres biens, ait été bien & grandement peuplée dedans & dehors, & s'y vendoient & délivroient plusieurs Marchandises, & mêmement qu'elle étoit passage des Marchands des pays d'Auvergne, Languedoe, Avignon & d'ailleurs, & y souloient passer en grande multitude les mulets & autres voitures desdits Pays, chargés de toutes manieres de denrées & marchandises ; & soit ainsi que pour les grandes guerres & divisions qui ont été & sont en notre Royaume, & par spéciale au pays de Gâtinois, dont ladite Ville est principal chef, lesdits Supplians ayent eu, soufferts & endurés tant de pertes & de dommages, que ça été chose comme impossible de les pouvoir supporter, & avec ce, leur ont fait & porté vos adversaires toute guerre mortelle, & même depuis trois ans en ça ou environ, ont été iceux Supplians assiégés de tous côtés par les Anglois, nos anciens ennemis & adversaires, qui, en espérance de les détruire & subjuguer, les ont tenus par deux mois en telle détresse & nécessité, que plus n'avoient que manger : & néanmoins par la grace de notre Seigneur, & la grande & bonne résistance desdits Supplians, en acquittant vertueusement envers Nous leur loyauté, joint aussi le bon secours que leur donnâmes, furent finalement illec vaincus & déconfits lesdits ennemis, & très-honorablement pour Nous & iceux Supplians, fût levé ledit Siége : A l'occasion desquelles choses, & des grandes adversités qu'ont souffert & enduré lesdits Supplians, notredite Ville, qui, sans comparaison, souloit être la meilleure, plus riche & habitée du Pays, est tellement diminuée & appauvrie de gens & de chevance, qu'elle est de présent com-

A 3

me toute dépeuplée & chûte en ruine & défolation , & eft en
voie de plus encore faire , fi par notre grace & libéralité
n'eft fur ce fecouru & aidé auxdits Supplians , comme ils
Nous ont fait remontrer , en Nous humblement requérans ,
qu'attendu ce que dit eft , & afin qu'eux , qui ont été & font
le commencement de notre grand bien & heur , fe puiffent
aucunement recouvrer , & ladite Ville repeupler & accroî-
tre , il Nous plaife leur donner l'affiette & perpétuation de
deux Foires , avec celle qu'ils ont , & qui fied & a accoutumé
féoir en notredite Ville chacun an , le jour de la Madeleine ,
qui feront en tous trois Foires , & icelles trois Foires affranchir , à ce que plus foient fréquentées , & que par ce ladite
Ville & le Pays d'alentour en valent mieux , & fe puiffent aucunement repeupler. Pour ce eft-il , que Nous ces chofes
confidérées , ayant regard mêmement à la grande & recommandable loyauté defdits Supplians , & au grand & profitable fervice qu'ils Nous ont faits , /& avoir ainfi vertueufement contefté à nofdits ennemis , ce que jamais ne voulons
mettre en oubli , mais les guerdonner à mémoire perpétuelle , inclinans pour ce & pour plufieurs autres caufes à
leurdite requête.

Avons de notre certaine fcience , & par l'avis & meûre
délibération de notre Confeil , Créé , Ordonné & Établi , &
par la teneur de ces préfentes , de notre grace fpéciale ,
pleine puiffance & autorité royale , Créons , Ordonnons &
Établiffons deux Foires de croiffance audit lieu de Montargis , outre celle qui a accoutumé féoir ledit jour de la
Madeleine , comme dit eft , lefquelles deux Foires , Voulons
être & féoir chacun an audit lieu , c'eft à favoir , l'une le
Lundi après la fête de St. Remi , en Octobre , & l'autre le
Lundi après la Foire qui fied le Jeudi après Quafimodo , à la
Maladrerie de Château-Landon , appellée Pontferault ; & lefquelles trois Foires , c'eft à favoir celle de la Madeleine , &
ces deux préfentes de croiffance , Voulons féoir , durer &
avoir cours par trois jours entiers , c'eft à favoir , la veille ,
le jour & le lendemain , dorénavant chacun an , comme dit
eft , à tou urfmais perpétuellement , & que toutes manieres de denrées & marchandifes licites & non défendues y
puiffent être apportées , vendues & achetées par tous Marchands & autres perfonnes qui y voudront venir & hanter ,
tout ainfi & par la maniere qu'il eft accoutumé de faire ès
autre Foires de notre Royaume. Et d'abondant , & de notre
plus ample grace , avons octroyé & octroyons auxdits Supplians , que lefdites trois Foires deffus déclarées , tant qu'elles durent foient Franches , & que tous lefdits Marchands
& autres perfonnes qui y ameneront vivres & autres denrées
quelles qu'elles foient , licites & non défendues , & les y
vendront ou acheteront , foient dorénavant durant le cours
de notre vie & de nos fucceffeurs , francs , quittes & exempts ,
& iceux affranchiffons , quittons & exemptons par cefdites
préfentes , de tous Quatriémes , Impofitions , & autres Ay-

quits , Subsides , Subventions ou Redevances quelconques ,
mis ou à mettre sus en notre Royaume , & qui en autres
Foires se souloient payer. Si donnons en mandement par
cesdites présentes à nos Amés & Féaux Gens de nos Comptes
& Tréforiers généraux , Conseillers sur le fait & gouverne-
ment de nos Finances , au Bailli de Montargis & de Cepoy ,
& des ressorts & exemptions du Duché d'Orleans , & à tous
nos autres Justiciers & Officiers , ou à leurs Lieutenans présens & avenir , & à chacun d'eux , si comme à lui appartiendra , que lesdits Suppliants , & leurs succeffeurs , fassent ,
souffrent , & laissent jouir & user pleinement & paisiblement
de nosdites présentes graces , création , ordonnance , éra-
blissement , volonté & octroi , tout par la forme & maniere
que deffus est dit , en faisant séoir lesdites Foires chacun an ,
aux jours deffusdits , & icelles faisant durer trois jours entiers , & en les faisant crier & publier à son de trompe , si
métier est , ou autrement , par tous les lieux dudit Pays où
ils verront être à faire , & y établissent ou fassent établir places , étaux , loges , & autres choses en tel cas accoutumés ,
& comme ils verront au cas appartenir , & avec ce , fassent
tenir lesdits Marchands , & autres personnes quelconques ,
vendans ou achetans esdites trois Foires en sûreté , & jouir
de l'affranchissement , quittance & exemption deffusdits ,
ledit tems de notredite vie , & de nos succeffeurs , sans leur
faire , mettre ou donner , ne souffrir être fait , mis ou donné , ne à aucun d'eux , ne desdits Habitans , aucun détourbier ou empêchement au contraire. Car ainsi le Voulons , &
Nous plaît être fait , nonobstant quelconques constitutions &
Ordonnances , & Lettres impétrées ou à impétrer à ce contraires. Et afin que ce soit chose ferme & stable à toujours ,
Nous avons fait mettre à cesdites présentes notre Sceel , ordonné en l'absence du grand , sauf en autres choses notre
droit , & l'autrui en toutes. Donne' à Jargeau-sur-Loire , au
mois de Mai , l'an de grace mil quatre cent trente , & de notre Régne , le nuitiéme. Signé sur le repli , Par le Roi en
son Conseil , auquel les Évêques de Séez & d'Or'éans , les
Sieurs de la Trimouille , de Treves & de Barbazin , Maître
Regnier de Bouligni , & autres plusieurs étoient : L le Picart ,
& iceliées de cire verte , en lacs de soie rouge & verte , & à
côté : *Expedita in Camera computi in Domini nostri Regis ,*
decima die mensis Avrilis , anno Domini millesimo quadrin-
gentesimo trigesimo primo post Pascha , & ibidem registrata
libro chartarum hujus temporis , folio centesimo trigesimo sep-
timo.

Et plus bas , AGREELLE.

CHARLES, par la grace de Dieu, Roi de France: Savoir faisons, à tous présens & avenir. Nous avoir reçu l'humble supplication des Bourgeois, Manans & Habitans de notre Ville de Montargis, contenant que ladite Ville est située & assise en pays fertile & bien peuplé, prochain de rivieres & de plusieurs bonnes Villes & Villages, en laquelle fréquentent & affluent grand nombre de Marchands, pour le passage qui y est, & que moult profitable chose seroit à Nous, & à la chose publique de ladite Ville, & de tout le Pays d'environ, d'avoir en icelle, outre les autres Foires qui y sont établies & ordonnées par feu notre très-cher Seigneur & Pere, que Dieu absolve, & autres nos Prédécesseurs, une Foire chacun an au jour de Jeudi, après ce qu'on chante pour Introït de Messe, *Circundederunt*, & icelle créer & établir de nouvel, en Nous humblement requérant sur ce nos graces & provisions leur être impartis. POURQUOI, Nous, ce que dit est considéré, qui desirons le cours des marchandises être multiplié en notre Royaume pour le bien d'icelui & de la chose publique. Pour ces causes, & en faveur des grands services qu'iceux Supplians ont par ci-devant, & de tous tems, faits & continués à la Couronne de France, en leur démontrant nos vrais & obéïssans Sujets, & à nos Prédécesseurs, & autres justes & raisonnables considérations, à ce Nous mouvant, & par l'avis & délibération de plusieurs Princes & Seigneurs de notre Sang & lignage, & gens de notre grand Conseil, avons Créé & Établi, & par la teneur de ces présentes, de notre certaine science, grace spéciale, pleine puissance & autorité royale, Créons & Établissons audit lieu & Ville de Montargis à toujoursmais perpétuellement, une Foire l'an, au Jeudi d'après le *Circundederunt*, outre pardessus les autres Foires, par nos prédécesseurs Rois de France octroyées & confirmées auxdits Supplians, & leurs prédécesseurs comme dit est, & leur avons octroyé & octroyons, qu'audit jour de Jeudi on puisse vendre & acheter, & distribuer toutes manieres de denrées & marchandises, ainsi qu'il est accoutumé faire en autres Foires dudit Montargis. Sur lesquelles denrées & marchandises, Nous avons donné & donnons plein pouvoir & autorité auxdits Supplians, & à leurs successeurs, d'avoir, jouir & user de toutes manieres de coutumes, poids, aunages, prérogatives, privilèges, franchises, libertés, & tout ainsi qu'ils ont accoutumé de faire esdites autres Foires dont ils jouissent. SI DONNONS en mandement par ces mêmes présentes au Bailli de Montargis, & à tous nos autres Justiciers, ou à leurs Lieutenans, présens & avenir, & à chacun d'iceux, si comme à lui appartiendra, que de nos présentes graces, création & établissement, ils laissent, souffrent & laissent lesdits Supplians, & leurs successeurs, jouir & user dorénavant, pleinement & paisiblement; sans encore, ne pour le tems avenir, ne aux Marchands affluans esdites Foires & Marchés, ne en leurs denrées & marchandises, leur mettre & donner, ne souffrir être fait, mis & donné aucun

Arrêt, détourbier ne empêchement, en faisant crier & publier, si métier est, à son de trompe & cris publics ladite Foire, par tous les lieux qu'il appartiendra, en établissant audit lieu de Montargis, si métier est, logis, places, étaux, & autres choses nécessaires pour l'exercice d'icelle Foire, en tenant ou faisant tenir en sûreté les Marchands affluans à ladite Foire durant icelle, ensemble leurs denrées & marchandises, & ainsi qu'il est accoutumé faire ès autres Foires de notredit Royaume. Car ainsi Nous plaît-il être fait ; pourvu qu'à quatre lieues à la ronde dudit lieu de Montargis n'ait autre Foire audit jour de Jeudi, par quoi ce présent établissement y puisse être préjudiciable en aucune maniere. Et afin que ce soit chose ferme & stable à toujours, Nous avons fait mettre notre scel à cesdites présentes, sauf en autres choses notre droit, & l'autrui en toutes. DONNE' à TOURS, au mois de Mars, l'An de grace mil quatre cent quatre-vingt-treize, & de notre Régne, le premier. Signé sur le repli, Par le Roi, Monseigneur le Duc d'Orléans, les Comtes de Clermont, de Dunois & de Comminges, tous les Évêques d'Alby & Périgueux, Sires de Torcy, de Gié, Desquerdes, de Baudicourt, d'Argenton, de Vathan, & autres présens. Robertet, & à côté, visa Contentor, Texie ; scellé du grand Sceau en cire verte, à lacs de soie rouge & verte.

CHARTRE III.

*Contenant l'adjonction de la Ville & Châ-
teau de Montargis, au vrai Domaine,
Couronne & Seigneurie de France.*

CHARLES, par la grace de Dieu, Roi de France. Savoir
faisons à tous présens & avenir. Que ouïe l'humble supplication à Nous représentée, de par nos bien amés les Bourgeois, Manans & Habitans de notre Ville de Montargis,
contenant que tout le tems passé ils ont toujours été vrais
& loyaux Sujets de nos prédécesseurs & de Nous, sont encore
de présent, & ont grand desir, affection & volonté de toujours ainsi être, & de demeurer nuement & sans moyen,
nos vrais & loyaux Sujets sous notre Seigneurie, en nous
humblement requérant que ainsi les veillons maintenir,
sans les mettre, ne bailler en autres mains, attendu mêmement que ladite Ville est l'une de nos Chambres, & pour
Chambre de Roi a été tenue par nos prédécesseurs. Pour ce
est-il, que nous ayant regard à la bonne intention, volonté
& affection d'iceux Supplians, & afin que toujours ils ayent
grand courage de persévérer, maintenir & garder leur loyauté envers nous & notre Couronne & Seigneurie, ainsi que
par effet l'ont toujours démontré, & même dernierement &
puis n'agueres, en tant que si grandement & vaillamment se
sont soutenus, gardés & défendus à l'encontre des Anglois,
nos anciens ennemis & adversaires, qui, à très-grand ost &
compagnie de gens d'armes & de trait, les avoient assiégés,
& tellement y résisterent, que par la grace de Dieu, notre
Créateur, & aussi de notre bon aide & secours, pendant lequel ils endurerent grandes pauvretés & miseres, lesdits ennemis furent vaincus & déconfits, & par ce fut levé leurdit
Siége, qui a été le commencement & cause de notre bonheur en tel cas, à l'encontre de nosdits ennemis. Voulons
& ordonnons de notre certaine science, grace spéciale, pleine puissance & autorité royale, & auxdits Supplians avons
octroyé & octroyons par ces patentes, que ladite Ville &
Château de Montargis, & tous nos Sujets d'iceux, soient &
demeurent dorénavant à toujours perpétuellement sous Nous
& la Seigneurie de Nous, & de nos successeurs Rois de France, nuement & sans moyen ; & d'abondant, & de notre
plus ample grace en tant que métier seroit, & avons par cesdites présentes, notredite Ville, Châtel & Châtellenie de
Montargis, adjoints & aunis, adjoignons & aunissons à

notre vrai Domaine , Couronne & Seigneurie de France , & de nosdits successeurs , & ne voulons qu'au tems avenir ils en soient aucunement séparés , ne mis en autre main par apanage , partage , don , ne autrement , pour quelque cause , ne à quelque personne de notre sang & lignage , ou autre , en quelque maniere que ce soit ou puisse être. Si DONNONS en mandement par ces mêmes présentes à nos Amés & féaux Chancelier , les Gens de notre Parlement , les Gens de nos Comptes & Tréforiers , & à tous nos autres Justiciers & Officiers , ou à leurs Lieutenans présens & avenir , & à chacun d'eux en droit soi , que nos présentes volonté & Ordonnance , octroi , adjonction & aunissement ils tiennent & gardent , & fassent tenir & garder sans enfreindre , en faisant d'icelles jouir perpétuellement lesdits Supplians & leurs hoirs & successeurs présens & avenir , & cesdites présentes fassent enregistrer par tous les lieux & auditoires où il appartiendra : car ainsi le voulons être fait. Et afin que ce soit chose ferme & stable à toujours , Nous avons fait mettre à cesdites présentes notre Scel ordonné en l'absence du grand. DONNE' à Jargeau-sur-Loire , au mois de Mai , l'an de grace mil quatre cent & trente , & de notre Régne , le huitiéme. Signé sur le repli , par le Roi en son Conseil , auquel les Évêques de Séez & d'Orléans , les Sieurs de la Trimouille , de Treves , de Barbajan , Maître Regnier de Bouligni , & autres plusieurs étoient , I. le Picard , & scellé de cire verte , en lacs de soie rouge & verte. Et à côté , *Expedita in Camera computorum Domini nostri Regis decima die mensis Aprilis , anno Domini millesimo quadringentesimo tricesimo primo post Pascha , & ibidem Registrata libro chartarum hujus temporibus , folio centesimo tricesimo sexto.*

Et plus bas, AGREELLE.

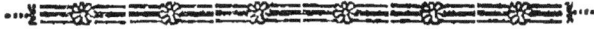

CHARTRE IV.

Pour l'ufage du bois en la Forét pour bâtir, & le pâturage.

CHARLES, par la grace de Dieu , Roi de France. Savoir faifons à tous préfens & avenir : Nous avoir reçu l'humble fupplication de nos bien amés les Bourgeois , Manans & Habitans de notre Ville de Montargis , nos Sujets & jufticiables nuement & fans moyens , contenant comme ils ayent de tous tems été bons , vrais & loyaux Sujets envers nos prédécefleurs & Nous , fans onecques pour les divifions & guerres, qui longuement ont durées & encore durent en notre Royaume , ne pour quelconque autre caufe ou couleur avoir varié ou aucunement vacillé , & le plus de tems fe f ient d'eux-mêmes gardés & tenus à l'encontre de nos ennemis les Anglois , & d'autres à Nous rébelles & défobéiffans , leurs adhérans & complices , qui , comme inceffamment , leur ont fait & porté tous dommages à eux poffible , & mêmement durant ledit Siége , mis & tenu trois ans ou environ par lefdits ennemis , devant notredite Ville , où ils ont été par l'efpace de deux mois ou environ en grand & puiffant nombre , & tellement que lefdits Supplians étoient affiégés de toutes parts : fe font iceux Supplians fi bien maintenus & gouvernés , & fi vertueufement & grandement ont réfifté à l'encontre defdits ennemis & de leur puiffance , que par la grace de notre Seigneur , & le bon aide & fecours que leur donnâmes , ledit Siége fut levé , & moururent & furent vaincus la plupart , ou au moins très-grande quantité defdits ennemis , & le furplus mis en fuite à leur très-grande confufion , & au grand honneur de Nous , des nôtres & defdits Supplians , & à leur grande louar ge ; & il foit ainfi , qu'à l'occafion des chofes devant dites , iceux Supplians ayent été & foient fi grevés , oppreffés , endommagés & appauvris , qu'à peine ont-ils dequoi vivre , & par le long tems que la guerre a été continuée à l'entour d'eux , qui toujours jufqu'à préfent ont été environnés de places occupées par nofdits ennemis , a, été de néceffité d'avoir & tenir en notredite Ville le plus du tems garnifons , qui moult l'ont dégâtée , & par ce , & la néceffité qu on avoit de bois , pour autant qu'on ne pouvoit aller fûrement en la Forêt , ont été abattues , pour chauffer & pour autres affaires , plufieurs des maifons d'icelle Ville , & les autres font chûes par défaut de couvertures & de gouttieres , dont ils n'ont

pû

pû finir ni recouvrer obſtant ce que dit eſt , & par ce , la
plûpart de leurſdites maiſons ſont venues & tournées en
ruine , & ſont les autres en grande diſpoſition d'y venir ;
parquoi ſi ainſi advenoit , notredite Ville ſeroit en voie de
cheoir en grande déſolation & de demeurer inhabitée , ſi
notre grace & libéralité ne ſont ſur ce imparties auxdits Supplians , ſi comme ils dient , en nous humblement requérant.
Que ce conſidéré , Nous , pour eux aider à vivre , & relever &
édifier leurſdites maiſons , qui ſera le bien de nous & de notre Domaine , leur voulons donner leur uſage de bois en
notre Forêt de Poucourt , tant pour chauffage que pour bâtir & édifier , c'eſt à ſavoir de bois mort & mort bois , de
bois vergiſſant & aſſumetté , à prendre ledit uſage ès lieux
& contrée du Gault & de Botin , à commencer depuis la
Chapelle-Saint-Sépulcre juſqu'à la Salle dudit Poucourt , &
de ladite Salle , juſqu'au chemin dudit Poucourt en venant
audit lieu de Montargis , & avec ce le pâturage en ladite
contrée , pour quatre pourceaux chacun ménage. Pour ce
eſt-il , que nous les choſes deſſuſdites conſidérées , rédui-
ſant à mémoire les grands & recommandables ſervices que
leſdits Supplians en leur loyauté gardant & maintenant envers nous & notre Seigneurie , nous ont fait ès cas deſſus
touchés , & en pluſieurs autres manieres , inclinans en celle
faveur ; & en ſigne & mémoire perpétuelle de leurſdits ſervices , & pour reconnoiſſance d'iceux , à leurdite ſupplica-
tion & requête. Et ſur ce premierement meure délibération ,
avec l'avis de ceux de notre grand Conſeil , & auſſi de nos
Officiers de noſdites Ville & Forêt , à iceux Supplians , de
notre certaine ſcience & grace ſpéciale. Avons donné & octroyé , donnons & octroyons par maniere de privilége , à
toujourſmais perpétuellement , ledit uſage de bois tel que dit
eſt , en icelle Forêt de Poucourt , pour chauffer , bâtir &
édifier en leurs maiſons & ſur leur héritage dedans ladite
Ville , ſans en abuſer , à prendre ledit uſage en bois mort &
mort bois , & auſſi bois vergiſſant & aſſumetté ſeulement
eſdits lieux & contrée du Gault & de Botin , comme dit eſt ,
avec ledit pâturage , par moyen duquel ils pourront mettre
& bouter en ladite Forêt & eſdites contrées ſeulement quatre
porcs en pâture , ou au-deſſous , pour chacun ménage , ſans
ce que leſdits Supplians , ne leurs ſucceſſeurs , ſoient pour
ce tenus nous payer , ne à nos ſucceſſeurs aucune redevance.
Si donnons en mandement par ces mêmes préſentes à nos
Amés & féaux gens de nos Comptes , au Maître des Eaux &
Forêts de France , Champagne & Brie , au Concierge & Garde de ladite Forêt de Poucourt , & à tous nos autres Juſticiers & Officiers , ou à leurs Lieutenans préſens & avenir ,
& à chacun d'eux ſi comme à lui appartiendra , que de notre préſent don & octroi , & dudit Privilége faſſent , ſouffrent & laiſſent leſdits Supplians & chacun d'eux en droit
ſoi & leurſdits ſucceſſeurs , jouir & uſer à toujourſmais perpétuellement pleinement & paiſiblement , en leur ſouffrant
prendre en notredite Forêt & eſdites contrées , ledit uſage de

Tome I.   **B**

bois & de pâturage, en la saison, tout par maniere que dit
est & non autrement, sans leur mettre ou donner, ne souffrir
être mis ou donné aucun détourbier ou empêchement au
contraire ; mais ce mis ou donne leur étoit au tems avenir ,
le fassent incontinent cesser & réparer , & si-tôt que requis
en seront : Car ainsi le voulons & nous plaît être fait , quelconques statuts , constitutions , Ordonnances , mandemens ,
& défenses à ce contraires. Et afin que ce soit chose ferme
& stable à toujours , nous avons fait mettre à cesdites présentes notre scel , ordonné en l'absence du Grand , sauf en
autres choses notre droit , & l'autrui en toutes. DONNE' en
notre Châtel dudit lieu de Montargis , au mois d'Octobre
l'an de grace mil quatre cent trente , & de notre Régne le
huitiéme. Signé sur le répli , Par le Roi en son Conseil ,
auquel le Comte de Clermont , les Évêques de Clermont &
de Séez , les Sieurs de la Trimouille & d'Albret , le Sieur de
Treves , le Maître des Arbalestriers , l'Amiral , le Sieur de
Maillé , Maître Regnier de Bouligny , & plusieurs autres
étoient. I. le Picard , & scellé de Cire verte sur lacs de soie
rouge & verte , & à côté , *Expedita in camera computorum
Domini nostri Regi decima die mensis Aprilis , anno Domini
millesimo quadringentesimo tricemonio primo , post Pascha , &
ibidem , registrata libro chartarum hujus temporis folio centesimo quadringentesimo.*

Et plus bas , AGREELLE.

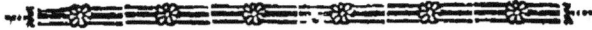

CHARTRE V.

Par laquelle la Ville de Montargis est déclarée Ville d'Arrêt.

CHARLES, par la grace de Dieu, Roi de France, Savoir faisons à tous présens & avenir, Nous avoir reçu l'humble supplication de nos bien Amés, les Bourgeois, Manans & Habitans de notre Ville de Montargis, contenant que comme dès le commencement des divisions & guerres, qui jà longuement ont duré en notre Royaume, ils ayent toujours été nos vrais & loyaux Sujets, sans jamais avoir varié envers nous & notre Seigneurie, & à la conservation d'icelle, se soient loyaument employés & acquittés à leur pouvoir, & mêmement à la garde & défense de ladite Ville de Montargis, à l'encontre de nos anciens ennemis les Anglois, durant le Siége que dernierement ils tinrent longuement devant icelle notre Ville; & tellement & si vertueusement s'y gouvernerent, en acquittant leursdites loyautés, que par la grace de Dieu, & le bon aide & secours aussi que leur donnâmes, lesdits Anglois tenans ledit Siége furent illec déconfits, qui fut & a été le premier & principal heur que ayons en tel cas eu sur nosdits ennemis, & comme le commencement de la recouvrance depuis par nous faite, de plusieurs nos Pays qu'occupoient iceux ennemis, & soit ainsi qu'à l'occasion dudit Siége, presque tous les labourages, vignes, prés, jardins & héritages desdits Supplians ayent été comme du tout détruits & consumés, au moins jusques à bien longtems, & par ce, & autrement pour le fait de la guerre; soient iceux Supplians tellement endommagés & diminués de leurs biens & chevance, qu'à peine s'en pourroient jamais les plusieurs d'iceux résoudre, si de notre grace & liberalité ne leur étoit bénignement subvenu & aidé si comme ils disent, requérans humblement, que ces choses considérées & afin qu'il en soit mémoire perpétuelle, Nous plaise leur donner & octroyer par maniere de privilége, aucunes franchises à perpétuité; & mêmement que ladite Ville soit Ville d'Arrêt, au regard de leurs detteurs, comme sont nos Villes de Paris, Rouen, & plusieurs autres bonnes Villes. Pour ce est-il que Nous attendant & considérant les choses devant dites, qui sont comme toutes notoires, spécialement la recommandable loyauté desdits Supplians, le vertueux courage & ferme constance qu'ils ont cordialement eu à l'encontre de nosdits ennemis, & à leur résister

B 2

(fans y avoir épargné corps ne chevance) inclinans en celle faveur bénignement à leurdite requéte : A iceux Supplians par l'avis de notre Conſeil , Avons de notre certaine ſcience , grace ſpéciale & autorité royale , octroyé & octroyons par ces préſentes , par maniere de privilége , que dorénavant notredite Ville de Montargis ſoit Ville d'Arrêt , & qu'en uſant d'icelui privilége , comme font pluſieurs de nos autres bonnes Villes , ils puiſſent faire arrêter par le premier notre Sergent ſur ce requis , les chevaux & autres biens meubles de leurs detteurs qui feront trouvés en ladite Ville & fauxbourgs d'icelle , pour cauſe des ſommes de deniers qui dûes leur feront , & pour autres obligations quelconques à eux appartenans contractées en ladite Ville & Fauxbourgs , pour ce que après ledit Arrêt , ils feront apparoir promptement de leurſdites dettes par lettres , confeſſion de partie ou autrement duement. En quoi faiſant , voulons leſdits detteurs être contraints à payer icelles dettes avant la délivrance de leurſdits biens ainſi arrêtés. Si donnons en mandement par ces mêmes préſentes au Bailli dudit Montargis , & à tous nos autres Juſticiers & Officiers , ou à leurs Lieutenans préſens & avenir , & à chacun d'eux , ſi comme à lui appartiendra , que de noſdits octroi & Privilége , faſſent , ſouffrent & laiſſent leſdits Supplians & chacun d'eux , & les habitans auſſi deſdits Fauxbourgs , jouïr & uſer pleinement & paiſiblement , tout ainſi & par la forme que deſſus eſt dit , ſans les empêcher , ne ſouffrir être empêchés aucunement , au contraire , mais à ce contraignent leurſdits detteurs par la maniere devant dite.

Car ainſi nous plaît , & le voulons être fait. Et afin que ce ſoit choſe ferme & ſtable à toujours , Nous avons fait mettre à ceſdites préſentes notre ſcel , ſauf en autres choſes notre droit , & l'autrui en toutes. Donné à Saumur au mois de Mars , l'an de grace mil quatre cent trente , & de notre Régne le neuſviéme. Signé ſur le repli , par le Roi en ſon Conſeil , le Picart. Et à côté Viſa , & ſcellées en lacs de ſoie rouge & verte de cire jaune.

COUTUMES

DE

LORRIS-MONTARGIS,

*Saint-Fargeau, Pays de Puisaye, Châtil-
lon-sur-Loing, & autres Lieux ressor-
tissans au Bailliage dudit Montargis ;
Comtés de Gien, de Sancerre, Duché de
Nemours, &c.* (1) *régis & gouvernés par
lesdites Coutumes* (2).

MONTARGIS, ancien Domaine de la Maison de Courtenay, fut quitté par Pierre de Courtenay, fils de Pierre de France, fils du Roi Louis le Gros, & d'Isabeau de Courtenay, au Roi Philippe-Auguste, qui lui fit épouser Agnès, Comtesse de Nevers. Par ainsi fut Montargis Justice Royale, environ l'an 1188, & érigé en Bailliage

---

(1) ¶ Quelques-uns Sujets de cette Coutume, à la Réformation de laquelle ils ont été appellés, & ont comparus, ont pû s'en distraire pour suivre celle d'Orléans, à la Réformation de laquelle ils ont pareillement été appellés, & ont comparus ; ainsi qu'ont fait les habitans de Beaune & Auxy en Gâtinois, & ceux de Gien, ainsi que le dit M. l'Hoste sur l'art. 40 ci-après.

(2) ¶ Elles furent rédigées à Lorris du régne de Philippe de Valois, lui présent, environ 1336.

B 3

par Charles VI , l'an 1391 , lorfqu'il donna le
Duché d'Orléans en apanage à Louis, fon frere,
après la mort de Philippe , Duc d'Orléans, fils
de Philippe de Valois , mort fans enfans. Du
Tillet au commencement de l'Inventaire de la
Maifon de Courtenay, & au titre des Apanages
des fils de France, & en la Chronique des Rois
de France ; Bouchet ès Annales d'Aquitaine ,
Part. 4. Chap. 7. réuni à la Couronne par l'avé-
nement du Roi Louis XII , auparavant Duc
d'Orléans, l'an 1498. Les Habitans de Montargis, fans aide d'autres gens de guerre, foutinrent
le fiége l'efpace de deux mois, contre les Anglois, defquels étoit Chef le Comte de Warvick,
& par leur moyen & adreffe furent les ennemis
défaits devant leur Ville, le 5 Septembre 1427.
En reconnoiffance de leur valeur & fidélité, le
Roi Charles VII , lors régnant, leur a octroyé
très grands priviléges, donnés à Jargeau au mois
de Mai 1430 , lefquels ont été confirmés par les
Rois fubféquens. En l'an 1528, le Roi François
I , par fes Lettres patentes, engagea la Ville,
Château , Forêt & Domaine de Montargis, à
Madame Renée de France, fa belle fœur, fille
du Roi Louis XII, lorfqu'elle fut mariée à Her-
cules d'Eft, Duc de Ferrare , à faculté de rachat perpéruel. Depuis, le Roi Charles IX pour
récompenfer ladite Dame Renée des Droits &
prétentions qu'elle avoit fur plufieurs Seigneuries, à caufe de fes pere, mere & ayeul Rois &
Ducs de Milan , Gênes & Bretagne , donna en
propre & à perpétuité, ladite Ville, Château,
Forêt & Domaine , à Madame Anne d'Eft, fa
fille , Ducheffe de Nemours, par contrat de
tranfaction paffé pardevant Pierre le Jeune &
Scipion Cheron, Notaires à Villiers-Coterets ,
le 23 Décembre 1570. Sur l'homologation de
cette tranfaction y ayant eu oppofition de la part
de M. le Procureur Général , & des habitans de
la Ville , comme prétendans lefdites chofes ina-

liénables de la Couronne, par leurs Priviléges ci-deſſus; & le procès étant indécis, le Roi Louis XIII, après la mort de Henri le Grand, ſon pere, pendant la Régence de Marie de Medicis, ſa mere, racheta Montargis de Meſſieurs les Ducs de Guiſe & de Mayenne, petits-fils de ladite Dame de Nemours, par Contrat paſſé à Paris pardevant Manchevelle & Conteſſe, Notaires, le 1 Février 1612. Depuis a été compris en l'Apanage du Duché d'Orléans, donné par le Roi à M. Gaſton de France, ſon frere unique, par les Édits dudit Apanage, le dernier Juillet 1626, & contrat de mariage dudit Seigneur avec défunte la Princeſſe Marie de Bourbon, Ducheſſe de Montpenſier, Dame de Saint-Fargeau, pardevant Meſſieurs de Lomenie & Potier, Secretaires d'État, le 5 Août audit an, vérifiés en Parlement les dernier Août & 14 Décembre audit an, & enregiſtrés à Montargis le 20 Juillet 1627 (1).

(1) ¶ Mondit Seigneur Duc croyant que Montargis fut compris en ſon Apanage, comme membre du Duché, il en a joui quelque tems en cette qualité; mais ſur les empêchemens de M. le Procureur Général, ès occaſions qui ſe préſentoient, par l'avis de ſon Conſeil, il obtint Lettres du Roi en forme d'Édit, donné à Paris au mois de Mars 1628, par leſquelles le Roi donne à mondit Seigneur, ſon frere, la Seigneurie de Montargis, avec les autres Terres & Seigneuries à lui ci-devant données. Leſdites Lettres ſont vérifiées en Parlement le 1629.

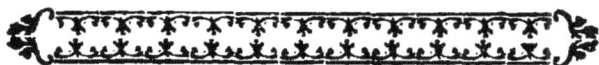

CHAPITRE PREMIER.

Des Fiefs.

Article Premier.

Paris art.51. Orl. art. 1. Troies art.48.

UN Vaſſal peut vendre ſon fief, ou partie d'icelui, ſans le conſentement de ſon Seigneur de fief; & eſt tenu le Seigneur de fief recevoir en foi & hommage l'acquêteur dudit fief, ou partie d'icelui, en lui payant les quints & requints, & autres profits, ſi aucuns lui ſont dûs par le vendeur & acquêteur.

PEUT VENDRE.) Cet art. eſt contraire à l'uſage des fiefs, & à la conſtitution de Fédéric III. *tit. de prohib. alien. feud. per Feder. lib. 2. feud.* La raiſon de cette contrariété ou différence, eſt parce qu'en France les fiefs ſont patrimoniaux, & réduits à la forme du reſte de l'autre domaine, ainſi qu'a remarqué Fabert ſur les Inſtitutes, au commencement du titre, *de empt. & vend. Guido Papæ*, *quæſt.* 59. en ſorte qu'après que le Vaſſal a vendu ſon fief, ou qu'autrement il en a diſpoſé, il eſt délivré de la foi envers ſon Seigneur, demeurant néanmoins quelque reſte de ce premier reſpect & honneur, *c. 1. t. de vaſſallo, qui contra conſtit. Lotharii regis, benef. alien.* ſauf le Vaſſal lige, qui n'eſt pas délivré de la foi en quittant le fief, *Bald. in auth. hoc amplius, c. de fidei juſſ.* & par aventure, ce fut pourquoi le Captal de Bus ayant quitté le parti du Roi Charles V, avec le

Duché de Nemours qu'il lui avoit donné, & dont il avoit fait la foi au Roi, ne fut pas mis : rançon, & traité en prisonnier de guerre : ains mourut en la tour du Temple à Paris. Voyez Froiſſart, vol. 1. ch. 229, 310 & 328. Par cet Article eſt auſſi levé le doute que l'on pouvoit avoir à cauſe d'une ancienne erreur, ſelon laquelle gens roturiers n'étoient eſtimés capables de tenir fiefs ſans diſpenſe du Roi. Il eſt bien vrai qu'on fait payer aux roturiers qui ont des fiefs, une taxe qui doit être à proportion du revenu du fief, laquelle on nomme droit de franc-fiefs, & nouveaux acquêts. *Quo autem jure,* tel droit ſe leve par la France. Voyez M, le Maitre en ſon traité des amortiſſemens, ch. 8. Argentré ſur la Cout. de Bretagne, tit. des fiefs, art. 343. gl. 1. Choppin ſur la Cout. d'Anjou, liv. 1. ch. 38. nomb. 6. *Guill. Benedit. cap. Reynutius ext. de teſtam. in verb. &uxorem nomine Adelaziam, deciſione* 5. *num.* 571. où il cite *Auſſerius.* Il y a pluſieurs villes exemptes de la contribution & payement de ce droit; mais comme ce n'eſt pas mon intention de m'étendre ſur ce ſujet, je me contenterai, parlant de la Cout. de Montargis, de dire que les habitans de cette Ville, par privilége du Roi Charles VII, donné à Jargeau au mois de Mai 1430. *Fidei & victoriæ monumentum,* ſont exempts, non-feulement des Tailles & autres Impoſitions, mais auſſi du ban & arriere-ban, de donner déclaration de leurs fiefs, & payer finance pour raiſon d'iceux, comme il ſe voit, tant par les Chartres de leurs priviléges, que par pluſieurs Arrêts & Jugemens rendus en conſéquence.

OU PARTIE.) L'uſufruit & bois de haute-fûtaie ne ſont partie de fief, comme il ſera dit ſur l'art. 57 de ce Chapitre. Il n'eſt auſſi dû profit au Seigneur féodal ou cenſuel, de la vente des bâtimens, pource que le vaſſal ou cenſitaire eſt propriétaire, & uſe de ſon droit, & peut par autre moyen méliorer l'héritage, ſi ce n'eſt que ladite

vente fe faſſe en fraude , ou qu'il apparut que la
premiere conceſſion fut plutôt en conſidération
des bois de haute-fûtaïe & bâtimens que du
fonds · encore le Seigneur peut empêcher la dé-
gradation , fuiv. l'art. 42. Ch. des Cens ci-après.
.Voyez du Moulin fur la Cout. de Paris , tit. des
Cens, art. 78. gl. 1. nomb. 191. & gl. 2. nomb. 32.

LE SEIGNEUR EST TENU.) *Guido Pap. q. 168.*
tient que le Seigneur perd les profits , s'il refuſe
l'inveſtiture ſans ſujet : à cette opinion s'accorde.
aucunement la gloſe , ſur le Chap. *Nulla in verbo*
à fidelit. tit. per quos fiat inveſtitura , & per quos
recip. lib. 2. feud Bæer. ad Conſuet. Bitur. tit. da
feud. art. 10 & 11. Toutefois il donne un conſeil
que j'approuve fort , qui eſt de ſe faire recevoir
par main ſouveraine par le Juge royal ; & ſi de-
là en avant le vaſſal étoit inquiété par ſon Seigneur , il pourroit intenter complainte en matiere
de nouvelleté , comme en l'art. 52 de ce Chapit.
Coutume de Troies, art. 49. tit. des fiefs , le vaſſal ainſi reçu n'eſt tenu de retourner au lieu du
fief , ains peut contraindre ſon Seigneur de le recevoir au ſiége où a été rendu le Jugement , ſelon l'opinion de Maſuer , tit. des fiefs , § 15.

ARTICLE II.

Paris
art. 51.
Orl.
art. 5.
Troies
art. 38.
& 39.
AUſſi pourra ledit Vaſſal vendre rente
ſur ſon fief ſans le conſentement de
ſondit Seigneur; mais ledit Seigneur de fief
n'eſt point tenu recevoir en foi & hommage l'acquêteur de ladite rente, ſi bon ne
lui ſemble. Et auſſi ne peut le Seigneur de
fief (1) contraindre l'acquêteur de la rente

---

(1) ¶ Parce que telle conſtitution ou aſſignation de rentes ſur un fief n'emporte point
aliénation ; mais ſe réſout en
ſimple hypotheque pour ſûre-
té & conſervation. Voyez de
la Lande , ſur les art. 5 & 6 de
la Coutume d'Orléans.

de lui faire la foi & hommage d'icelle rente *.

Faut entendre cet article & le fuivant, des rentes conftituées par hypotheque fpéciale fur un fief, même de celles qui font créees pour retour de partage , legs ou autrement , même *ad pias caufas* , lefquelles rentes ne font à prix d'argent. Voyez ce qui eft annoté fur l'art. 14. tit. des Succeff. car telles rentes ne font partie du fonds comme fief, fi elles ne font inféodées, mais feulement font charges impofées fur le fonds ; du Moulin fur la Cout. de Paris, art. 18. glof. 1. nomb. 13. & art. 28. nomb. 4 & 10.

---

* *Auffi en cas de rachat , il fe payera fans déduire la rente ; & fi le Fief fe vend à la charge de la rente , quint denier fera dû auffi du prix de la rente ou de l'eftimation d'icelle , fi elle n'eft conftituée par argent. Et en cas que le Seigneur faffe les fruits fiens , ce fera fans rien payer de la rente.* C. M.

Article III.

ET quand le Seigneur de fief exploitera le fief, fur lequel a été vendu rente, ledit Seigneur exploitera fon fief franchement & quittement, fans payer ladite rente, finon qu'elle eut été auparavant inféodée, auquel cas en l'exploitant la payera.

Paris art. 28. Orl. art. 6.

Parce que le vaffal ne peut empirer la qualité ou condition du fief, fans la volonté du Seigneur, § è contrario. & fequentib. t. de inveftit. de re aliena, facta lib. 2. feud. mais les créanciers pour empêcher la perte des fruits, & par conféquent de ce qui leur eft dû, font porter la foi par le curateur aux biens vacans , ou par le Commiffaire. Goujet, traité des Criées, part. 2. chap. 4. en la 6. folemnité *in fine.*

INFÉODÉE.) Une rente eft inféodée, quand
l'acheteur d'icelle en a fervi le Seigneur dominant, & payé les profits , art. 55. de ce chapitre.
Cette inféodation de rer e conftituée n'eft point
autrement néceffaire , elle ne fert , finon en cas
d'exploit féodal, pour empêcher que le Seigneur
ne jouiffe entierement de l'héritage fans payer
la rente. Mol. fur la Coutume de Paris, art. 18.
gl. 1. nomb. 13. Sur le 20. glof. 5. nomb. 59. il
dit que le créancier ne peut faire inféoder la
rente , *invito debitore.*

ARTICLE IV.

Orl.
art. 7.

UN Vaffal peut bâiller à cens & rente
fon Domaine, retenu à lui la foi &
hommage , & n'y a (en ce faifant) le Seigneur de fief aucun profit. Toutefois en faifant ledit bail, ne pourra ledit Vaffal prendre argent ni autre chofe , foit meuble ou
immeuble du preneur fans profit ; & s'il en
prend , fera dû profit de quint & requint au
Seigneur de fief, comme en vente pour argent baillé, ou eftimation de la chofe baillée.

A CENS & RENTES.) Il ne faut pas entendre
cet art. du bail à ferme, moifon ou penfion, que,
generali nomine, les Latins appellent *reditus,* pourvu que le bail ne paffe neuf ans , art. 43. tit. des
Cens ; mais du bail à cens & rente conjointement,
ou à rente cenfuelle feulement , qui n'emporte
pas vraiment aliénation du fief. Cette conjonction
& , eft *disjunctivæ fignifi. ationis ,* pource que la
rente feule , comme pr ncipale redevance , équi-
pole à cens , art. 40. *eod.* Sur le doute que l'on
a eu autrefois en ce pays , favoir fi les Seigens
fi. ffés, dont i' y en a quatre en ce Bailliage, pou-
vo.ent fubftituer & commettre une ou plufieurs
perfonnes

perſonnes chacun , pour faire l'exercice. Il y a eu arrêt du 10 Février 1535 , par lequel leur eſt permis d'en commettre chacun un ſeulement , & ſur le requiſitoire de M. l'Avocat Général Capel , il fut ordonné que le commis ou ſubſtitué ne pourra exercer autre office.

AUCUN PROFIT.) Joignez les art. 54. 55 & 56 de ce chapitre. La raiſon de cet article eſt , pource que la nature du fief à l'égard du Seigneur, n'eſt point altérée ni changée. Mazuere , tit. 25. nomb. 27. dit que le bailleur n'eſt pas recevable à demander la reſciſion du bail , ſous prétexte de lézion d'outre moitié de juſte penſion, *ſicut in locatione l. item ſi pretio § quemadm. cum l. ſeq. D. loc.* & la raiſon qu'il en rend eſt , que le bailleur augmente le revenu de ſon fief, *aliunde,* par les profits de lods & vente. L'argument qu'il tire à *ſimili in locatione fallit in minoribus & Eccleſiis cap. 1. de teſt. in integ. & cap. Avidientia eodem.* Item, en une communauté, comme j'ai vu juger pour la ville de Paris contre les locataires du Pont de Notre-Dame, le 21 Juin 1599. Il s'enſuit que le bailleur n'eſt recevable à demander la reſciſion, *neque dominus directus,* quand il jouit ou exploite le fief pour rachat & faute de foi. Toutefois ſi le vaſſal avoit donné ſon domaine à tel petit cens qui fut comme rien, tel bail frauduleux ne préjudicieroit au Seigneur (1), *modicitas pretii dat magnum*

(1) ¶ Et le Seigneur n'approuvant point ce contrat , ni tacitement par la perception des profits , ni expreſſément par l'enſaiſinement & inféodation , ou par un aveu & dénombrement non blâmés, quand le fief vient à être vendu , il a droit de ſaiſir féodalement pour ſa foi & hommage non faits , & pour les profits de quint & requint de tout ce qui compoſe ledit fief , ſans avoir égard à tout ce qui pourroit en avoir été aliéné par le Vaſſal; & a été ainſi conſulté par MM. Ducornet & Magnan , Avocats au Parlement de Paris, & par M. le Page, en faveur de M. le Duc de Lauzun, dans l'eſpece où un Vaſſal ; pour devoir le quint de 1000 livres , ou environ , qu'il devoit au ſieur Fremy, lui a donné toute la Cenſive de ſon fief pour deux ſols ſix deniers ſeulement de cens &

Tome I. C

argumentum simulationis , dit Panor. conf. 49. &
allégue le chap. *ad noftram de empt. & vend. Vide
c. unicum. § qui donare, tit. qual. olim. feud. pot.* &
du Luc en fes arrêts, liv. 7. tit. 4. art. 6.

ET S'IL EN PREND.) Il n'y a pas pourtant ouverture au retrait féodal, jugé par arrêt le 16 Février 1537. Mais fi puis après le vaffal vend les
cens & rentes par lui retenus, le Seigneur dominant qui a droit de retenue, peut retirer le tout en
rendant le prix, *vectigalis divenditi*, & l'argent
que fon vaffal avoit auparavant reçu lors du bail;
pourvu aufli que le Seigneur n'ait reçu aucun aveu
& dénombrement approbatif de fadite aliénation, avec rétention de foi & cenfive : jugé par
arrêt le 15 Avril 1581. Voyez M. Louet, lett. R.
chap. 26. avec les annot. & l'ancienne Cout. d'Orléans, que l'on peut tirer en argument.

rentes, retenant à lui la foi
& l'hommage. Monfieur de
Lauzun a défavoué fon Fermier, qui avoir reçu de l'acquéreur les profits de quint
& requint, & le Vaffal avoit
vendu fon fief depuis, avec
les deux fols de cens & rentes. Ledit Seigneur a fait faifir féodalement tout le fief,
& a prétendu devoir être payé
des profits, de même que
s'il n'y avoit point eu de contrat de la part du précédent
Vaffal, foutenant qu'il étoit
frauduleux, & ne l'avoit
point enfaifiné. Le procès
étoit pendant devant Étienne
Guiot, ancien Procureur à
Saint-Fargeau, faifant pour
le défaut de Juges, au mois
d'Avril 1714.

ARTICLE V.

LE Seigneur de fief (1), s'il eft Châtelain * peut avoir le fief mouvant (2) de
fa Châtellenie (fi bon lui femble) pour le

(1) ¶ Le Seigneur féodal indéfiniment.
(2) ¶ Et non l'héritage cenfuel, où la retenue féodale n'a
pas de lieu.

* 5. *Non alius , & nunquam Ecclefiafticus , nifi certis loci,*
paragraphe 91. C. M.

prix qu'il a été vendu (1), dedans quarante jours après les offres (2). Auquel Seigneur, en faifant lefdites offres, ledit acheteur eft tenu montrer fon Contrat en forme, pourvu que ledit fief foit pour le Seigneur Châtelain (3), & fans fraude.

S'IL EST CHASTELAIN.) Châtelain eft celui qui a droit de Juftice haute, moyenne & baffe, avec droit de reffort & vaffaux. Du Moulin fur la Coutume de Paris, tit. des fiefs, art. 1. glof. 5. nomb. 50. Maitre René Choppin, fur la Cout. d'Angers, liv. 1. ch. 46. nomb. 15. rapporte un arrêt du 21 Juillet 1490, par lequel les droits des Châtelains font fpécifiés. Voyez auffi le titre des droits du Châtelain. Et faut fous-entendre en ce lieu l'adverbe *ad minus*, d'autant que la Châtellenie eft ici mife comme la moindre dignité, ayant pardeffus foi les hautes & moyennes; lefquelles trois efpeces proviennent des fiefs royaux, non royaux, & de ceux qui en dépendent, comme font les Châtellenies. Ces fiefs font par éminence appellés nobles, à la différence des autres inférieurs, qui ne font nobles qu'à l'égard, & pour les relever pardeffus les héritages cenfuels, comme remarque du Moulin fur la Cout. de Paris, art. 15. glof. 3. nomb. 1 & 2. tit. des fiefs.

PEUT AVOIR LE FIEF.) *Recte* le fief, à l'exclufion de l'héritage cenfuel, fur lequel, *noftro jure*, la retenue féodale n'a point de lieu, quand même il auroit été vendu avec un héritage féodal par même contrat, ainfi qu'il a été jugé par arrêt du mois de Novemb. 1616, en la grand'Chambre, au rapport de M. le Clerc, contre le Comte de

(1) ¶ Soit par contrat ou par décret.
(2) ¶ Retenue féodale a lieu dans quarante jours après l'exhibition du contrat.
(3) ¶ Qui ne peut céder fon droit à un tiers.

Courtenay, & Maître Antoine Douelle. Ce droit
de retenue a fuccédé au lieu de l'interdiction d'a-
liéner par le vaffal contre la volonté de fon Seigneur, lorfque l'ufage tempérant ce qui étoit trop
rigoureux, *in optima confuetudine*, permit l'aliénation de la moitié du fief, & depuis du total :
ufage que de Orto appelle, *bona & prava confue-
tudo tit. qual. olim feud. alien. pot. & Niger tit. de
alien. feud.* qui fait que ce droit de retenue, *eft
conaturale ipfi feudo*, eu égard à fon origine. Mol.
fur la Cout. de Paris, § 20. glof. 4. nomb. 8. Et
en la glof. 5. nomb. 22. il dit que le Seigneur féodal, *in actu retrahendi non eft proprie emptor, fed
recuperator, nec capit jus nec caufam ab eo à quo
avocat, fed potius à feipfo five à jure fuo & poteftate feudali qua utitur ;* à caufe de ce a été jugé que
le droit de retenue auroit lieu au pays de droit
écrit, par arrèt donné en la chambre de l'Édit,
au mois d'Août 1614, au rapport de Monfieur
Durand, entre Meffire Henri de la Tour, Duc de
Bouillon, Maréchal de France, contre le Sr. de
Nouailles. De cette réfolution joint la caufe de
cet article (POURVU QUE LED. FIEF SOIT, &c.)
qui vont à l'effet de la confolidation, comme dit
du Moulin fur la Coutume de Paris, tit. des fiefs,
art. 20. glof. 1. nomb. 27. Nous pouvons tirer en
cette Cout. une conféquence, que la retenue féodale eft une jouiffance de fief, *in vim*, de la condition inhérente en la conceffion du fief, partant
de foi favorable, & qui doit être fans charge de
fervitudes, rentes & hypotheques non inféodées,
comme eft l'exploit féodal, art. 3. ci-devant, *conditio enim retrotrahitur ad tempus retractus :* finon
que lefdites charges & rentes fuffent appofées au
contrat de vente, pource qu'elles font partie du
prix. Encore fi le Seigneur veut en décharger fon
fief, il y fera reçu, *licet*, que lefdites rentes nè
foient de foi rachetables, Cout. de Berri, titre
des Cens, art. 4. Voyez cette queftion traitée
par Cocquille, fur la Cout. de Nevers, art. 35.

& fur le 39 tit. des fiefs , où il rapporte un arrêt
du 20 Avril 1577 , pour la décharge des rentes &
hypotheques, & l'annotation de l'art. 83 ci-après.
Ce que nous venons de dire que la retenue féodale eſt en force de ce premier contrat , & non
pas par privilége, eſt tellement vrai, que l'inſtance encommencée ne ſe périme que par laps de 3
ans comme les autres. Arrêt du 9 Avril 1612, rapporté par Brodeau ès arrêts de M. Louet, lett. I.
n. 2. *Secus*, pour retrait lignager (1), comme nous
dirons ci-après ſur l'art. 1. tit. de retrait lignager.
Si le Châtelain n'eſt Seigneur du fief dominant
qu'en partie, il eſt au choix de l'acquéreur de recevoir le Seigneur féodal au retrait pour la part
dont il eſt Seigneur , ou lui laiſſer le fief pour le
tout. Jugé en la grand'Chambre, M. Perrot,
Rapporteur, le 16 Septemb. 1614. Voyez Monſieur Louet, en ſon Recueil des arrêts notables,
avec les annotations de Brodeau, lett. R. ch. 25
& 26. mais il n'eſt pas tenu prendre d'autres héritages non étans de ſon fief, qui auroient été vendus par même contrat avec le fief. M. Louet, *ibid.*
& Monſieur Bouguier, lettre R. chap. 13. *Secus,*
en retrait lignager, art 22. tit. de retrait. La diſpoſition de cet article n'a pas lieu quand le Seigneur a été préſent , & conſenti la vente, *arg. l.*
ſi tantum ſciente D. ad Sen. Maced. & l. ſi fundum
per fidet. com. D. de leg. 1. Vide gloſ. in l. Caïus, in
verbo , non obeſſe D. de pignor act. Item, ſi le Seigneur a baillé ſouffrance de faire la foi, *quia*
contrario actu videtur renuntiaſſe juri ſuo. Aliud,
s'il a baillé ſeulement ſouffrance de ſaiſie au vaſſal , pour rapporter ſon titre. Mol. ſur la Cout.
de Château-Neuf en Thimerais, art. 41. Choppin, ſur la Cout. de Paris, lib. 2. cap. 6. n. 21. Et
après la vente, ſi la femme du Seigneur reçoit les

---

(1) ¶ En matiere de retrait
féodal , le Seigneur Châtelain n'eſt tenu de retirer &
prendre que ce qui releve de
lui , ſuivant M. Louet ici cité
ſecus , au cas du retrait lignager , & il y en a de bonnes
raiſons. Brodeau, *ibid.*

C 3

profits, fans que le Seigneur les renvoye incontinent, ou autrement n'improuve le fait de fa femme, il ne peut de-là en après la défavouer, & retenir le fief, *arg. l. fi filius fam. abfente patre D. ad Sena. Maced. Vide Mol.* fur la Cout. du Maine, art. 359. & ainfi a été pratiqué en ce pays pour François Scot, Sieur de Savigny & Plateville, contre le Sieur de Joui. Choppin au lieu ci-deffus, tient que le Fermier recevant les profits ne préjudicie à fon maitre, que puis après il ne puiffe retenir le fief vendu, fi ce n'eft que le fermier ait pouvoir d'inveftir : ce qui eft vrai à Paris & autres lieux, où inveftiture a lieu ; mais en ce pays où la vraie inveftiture eft la preftation de foi qui précede le payement des profits, art. 52 ci-après, j'eftime que le fermier prenant les profits de l'acheteur, préjudicie au droit de retenue féodale, *& videtur habere mandatum.* Il eft à noter que cet article reçoit une limitation à l'égard du Roi, car il pourroit fe faire propriétaire de tous les héritages de fes fujets, au préjudice du public. Jugé par arrêt du 15 Mai 1533, rapporté par Bodin en fa République, liv. 5. chap. 3.

QU'IL A ÉTÉ VENDU.) Soit par contrat ou par décret, ainfi qu'il a été jugé en cette Cout. par arrêt ci-deffus, pour le Comte de Courtenay. Le lignager eft préféré au Seigneur féodal, art. 11. titre de matiere de retrait : & en cela notre Cout. eft conforme à l'ufage des fiefs, § *Porro tit. qual. olim feud. alien. pot. lib. 2. feud.* encore que le droit de retenue foit favorable, & le retrait lignager foit odieux : du Moulin fur la Cout. de Paris, tit. des fiefs, art. 20. gl. 4. n. 8. Ce droit auffi de retenue à lieu quand le fief eft vendu, & non pas quand il eft donné ou échangé, fuivant la Cout. de Nevers, art. 40 & 43. réfervé toutefois où il y auroit de la fraude, dont eft parlé en l'art. 34. chapitre des Cens ci-après.

DEDANS QUARANTE JOURS.) Le tems d'un an pour retenir, octroyé au Seigneur par l'ufage des fiefs, a été reftreint par la Coutume à quarante jours, pour favorifer les vendeurs plutôt que les acheteurs : ce font tempéramens contraires à la premiere intention des Seigneurs qui ont donné leurs terres en fiefs, en confidération de la libre difpofition que chacun doit avoir de fon bien. Ce tems de quarante jours commence à courir auffi-bien contre le mineur que contre le majeur, *ftatim à die*, des offres, *aut à die detectæ fraudis*. Voyez du Moulin fur la Coutume de Paris, tit. des fiefs, art. 10. glof. 2. nomb. 2. & glof. 8. nomb. 6 & 7. Ce tems de quarante jours eft auffi donné au Seigneur féodal pour déclarer fa volonté, & dans icelui il doit rembourfer l'acheteur, & à fon refus, configner, fuivant la Coutume de Berri, chapitre des chofes vendues en fief, art. 6. & telle eft l'opinion de Cujas, en fes Commentaires fur le Code, *ad l. fi à te de pact. int. empt. & vend.* Ainfi a été confulté en ce pays contre le Comte de Sanxerre.

SON CONTRAT.) *Etiam irrequifitus*, art. 31. tit. des Cens, *fecus*, en la Coutume d'Orléans.

POURVU QUE LEDIT FIEF.) Cet adverbe conditionel, *pourvu*, fait connoitre que cette claufe eft finale, ou motive, & non impulfive du pouvoir octroyé au Châtelain, *favor reverfionis, in priftinam caufam & ftatum rei*, dit du Moulin. Jugé par arrêt du 27 Mai 1532. M. Lécuyer, Rapporteur, conforme à la Cout. de Loudun, tit. de retrait féodal, art. 4. enforte que le Châtelain ne peut céder fon droit à un tiers, quoique plufieurs tiennent le contraire, parce que le fief ainfi retenu ne feroit pour lui, ains pour celui à qui il auroit cédé fon droit. Mol. fur ledit article de la Coutume de Loudun. Je ne voudrois toutefois affurer qu'un Seigneur féodal qui auroit droit par convention expreffe ne le peut céder, & admettrois une différence entre le pouvoir que la loi tire, *ex prefumpta mente concedentis*, qui vient à *lege*, & celui qui eft exprès. Celui-ci acquis par un con-

trat de bonne-foi , reçoit interprétation de la volonté que vraisemblablement les contractans ont
eu de tirer tout le profit qui se peut induire & prétendre d'un contrat , lequel peut recevoir pareille raison , pour la cession qu'une vente faite à faculté de rachat. L'autre ne peut recevoir cette
interprétation , parce qu'elle est contre la limitation que notre Cout. apporte au droit de retenue ,
ex presumpta conventione , admettant icelui seulement en faveur de la réunion , comme le retrait
lignager : ainsi *tacitum minus operatur quam expres-
sum* , du Moulin sur la Coutume de Paris , tit. des
fiefs , art. 20. glos. 1. nomb. 21. 22. & suivans ,
jusqu'au 29. traite amplement cette question , &
y rapporte plusieurs autres raisons. Le but de la
loi regarde plus l'intérêt du public que des particuliers , en ce que les grands Seigneurs étant
riches en biens , principalement immeubles , peuvent mieux servir le Roi en ses guerres , & ont
plus d'intérêt en la conservation du Royaume. Ce
qu'a remarqué Bodin en sa République , liv. 5.
chap. 2. Cette raison entr'autres a meu Monseigneur Henri de Bourbon , Duc de Montpensier ,
de faire donation de tous ses biens au Roi Louis
XIII , lors Dauphin , & à ses hoirs , par contrat
enregistré en Parlement le 19 Avril 1608. Or ce
que notre Coutume dit , qu'il faut que le fief
ainsi retenu soit pour le Châtelain , induit une con-
solidation de la Seigneurie utile à la directe , en
la personne du Seigneur ; & ainsi fait de son fief
son domaine , dit la Coutume de Chartres , art.
65. tit. de retrait par puissance de fief , non pas
que le fief retiré devienne propre comme le fief
auquel il est consolidé , arrêt du 9 Juillet 1569 ,
rapporté par Choppin sur la Cout. de Paris , liv.
2. chap. 6. nombre 21. & d'Anjou , liv. 2. tit. *de
dominico retractu* , art. 6. Voyez ce qui est annoté
sur l'art. 44 ci-après. Et c'est ce qui a fait dire à
du Moulin en ce lieu , *numquam Ecclesiasticus :*
ce que je n'estime pas toutefois être vrai , &

crois plutôt que, *error scribentis irrepsit*, en cette
note non convenante à soi-même, par argument
de l'art. 91 qui est une exception, *quæ firmat regulam*, & que ce mot, *nisi*, y a été ajouté mal-
à-propos. Du Moulin a aussi écrit le contraire sur
la Coutume de Paris, art. 20. glos. 1. nomb. 2. où,
pour confirmer le droit de retenue en faveur des
Ecclésiastiques, il rapporte un arrêt notable du 1
Février 1518, au profit de l'Évêque de Chartres,
pour la Seigneurie de Brou : telle est aussi l'opinion de Monsieur le Maître, au traité qu'il a fait
des fiefs, chap. 5. Choppin, de la Police Ecclésiastique, liv. 3. nomb. 16. De Cocquille, sur le
35 art. de la Coutume de Nevers, titre des fiefs,
où il remarque plusieurs arrêts ; tellement qu'il
ne faut point douter qu'en notre Coutume le Seigneur Ecclésiastique ne puisse, *jure feudi*, retenir
l'héritage féodal, aussi-bien que fait le Seigneur
séculier, & que le fief ne soit réuni à celui dont
il étoit mouvant, mais, *in incerto est*, si ladite réunion sera perdurable, d'autant que l'Ecclésiastique peut être contraint d'en vuider ses mains ; quoi
avenant, j'estime que le Seigneur Ecclésiastique
pourra aliéner le fief à qui, & ainsi que bon lui
semblera, à savoir comme plein fief ou arriere-
fief de son Seigneur, *ut in simili*, art. 45 ci-après ;
ce qui se peut faire sans l'intérêt & préjudice d'aucun. Et quant aux hypotheques & rentes dont
étoit chargé l'héritage, *ex facto vassali*, elles ne
reprennent leur force, encore que l'héritage fut
baillé en arriere-fief comme il étoit, *semel enim
extinctum jus non reviviscit*, & la contrainte dont
on auroit usé pour faire vuider les mains audit Ecclésiastique, *utilitatis tantum publicæ causa*, doit
d'autant moins lui être préjudiciable en autres
cas, que de soi elle est odieuse, étant contraire
au droit commun. Ce que nous avons dit de la retenue féodale, quia effet de consolider, se doit
entendre, pourvu que le fief retenu demeure au
Seigneur ; autrement si le lignager le retrait dans

l'an, la confolidation n'eft point préfumée, art. 11. titre de matiere de retrait. Eft auffi à remarquer qu'encore qu'il ne foit parlé de l'affirmation comme au retrait lignager, art. 20. nous obfervons toutefois ce qui eft contenu audit article pour l'affirmation des parties, auffi-bien au retrait féodal qu'au lignager.

ARTICLE VI.

IL n'y a point de tems préfix au Vaffal, dedans lequel il doive aller faire fes foi & hommage (1), & payer les devoirs à fon Seigneur de fief.

(1) ¶ Fixe le tems pour porter foi & hommage, qui eft dans 40 jours après fommation que le Seigneur doit faire.

ARTICLE VII.

Paris art 61. Orl. art.85. Troies art.22. Aux. art.51.

LE Vaffal (1), combien qu'il ne foit en foi, peut jouir de fon fief, & faire les fruits fiens, jufqu'à ce qu'il foit fommé ou empêché par le Seigneur féodal.

La raifon eft, que tant que le Seigneur dort, le vaffal veille, comme dit la Cout. d'Orléans, au titre des fiefs, art. 85. Et faut noter en ce même art. 7. que ces mots, SOMMÉ & EMPÉCHÉ, doivent être pris conjointement; pource que la fommation feule n'ôte pas au vaffal la jouiffance de fon fief, mais fert d interpellation pour le conf-

(1) ¶ Par argument à *contrario*, avant la faifie féodale & qui s'induit de l'article 11 *in fine*, & par l'article 8 fuivant, le Seigneur ne peut faifir qu'après vingt jours expirés, à compter du jour du contrat, ce qui induit que le nou-veau Vaffal eft obligé dans led. tems de vingt jours de faire la foi & hommage; néanmoins ce terme n'eft point fatal, & en fatisfaifant même après la faifie, il obtient main-levée, fuivant la difpofition du préfent article.

tituer en demeure, & rendre contumax ; après laquelle si le Seigneur a simplement sommé, il peut saisir le fief, comme il est dit en l'art. 18 ci-après, faire lever les fruits par un commissaire, ou autrement, ainsi que bon lui semblera.

ARTICLE VIII.

QUand le Seigneur de fief n'a point d'homme, parce que son Vassal à vendu, transporté, ou autrement aliéné son héritage tenu en fief, ledit Seigneur peut (après vingt jours (1) saisir l'héritage tenu de lui en fief, & icelui exploiter, & en prendre & faire les fruits siens, jusqu'à ce qu'il ait homme, & qu'il ait été payé de ses devoirs & profits de fief ; sinon que ledit Vassal voulût faire la foi, payer les profits, ou faire offres pertinentes dedans quarante jours dudit saisissement dont sera après parlé ; auquel cas seront lesdits fruits * compris ou exclus (2) dudit profit, comme il est dit ci-après.

Paris art. 1. Orl. art. 43. Troïes art. 28.

N'A POINT D'HOMME.) Ici est traité de l'ouverture du fief pour le changement d'homme par aliénation, sous lequel mot d'aliénation sont com-

(1) ¶ Du jour du contrat, (Paris, art. 65.) saisie n'a lieu qu'après sommation de porter la foi dans quarante jours.

(2) ¶ Ou le Seigneur féodal fait les fruits siens sans remise après les quarante jours de sommation expirés.

* Paragraphe 17 & 70. Scilicet ut faciat fructus suos à tempore, *de la saisie contre un autre que l'héritier ; mais contre un héritier, il faut que ce soit non-seulement depuis la saisie, mais depuis les quarante jours,* Adde inf. Part. 11. 12. C. M.

pris le cas que le fief change de main, non-feulement par vente, donation ou échanges, mais auffi par la mort civile du vaffal, comme profeffion
monaftique, par argument de l'art. 88 ci-après:
du Moulin fur la Cout. de Paris, art. 51. glof. 2. n.
81. & la gl. fur l'Auth. *ingreff. C. de facrof. Ecclef.*
Comme auffi pour condamnation aux galeres, ou
banniffement perpétuel, emportant confifcation
de biens, art. 47 ci-après, *& argumento l. cum
pater* § *hæredit. D. de leg. 2. l. Statius Florus*, §
*Cornel. Fælici D. de jure fifci hi cafus ad fimilitudi-
nem mortis admittendi funt l. Gallus* § *& fi quid
D. delib. & pofth. Rober. rer. jud. lib. 4. c. 16.* Cette queftion, fi la mort civile a pareil effet que
la naturelle, eft traitée par Monfieur Louet,
lettre C. ch. 26. & par Expilly, Avocat Général de Grenoble, plaidoyer 29. & arrêt en la
quatriéme des Enquêtes, Monfieur de Lon-
gueil, Rapporteur, du 1 Juillet 1608, *conful-
tis claff.* pour Jean Coufinot contre les Marguilliers de St. Gervais de Paris, où il fut réfolu
que l'expreffion de mort fe doit entendre comme
la naturelle, fauf en cas de répétition de dot,
non fommo jure, fed ex æquitate. Ce n'eft donc
pas l'abfence du vaffal, ni la condamnation, à
bien prendre, qui donne ouverture au fief, mais
plutôt le changement d'homme, qui fe fait par
l'incapacité du vaffal, qui eft auffi une efpece
d'aliénation, fauf le cas dudit art. 88. où la mort
naturelle du Vicaire eft anticipée par fiction,
quod eft irregulare.

SON VASSAL A VENDU.) Encore que l'aliénation foit non volontaire, *l. fi prædium C. de
evic.* & art. 47 ci-après.

PEUT APRÈS VINGT JOURS.) Ce tems commence à courir du jour du contrat, *de momento ad
monumentum*, que la foi commence à défaillir.
Mol. fur la Cout. de Paris, art. 7. nomb. 4. &
art. 10. nomb. 1. L'ancienne Cout. permettoit au
Seigneur de faifir incontinent, ce qui a été réformé,

mé, & ont été donnés vingt jours à l'acquéreur,
pendant lesquels le Seigneur ne peut saisir, afin
que l'acquéreur ait du tems pour disposer ses affaires, & satisfaire à son devoir : l'héritier du
vassal a quarante jours, comme il est dit ci-après
en l'art. 19. Ce tems passé, le Seigneur ayant sommé ou empêché l'héritier, les quarante jours de
la sommation expirés, le fief peut être exploité
aussi-bien que celui de l'acquéreur, lequel a
moins de tems que l'héritier, parce qu'il n'a rien
qui l'empêche d'exhiber son contrat, comme
peut avoir l'héritier ; & les raisons sont si appa-
rentes, que l'art. n'a besoin d'explication.

SAISIR L'HÉRITAGE.) Et si bon lui semble
peut établir un commissaire qui recueille les fruits,
ou fasse faire bail d'iceux. Voy. l'art. 19 ci-après ;
& si deux Seigneurs contendent, & que le vassal
ne se fasse recevoir par main souveraine, la condition du premier saisissant est la meilleure.

ET FAIRE LES FRUITS SIENS.) Le Seigneur
de fief fait les fruits siens du jour de la saisie, &
continue la jouissance en renouvellant ladite saisie de trois ans en trois ans, étant le vassal dépos-
sédé, Coutume de Paris, art. 31. Orléans 51. M.
Louet, lettre S. chap. 14. & s'il n'est pas dépos-
sédé, il faut la renouveller d'année à autre, par
argument de l'art. 81 ci-après. Ainsi le Seigneur
jouira jusqu'à ce qu'il ait homme, & que les devoirs & profits du fief lui ayent été payés : pource
que le Seigneur qui exploite est *verus dominus*, &
en cette qualité il est préférable à tous les créanciers, tant pour ses droits Seigneuriaux que pour
les fruits tombés en pure perte depuis la saisie, encore que postérieure aux dettes des créanciers.
Jugé par arrêt en Nov. 1543, rapporté par Pithou
sur l'art. 28. de la Cout. de Troies, au tit des fiefs :
toutefois si le Seigneur de fief ne peut exploiter
le fief de son vassal au préjudice de la saisie jà faite
à la requête d'un créancier, parce que le fief est
mis en la main du Roi, & rempli de la personne

d'un commiſſaire. Mais faut noter que pour faire
ceſſer l'effet de la ſaiſie , le commiſſaire doit ſe
préſenter pour faire la foi , au refus du vaſſal , lequel en ce cas il repréſente pendant les criées ,
ſuivant l'art. 34. de la Cout. de Paris. Le même eſt
décidé par la Cout. d'Orléans , tit. des fiefs , art.
4. & ainſi a été jugé par arrêt du 20 Juill. 1558,rap-
porté par du Moulin ſur la Cout. de Paris , tit. des
Cens, art. 85. gloſ. 1. nomb. 100. *vide eundem*, tit.
des fiefs , art. 28. gloſ. 1. nomb. 20. & art. 55.
gloſ. 2. nomb. 8. Et quand le vaſſal meurt , ſes
héritiers renonçans à la ſucceſſion , le curateur
aux biens vacans eſt tenu donner homme vivant &
mourant au Seigneur féodal pendant les criées ,
qui peuvent durer long-tems, voire la vie d'un ou
deux hommes : autrement le Seigneur peut ſaiſir
le fief , & faire les fruits ſiens , dit du Moulin ſur
la Cout. de Paris , art. 99. où il cite un arrêt ſans
date. Je voudrois dire en conſéquence , que
pendant les criées ſi le vaſſal meurt , il y a ouverture de fief , & eſt dû. Mais l'on demande ſi un
vaſſal vend ſon fief par contrat , à la charge du
décret , & que l'acquéreur ſoit allé faire offre de
prêter la foi , ſi pendant la pourſuite des criées le
Seigneur peut ſaiſir faute de foi & droits non
payés? A quoi il ſemble qu'il ſoit bien fondé par
la raiſon de l'art. 1. du tit. des fiefs , en la Cout.
de Paris , laquelle permet au Seigneur de ſaiſir ,
non-ſeulement par faute de foi, mais auſſi de droits
non payés. Au contraire , l'on dit que quand l'acquéreur a prêté ou offert la foi de-là en avant , le
Seigneur pour les droits n'a que l'action , ſuivant
l'art. 4. du tit des fiefs en la Cout. d'Orléans ; &
la raiſon , parce que l'offre de ce nouvel acquéreur, bien que ſon titre ſoit incertain, en tant qu'il
peut être évincé par les enchériſſeurs qui ſurvien-
dront au décret , doit autant opérer que l'offre ou
preſtation de foi du commiſſaire ; & cette queſtion s'étant préſentée entre le ſieur de Santeny ,
Seigneur de Laqueuë en Brie , & Marie le Mai-

rat, veuve de Nicolas l'Argentier, qui avoit acquis la terre de Pontillau du fieur de Gondy par contrat, à la charge du décret, il fut jugé que l'Argentier ayant offert la foi, encore qu'il femblât nouveau vaffal (1), il ne pouvoit être contraint, pendant le décret, payer les droits ; & MM. des Requêtes ayant jugé que le commiffaire établi par le pourfuivant criées, jouiroit au préjudice de la faifie féodale, faite faute d'homme, foi & hommage non faits, & devoirs non payés, la fentence fut confirmée par arrêt d'audience ; plaidans, M. Bernage pour le fieur de Santeny, & Maitre Antoine Gautier pour la veuve l'Argentier, le   & cela avoit été auparavant jugé contre la Dame de la Trimouille. Sous le nom de fruits font entendus non-feulement les naturels que la terre produit, mais auffi ceux qui viennent des beftiaux qui font mis par deftination pour être partie du fonds, comme pigeons en voliere ou colombier, lapins en garenne, & autres femblables. De tels beftiaux doit être entendue la Cout. du Maine, art. 116. & d'Anjou, art. 113. comme du Moulin a remarqué, & non pas d'autre beftial, que les Jurifconfultes appellent, *pecudes & armenta*, pource que le fruit qui provient de tel beftial eft, *à fundo feparatus.*

SINON QUE LE VASSAL.) Cette modification s'eft coulée lors de la correction de cette Cout. en faveur des vaffaux contre l'ufage des fiefs ; mais c'eft pour prévenir la rigueur dont pourroient ufer les Seigneurs qui épioient l'abfence du vaffal, afin de profiter des fruits, & pour empêcher d'ailleurs les procès qui furviendroient, fi en cas de faifie l'on adjugeoit les fruits par portions de tems : c'eft pourquoi la Cout. d'Orléans, art. 61. dit que le vaffal qui vient à la foi dedans 40 jours du jour de la faifie, ne doit aucuns frais ;

---

(1) ¶ Il auroit été plus régulier d'offrir auffi les profits, à la charge par le Seigneur de les rendre, en cas que l'acquéreur eut été dépoffédé par quelque enchériffeur.

& venant après les 40 jours, il conferve ce qui reſte de fruits à recueillir. Le Roi Charles IX, l'an 1563, a ordonné que ſi le vaſſal eſt ſaiſi par le Seigneur féodal, ſon vaſſal le peut faire appeller, & au jour de la premiere aſſignation ſera tenu déclarer à quel titre il eſt détenteur, & le Seigneur pour quelles cauſes, droits & profits il a fait ſaiſir, s'il entend ſoutenir ſa ſaiſie, afin que le vaſſal puiſſe faire offres pertinentes, & requérir en cas de débat telle proviſion que de raiſon, ſelon droit & coutume.

DONT SERA APRÈS PARLÉ.) Ès articles 11 & 17.

COMPRIS OU EXCLUS.) C'eſt-à-dire, que ſi l'acquéreur vient dans les 40 jours, & doive profit de quint denier, les fruits perçus ne ſont acquis au Seigneur féodal, la ſaiſie tient pour le profit, & ſeront les fruits perçus ou recueillis dans les 40 jours, compenſés avec le profit, juſqu'à concurrence; & ſi l'acquéreur doit rachat, comme au cas de l'art. 61. les fruits qui ſont en l'héritage dans les quarante jours, ſeront de l'année du rachat, *vide art.* 20. Mais ſi l'acquéreur demeure coutumax, & ne vient dans les 40 jours après la ſaiſie, tous les fruits perçus ſeront acquis au Seigneur en pure perte, du jour de la ſaiſie : cette explication ſervira auſſi pour l'art. 69 de ce titre, comme il eſt dit ci-après. Voyez l'article 20 de ce titre.

ARTICLE IX.

Paris
art. 12.
Orl.
art. 86.
Troies
art. 23.
LE Seigneur de fief ne peut preſcrire le fief de ſon Vaſſal, ni le Vaſſal la foi contre le Seigneur, pour quelque tems qu'ils jouiſſent l'un ſur l'autre, ſinon que le Seigneur de fief eût titre particulier de la propriété, & en eût joui par trente ans.

Ne peut prescrire.) Nulle poſſeſſion du
Seigneur ou du Vaſſal, même de mille ans, n'eſt
ſuffiſante pour preſcrire l'un ſur l'autre en leurs
qualités, eu égard à la correſpondance de la foi
qui les tient perpétuellement obligés l'un envers
l'autre, qui eſt la ſeule & préciſe raiſon de cet
art. lequel dérogeant en cela au droit commun,
admet la preſcription en autres cas, comme il ſe
voit par l'exception qui eſt en la fin de cet art.
Auſſi deux Seigneurs qui n'ont cette réciproque
obligation, preſcrivent l'un ſur l'autre la Seigneurie féodale d'un vaſſal, en tout ou en partie; Cout.
d'Orléans, art. 86. tit. des fiefs. Un tiers auſſi
peut preſcrire le domaine féodal à l'excluſion du
propriétaire, & devenir homme du Seigneur dominant, *etiam eo inſcio*, ſans avoir porté la foi, ni
fait acte de reconnoiſſance, après avoir joui trente ans conſécutifs, *& contra*. Voyez du Moulin
ſur la Cout. de Paris, tit. des fiefs, art. 11. nomb.
12. 13. 14. 15. On peut dire que la preſcription
centenaire doit être reçue, non pas comme preſcription, mais comme préſomption de droit, ré-
ſultante de la poſſeſſion d'un ſi long tems, par argument de l'art. 81. de la Cout. d'Orléans, & de
la loi *hoc jure.* § *ductus aqua D. de aqua quot. & deſ-
tina.* En conſéquence de cela, du Moulin ſur la
Cout. de Paris, en l'art. 68. gloſ. 1. nomb. 15. induit la preſcription pour le vaſſal ou cenſitaire de
ſon domaine en franc-alleu ; ce que je ne voudrois admettre en notre Cout. tant parce qu'elle
ne reconnoît aucun franc-alleu, ſans titre exprès:
comme auſſi que celui notre article défendant la
preſcription pour quelque tems, que le Seigneur
ou vaſſal ayent joui l'un ſur l'autre, il dénie auſſi
la faculté de commencer la jouiſſance qui puiſſe
produire une diſpoſition contraire, pourſuivre
& terminer par tel tems que la preſcription puiſſe être alléguée : *quando enim aliquid prohib. omnia prohib. per quæ devenitur ad illud Barth. in. l.
oratione. D. de ſponſat. prohib. in termino prohib. in*

D 3

via. Voyez Carond. liv. 3. refp. cap. 58. auffi du
Moulin au lieu ci-deffus, nomb. 15. parlant de
la poffeffion immémoriale , dit qu'elle n'a lieu
quand le Seigneur exploite le fief de fon vaffal
par faute d'homme , parce qu'il poffede le fief
non comme à lui appartenant , mais à fon vaffal , *& præfumitur habita & continuata in eadem*
caufa & qualitate , in qua cæpit , & maximè cum
non poffit aliquis ex fola animi fui deftinatione mu-
tare fibi caufam poffeffionis. Voyez ce qui eft annoté fur l'art. 1. titre des prefcr. *in verbo* , paifi-
blement, *& in verbo nau. in fine.* & ce que l'art.
81. de la Cout. d'Orléans rejette la vérification
du fief par titre excédant cent ans, rapporté par
un Seigneur non Châtelain , & pour retrancher
les fauffetés qui fe pourroient commettre , *poft*
hominum memoriam , trop ordinaires à perfonnes
de petite qualité, qui ne feroient retenues par la
confidération du fang ou dignité , qui n'eft en
eux tant relevée comme ès Châtelains.

L'UN SUR L'AUTRE.) Le fief toutefois fe
peut prefcrire , *ab utraque parte;* c'eft-à-dire, que
l'héritage peut devenir & être réputé fief , qui
auparavant ne l'étoit pas , tit. *de præfcrip. feud.*
longiff. lib. 4. feud. apud Cujac. fed non contra , ré-
fiftant à cela la foi mutuelle , qui en matiere de
fief peut être appellée *funétio* , auffi-bien que
nous difons devoir féodal , laquelle feroit en ce
faifant, violée & enfreinte, *argum. l. competit. C.*
de præfcrip. trig. vel quadrag. annot. § fi quis , tit.
fi de feud. fuer. contro. inter domin. & agnat. vaf-
fal. lib. 2. feud. fuer. Voyez Cuias, *ad tit. fi Do-*
minus feud. mil. fuo oblig. l. 2. feud. où il cite une
conftitution de Fédéric II, l. 3. tit. 38. Quant
aux droits Seigneuriaux profitables , ils fe peuvent prefcrire tout ainfi que les autres droits qui
fe pourfuivent par action , art. 3. chap. des prefcriptions ci-après, Cout. de Paris , art. 12. Orléans 86. tit. des fiefs , & 263. tit. des prefcript.
parce que ces profits ne font fief , ni partie d'ice-

lui, mais seulement font fruits, dont la perception n'a rien de commun avec le fief, non plus que les fruits d'une terre quand ils font séparés du fonds. *Molin. ad Consuet. Parif.* § 12. *glof.* 1. *num.* 16.

TRENTE ANS.) Pource qu'en ce cas le Seigneur n'a pas possédé le fief de son vassal en qualité de Seigneur direct, *verbi gratiâ*, comme s'il l'avoit exploité faute d'homme, mais il en a joui de bonne-foi en qualité de Seigneur utile, comme de son héritage en domaine. J'estime qu'il y a pareille raison pour le vassal, quand il a joui du fief dominant, ayant titre particulier. Car en ce faisant, ni l'un ni l'autre n'est présumé avoir enfreint la foi, ayant chacun d'eux en ces cas occasion de croire qu'il n'y a point d'autre propriétaire. *Molin. ad Consuet. Parisiens.* § 12. *num.* 15.

ARTICLE X.

UN Vassal en faisant les foi & hommage à son Seigneur, doit être tête nue, desseint, & mettra ledit Vassal sa main dextre en celle de son Seigneur, en disant par ledit Vassal, qu'il devient son homme de tel fief, qu'il doit nommer, lui en faire foi & hommage selon la nature de son fief; promettre que son profit augmentera, son dommage évitera, & loyaument conseillera, & sera en tous autres cas ce qu'un Vassal doit faire à son Seigneur.

Paris art. 63. Orl. art. 47.

NUE TÊTE, &c.) Cette cérémonie est pour faire connoître au vassal l'état humble & le respect qu'il doit avoir quand il se présente à son Seigneur de fief, principalement en faisant la foi & hommage. La présentation de la main droite est non-seulement pour l'assurance de la fidelité, comme on observe encore quand on contracte pardevant Notaire, mais aussi c'est un témoignage que le vaſſal offre à ſon Seigneur ſon aſſiſtance , pouvoir & puiſſance pour le défendre , comme dit Céſar , *lib. 6. de bello Gallico* , parlant de Litavicus , réduit en extrémité : *qui cum ſuis clientibus, quibus more Gallorum , nefas eſt etiam in extrema fortuna deſerere patronos.* Paſſage qui montre auſſi que long-tems avant la conquête des Gaules il y avoit entre nos ancêtres quelque forme de vaſſelage & féauté. Le vaſſal donc s'oblige de défendre ſon Seigneur , & s'il y contrevient , il eſt appellé parjure. L'acceptation que fait le Seigneur de la foi de ſon vaſſal , l'oblige réciproquement , ſans qu'il ſoit tenu faire ſerment à ſon vaſſal ; tellement que s'il commet offenſe griéve envers lui , le Seigneur eſt dit être de mauvaiſe foi , & eſt privé de la Seigneurie ſur ledit vaſſal , qui de-là en après devient homme du Seigneur ſupérieur , Cout. de Melun , art. 85. titre des fiefs. Ainſi ceux d'Épidamne , Cité de Grece , opprimée par les Barbares , reconnurent les Corinthiens ſupérieurs , délaiſſant les Corcyriens , qui étoient les immédiats , pour ce qu'ils leur refuſerent le ſecours , dit Tucidide , liv. 1. de la guerre du Péloponeſe , chap. 2. Le Roi Clotaire , fils de Clovis , exempta à jamais les Seigneurs d'Yvetot & ſes appartenances, de la féauté & hommage , pour avoir tué en colere Gautier d'Yvetot dans une Égliſe à Soiſſons , un jour de Vendredi-Saint : les Lettres ſont de l'an 537. Fauchet ès Ant. Gaul. livre 3. chap. 8. Voyez le titre *de formâ fidel. lib. 2. feud. & Molin. ad Conſuet. Pariſi. gloſſ.* 4. num. 14 & 24. Lucius en rapporte un Arrêt , liv. 7. titre 4. chap. 3. *Carond. lib. 2. reſ. c. 17.* paſſe plus outre , diſant que la Juſtice eſt entierement ôtée au Seigneur Juſticier , & en rapporte un Arrêt du 21 Nov. 1558. La forme de faire l'hommage eſt ici preſcrite , outre laquelle le vaſſal n'eſt pas tenu , comme ſe mettre à genoux , baiſer le verrouil de la porte , encore qu'il y ait quelques Cout. qui le diſent ; choſe trop ſuperſtitieuſe & indécente. Auſſi , dit

Tite-Live, *Decad.* 5. *in fine lib.* 5. que telle action de Pruſias, Roi de Bithynie, faite à la porte du Sénat, tourna plus à ſon déshonneur qu'à l'honneur de ceux à qui il s'adreſſoit. Toutefois on obſerve en la réception des vaſſaux du Roi, par plus grande ſoumiſſion & aſſurançe de particuliere fidélité, qu'ils ſe mettent à genoux, ſans épée, les deux mains jointes dans celles du Roi ou de celui qui reçoit l'hommage. Voyez Argentré, Cout. de Bretagne, art. 311. nomb. 2. & *ſeq.* où il traite du fief lige. Meſſieurs de la Chambre des Comptes reçoivent ordinairement les foi & hommage dûs au Roi, à cauſe des Seigneuries qu'il a dans les Provinces, & renvoyent pardevers les Baillis-Sénéchaux ſur les lieux, pour donner main-levée & faire enregiſtrer les actes de reception de foi & aveux donnés. Meſſieurs les Tréſoriers Généraux prétendent auſſi que telle réception leur appartient, à cauſe de leurs offices (1). Quant aux Baillis & Sénéchaux, il y a arrêt de la Chambre des Comptes du 5 de Février 1601. par lequel il leur eſt permis recevoir les foi & hommage des fiefs qui relevent du Roi, non excédant vingt-cinq livres tournois de rente, & eſt fait mention dans l'expoſitif d'un autre arrêt du 11 Mai 1538.

Que son profit pourchassera.) Fulbertus, Évêque de Chartres, dans l'Épître 101. au Duc d'Aquitaine, dit que celui qui fait la foi & hommage doit ſe repréſenter ſix choſes, *incolume, tutum, honeſtum, utile, facile, poſſibile. Vide tit. 27. lib. 4. feud.* Ce qui eſt vrai, ſauf contre la perſonne du Roi & utilité du Royaume ; car cette exception eſt toujours ſous-entendue, *tit. de novâ formâ fidel. & cap. præterea in fin. tit. de prohib. alien. feudi. per Federicum lib. feud.* Charles de Lorraine, Duc de Guiſe, écrivant de Soiſſons le 9 Septembre 1616, au Roi Louis XIII, peu après l'arrêt de la perſonne de Henri de Bourbon, Prin-

(1) ¶ L'art. 4. de l'Édit de Cremieu leur donne droit.

ce de Condé, dit qu'il continuera de servir fidel-
lement sa Majesté, sans aucune exception, ainsi
que la nature & son devoir l'y obligent. Que si le
vassal est établi commissaire de par le Roi ès
biens de son Seigneur, il s'en doit faire décharger,
suivant l'Ordonn. de Charles IX, des États de
Blois, art. 176. parce que l'établissement de commissaire, encore qu'il soit fait au nom du Roi, &
quodammodo pour l'utilité publique, toutefois *pri-*
vatorum magis interest quàm Reipubl. & le dommage, si aucun y a, est réparé par l'établissement
d'un autre, même avec utilité, cessant les considérations de l'autorité du saisi, & le respect du
commissaire : en ce faisant le vassal ne contrevient
à la foi donnée à son Seigneur, *& in eo quod inte-*
rest Reipubl. succuritur. On peut aussi induire que,
in vim de la prohibition de l'Ordonn. un vassal
même de son consentement ne peut être commissaire des biens de son Seigneur, pource que ce
feroit donner sujet au vassal de mépriser son Seigneur, & s'émanciper du respect qu'il lui doit,
sous prétexte de sa charge, *quia indecorum est*
Dominum à Vassallo Regi, comme dit la loi, *his*
qui § 1. D. de tut. &, *cur. dat.* parlant du pere &
du fils. Voyez Choppin, *de Privilegiis rusticorum,*
lib. 1. cap. 6. Cette Ordonn. qui fait mention seulement des laboureurs & des sujets, s'est accom-
modée à l'usage; plus souvent on établit commis-
saires des laboureurs & gens de cette qualité,
que d'autres plus relevés. L'on appelle sujets d'un
tel Seigneur ceux qui demeurent en sa jurisdiction, ou lui sont redevables de cens & rentes,
abusivè quidem, comme j'ai ouï tenir à M. Servin,
premier Avocat Général en Parlement : néanmoins sous cette appellation vulgaire doivent être
compris les vassaux, *qui maximè fidei subjecti sunt,*
plus que les simples justiciables, ou censitaires,
qui ne le sont que *ratione habitationis aut debiti. V.*
Bœr. ad Conf. Bitur. titre des Justices, § 3. où
il parle *de trifaria distinctione subditorum.*

ET FERA TOUS AUTRES CAS.) *Videlicet*, juſtes & honnêtes , & non autres. Toutefois il y a encore à préſent des Seigneurs qui obligent & ſe font rendre par leurs vaſſaux des preſtations ou ſervices fantaſtiques ; comme l'Abbé de St. Severin de Château-Landon, qui a obligé & ſe fait ſervir par ſon vaſſal du Fief de la Groue & des Creneaux, ès Vigiles & Fêtes de St. Severin, qui ſont deux fois l'an , une fois en ſa vie, en cette maniere: le vaſſal armé de pied en cap , ſuivi de deux hommes , dont l'un aura deux levrettes en laiſſe , & l'autre un oiſeau ſur le poing , doit aller prendre l'Abbé en ſa maiſon devant les premieres & ſecondes Vêpres , & devant la grande Meſſe le jour de la ſolemnité , le conduire en cet équipage à l'Égliſe, le ſuivre par-tout où les cérémonies de l'Égliſe le requierent , même être avec ſes deux hommes près de l'autel lorſque l'Abbé dit la Meſſe ; & les Vêpres & Meſſes dites , le conduire en ſa maiſon : preſtation peu convenable au lieu & à l'action, laquelle devroit être retranchée.

ARTICLE XI.

QUand le fief eſt ſaiſi (1) à faute de foi & hommage, le Vaſſal eſt tenu dedans quarante jours aller devers ſon Seigneur de fief faire la foi & hommage (2) , ſi ledit Seigneur eſt demeurant à dix lieues près de ſon fief dominant , à cauſe duquel le Vaſſal eſt tenu faire la foi : & s'il eſt demeurant outre leſdites dix lieues , il ſuffit aller audit lieu de fief dominant faire la foi & hommage , s'il y a perſonne ayant pouvoir de le rece-

Paris art.61. Orl. art. 48 & 50. Troies art.31. Aux. art. 42 & 44.

---

(1) ¶ Savoir après les vingt jours de la mutation, énoncée en l'art. 8. *ſuprà.*

(2) ¶ *Secus* à Paris, art. 65. ou après les quarante jours de la ſommation expirés , le Seigneur peut ſaiſir & faire les fruits ſiens , au cas que le vaſſal ne ſe ſoit pas préſenté,

voir & payer les profits dûs, finon faire les
offres telles qu'il feroit à la perfonne de fon
Seigneur : après lefquelles offres ledit Vaffal peut jouir de fon fief fans offenfe. Et s'il
n'y avoit point de manoir audit fief dominant, fuffit aller au domicile du Seigneur,
fi ledit Seigneur eft demeurant à dix lieues
dudit fief dominant; finon, au lieu de la juftice dudit fief dominant, & faire fes offres
comme deffus.

Est a dix lieues.) C'eft-à-dire, s'il demeure en lieu non éloigné de plus de dix lieues, ou
bien s'il y a élu domicile, foit par l'exploit de faifi-
fie ou autrement, en forte que le vaffal n'en ait pû
prétendre caufe d'ignorance : comme il fut jugé
en la Chambre de l'Édit, au rapport de M. Jour-
dain, le 30 Décembre 1600, entre Théodore
Bongars & Thibaut de Haubeterre. La demeurance eft préfumée être où on a demeure actuel-
lement avec fa famille, par an & jour continuel:
M. Bourdin, fur l'art. 9. de l'Ordonn. de 1539,
& Rebuffe, au traité *de domicili electione.*

Et faire la foi et hommage.) Selon que
la Cout. du fief dominant l'ordonne. Voyez M.
Louet, lettre C. chap. 49. où eft remarquable
la différence qui eft entre le devoir perfonnel dû
au fief dominant, & les prétentions réelles fur
le fief fervant, en faifant la foi, ou du moins en
payant. Celui qui doit payer les profits doit montrer & exhiber le contrat de nouvelle inveftiture
ou acquêt, pour connoitre & liquider les profits, art. 31. titre des Cens ci-après.

ARTICLE XII.

Orl.
art.46. MAis fi le Seigneur de fief refaifit ledit
fief, le Vaffal eft tenu aller faire les
foi & hommage, & payer les droits & profits

fits dedans quarante jours, comme deſſus.
Aliàs, le Seigneur peut exploiter ledit fief.

RESAISIT.) Cette ſeconde ſaiſie ne doit valoir que ſommation pendant les 40 jours, comme
en l'art. 16 ci-après, autrement les offres ſeroient ſans effet, dit du Moulin, ſur la Coutume
de Nevers, article 2. titre des fiefs.

LE VASSAL EST TENU FAIRE LA FOI.) La
preſtation de la foi eſt de ſoi individue, active &
paſſive, de maniere que pluſieurs vaſſaux, *ſive
pro diviſo aut indiviſo*, chacun pour la part & portion qu'il a au fief, doivent la foi particulierement au Seigneur, pluſieurs comme pour un ſeul
fief, & ſont chacun des vaſſaux autant obligés de
foi & de devoir envers leur Seigneur, comme ſi
chacun deux étoit ſeul vaſſal, *cap. omnes, tit.* 5.
*ſi de feud. fuer. controver. int. dominum & agnat.
Vaſſ.* où le mot de *maximè*, ſuivant l'opinion de
du Moulin eſt pris pour *præſertim.* Ainſi l'hommage fait par un des vaſſaux ſeulement n'empêchera
point que le Seigneur n'exploite le fief entierement, ſauf au vaſſal qui a fait la foi, ſon recours
pour ſon indemnité contre ſes convaſſaux : excepté le cas de l'art. 32. de ce chap. C'eſt l'opinion ancienne & fondée ſur les raiſons de Droit:
toutefois *ex æquitate*, on a jugé le contraire le 7
Septemb. 1614, par arrêt rapporté par M. Louet,
lettre F. chap. 26. Auſſi quand il y a pluſieurs
Seigneurs d'un même fief, le vaſſal doit la foi à
tous, comme à un; & après l'hommage, les Seigneurs doivent pareilles défenſes au vaſſal, comme ſi chacun d'eux étoit ſeul : du Moulin ſur la
Cout. de Paris, art. 3. gloſ. 4. nomb. 25 & 33.
titre des fiefs. Le vaſſal toutefois n'eſt pas tenu
faire pluſieurs actes de fidélité, autant comme il
y a de Seigneurs, mais il la doit une fois ſeulement, comme eſt dit en l'art. 85 ci-après.

ARTICLE XIII.

Paris
art. 47.
Orl.
art. 52.
Troies
art. 26.

QUand aucun doit rachat, il doit offrir à fon Seigneur trois chofes ; favoir eft le revenu de l'année de fon fief, une fomme d'argent telle qu'il verra convenable, ou ce que deux prud'hommes eftimeront. Et dès-lors le Seigneur de fief ne fait plus les fruits fiens dudit fief ; mais fi bon lui femble, aura quarante jours de choifir & élire l'une des trois offres, laquelle élection il fuffira aller déclarer par Procureur fondé au lieu du fief du Vaffal & domaine, à raifon duquel eft dû ledit profit ; & s'il y a manoir, au lieu de la Juftice du fief faifi.

AUCUN.) Ce mot aucun, *indefinité pofitum*, comprend non-feulement le vaffal Lai, mais encore l'Eccléfiaftique, ou autre de main-morte, qui tient héritage en fief ou en cenfive, pour lequel il a donné homme vivant & mourant, pour la mort duquel homme il fut dû rachat. Voyez les articles 81 & 87 ci-après.

RACHAT.) Le droit de Rachat eft un refte & ancienne marque de l'ufage des fiefs : car par la mort du vaffal, fans enfans mâles, régulierement le fief retournoit au Seigneur, *tit. des benef. fratris & qual. frater in benef. fratr. fuccedat :* pour lequel avoir, les héritiers collatéraux du défunt étoient contraints le racheter du Seigneur, le plus fouvent avec grande fomme de deniers. Ce qui depuis par commun ufage a été retranché, comme répugnant & peu convenable à l'honnêteté & gentilléffe Françoife : *Feudum enim non fub prætexta pecuniæ, fed amore & honore Domini, acquirendum eft*, text. *in principio tit. de Feud. dat. in*

vicem leg. com. reprob. l. 1. feud. Et au lieu de
cette reverfion ou rachat trop rigoureux & peu
honnête, ont été les offres & acceptations fu-
brogées, dont eft ici fait mention ; lefquelles
ont lieu & doivent feulement être faites quand le
revenu du fief *pendet ex incerto frugum & rerum
eventu,* & non pas lorfque le revenu annuel du
fief eft toujours égal & uniforme, comme s'il
confiftoit en la perception & droits de rentes feulement. Le droit de rachat donc étant dû par la
mort du vaffal, on peut demander fi la mort civile a pareil effet que la naturelle ; mais de cette
queftion a été parlé fur l'art. 8 ci-devant.

ET DÈS-LORS, &c.) La Cout. ne donne pas
main-levée de la faifie, finon après l'acceptation
ou payement, art. 21. & encore s'il y a des étangs
dans l'héritage, & qu'il foit befoin faire eftimation
du revenu d'iceux, pour connoitre ce qui en peut
appartenir au Seigneur pour fon année, tiendra
la main-mife jufques à ce qu'il foit accordé &
difcuté defdits étangs, article 72 ci-après.

DE CHOISIR, &c.) *Quid,* fi le Seigneur élit
après les 40 jours, j'eftime que *fi nihil ex facto
Vaffali fuper venerit,* tel choix, comme fait à tard,
doit être rejetté, *maximè,* s'il eft fait long-tems
après le terme, & fe doit le Seigneur accommoder du revenu de l'année, comme on peut induire de l'art. 15 ci-après, à commencer du jour des
offres valablement faites par le vaffal, même après
les quarante jours à lui octroyés, pour purger fa
demeure, comme remarque du Moulin en ce
lieu : & fi le tems n'étoit préfix, les Seigneurs féodaux pourroient *de induftria,* dilayer jufqu'à ce
que les faifons dangereufes pour les fruits fuffent
écoulées: & ainfi les pauvres vaffaux, d'ailleurs
affez incommodés par la privation de leur revenu,
porteroient toutes les fortunes & mauvais événe-
mens, *& in eo effent damnum habituri;* arg. *l. manci-
piorum* D. *de opt. legata :* après l'option faite, le
Seigneur ne la peut changer & en faire une autre,

d'autant que toute élection, comme eſt celle-cî, qui emporte avec ſoi une exécution, ne reçoît aucune variation, *text. in. l. ſervi electione. & l. ejuſmodi.* § *Stichum. D. de legat. & l. apud Auf. D. de opt. leg. Molin. ad Conſ. Pariſ.* § 16. *gloſſ.* 1. *num.* 10 & 17. *tit. de feud.*

ARTICLE XIV.

Paris
art. 56.
Orl.
art. 53.

SI le Seigneur féodal prend & élit l'année, ledit Seigneur payera les loyaux coûts & miſes. Et s'il choiſit le Dit de deux prud'hommes, le Seigneur en prendra & élira un, & le Vaſſal l'autre, leſquels arbitreront en leurs conſciences ce que peut valoir le profit, & ſi leſdits deux prud'hommes ne pouvoient s'accorder, leſdits deux prud'hommes choiſiront un tiers pour l'arbitrer avec eux, & arbitreront dedans quinze jours.

ÉLIT L'ANNÉE.) La Coutume de Paris, art. 49. & la Coutume d'Orléans, art. 53. diſent que l'année du rachat commence au jour des offres acceptées ou valablement faites, ce qui me ſemble mériter interprétation pour l'éclairciſſement de pluſieurs articles de notre Coutume ; & faut prendre le commencement de ladite année par le tems que les offres ont été faites ou acceptées : ſi leſdites offres ont été faites dans les quarante jours octroyés au vaſſal pour purger ſa demeure, l'année commence au jour de la ſaiſie, art. 20 ci-après. Si le vaſſal après ledit tems a fait ſes offres, il faut diſtinguer du tems que le Seigneur a fait ſon acceptation ; car s'il l'a faite dans les quarante jours après les offres, il eſt au choix du Seigneur de commencer la jouiſſance de l'année au jour des offres ou au jour de ſon acceptation : mais s'il a différé de déclarer ſa volonté ſur leſdites offres, jufques après les quarante jours, ou qu'il n'aie point du tout fait d'élection, l'année commence au jour des offres, comme dit l'article fuivant, & comme nous avons annoté en l'article précédent. Or pour jouir de l'héritage, & en percevoir le revenu, le vaffal eft tenu communiquer ou donner par extrait à fon Seigneur les baux à moifon ou papiers de recettes, pour lui fervir d'inftruction, ainfi qu'il eft dit en l'art. 44. Mais il ne peut être contraint de communiquer les titres & enfeignemens, comme font les contrats d'acquifition, de donation ou autres, qui regardent la confervation & propriété du fonds, finon que le fonds fût controverfé, & par ce moyen la jouiffance du Seigneur fût rendue contentieufe.

PAYER LES LOYAUX COUTS.) Comme font les frais de l'empoiffonnement des étangs, art. 71. les frais induftriaux & femence du laboureur ou métayer, art. 70. en ce chapitre.

LESQUELS ARBITRERONT.) Cette eftimation ou arbitrage fe doit faire aux dépens du vaffal, comme on peut colliger de l'art. 21. de ce chapitre, & doit être ladite eftimation fuivant l'ufage du pays; auffi ne doit-elle excéder au plus d'un fixiéme de la valeur du revenu d'une année, comme dit du Moulin fur la Coutume de Paris, titre des fiefs, art. 47. glof. 3. nombre 2. & titre des Cens, art. 77. glof. 1. nomb. 35. & *Speculator libro 1. part. 1. cap. de arb. & arb. quæft. quis fit arbit.* Autrement celui qui fe trouveroit lézé par telle eftimation, en peut demander la réduction par voie d'exception, felon que gens de bien & entendus la doivent faire. Il y a apparence de dire que cette réduction fe doit faire aux frais & par avance de celui qui la demande, fauf de les recouvrer en fin de caufe contre celui qui auroit contefté, en cas que l'eftimation foit jugée mal faite; étant raifonnable que le vaffal foit d'ailleurs déchargé de cette feconde, ayant déjà fatisfait à fon devoir, & porté les frais de la première.

Article XV.

Orl.
art. 55.

ET fi profit de rachat étoit dû, & le Vaſſal (après leſdites offres faites & ſignifiées) laiſſe ſon héritage vacant juſqu'à un an depuis leſdites offres & ſignifications *, & ſans ce que ſon Seigneur de fief ait déclaré quelles offres il veut accepter, ledit an paſſé, le Vaſſal eſt quitte dudit profit de rachat.

Le vaſſal à cauſe du ſilence de ſon Seigneur, a ſujet de lui laiſſer l'héritage libre & vacant, afin qu'il en perçoive le revenu de l'année, *cui maxime & precipue debetur*, pour le rachat, comme plus approchant à l'ancien droit de reverſion, n'étant les deux autres offres, ſavoir la ſomme d'argent, & le dire des prud'hommes, que pour tenir lieu du revenu par ſubrogation, *tanquam ejus vicem fungentes*, par eſtimation proportionnée à ſa valeur, comme il eſt noté en l'art. précédent. Que ſi le vaſſal fait ſon devoir, & le Seigneur ne jouit de l'héritage, & n'en perçoit les fruits, il s'en doit imputer la faute. Du Moulin ſur la Cout. de Paris, art. 47. gloſ. 5. nomb. 1.

JUSQU'A UN AN, &c.) Tellement que l'année pour le rachat commence au jour de la ſignification des offres, *hoc caſu*, & finit à pareil jour. Et ſemble que le Seigneur de fief ayant laiſſé couler le terme préfix dans lequel il pouvoit élire, ait dès-lors accepté les offres, & fait le choix, *maxime*, s'il a faili auparavant ; du Moulin ſur la Cout. de Paris, art. 47. gloſ. 1. nomb. 1. A cela ſe peut accommoder l'art. 49. Cout. de Paris,

---

* *Intellige etiam poſt 40 dies, ut ſuprd. parag. 13. Et dummodo Vaſſallus nihil ſibi recondat de fructibus dicti anni, ſed eos omnes capi permittat à Domino. C. M.*

Fart. 56. Coutume d'Orléans, qui font commencer l'année au jour des offres acceptées, ou valablement faites par le vaſſal ; c'eſt-à-dire, au jour du choix exprès ou tacite. Auſſi que, *in dubiis & odioſis contra eum pronuntiandum eſt, qui potuit voluntatem ſuam apertius dicere.*

ARTICLE XVI.

DE quelque côté que la foi manque (1), du côté du Vaſſal, ou des deux, le Seigneur de fief ne peut exploiter le fief de ſon Vaſſal pour faute de foi non faite, ſans ſommation ou empêchement dudit fief duement ſignifié, qui vaut ſommation.

Paris art. 65. Ord. art. 60.

Conférant la diſpoſition de cet article, & des deux ſubſéquens, avec le 19 ci-après, il y a apparence de croire que ce mot, *du vaſſal* s'eſt coulé par mégarde, au lieu de celui *du Seigneur*, comme porte l'ancienne Cout. d'Orléans, art. 86. & la nouvelle, art. 60. Si ainſi étoit, ledit art. 19. ſeroit une régle particuliere, & non une amplia-

(1) ¶ Quand il y a mutation du côté du Seigneur, & que le fief dominant a changé de main, les anciens vaſſaux ſont tenus de renouveller la foi à ce nouveau Seigneur, quoiqu'il n'y ait aucune ouverture de leur côté ; mais en ce cas, il n'eſt dû à ce nouveau Seigneur aucuns profits : c'eſt ce que veut dire le commun proverbe du Barreau, *à tous Seigneurs tous honneurs.* Quand la mutation arrive du côté du vaſſal, il doit d'abord aller porter la foi & payer les droits, ſans qu'il ſoit beſoin de le ſommer. Au premier cas, le Sei-

gneur nouveau doit avertir avant de ſaiſir & faire les fruits ſiens : Au ſecond cas, il peut ſaiſir *de plano.* Voyez de Lalande, ſur l'art. 60. d'Orléans. Quant à l'aveu & dénombrement, s'il a été fourni à l'ancien Seigneur, il n'eſt point dû au nouveau, ſinon au cas de beſoin, & à ſes dépens. De Lalande, *ibid.*

Paris, art. 65. L'ancien Vaſſal ne doit que la bouche & les mains ; c'eſt-à-dire, le baiſer & ſerrement de main, ſans autres droits. Notre Coutume au préſent article n'uſe pas des mêmes mots, *la bouche & les mains.*

tion de cet art. Toutefois puisque ce mot *du vaf-*
fal est dans l'original, convient noter en expliquant cet article, qu'encore qu'il ne soit ici fait
mention du défaut de foi du côté du Seigneur, il
le faut néanmoins sous-entendre, *tanquam quid*
minus, & que cet article sert de régle générale
pour tous les cas où le fief est ouvert par défaut
de foi, disant que le Seigneur ne peut exploiter
& faire siens les fruits du fief, qu'au préalable le
vassal ne soit, non-seulement en demeure, mais
aussi contumax, ayant eu premierement tems suf-
fisant de vingt ou quarante jours, ainsi qu'il est dit
en l'art. 8 & 19. de ce chap. pour aller à la foi, &
encore 40 jours pour purger sa demeure du jour de
la sommation ou empêchement, suivant l'art. subséquent. Et faut remarquer que l'acte d'empêchement est mis en ce lieu, *in lariori significatione*,
pour toute main-mise féodale, comme pour acte,
portant simple défense au vassal de jouir conformément à l'art. 89. *Item* pour simple saisie, avec
établissement de commissaire dormant, dont est
fait mention art. 81. Et aussi pour saisie dont peut
user le Seign. de son autorité privée, ou de Justice, en confortant la sienne, avec pouvoir d'établir commissaire autre que le vassal, qui leve ou
fasse lever les fruits. Les deux premieres especes,
ou manieres d'empêchement, sont communes pour
tous les cas d'ouverture de fief ; mais la derniere
est particuliere, quand la foi manque du côté du
vassal seulement. De cet empêchement doit être
entendu l'art. 19. ci-après ; & fait à ce propos
l'arrêt du 7 Mars 1563, donné en l'audience entre le Seign. de Longuiliers, & Messire Michel
de Melun, rapporté par Guenois en la conférence des Coutumes, par lequel fut dit, que le vas-
fal ne peut être contraint par saisie d'aller reconnoître le nouveau Seign. Le 21 Août, en l'assise
fut dit que la Dame de Noyen avoit mal procédé
d'avoir fait faire bail après la saisie, faute d'homme, par la mort de Maître Pierre Menard, son vas-

fal , ordonné que la faifie ne vaudroit que fommation pendant les quarante jours que la Coutume donne après la faifie.

QUI VAUT SOMMATION.) *Videlicet ,* pendant les quarante jours , Coutume d'Orléans art. 60. C'eft-à-dire , que la jouiffance des fruits empêchés , & application au profit du Seign. qui vient en conféquence de l'empêchement, *paululum moratur ,* demeure en fufpend jufqu'après quarante jours, pendant lefquels le vaffal doit fe tenir pour averti & fommé de fon devoir.

ARTICLE XVII.

ET après ladite fommation ou empêchement , ledit Vaffal aura terme ou délai de quarante jours pour entrer en foi , & faire fon devoir envers fondit Seigneur ; & en faifant ladite foi , ou offres pertinentes dedans ledit tems , il jouira des fruits empêchés ; autrement après ledit terme , lefdits fruits feront acquis en pure perte au Seigneur de fief.

Paris art. 7. Orl. art. 61. Troies art. 24.

LEDIT VASSAL.) Soit ancien ou nouveau , ayant le fief par acquifition ou par fucceffion.

QUARANTE JOURS.) Le jour de la fommation ou empêchement n'eft pas compris dans ce terme , dit du Moulin fur la Cout. de Paris, art. 15. nomb. 10. & court ce tems auffi-bien contre le mineur que contre le majeur , fauf au mineur fon recours contre fon tuteur; & s'il n'en a point, il peut être reftitué comme lézé , en ce qu'il n'a point demandé l'inveftiture du fief à fon Seigneur, & fait la foi dans le tems de la Coutume , *argum. l. interdum D. de minorib.* Et en ce faifant , lui feront les fruits perçus par le Seigneur ou commiffaire, reftitués, parce que telle reftitution eft *de juftitia , & non de gratia ,* comme dit Chaffa-

née, *ad confuetud. Burgundiæ, tit. de feud.* § 2.
num. 7. 8 & 20. Auquel lieu il rapporte les prefcriptions qui vont contre les mineurs.

EN FAISANT LA FOI, &c.) En l'abfence du
Seigneur, demeurant à plus de dix lieues loin du
fief dominant, le vaffal doit fe préfenter en état,
devant la principale porte du lieu Seigneurial,
en la préfence d'un Notaire & témoins, & là demander à haute voix fon Seigneur, déclarer la
caufe de fa venue, & à quel titre le fief lui appartient, fi c'eft par fucceffion ou acquifition ; requérir le Seigneur qu'il lui plaife le recevoir en
foi ; Cout. d'Orléans, art. 47. tit. des fiefs : puis
ledit vaffal doit faire fes offres, s'il eft dû rachat,
ainfi qu'il eft porté en l'art. 13. ci-devant, & s'il doit
quint denier, elles doivent être faites au prorata
de l'acquifition, fuivant l'art. 57 & les fubféquens.
Si le profit n'eft certain & liquide, comme au cas
de l'art. 47 ci-après, où il échet faire une eftimation, on doit offrir une fomme d'argent raifonnable, & à parfaire icelle avec caution bourgeoife,
pour la fûreté & payement de ce qui fe trouvera
être dû de plus, fuivant l'opinion de Cocquille, en
la Cout. de Nevers, tit. des fiefs, art. 5. & de ce
que deffus en prendre acte dudit Notaire & témoins. S'il y a plufieurs Seigneurs du fief dominant, le vaffal doit fignifier & donner copie à l'un
d'iceux demeurant audit lieu, fuivant l'art. 85. ci-
après ; & où il n'y en auroit aucun, il doit laiffer
copie dudit acte au Juge & Procureur-Fifcal dudit Seign. ; & à leur défaut, ou bien fi ledit Seigneur n'a Juftice, faut laiffer ladite copie à celui
qui demeure en la maifon, ou au prochain voifin :
s'il n'y avoit point de manoir, je voudrois fuivre
la difpofition de l'art. 6. tit. des Cens, ci-après; &
de la Cout. de Berri, art. 20. tit. des fiefs. Ce
fait, le vaffal peut faire appeller le Seigneur aux
fins de l'Ordonnance de Charles IX, de l'an 1563,
art. 11. Mais en ce lieu l'on peut demander s'il
faut faire une eftimation, à quels frais elle doit

être faite : comme par exemple fi le fief acquis fe trouve mouvant de divers Seigneurs , & qu'il foit néceffaire de ventiler, pour favoir ce qui appartient à chacun: en ce cas, c'eft aux frais du vaffal , & la raifon, parce que le vaffal lorfqu'il acquiert , peut mettre prix fur ce qu'il acquiert , fpécifier que ce qui eft au fief d'un tel , il l'achete pour telle fomme : & ainfi des autres : s'il ne le fait , il doit à fes frais faire régler le prix. Et ainfi a été jugé par arrêt donné au rapport de M. Ricouard , en la feconde des Enquêtes, confirmatif d'une fentence de Meffieurs des Requêtes, entre Nicolas l'Argentier, appellant, & la Dame d'Auvreuil, intimée.

IL JOUIRA DES FRUITS EMPÊCHÉS.) En l'ancienne Coutume de l'an 1494 , il y avoit que le vaffal auroit délivrance des fruits empêchés; ce qui a été réformé par un terme plus général, & convenant à ce qu'il réfulte de tous les actes de main-mife , dont peut ufer le Seign. en cas d'ouverture de fief , foit de fimple faifie ou d'empêchement , foit de faifie avec établiffement de commiffaire & levée de fruits : auffi ce mot *d'empêchés* eft ici, *in latiori fignificatione*, comme il a été noté en l'art. 16. *Refte* des fruits empêchés , fans faire mention de la fommation , car l'empêchement a plus d'effet que la fimple fommation : fi le Seigneur n'avoit que fommé fon vaffal de venir à la foi , la jouiffance du fief ne lui feroit interdite , comme nous avons dit en l'art. 7 ci-devant.

SERONT ACQUIS , &c.) Les fruits du fief faifis font acquis au Seigneur en pure perte, jufqu'à ce que le vaffal ait fait fon devoir , art. 82. & ainfi que nous avons noté ci-devant fur l'art. 8. Or encore que le Seign. ait faifi, il peut toutefois pourfuivre fon vaffal par action, pour faire la foi & hommage, payer les devoirs & profits de fief, ou bien quitter & déguerpir le fief purement & fimplement. Même quand l'action feroit intentée, le Seigneur peut faifir & faire les fruits fiens, tant

que le vaffal fera en demeure , fans préjudice de
l'action , en offrant par lui donner main-levée ,
après que le vaffal aura fait la foi & payé les profits. Du Moulin fur la Cout. de Paris, art. 1. glof.
2. nombr. 4 & 5.

Article XVIII.

Paris
art.65.
Orl.
art.62.
Troies
art.44.

ET fi le Seigneur féodal eft Châtelain,
il peut fommer fes Vaffaux de plein
fief en général à cri public, au lieu de la
Châtellenie où l'on a accoutumé faire cris,
& faire à favoir à certain jour qu'il déclare-
ra, qu'il tiendra fes hommages: après lequel
terme & délai peut ledit Seigneur faifir fes
fiefs , & iceux exploiter en pure perte , fi
les Vaffaux au tems à eux affigné , ne font
leur devoir envers ledit Seigneur de fief:
toutefois ledit terme & délai affigné par
ledit Châtelain , ne peut être moindre de
quarante jours ; & s'il a fiefs qui foient hors
de ladite Châtellenie & Juftice , ledit Châtelain fera tenu procéder par faififfement
& empêchement fpécial , ou fommation
particuliere.

EST CHASTELAIN.) *Idem*, s'il a Juftice de
Châtelain unie à fon fief. Nous avons dit fur l'art.
5 ci-devant, quel étoit le Châtelain, & *tanquam
quid minus hic pofitum* comprenoit au-deffous
de foi les Juftices des Ducs, Marquis, Comtes,
Vicomtes & Barons : excluant ce qui eft au-deffous, comme font les Prévôts & Mairies ; d'autant que ceux-là , à proprement parler , n'ont pas
Jurifdiction : ils font au lieu de ceux que notre
Droit appelle *defenfores civitatum*. Cujas fur la
loi *ea quæ D. ad municip. lib. 1. ad Edict. Pauli. &
lib.*

lib. 5. C. *de defensoribus civitat.* Tous les Juges fubalternes, que l'on nomme Baillifs, ne font pas pourtant Juges de Seigneurs Châtelains; il faut qu'ils ayent reffort, & tel nom leur eft attribué contre raifon, dit Boutiller en fa fomme rurale, liv. 4. chap. 5.

PEUT.) Ce mot qui emporte une faculté, & non une néceffité, montre que le Seigneur n'eft pas tenu de fommer fes vaffaux à cri public, fi bon ne lui femble, & qu'il les peut auffi fommer particulierement. Le Poëte Guntherus dit :

- - - - - - - *Ligno fufpenditur alte*
Erecto clypeus, tum preco regius omnes
Convocat à Dominis feudalia jura tenentes.

EN GÉNÉRAL À CRI PUBLIC.) C'eft une prérogative que les Châtelains ont pardeffus les Seigneurs qui ont fimplement haute-Juftice, fans autre dignité. Voyez la Coutume du Maine, titre du droit de Châtellenie, art. 54. Anjou, ibid. art. 46.

S'IL Y A FIEFS, &c.) La fommation qui feroit faite à cri public hors la Châtellenie du Seigneur de fief, comme nulle n'auroit effet de conftituer le vaffal en demeure, *extra territorium enim jus dicenti*, ou, comme dit Godefroy, *& citanti non paretur, l. extra. D. de Jurifd.* Le Roi néanmoins peut par fes Officiers fommer fes vaffaux à cri public, non-feulement en fes villes & autres lieux où il y a Officiers établis, mais auffi par toutes les villes & bourgs du reffort ou Bailliage dans lequel eft affis le fief dominant; & cette fommation aura pareil effet que fi chacun des vaffaux avoit été fommé en particulier, pource que les Bailliages & Sénéchauffées *non continentur territorio quod eft circonfcriptum modicum.* Leurs limites font de plus grande étendue, & la l. *extra non pertinet ad præfides aut proconfules, fed ad magiftratus muni-*

Tome I. F

cipales , dit Cujas, *lib. 1. ad edict. Pauli.* Ainſi
voit-on journellement pratiquer , que les juſticia-
bles des Seigneurs doivent comparoir pardevant
le Bailli ou Sénéchal de la Province , y étant appellés , & défendre s'ils ne ſont vendiqués par
leur Seigneur , n'ayant le R o i , en octroyant ou
permettant le droit de Juſtice aux Seigneurs de
ſon Royaume , entendu ſe dépouiller entierement de celle qu'il a naturellement ſur ſes ſujets,
ſed per modum accumulationis conceſſà eſt Juriſdic-
tio. Chaſſanée ſur la Cour. de Bourgogne , *ad*
rubr. tit. des Juſtices, nomb. 107. Choppin , en
ſes Commentaires ſur la Coutume d'Angers, *lib.*
1. cap. 65. num. 7. & au chap. 77. il rapporte un
Arrêt à ce ſujet , rendu ſur un appel d'une commiſſion du Bailli de Montargis.

A r t i c l e XIX.

Orl.
art. 50.

E T ſi la foi manque du côté du Vaſſal (1),
en ce cas le Seigneur de fief, quel qu'il
ſoit , ſans ſommation peut ſaiſir l'héritage
tenu de lui en fief vingt jours après l'ouverture dudit fief & vacance de la foi , ſauf
de l'héritier du Vaſſal qui aura quarante
jours après ladite ouverture dudit fief , &
plutôt ne pourra être ſaiſi.

E T S I L A F O I M A N Q U E.) Ceci eſt dit pour ſervir d'ampliation à l'art. 16 ci-devant, ſavoir quand
le fief eſt ouvert du côté du vaſſal , alors le Seign.
de fief Châtelain, ou non, laiſſant les voies de ſommation & d'empêchement, peut *durius agere* contre ſon vaſſal , &, ſi bon lui ſemble, *rectá viá,* uſer

(1) ¶ Suivant la Thaumaſ-
ſiere , art. 16. des fiefs , celui-
ci s'entend ſeulement du cas
où la foi manque du côté du
vaſſal, au lieu que le 26 ci-après

s'entend de deux cas : ſavoir ,
quand la foi manque du côté
du Seigneur , & quand elle
manque auſſi en même tems
du côté du vaſſal.

de faifie, qui non-feulement a effet de rendre le
vaffal contumax, comme feroit une fommation,
fuivant ledit art. 16. Mais encore cette faifie porte enfuite une faculté d'établir commiffaire autre
que le vaffal, faire faire bail du fief faifi, ou autrement en faire lever les fruits, pour ce que l'o-
bligation de la foi eft plus formelle, & le défaut
plus grand, que quand la foi manque du côté du
Seigneur ou des deux. *Obligatio enim ad fidelita-*
tem renovandam hoc cafu non eft pura : dit du Moulin fur la Coutume de Paris, au commencement
de l'art. 65. *Quid,* fi le vaffal enfreint la main-
mife, il doit être condamné, ainfi qu'il eft dit en
l'article 74. §. 89. fous la modification portée par
l'art. 81 ci-après. Le vaffal toutefois fatisfaifant
à fon devoir pendant les quarante jours octroyés
pour purger fa demeure, il recouvre les fruits
qu'il auroit auparavant reftitués, à caufe de la
main-mife par lui enfreinte, fuivant l'art. 74. &
s'il vient après lefdits quarante jours, avant que
le Seigneur ait recueilli les fruits, de-là en avant,
ledit vaffal jouit d'iceux en l'état qu'ils font, art.
82. demeurant néanmoins au Seigneur de fief ce
qu'il en a reçu, fans qu'ils foient compris au profit
qui feroit dû, art. 8 & 69. de ce titre.

VINGT JOURS APRÈS.) *Id ex æquitate,* comme il a été noté ci-devant, art. 8. auffi ce feroit
une chofe trop rigoureufe de travailler par faifie
ou empêchement fi foudain, un nouvel acquéreur
qui feroit en volonté, & par aventure en chemin
pour aller trouver fon Seigneur : du Moulin fur
la Cout. de Paris, art. 7. glof. 1. nomb. 3.

L'HÉRITIER DU VASSAL.) L'auth. *fed neque.*
C. *de fepul. viol.* défend d'apporter aucun trouble
ou fâcherie, neuf jours après la mort du défunt ;
mais ce tems trop brief a été prolongé par notre
Coutume, tant pour donner loifir à l'héritier de
rendre le devoir au défunt, s'accordant en cela
au texte de la Genefe, chap. 50. verf. 3. comme
auffi afin que l'héritier ait tems fuffifant pour déli-

bérer , art. 21 ci-après, titre des fucceſſions. Le
cours de ce délai eſt *de momento ad momentum* ,
fans qu'il ſoit beſoin au Seigneur de fief interpel-
ler judiciairement l'héritierapparent:pource qu'il
n'eſt pas ici queſtion d'une action qui ſe dirige
contre la perſonne, ni d'une ſaiſie à faute de payer
une dette hypothécaire , qui tient de la perſon-
nalité , où il faut faire un commandement préalable ; maisil s'agit d'une ſaïſie domaniale , *propter
non exiſtentem perſonam* , qui eſt choſe purement
réelle , & dont Meſſieurs des Requêtes ne devroient connoitre, comme remarque M. Louet ,
lettre R. ch. 36. & n'a que faire le Seign. de s'enquérir qui eſt l'héritier de ſon vaſſal, ni même s'il
y en a aucun ; autrement ſeroient en la Coutume
inutiles les mots qui permettent de ſaiſir faute
d'homme ; ſi lui mort le Seigneur étoit obligé de
faire perquiſition de ſon héritier : du Moulin ſur
la Cout. de Paris , art. 7. gloſ. 1. nomb. 6.

ET PLUTÔT NE POURRA ÊTRE SAISI.)
Fallit , au cas de l'art. 88. où la mort naturelle
de l'homme vivant & mourant eſt anticipée par
fiction ; mais au lieu qu'ils devoient précéder la
ſaiſie , on les donne après icelle , *ſed eſt caſus ſpe-
cialis.* Sera obſervé que la ſaiſie faite auparavant
leſdits quarante jours eſt nulle , quelque tems
qu'il court après : jugé par arrêt de l'an 1542 ,
rapporté par Carond. liv. 11. reſp. chap. 137.

ARTICLE XX.

ET ſi le Vaſſal vient dedans leſdits quarante jours après ledit ſaiſiſſement , &
ne doive profit , le Seigneur le recevra , &
lui levera la main de ſon héritage , en
payant les frais raiſonnables. Et ſi rachat
eſt dû , & le Seigneur accepte l'année , les
fruits qui ſont audit héritage , dedans leſdits
quarante jours feront de ladite année.

NE DOIVENT AUCUN PROFIT.) Comme si le fief vient par succession en ligne directe, art. 33. ci-après.

EN PAYANT, &c.) Sous la modification toutefois portée par l'article subséquent.

ACCEPTE L'ANNÉE.) Lui étant, *videlicet*, les offres faites dans les quarante jours, comme il est dit en l'art. 11. autrement les fruits ne seroient compris en l'année, laquelle ne commenceroit qu'au jour des offres ou de l'acceptation, suivant la distinction faite en l'annotation de l'art. 14. ci-devant.

SERONT DE LADITE ANNÉE.) C'est ici un des cas que les fruits sont compris au profit, dont est fait mention en la fin de l'art. 8. ci-devant.

ARTICLE XXI.

ET si le Seigneur accepte la somme de deniers qui lui sera offerte, en ce cas les fruits empêchés ou levés seront resti-tués au Vassal, icelle somme payée en payant les frais; lesquels frais (s'il en est différens) seront taxés & arbitrés par le Juge ordinaire : & pour lesdits frais & dif-férens ne demeurera saisi.

Orl. art.59.

ACCEPTE LA SOMME.) Ou ce qui sera arbitré par les prud'hommes : Cout. d'Orléans, art. 59.

NE DEMEURERA SAISI.) Après l'acceptation faite par le Seigneur féodal de l'une des offres, le fief ne demeure saisi pour les frais de la saisie, & de ce qui s'en feroit ensuivi, *ad instar* des criées, art. 4. titre des criées ci-après, pource que les frais faits par le Seigneur ne sont partie des droits Seigneuriaux, ni comme iceux, *pars fructuum Feudi*, mais seulement ils procedent de la convention expresse ou tacite de payer les droits Seigneuriaux, à peine de tous dépens, dommages &

intérêts : *in vim* de cette clause le Seigneur féodal, en qualité de créancier, préféré pour ses
frais & dépens les autres créanciers, du jour de
la concession du Fief, *argumento à simili*, des
autres contrats : voyez M. Louet, lettre D. ch.
42. & lettre I. chapitre 12. s'il n'apparoît de la
concession en fief, *à prima & antiquissima feudorum concessione seu distributione origo præsumitur.*

ARTICLE XXII.

Paris
art.13.
Orl.
art.89.
Troies
art.14.
Aux.
art.53.

EN succession de fief, en ligne directe,
entre trois ou plusieurs enfans, le fils
aîné prend un manoir, ainsi qu'il se com-
porte & poursuit avec le vol d'un chapon,
estimé à un arpent de terre à l'entour dudit
manoir, (s'il y a tant de terre joignant)
avec sa moitié de tous les héritages & revenus tenus en fief; & les autres enfans,
soit fils ou filles, auront l'autre moitié,
qu'ils partiront également, & y aura autant
la fille que le fils.

ENTRE TROIS OU PLUSIEURS ENFANS.) Il
faut que ces enfans soient capables & habiles à
succéder; & de fait, faut qu'ils recueillent la succession, autrement s'il n'y en a que deux, pour
l'incapacité ou renonciation des autres, la disposition de l'art. subséquent sera gardée (1): du Mou-

(1) ¶ M. Durand en ses Mémoires, sur les présens art. 22
& 23. dit que si de trois enfans le puîné renonce à la
succession, en ce cas il faut
régler la portion de l'aîné
pour les tiers, & qu'il faut
entendre notre Coutume suivant celle de Paris, & que
tous les enfans doivent venir
à la succession pour régler le
droit d'aînesse, qu'il l'a vu
ainsi observer. Il cite le Prê-
tre, art. 2. chap. 57. Suivant
cette opinion, M. Payneau,
Conseiller en ce Siege, &

lin fur la Cout. de Paris, art. 15. glofl. 4. nomb.
1 & 2. titre des fiefs ; *& pars deficientis adcrefcit*

Gerbault, Avocat, ont réglé par arbitrage la portion du jeune Thevenin aux deux tiers, dans le partage des biens de la fucceffion du pere commun, Seigneur de Boifleroi, à laquelle la Dame Doulé, fille aînée avoit renoncée, s'étant tenue à fon contrat de mariage, l'autre fœur partageant ou venant à ladite fucceffion avec le frere ; ils n'étoient que trois enfans iffus du pere. Ce partage fut ainfi réglé contre le fentiment de M. Dagan, Avocat, auffi arbitre, qui ne vouloit donner au frere que la moitié, en comptant trois enfans au lieu de deux. Ferrieres, fur l'art. 15. de Paris, gl. 2. n. 2. dit que les enfans qui renoncent ne font pas nombre, & que c'eft l'opinion des Commentateurs, contre Auzaner, qui tient au contraire fur l'art. 16. Le même Ferrieres, n. 7. dit que quoique les enfans renonçans ayent reçu de grands avantages de leur pere, foit entre-vifs, ou par derniere volonté, comme fi un pere avoit donné une dot confidérable à fa fille en la mariant, qui excédât la portion qu'elle auroit pû efpérer dans fa fucceffion, au moyen de quoi elle y auroit renoncé, en ce cas l'aîné, dans le cas de l'article 15. de Paris, ne laifferoit pas de prendre les deux tiers dans tous les biens nobles fitués dans la Coutume de Paris, & fon cohéritier l'autre tiers. De Lalande, fur l'art. 90. d'Orléans, décide au contraire, à caufe que ledit art. ne porte pas ces mots : *venans à la fucceffion*, & que par l'art. 359. la Coutume d'Orléans attribue la part de celui qui s'abftient, à ceux qui appréhendent l'hérédité, fans que ladite portion foit fujette au droit d'aîneffe ; ce qui oblige dans cette Coutume de prendre l'opinion contraire à celle du Moulin.

Nota. Que le préfent artic. de notre Coutume ne porte pas non plus ces mots : *venans à la fucceffion*, dont il femble qu'il faudroit fuivre l'opinion de M. de Lalande. M. Dupleffis, fur ledit art. 15. de Paris, liv. 1. chap. 2. fect. 2. & fur l'art. 16. demande que fi de trois enfans, l'un des puînés renonce, enforte qu'il n'y en ait plus qu'un qui vienne à la fucceffion avec l'aîné, celui qui a renoncé fera nombre, fi bien que l'aîné n'aura que la moitié des fiefs, ou bien s'il en aura les deux tiers, parce qu'il n'y en a qu'un qui vienne partager avec lui ? dit qu'en ce cas, on tient que celui qui a renoncé ne fera pas nombre, & que l'aîné aura les deux tiers pour fa part, comme fi le renonçant n'avoit point été *in rerum naturâ*, & qu'on tire cette décifion de l'article 16. qui ufe de ces mots : *enfans venans* ; ces mots de la Coutume dénotant qu'elle ne compte plus ceux qui ne viennent pas à la fucceffion : que ces mots ne font pas mis inutilement, d'autant que l'art. 15 précédent, ufe de la même expreffion : malgré cela cet Auteur tient que par ces mots cætéris, id eſt hæreditati, & maſſæ ſucceſſionis, arg. l. ſi quis ex his. §. ſed & ſi patruus. D. de conjung. cum emancip. lib. ſuivant l'article 43. ci-après. Lucius remarque un arrêt à ce propos, liv. 8. tit. 10. & Coquille en la Coutume de Nevers, article 1. titre du droit d'aineſſe, en rapporte un autre du 14 Août 1567. Voyez ce qui eſt annoté ſur l'article 3. titre des ſucceſſions, ci-après. Laquelle opinion je voudrois ſuivre, puiſque notre Coutume n'en diſpoſe point : *caſus enim obmiſſus remanet in jure communi*, diſent les Docteurs ſur la loi, *ſi extraneus. D. de condict. cauſa dat.* ainſi à Paris, art. 310. & à Orléans, article 359. titre des ſucceſſions. En ce lieu notre Coutume a égard au nombre des enfans, comme Juſtinian, quand il a défini la légitime. *Auth. noviſſimâ C. de inoff. teſtam.* Car d'autant plus qu'il y a d'enfans, l'équité veut qu'on leur laiſſe davantage de biens pour leur nourriture & entretenement.

venans, la Coutume ne veut pas compter ceux qui ſont exclus de la ſucceſſion, comme les exhérédés, les Religieux Profès, & les filles qui ont renoncé par leur contrat de mariage, *aliquo dato*, ou ceux qui voudroient bien renoncer ſans avoir rien eu, mais qu'elle compte ceux qui renoncent pour ne pas rapporter un gros don qu'ils ont eu, leſquels emportant une bonne partie de la ſubſtance de la famille, doivent faire nombre; car à dire vrai, un enfant donataire qui renonce eſt effectivement héritier, du moins juſqu'à la concurrence du don; & il ne le faut pas tant conſidérer comme renonçant, que comme ſe tenant à ce qu'il a. La note de Monſieur Berroyer ſur cet endroit de Monſieur Dupleſſis, confirme cette opinion. Ce ſentiment étoit apparemment le motif de celui de M. Dagan, contre MM. Payneau & Gerbault de l'autre part. Ferrieres, au lieu ci-deſſus cité, dit que M. Auzanet décide comme Dupleſſis, fondé ſur les mêmes raiſons. La Thaumaſſiere ſur le préſent article, ſur ces mots: *entre trois enfans*, ajoute, *venans à ſucceſſion, ou ſe tenans à gros don*, & cite du Moulin, paragraphe 9. gloſ. 4. n. 1 & ſuivans.

ARTICLE XXIII.

ET s'il n'y a que deux enfans, le fils Paris art. 15. Orl. art. 90. aîné prend le manoir comme dit eſt, & les deux parts au reſte. Et l'autre, ſoit fils ou fille, aura le réſidu des choſes féodales.

LE FILS AÎNÉ.) *Id eſt*, qui ſe trouve être aîné lors du décès du pere ou mere. *Mol. ad Conſ. Pariſ. §. 13. gl. 1. num. 32.* capable de ſuccéder, car s'il étoit Religieux, ou mort civilement, *quaſi non eſſet reputatur. l. ſi qui pena D. de his qui ſui ſunt vel. al. Jur. Guiliel. Bened. ad c. Rein. in verbo in eod. teſt. rel. 1. num. 156.* Quelles ſont les prérogatives du fils aîné : *vide eundem ib. n. 157. & ſeq.* Faut reſtreindre ce qui eſt ici dit du fils aîné, à celui qui eſt naturel & légitime, *arg. l. generaliter. § cum autem. C. de inſt. & ſubſtit.* Et au légitimé, *per ſubſequens matrimonium. § fin. inſt. de nupt.* car le mariage a effet *in præteritum*, pour la légitimation des enfans, auſſi-bien que *in futurum*, pour ceux qui ſont à naitre, devenans dès-lors parens des parens de leur pere, *ſtatimque naturalia & civilia jura concurrunt :* du Moulin ſur la Cout. de Paris, tit. des fiefs, art. 13. gl. 1. n. 44. où il faut remarquer cet adverbe *ſtatim :* pource que les effets de la légitimation ne commencent à avoir lieu que du jour du mariage, *excluſis adulterinis qui non legitimantur gl. pragmat. ſanct. §. ipſas autem in verbo arcere :* tellement que le fils né *ex intermedio matrimonio*, retient les droits acquis de primogéniture, à l'excluſion de ſon frere légitimé, quoique plus âgé, comme dit la gl. ſur ladite *pragm. in præmio in verbo primogenitus in f. & Guiliel. Bened. ibid. n. 202.* du Moulin au lieu ci-deſſus, n. 35 & 36. Maître Pierre Rat, ſur la Cout. de Poitiers, art. 297. *Quid*, légitimation & comment il y faut pro-

céder : *Vide*, fur l'art. 5. tit. des fucceffions ci-
après : du Moulin au lieu ci-deffus, n. 35 & 36.
Or la prérogative d'aîneffe appartient, non-feulement à l'aîné, mais auffi aux enfans mâles ou femelles de l'aîné, en la fucceffion de l'ayeul ou
ayeulle, par repréfentation du pere, à l'exclufion
des oncles(1). Jafon fur la loi *maximum vitium. C.
de lib. præterit.* Du Moulin, *ad Conf. Parifienf.
t. de feud.* §. *19. n. 1. & §. 13. gl. 3. n. 5.* où il
rapporte un arrêt rendu au profit d'une fille, du
23 Mai 1550. La repréfentation *fit cum omni fua
caufa & conditione tam fexus quàm gradus*, difent
les Docteurs *Petrus Perticenfis in l. pater. § quin-
decim. D. de leg. 3.* Les raifons font dans Guiliel.
Bened. au lieu ci-deffus, n. 187. *& feq.* Voyez
plus amplement *Boer. ad Conf. Bitur.* § *2. t. de teftam.* & Choppin *morib. Parif. lib. 2. t. 5. n. 5.*
Maitre Pierre Rat, fur la Cout. de Poitou, art.
89 des fucceffions *in verb.* qu'il repréfente. L'Abbé fur la Cout. de Berry, art. 31. tit. des fucceffions *ab inteftat*, remarque après du Moulin, *ad
Conf. Parif. §. 17. n. 1. t. de feud.* que le droit d'aîneffe eft tranfmis aux enfans de l'aîné prédécédé,
& non pas à fon fils ainé feulement, mais aux enfans de l'aîné indéfiniment.

PREND.) *Videlicet*, par préciput, Paris, art.
13. Orléans, art. 89. *Quid*, fi le fief eft en la mai-

---

(1) ¶ Avec cette différence,
que l'aîné de fes enfans mâles prend fon droit d'aîneffe
fur la portion échue par la
repréfentation de leur pere
commun, & que s'il n'y a
que des filles pour enfans,
elles partagent également entr'elles, fans prérogative du
droit d'aîneffe, fuivant l'article 324. de Paris. Voyez
Ferrieres, fur ledit article
324. glof. 1. n. 7. les enfans
de l'aîné venans par repréfentation de leur pere pré-

décédé, au partage de la
fucceffion de leur ayeul, ils
prennent dans la fucceffion
le droit d'aîneffe que leur
pere auroit eu, & ils le partagent entr'eux, de façon que
l'aîné mâle prend fon droit
d'aîneffe dans celui dû à fon
pere. Voyez la Thaumaffiere,
art. 4. chapit. des fucceffions
ci-après, qui dit, que les petits-fils fuccedent à l'ayeul au
droit d'aîneffe. Lhofte, *ibid.*
décide de même.

son à faculté de réméré , & que le vendeur rachete dans le tems , l'aîné *tenetur pretium com-
municare coheredibus :* le fief n'est pas incommutablement acquis , arrêt en robbes rouges le 8
Juin 1576 , du Moulin *ad Conf. Parif. t. de feud.*
§. *13. gl. 2. n. 1.* dit que par la mort du pere , le
fils aîné est saisi du préciput , & ne lui est besoin
de demander ou prendre par le ministere d'autrui,
à quoi s'accorde la Cout. d'Anjou , art. 134.

Un manoir.) Le fils aîné choisit un manoir
en fief tel que bon lui semble , & le prend en l'é-
tat qu'il le trouve lo:squ'il y a ouverture à la succession : du Moulin , *ad Conf. Parif.* §. *13. glof. 4.
num. 2. 3 & 4. tit. de feud.* excepté au cas de
l'art. 24 ci-après. Sous le nom aussi de manoir est
compris une rente fonciere dûe par bail d'héritage
féodal , suivant les art. 13 & 17. titre des successions , comme étant icelle rente au lieu du fonds,
lequel peut être déguerpi & retourner à l'héritier
du vendeur , comme il sera dit sur l'art. 38. chap.
des cens ci-après. Si dans les appartenances de ce
manoir , ou vol de chapon , y avoit un moulin , il
n'appartiendroit pas à l'aîné par préciput , comme
il est dit en l'art. 16. chap. des successions : autant
en peut-on dire des fours & pressoirs bannaux ,
qu'ils se partiront comme le reste du fief , pource
qu'ils font un revenu séparé desdits manoir & vol
de chapon , *quæ habitationis & spatiandi gratiâ
concessa videntur :* sous les modifications portées
par la Cout. d'Orléans , art. 92. à laquelle il nous
faut avoir recours pour l'interprétation de la nôtre , comme tient Maître René Choppin *ad Conf.
Andegaven. in progymnasmatibus , parte 1. qu. 4.
n. 13.* Voyez la Cout. de Paris , art. 14. tit. des
fiefs ; & sur icelle les annotations de Carondas :
de Berry art. 31. des successions *ab inteftat.* En
la compilation des arrêts notables de M. Louet,
lettre M. chap. 21. On ne suit pas en ce Bailliage
l'opinion de du Moulin , *ad Consuet. Par.* §. *13.
glof. num. 4. tit. de feud.* où il semble tirer en

conféquence , & par identité de raifon, qué les
prés, bois , vignes & garennes , ne doivent être
compris au vol de chapon , d'autant que notre
Cout.qui donne préciput à l'ainé à l'entour du manoir,eft favorable & fansautre reftriction que celle ci-deffus , qui d'équité a été apportée par accommodation des Cout.voifines.QuelquesCout.
donnent auffi à l'ainé le cri & les armes , ce qu'il
ne faut pas entendre des proclamationsquife font
en Juftice , quand il fe trouve une Juftice qui eft
à plufieurs freres ; mais de la prérogative que les
Seigneurs avoient anciennement enguerre quand
ils menoient leurs vaffaux : ils avoient un mot
pour raffembler leurs gens , & desdevifesautour
de leursarmoiries: voyez Froiffart, Hift. vol. 1.
chap. 116. & vol. 1. chap. 241. Ces prérogatives & titres honorifiques appartiennent à l'ainé
de droit univerfel. Car quand eft de la Juftice,
elle fe partit entre les enfans , & s'exerce au nom
de tous, dit du Moulin, Cout. de Paris , art. 16.
gl. 1. n. 24. J'eftime toutefois qu'il eft raifonnable que l'ainéfoit reçu à récompenfer les puînés :
comme il fut jugé par fentence arbitrale , entre
Urbain le Fort, Ecuyer,fieur de Chefne-Arnoult,
& fes fœurs,héritiersde Pierre le Fort,leurpere,
le 11 Juin 1618 , & depuis par fentence rendue en
ce Bailliage le 29 Mars 1620: voyez Coquille, tit.
du droit d'aineffe , art. 2. Cout. de Sens , tit. des
fiefs , art. 201. La raifon du rembourfement eft,
qu'il femble que la Jurifdictionaitquelque conne-
xitéavecleChâteau, *Bart. ad l. 2. C. de bon. vac.*
lib. 10.&argum. §. ead. inft. de off. Jud. & Guiliel.
Bened. in cap. Reinul. in verbo in eod. teftam. re-
linq. n. 163. Le droit d'aineffe a pour fonde-
mentla loi de Dieu, au Deuteronome ch. 11.où
il eft dit , que le pere en divifant fes biens entre
fes enfans , doit avoir égard à l'ainé , *dabitque ei*
deiis quæ habuerit cunct. duplic. Steph. Bertr. Conf.
1. parte 1. n. 9 & 10. Mais cela a changé peu
à peu en quelques Provinces de ce Royaume ;

&

& au lieu de cette double portion, les Coutumes ont introduit d'autres avantages ès choses féodales, comme en cet art. Voyez du Moulin, *ad Conf. Parif. tit. de feud. art. 18. n. 35.* (1) Auffi tient-on que le droit d'aineffe, pour ce qu'il vient *à lege*, ne peut être diminué ou reftreint, par aucune convention, donation ou charge de dettes, quand même la dette feroit fonciere ou privilégiée, dûe pour vente d héritage. *Mol. ad Confuet. Parifienf.* § *18. gl. 1. n. 11. Carondas, liv. 2. refp. chap. 22.* Voyez ce qui eft annoté fur l'art. 14. tit. des fucceffions, ce qui eft conforme au droit Civil, *lib. 1. C. fi cert. pet.* & ainfi a été jugé par arrêt prononcé en robbe rouge, le 14 Août 1566, entre Jean d'Orléans l'ainé, contre Jean d'Orléans le jeune : & auparavant avoit été jugé le 30 Octobre 1556, au rapport de M. de Hacquevilliers, entre Maître Etienne Pouëfle, & Jean Bouchet. Le Veft, n. 152, rapporte un arrêt du 24 Mai 1577. L'arrêt

---

(1) ¶ *Et hoc veriffimum* par le Droit général : néanmoins on fait queftion de favoir fi pere ou mere peuvent au préjudice du fils ainé faire commuer par le Seigneur leur héritage féodal en roture, & vendre le fief au Seigneur de qui il releve, & retenir la fimple roture. M. de Lalande, fur l'article 91 de la Coutume d'Orléans, tient pour l'affirmative, & fe fonde fur les fentimens de du Moulin fur l'article 8 de la Coutume de Paris, gl. 3. n. 23. qui décide que le fils ainé n'en peut demander aucune récompenfe fur les autres biens, les pere & mere n'ayant fait qu'ufer de leurs droits. *Unufquifque rei fuæ moderator eft & arbiter*, & ce fentiment fembleroit devoir être adopté dans toutes les Coutumes qui n'ont point de difpofi-tion contraire ; cependant il eft contraire à celui d'Auzanet, rapporté de Ferrieres fur la Coutume de Paris, article 13. liv. 1. gl. 2. n. 21. & aux fentimens dudit de Ferrieres, & encore à celui de Brodeau fur Louet, lett. S. n. 10. qui ne permet au pere de commuer le fief en roture qu'auparavant l'acquifition dudit fief, & encore aux fentimens de le Grand fur Troies, titre 2. article 14. gl. 2. n. 1 & fuiv. la Thaumaffiere & M. Durand *hoc loco*, qui tiennent pour le fentiment de du Moulin, & les Avocats d'Orléans font partagés de fentimens ; d'où il réfulte que la queftion étant problématique, il eft difficile de la bien réfoudre, ne paroiffant pas qu'elle ait été décidée par arrêt.

Tome I. G

pour Charlotte du Haller , au nom qu'elle procédoit, veuve de Claude Sachet, contre Marie Sachet, du 16 Juillet, donné en l'audience fur un appel d'Orléans , eſt remarquable à ce propos, pour
la conſervation du droit à l'aîné, contre la diſpoſition teſtamentaire de l'ayeule , & déclaration
des pere & mere, qu'ils entendoient qu'une terre
féodale ſe partiroit également. La raiſon de cette
prohibition eſt que (1), *jus primogenituræ eſt ci-*
tra jus & nomen hæredis. Mol. ibid. & § 13. gl. 3.
n. 7. L'aîné donc ne peut être chargé plus qu'un
autre de ſes freres , ſinon au cas de porter la foi
à ſes dépens, comme il ſera dit en l'annotation de
l'art. 32. & des art. 14 & 15. tit. des ſucceſſions
ci-après, & autres cas rapportés par du Moulin,
ſur la Cout. de Paris , tit. des fiefs , art. 18. gl. 1.
n. 8. 15. & ſuivans. Il convient remarquer que le
fiſc , ou autre créancier de l'aîné , avant partage
n'a pas le privilége de prendre le droit appartenant à l'aîné, *quia non eſt hæres* , dit Choppin ſur
la Cout. de Paris , liv. 2. tit. 3. n. 19.

Estimé a un arpent.) Le fils aîné prend
cet arpent de ſimple terre. Mol. ſur la Cout. de
Troies, art. 14. *Idque*, à l'entour du manoir, s'il y
en a un qui ſoit en fief, ſuivant la Cout. d'Orléans,
art. 89. tit. des fiefs : du Moulin ſur la Cout. de Paris, au même tit. art. 13. gl. 4. n. 2. *licet*, qu'il y eût
un foſſé ou chemin entre deux , Cout. de Paris ,
art. 13. Et ſur icelle voyez les annotations de Carondas. *Quid* , ſi le défunt n'étoit Seigneur que
de la moitié du manoir , *videtur dicendum* , que
l'aîné n'aura que la moitié d'un arpent de terre ,
quia totum ratione totius, ergo & pars ratione partis.
Cette queſtion s'étant autrefois préſentée en ce
Bailliage , il fut jugé le 15 Octobre 1566 , que
le fils aîné auroit l'arpent entier , *quia reſpectu*
ſucceſſionis , la moitié d'une maiſon eſt un ma-

___

(1) ¶ Voyez Louet , lettre   & l'article 15 des ſucceſſions ,
D. nomb. 16. Brodeau , *ibid.*   ci-après.

noir entier , & fut la fentence confirmée par arrêt , comme j'ai appris des mémoires de Maître Ignace Courtois , Bailli de robbe longue en ce Bailliage. S'il n'y a pas tant de terre en fief à l'entour du manoir , ou qu'il n'y en eut point du tout , le fils ainé ne peut prendre fon préciput ailleurs , & ne font tenus les puinés de le parfaire , ainfi que le déclare affez apertement le texte de cet art. en ces mots : *S'il y a tant de terre joignant.* Maitre Pierre Rat fur la Cout. de Poitou , art. 89. tit. des fucceffions, femble tenir le contraire, & rapporte un arrêt, par lequel il a été jugé autrement : ce qui peut avoir été fait fur des circonftances particulieres. *Quid* , fi en la fucceffion il n'y a point de manoir en fief , le fils ainé ne peut prétendre aucun arpent de terre par préciput , pource que notre Cout. le donne feulement en conféquence du manoir. *Secus* , en la Cout. de Paris , art. 18. tit. des fiefs. Tous ces avantages octroyés au fils ainé ne préjudicient à la légitime des puînés, quand il ne fe trouve autres biens en la fucceffion , que le manoir & vol de chapon en fief, que l'aîné pourra retenir, à la charge de donner aux puinés récompenfe en argent ; car le droit d'aîneffe vient & fe prend après la légitime dùe naturellement aux enfans. Cette opinion me femble plus équitable , & doit être gardée en notre Cout. par interprétation de celle d'Orléans , art. 96. & de Paris, art. 17. tit. des fiefs : voyez l'annotation fur le ch. 1. lettre F. des arrêts de M. Louet, bien que Labbé fur la Cout. de Berry tienne le contraire , & en rapporte un arrêt du 25 Mai 1555 en l'art. 31. tit. des fucceffions , *ab inteftat.* Le fils ainé toutefois prend fon préciput auparavant que les legs pieux ou autres foient acquittés & fans déduction d'iceux, comme tient du Moulin , art. 13. gl. 4. n. 6. & fuivans , & fur l'art. 18. gl. 1. n. 31. tit. des fiefs , Coutume de Paris.

PARTIRONT ÉGALEMENT.) Les puinés qui auront parti le fief avec l'aîné , releveront fans

G 2

moyen du Seigneur dominant pour leurs parts &
portions, ainfi qu'auparavant que le fief fût divi-
fé : du Moulin fur la Coût. de Paris, tit. des fiefs,
art. 16. gl. 1. n. 21. & ne s'obferve plus l'ufage
de tenir fief en partage , ni l'ufage d'Orléans rapporté par Boutiller en fa Somme rurale , Pithou
fur la Coutume de Troies , art. 31. tit. des fiefs ,
fait mention à ce propos de certaines lettres de
Philippe Augufte.

Article XXIV.

En marge : Orl. art. 97. Aux. art. 55.

LE fils aîné ne peut demander prérogative d'aîneſſe , (quant au manoir)
qu'une fois feulement, ou en fucceſſion de
pere , ou en fucceſſion de mere ; toutefois
fi lefdites deux fucceſſions avenoient audit
fils , & n'y eut qu'un manoir , quand viendra à la fucceſſion du dernier décédé defdits pere ou mere , ledit aîné prendra l'autre moitié dudit manoir , qui ne feront
en ce cas réputés que pour un manoir.

DEMANDER.) Ce mot ici eft mis au lieu de
prétendre , pource que l'aîné eft faifi de fon
préciput , (*ipfo jure,*) comme nous avons dit ci-
deſſus , en l'art. 22.

QU'UNE FOIS SEULEMENT.) Pyrrhus Englebermeus', fur l'ancienne Coutume d'Orléans ,
art. 27. t. des fiefs, tourne en Latin cet adverbe,
femel duntaxat in vita : & faut entendre *in eadem
Provincia,* que M. Louet, lettre L. ch. 17. interprète en même Coutume , tellement qu'il faut
avoir égard au détroit de la Coutume, & non pas
de chacun Bailliage en particulier ; *hoc jure utimur.* Ainfi le fils aîné, à Orléans & à Montargis ,
aura deux manoirs , s'il s'en trouve en chacune
defdites Cout. un féodal : & à Montargis , Nemours , Gien , & autres lieux régis fous cette

Coutume, il n'en aura qu'un, encore qu'en chacun defdits Bailliages il y en eût de la fucceffion.
Et après que le fils aîné a choifi un manoir en l'une
des fucceffions de fes pere ou mere, il ne peut
plus changer de volonté pour en prendre un autre, finon du confentement de fes cohéritiers, ou
qu'il fût mineur lors de l'élection, & eût été lézé : du Moulin fur la Coutume de Paris, art. 16.
gl. 1. n. 10 & 13. t. des fiefs.

En la succession, &c.) Semble que les
anciens Auteurs de notre Coutume, en reftrei-
gnant le préciput des aînés en l'une ou en l'autre
des fucceffions, aient plutôt eu intention d'accommoder les aînés des familles d'un manoir pour leur
habitation, que non pas de les éguillonner par
une honnête recordation à fuivre la vertu de leurs
ancêtres, tant paternels que maternels, par les
portraits, armoiries & autres blafons, marques &
enfeignemens de leur valeur, figurés en leurs do-
miciles, comme firent ces Chevaliers François
dont parle Meffire Geoffroi de Ville-harduin,
Maréchal de Champagne, en fon Hiftoire de la
conquête de Conftantinople, liv. 3. lefquels en
combattant arrangerent leurs écus pour fervir
comme de pavefade, afin que chacun prît cœur
là-deffus quand il regarderoit les armes & devi-
fes de leurs ancêtres, & ne forlignât de la valeur
héréditaire. L'intention de notre Cout. a donné
fujet à Maître Charles du Moulin de remarquer
fur le 27 art. de l'ancienne Cout. d'Orléans, qu'il
faut reftreindre cette difpofition extraordinaire
ès perfonnes du pere & de la mere, & non pas
l'étendre à l'ayeul & ayeule.

Audit fils.) Pourvu *fcilicet*, qu'il foit héritier de l'un & de l'autre de fes pere & mere, autrement il n'auroit que la part de celui dont il feroit héritier.

Article XXV.

Paris
art. 19.
Orl.
art. 89.

ET si lesdits pere & mere vont de vie à trépas, sans hoirs mâles, délaissans filles seulement, lesdits héritages tenus en fief se partissent entr'elles également, & sans prérogative d'aînesse.

La raison de cet article est, pource que la consideration qui a introduit le droit d'aînesse cesse ; à savoir l'entretenement & la conservation de la famille, qui prend fin aux filles, *l. pronunciatio. § ult. D. de verb. signif.* Tellement que le fils de la fille aînée n'aura pas plus d'avantage en la succession de son ayeul, qu'eût eu sa mere par la régle générale ; *l. nemo. D. de reg. jur.*

Article XXVI.

Paris
art. 41
& 46.
Orl.
art. 23.

QUand homme ou femme nobles vont de vie à trépas, délaissans un ou plusieurs enfans mineurs, le survivant, de quelque âge qu'il soit, peut avoir & prendre la garde d'eux, & au refus d'eux, l'ayeul ou l'ayeule du côté du dernier décédé, s'il y en a; autrement, ceux de l'autre côté: & ne doivent que la foi, sans profit des héritages desd. mineurs tenus en fief : lesquels gardiens toutefois seront tenus eux immiscer de fait en l'administration de ladite garde, * ou déclarer en la Justice ordinaire dedans quarante jours, s'ils l'acceptent ou répudient,

---

* *Sub titulo gardiæ non tutellari vel administrario, & coram fidis testibus vel tabellione, infra 40 dies, & hoc facto non requiritur declaratio judicialis.* C. M.

autrement ne feront plus reçus à demander
ne quereller ladite garde, finon qu'il y eût
caufe ou abfence raifonnable.

NOBLES.) La vrai Nobleſſe vient de la vertu;
auſſi dit-on en France que l'origine de la Nobleffe eſt de ces anciens Conquérans des Gaules: mais
il y en a bien peu à préſent qui puiſſent faire apparoir de leur extraction de ce tems-là, à caufe des
guerres où pluſieurs foldats fe font introduits par
les armes ; & les anciennes familles fe font anéan-
ties. Le mélange qui eſt fait des étrangers parmi
nous a beaucoup avancé ce changement ; tellement qu'à préſent ceux-là font reputés nobles qui
enfuivent la trace de leurs prédéceſſeurs, & vi-
vent noblement. Ariſtote dit que *nobile eſt, quod
ex bono prodit genere ; generoſum autem quod non
à ſuâ naturâ degeneravit.* Cujas ſur le t. 10 des
fiefs, l. 2. ajoute, *ſi modo ii longam annorum fe-
riem numerare poſſint, quâ feudum onuſque militiæ
ei adnexum in familia refederit, quæ eſt certiſſima
nobilium definitio :* ce qui eſt vrai en général ; mais
en particulier aucuns font nobles *ratione privilegii,* ayant été annoblis par lettres patentes du
Roi en forme de chartre, vérifiées en la Chambre des Comptes : autres par privilége. ayant
exercé quelque charge qui annoblit, comme l'on
dit des Mairies & Echevinages de Paris, Touloufe, Bourges & Poitiers : autres font nobles
ratione rei, qui ont été inveſtis par le Roi fciem-
ment d'un fief noble : voyez Bacquet, part. 2.
ch. 10. *Sed quæſtionis* eſt fi le fils né auparavant
l'annobliſſement de fon pere doit être réputé noble. Barth. tient que non, ſur le § *in filiis l. 2. D.
de decur.* & la gl. ſur la prag. Sanction, *in proem.
in verbo primogenitus :* toutefois on n'y prend pas
garde de fi près en France. *Mol. ad Conf. Pari-
fienſ.* § *13. gl. 1. n. 55. in fin. Guiliel. Bend. ad c.
Reinut. in verbo in eod. teſt. 1. n. 200 & 201.*
Quant au fils né après la condamnation de mort

civile ou naturelle de fon Pere , il n'eft pas noble comme tient Fab. Juft. tit. *de Ingenuis § fufficit.* La vertu des armes & des lettres donne
commencement à la nobleffe , comme nous li-
fons dans l'Hiftoire y avoir des Chevaliers d'armes & des Chevaliers de Loix. Auffi la richeffe , comme dit Dante , Poëte Florentin , même
les vices élevent un homme au titre de Nobleffe , ainfi que le Pape Pie écrit en une Epitre , *ad
Marianum Soʒinum* , rapportée par Maître Pierre
Rat, fur l'art. 189. tit. des fucceffions, en la Cout.
de Poitiers. Mais ces deux moyens font *fub fpecie recti :* en un mot , l'opinion de Barthole parlant des annobliffemens , *lib. de Dignit.* eft vrai ,
quand il dit que , *ille eft nobilis , quem princeps
fuâ gratiâ , vel lex fibi gratum , vel nobilem facit.*
La nobleffe acquife fe conferve en vivant bien ,
ne commettant acte dérogeant à nobleffe & crime infâme , pour lequel par jugement le prévenu , & fa poftérité , fuffent dégradés de nobleffe ; ou en faifant exercice de marchandife , tenant des fermes, ou exerçant office de Procureur
poftulant , quoique conjointement avec l'office
d'Avocat , d'ailleurs noble de foi : voyez l'Ordonn. d'Orléans, art. 109. *l. nobiliores. C. de com-
merciis.* Barthole & Rat ès lieux ci-deffus : *Boer.
ad Conf. Bituricenf. § 6. t. de Confuet. jure & ftatu
perfona. Guido Papæ quæft. 377.* Sanxon , Cout.
de Tours , tit. des donations entre nobles , art.
8. Argentré fur la Cout. de Bretagne , tit. des
fiefs , art. 343. gl. 2. & le Dialogue qui eft au ch.
13. du traité intitulé , *l'Examen des Efprits :* du
Moulin fur la Cout. de Paris , art. 13. gl. 3. n. 4.
& Coquille fur la Cout. de Nevers , art. 1. tit.
du droit d'aîneffe, *Henrici Fornerii Selectionum ,
lib. 2. cap. 3.*

DE QUELQUE AGE.) Encore que le pere &
la mere non âgés de vingt ans , foient en garde ,
art. 5. tit. du droit des gens , cela n'empêche
qu'ils n'ayent la garde-noble de leurs enfans; *quia*

sunt sui juris, art. 2. tit. du droit des gens. Mais ils ne peuvent être tuteurs & curateurs de leurs enfans, avant qu'ils soient hors de garde : *Inci-vile enim effet eos, qui alieno auxilio in rebus suis administrandis egere noscuntur, & sub alii regun-tur, alorum tutelam, vel curam subire. §. item ma-jor instit. de excusat. tutor.* Et ce que le droit commun exclus des tutelles légitimes & datives les mineurs de vingt-cinq ans, c'est pource que les immeubles de tels tuteurs ne seroient obligés au pupille, comme dit la loi derniere. *C. de le-git. tutel.* Cette consideration est à la vérité pro-fitable aux mineurs ; mais elle doit cesser à l'é-gard du pere & de la mere, à cause de l'affec-tion naturelle qu'ils portent au bien de leurs en-fans, *charitas enim in eis supplet ætatem.* A quoi s'accorde les Cout. de Nevers, art. 6. titre des tutelles & curatelles: de Berry, art. 25. titre de l'état & qualité des personnes. Boërius, aussi sur l'ancienne Cout. de Berry, art. 6. au même titre : car en ce cas les immeubles du pere ou de la mere tuteurs, sont efficacement obligés comme s'ils avoient l'âge, *l. pro officio C. de administrat. tutor.*

Que la foi) *Scilicet*, si le Seigneur veut admettre le gardien comme administrateur du bien de son vassal, autrement il ne doit que lui donner souffrance, art. 29. ci-après. Et quand bien le gardien en cette qualité seroit reçu en foi, le vassal pourtant venu en âge n'en seroit dé-chargé. Du Moulin sur la Cout. de Paris, art. 47. gl. 1. n. 4 & 12. aussi ne peut le Seigneur con-traindre le gardien bailliftre ou tuteur à, lui por-ter la foi au lieu du mineur, non plus que le vaf-sal ne peut contraindre son Seigneur à le recevoir par Procureur, *Cujac. in comment. feud. t. de mi-nor. ad fidel. feud. non cogendo. l. 4.*

Sans profit) Ceci a été changé lors de la réformation de cette Cout. comme il se voit par l'art. 29. ci-après ; aussi n'y avoit-il pas grande ap-parence de faire payer profit au gardien, puisqu'il n'arrive aucun changement au fief, ni en la foi, ni en l'inveſtiture.

EN L'ADMINISTRATION.) Encore que les gardiens adminiſtrent le bien des mineurs, ils ne font pas toutefois tuteurs & curateurs, comme remarque du Moulin en ce lieu, qui eſt cauſe que, *nec petitorio agere, nec conveniri poſſunt :* les ſaiſies & criées qui auroient été faites, & les Jugemens rendus contr'eux en cette qualité, ſeroient déclarés nuls, ſinon qu'ils fuſſent auſſi tuteurs ou curateurs, car ces deux qualités de gardien & tuteur ne font incompatibles, comme dit la Cout. de Paris, art. 270 tit. des garde-nobles & bourg. Voyez M. Louet, lettre G. ch. 6. avec les annotations de Brodeau : Choppin ſur la Cout. de Paris, liv. 2. n. 6. L'acceptation de la garde-noble ſe peut faire pardevant Notaire, & s'immiſſant de fait en l'adminiſtration du bien du mineur, comme remarque du Moulin; l'alternative du texte le démontre auſſi. *Secus,* à Paris, art. 269. tit. de garde-noble & bourg. Mais la renonciation ſe doit faire en Juſtice, afin qu'en ce cas il ſoit pourvu d'un tuteur au pupille, par le Juge du domicile, *l. 1. in fin. D. de tut. & curat. dat. ab his.*

Article XXVII.

Paris
art. 1.
& 267.
Orl.
art.25.

AVec ce, iceux gardiens prennent les meubles, ſauf ceux qui font pour la fortification des maiſons, & ceux qui y font pour perpétuelle demeure; & font leurs les profits & revenus de tous les héritages deſdits mineurs, juſqu'à ce qu'ils ſoient en âge, & par ce moyen font tenus les nourrir, acquitter de toutes dettes, & entretenir les héritages en ſuffiſant état; payer les charges, & les rendre indemniſés & ſans empêchement, & accomplir le teſ-

tament pour les obféques, funérailles, &
legs perfonnels du décédé.

PRENNENT LES MEUBLES.) Ceci eft fondé
fur la raifon de la loi, *cùm opportet. C. de bon. quæ
liber.* Il eft bien raifonnable que les gardiens
foient déchargés de la confection d'un inventai-
re(1), & délivrés du foin exact qu'il faut avoir à
faire valoir le bien des mineurs & en rendre compte, afin que mieux & plus librement ils puiffent
affifter le Roi & le fervir en fes guerres, qui eft
la principale affaire de la nobleffe. En conféquence de cet avantage des gardiens, il eft à
propos que pour l'éducation, acquit de toutes les
dettes mobilieres, & entretien des héritages du
mineur, lefdits gardiens faffent leurs les meubles
& jouiffent de tout le bien. Ces avantages déférés
par cette Cout. font perfonnels, auffi-bien que les
charges, *quæ nullo diftrictu locorum circonfcriptæ
funt,* pour lefquelles lefdits meubles tiennent lieu
de récompenfe. Et faut avoir égard à la demeure
du pupille & à la Cout. fous laquelle le gardien-
noble s'eft obligé, en acceptant l'adminiftration,
fuivant l'opinion de Barthole, *in l. cuctos populos.
C. de fummâ Trinitate.* Mais fi lors du décès des
pere ou mere les enfans ne font en bas âge, le furvivant ne prend les meubles, art. 4. t. des focietés.
   POUR LA FORTIFICATION, &c.) L'artillerie,
s'il y en a, les arquebufes à croq, & les autres

----

(1) ¶ Ainfi fe juge en ce
Bailliage ; & le mardi 2
Juillet 1715 en ladite Audience, où je préfidois, affifté de MM. Dubé, prévôt &
Doyen des Confeillers, Ozon,
Marchand & Payneau, en a
été donné acte de notoriété
à la Dame de Courboin, requérant par Bidaut, Procureur, & ouï le fieur Menard,
Avocat du Roi, avec cette reftriction, que le furvivant
étoit tenu feulement de faire
inventaire & defcription des
titres juftifians la propriété
des immeubles des mineurs.
   A Paris, il faut un inventaire tant des meubles que
des immeubles. Voyez M. de
Renuffon en fon traité de la
Garde-noble & bourgeoife,
Édition de 1699. chap. 4.

meubles qui ont été mis dans les châteaux & maifons pour y demeurer à perpétuité, font cenfés &
réputés comme immeubles, faire partie du fonds,
l. fundi. §. Labeo. D. de act. empt. cela fe collige
de la deftination de celui qui les y a mis : Godefroy en la loi ci-deffus, a noté fur le mot, *perpetui.*
j. ut ea mente illic pofita effent vivente eo qui in tulit.
Voyez l'art. 22. tit. des fucceffions ci-après , &
les art. 91 & 94 de la Cout. de Paris, & les art. 4.
5 & 6 de la Cout. de Berry & Nevers, art. 10.
tit. Quelles chofes font réputées meubles : Cujas
en fes Commentaires fur les fiefs , *tit. in quibus*
rel. feud. confift. lib. 2. feud. Choppin fur la Cout.
de Paris liv. 1. tit. 1. n. 15 & 32. & Chaffanée
fur la Cout. de Bourg. art. 2. *in verbo , tous meu-*
bles , n. 9. & fuivans , tit. des droits appartenans
à gens mariés , & art. 4. *in verbo , & à fon profit*
tous les meubles , n. 4. tit. des enfans de plufieurs
lits , & Gouget en fon traité des criées , part. 2.
chap. 4. Les deniers provenans d'un office appar-
nenant aux héritiers , en vertu de l'Édit de difpenfe des quarante jours, font réputés immeubles
par arrêt en robbe rouge , prononcé par M. le
Préfident du Harlay , le 7 Septembre 1607 ,
pour l'office de M. la Grange-Trianon , Tréfo-
rier Général à Orléans. Les deniers payés pour
la réparation de l'homicide du pere ou de la mere , n'appartiennent pas au gardien-noble , jugé
par arrêt au rapport de M. Paluau , en la quatriéme Chambre des Enquêtes le 26 Février 1612 ,
au profit de Louis de Ville-mort , Écuyer,
fieur de Cravai , contre Pierre Deftud , fur un
appel de Montargis.

DE TOUS LES HÉRITAGES.) Le gardien-noble doit jouir du bien de fon mineur , comme un
bon pere de famille , fans rien dégrader ni antici-
per fur la cueillette des fruits, comme nous dirons
fur l'art. 70 ci-après. Le revenu de tous les héritages, tant féodaux que roturiers, eft indiftinctement donné au gardien, à caufe de la nobleffe du
fief

fief qui attire à foi les rotures, comme dit Boutiller en fa Somme rurale , l. 1. t. du bail comparoir. J'eſtime toutefois que la raiſon doit être priſe de la qualité des perſonnes plutôt que de la choſe, pource que la garde-noble ne laiſſeroit d'avoir lieu, quand bien il n'y auroit aucun fief en la ſucceſſion, comme on peut colliger du texte de l'art. précédent, au commencement. Sous le nom d'héritages ſont compris non-ſeulement ceux qui appartiennent aux mineurs par le décès du pere ou de la mere, mais auſſi ceux qui leur échéent par ſucceſſion collatérale, ou viennent par donation, legs ou autrement : du Moulin ſur la Cout. de Paris, art. 46. gl. 1. n. 5. t. des fiefs: quoique Carondas ſur ladite Cout. art. 267. tit. de la garde-noble & bourg. tienne le contraire, & en cote un arrêt qui peut avoir été rendu ſur quelque circonſtance particuliere. -

JUSQUES , &c.) *Scilicet*, de vingt ans & un jour, art. 18. ci-après, & art. 5. tit. du Droit des gens ; ou bien que le mineur décéde avant l'âge, dit Boutiller en la Somme rurale, l. 1. t. de la mort du pupille ; ce qui eſt conforme au Droit Civil, *ad inſtar uſus fructus qui morte fructuarii finitur.* § *finitur*, *inſt. de uſufr. l. ſicut.* § *morte*, D. *quib. mod. uſufr.*

SONT TENUS.) Ceci eſt ſuivant la diſpoſition de la loi, l. *cum non ſolum.* § *fin. autem*, & *ſeg.* D. *de bon quæ lib.* Le gardien eſt tenu de nourrir le mineur ſelon ſa qualité, *argumento l. ſed ſi quid.* D. *de uſufr.* eu égard aux biens à lui délaiſſés par ſon pere, *arg. l. cum unus* § *alimentis.* D. *de alim.* & *cibar. legat.* La Coutume d'Arjou, art. 90. & le gloſſateur de la Cout. de Normandie, ſur le ch. de la garde d'orphelins, n. 3. vers la fin, diſent qu'il ſuffit que celui qui eſt en garde ait pour ſon vivre & nourriture la tierce partie du revenu dont jouit le gardien, & n'eſt pas requis qu'il ait le tout, ſuppoſé qu'il fût à propos, & ſelon ſon état & qualité. Sous le nom de nourriture ſont entendus la fourniture d'habits , & généralement tout ce qui eft néceffaire pour l'entretien de la vie, *l. verbo victus. D. de verb. fignif.* même les penfions & falaires des précepteurs, *l. qui filium. D. ubi pupil. educar. deb. Sozin. confil. 161. in fine.* Voyez amplement cette matiere dans Chaffanée, fur la Coutume de Bourges, art. 4. *in verbis*, alimenter, vêtir, nourrir & habiller , maintenir en bon & fuffifant état, t. des enfans de plufieurs lits. Celui qui a la garde-noble doit payer les charges ordinaires, comme font les arrérages des cens, rentes, foit foncieres ou conftituées, & les extraordinaires , comme les profits féodaux , fi aucuns font dûs ou échus à payer, à caufe des fucceffions collatérales , donations ou autrement. Boutiller en fa Somme rurale , l. 1. t. comme le bail doit prêter le relief que le fief doit : du Moulin fur la Coutume de Paris, gl. 1. n. 6. t. des fiefs; autrement fi à faute d'avoir par le gardien acquitté les profits du paffé, le Seigneur fait faifir le fief, le gardien fera tenu en faire bailler main-levée , avec dépens & intérêts. *Sed quid* , favoir fi le gardien eft tenu de porter les frais des procès qui ont été intentés par les mineurs ; faut diftinguer s'ils ont été faits pour les actions réelles & perfonnelles , touchant le bien des mineurs ; en ce cas, fi le gardien eft tuteur ou curateur , il peut répéter les frais des enfans , la garde étant finie : mais fi les procès ont été intentés pour le profit dudit gardien, les mineurs n'y font pas tenus ; Coutume de Paris, art. 170. titre de garde-noble & bourg. Notre Cout. ne parle point de l'inventaire , pourquoi on pourroit douter fi le gardien-noble eft tenu de faire inventaire : à cela je réponds que non (1) , pource qui eft des meubles, profits & revenus des héritages, d'autant qu'il les fait fiens , & n'eft tenu d'en rendre compte ; mais il doit faire inventaire des papiers, titres & enfeignemens ; tout ainfi qu'on dit avoir été jugé en l'an

(1) ¶ Voyez ma Note precedente, page 83.

1586, en succeſſion de mari & femme nobles, où le survivant fait les meubles ſiens, art. 40. ci-après.

ACQUITTER DE TOUTES DETTES.)Le doute peut être ſur le mot *de toutes*, ſavoir ſi les dettes réelles, comme conſtitution de rentes & autres équipolentes, peuvent être compriſes ; pour l'affirmative, fait la régle, *qui totum dicit nihil excipit*, le mot eſt général & comprend tout : mais d'autre part l'on dit que le profit & la charge doivent être compenſés l'un à l'autre , & avoir du rapport ; & par cette raiſon, comme le profit que fait le gardien n'eſt que des meubles , il ne doit être chargé que des dettes mobiliaires ; auſſi par notre Cout. tit. de communauté , art. 10. il paroit que la rente conſtituée eſt eſtimée immeuble: elle n'appartient au gardien-noble, voire même il ne ſuccéde à ſes enfans en ce regard, que ſi la rente eſt immeuble ; puiſque le gardien n'en peut profiter, il ne ſeroit raiſonnable qu'il fût chargé de l'acquitter, & cela s'eſt toujours ainſi pratiqué , que le gardien gagnant les meubles, n'eſt chargé que des dettes mobiliaires, & ces mots *acquitter de toutes dettes*, ſe doivent entendre des dettes mobiliaires ; & le mot *debitum* s'entend *de eo debito quod peti & ab invito exigi poteſt*, comme l'a remarqué M. Briſſon en ſon livre *de verb. ſignif.* & cela ſe doit régler comme par la Coutume de Blois , article 243. où il eſt dit que dettes actives & paſſives ſuivent les meubles.

Mais l'on a demandé ſi une mere ayant accepté la garde-noble de ſes enfans, chargée partant de payer les dettes, peut intenter action pour la reſtitution de ſes deniers dotaux, ou ſi en ſa perſonne il y a confuſion, à cauſe de l'obligation de payer & acquitter les dettes : en quoi l'on a diſtingué quand il y a une ſimple ſtipulation de rendre les deniers à la femme , ou quand le mari eſt obligé d'employer les deniers, & qu'à faute d'emploi il fait un aſſignat ſur ſon bien ; car en ce dernier cas c'eſt une dette réaliſée & immobiliaire , de laquelle le gardien n'eft pas tenu; & ainfi l'a remarqué Me. René Choppin en fes Commentair. fur la Cout. d'Anjou, l. 2. tit. 2. n. 14. & a été ainfi jugé par arrèt donné en la grand'Chambre, plaidant M. Bergier, depuis Confeiller en la Cour, & Tardif, Avocat, le 30 Mars 1605 , entre une mere qui avoit accepté la garde, & le tuteur de fes enfans, & ce en la Cout. de Senlis , en l'art. 152. charge le gardien de payer les dettes mobiliaires , entre lefquelles ne peut être prife ni mife la reftitution de la dot , & par une grande raifon; car le mari n'employant les deniers de fa femme, pourroit l'empêcher d'ufer du droit de la Cout. d'accepter la garde , par crainte de la confufion de fa dette en fa perfonne; & le mari qui ne fauroit tomber en cet inconvénient, pourroit, éludant la convention par fon dol feul , tirer le profit que donne la Cout. Mais d'ailleurs , *pecunia dotalis ftipulata in prædii emptionem impendi proprii fibi futuri , cum affignatione fuper fundi mariti , exiftimatur immobilis* , comme dit Choppin au lieu allégué.

ARTICLE XXVIII.

Paris
art.12.
Orl.
art.24.
LEs enfans mâles font réputés en âge (quand à droit de fief) & faire finir leur bail & garde à vingt ans & un jour , & les filles à quatorze ans & un jour, & prendre le bail de leurs freres , ou autres parens mineurs , & plus jeunes qu'eux.

QUAND A DROIT, &c.) L'hommage & preftation de foi eft un acte tant férieux , emportant obligation très-étroite dont on n'eft point relevé, & pourtant requiert telle prudence , qu'à le bien prendre , il feroit befoin que les vaffaux fuffent pleinement âgés, c'eft-à-dire, majeurs de vingt-cinq ans. Mais notre Cout. avance l'âge pleinement légitime , en confidération de ce que la remife de ce devoir d'honneur par fi long-tems, fembleroit un mépris. Auffi a-t-elle ufé du mot de *réputés*, lequel montre bien que c'eft une fiction qu'en cet acte par grace finguliere ils font tenus pour majeurs. On peut dire auffi que les fiefs étant en leur origine, principalement pour les armes, que *qui ad exercitum probantur idonei, indignum eft, ut ad vitam difponendam dicantur infirmi, & putentur domum fuam non regere, qui creduntur bella poffe tractare*, dit Caffiodore, *lib. 1. variar. epift. 28.*

A VINGT ANS ET UN JOUR.) Pource qu'à cet âge les mâles commencent à être plus fermes de corps & d'efprit pour porter les armes & conduire leurs affaires, au liv. des Nombres, ch. 1. Auffi on appelle cet âge, *Firma ætas, hinc ubi jam firmata virum te fecerit ætas Virg. Egl. 4, & l. 1. de his qui ven. ætat. impetra. C. de Théod.* Auparavant ce tems les mineurs ne font finir leurs gardes, quoiqu'ils foient mariés & hors de la puiffance de leur pere, art. 5. tit. de droit des gens ci-après, *quia ante eam ætatem parum eft confilium firmum adolefcentis. l. 4. D. de ferv. exportand.* Ce qui eft dit ici d'un an, doit être entendu d'un an naturel qui eft de 365 jours, 6 heures & quelques minutes, finiffant à pareil jour & heure qu'il a commencé. *Barth. ad l. cum heres. §. Stichus D. de ftatu lib.* Notre Cout. en cet art. & en plufieurs autres, ajoute un jour, pour faire connoître que le terme de vingt ans eft complet, & pour faire ceffer le doute de la queftion, qui eft entre les Jurifconfultes, *an dies nativitatis feu termini computetur in termino t. eum qui Calend. D. de verb. obl.* Or ce jour eft naturel, compofé de 24 heures, d'un minuit à un autre, *l. more. Rom. D. de Feriis.* Voyez l'annot. fur l'art. 1. tit. de retrait, & fur l'art. 9. tit. des lettres obligat.

A QUATORZE ANS ET UN JOUR.) Cet âge ès filles eft appellé *plena pubertas. l. mela. D. de aliment. & cibar. leg. Jam matura viro plenis, jam nubilis annis virgo*, dit Virg. 7. Æneid. & la gl.

H 3

fur la loi *qua ætate. D. de teftam.* rend la raifon
pourquoi la garde des filles finit plutôt que celle
des mâles, *quod fagaciores fint mafculis, & quia
minùs vivant ideo citiùs complentur.* Voyez fur ce
fujet la queftion traitée par Macrobe en fes Sa-
turnales, liv. 8. ch. 7. par Horus & Symniachus.

ET PRENDRE LE BAIL.) Puifque la Cout. répute les mâles à vingt ans & un jour, & les filles à
quatorze ans, capables de fe régir eux-mêmes,
il eft à préfumer qu'ils le font auffi pour gouverner
autrui. Le nom de frere ici mis fans diftinction,
nous doit faire croire que les freres utérins ou
confanguins, font admis au bail, comme ceux des
deux côtés. Boërius fur la Cout. de Berry, art. 7.
encore que les freres & fœurs puiffent être bailliftres auparavant que d'être majeurs ; toutefois
ils ne peuvent être tuteurs pour la raifon ci-devant
rouchée en l'art. 26. même quand ils feroient officiers royaux, d'autant que l'office de tuteur
paffe plus outre que la garde fimple, & va à la
direction du corps & des actions du pupille : la
qualité d'officiers du Roi fait bien que celui qui
eft pourvu d'un tel office eft réputé majeur, pour
ce qui dépend de la conduite de fes affaires,
mais non pas pour celles d'autrui, comme tient
Brodeau en l'annotation du chap. 9. lett. G. des
arrêts notables de M. Louet.

ARTICLE XXIX.

Paris
art. 41.
Orl.
art. 34.

DEformais quand enfans nobles, ou
non nobles, demeurent fans gardien
ou bailliftres, & on leur pourvoit de tuteur
& curateur, ils ne doivent point de profit de
rachat, & fera tenu le Seigneur de fief leur
bailler fouffrance, jufqu'à ce qu'ils foient
en âge, ou l'un deux, pour porter la foi.

POINT DE PROFIT.) Par l'ancienne Cout. il
étoit dû profit pour garde ou tutelle, ce qui a été

corrigé , comme trop rigoureux & fans raifon.
Toutefois les Juftices qui font en Berry , ufant
de cette Coutume de Lorris & Montargis, ob-
fervent encore la difpofition de l'ancienne Coutume, comme il fe voit en l'art. 94 ci-après.

BAILLER SOUFFRANCE.) Cette fouffrance
ou patience , eft au lieu de la fidélité , *idque fa-*
vore minorum , pource que généralement il n'y a
point d'inveftiture où il n'y a point de fidélité ,
dit la glofe , au chap. *fi minori, t. fi de feud. de-*
funct. fuer. controverf. inter dominum & agnat. vaf-
fali : lib. 2. feud. la fouffrance toutefois n'empêche pas que le Seigneur ne fe faffe payer des autres droits & devoirs, fi aucuns lui font dûs.

EN AGE.) Les Docteurs Feudiftes fur le ch.
fi minori, t. fi de feud. defunct. fuer. controverf.
int. domin. & agnat. vaffal. ont défini l'âge pour
porter la foi à la puberté, qui eft ès mâles à quatorze ans accomplis , & ès filles à douze , *t. qui-*
bus modis tutel. finit lib. 1. inftitut. à quoi Maitre
Pierre Rat, fur la Cout. de Poitiers, art. 117. tit.
des fiefs, ne fe peut accorder , & tient que ledit
chap. *fi minori* fe doit entendre indéfiniment, *de*
minori vigenti quinque annis, & non pas *de impu-*
bere fimplement, & fonde fon opinion fur ce que
les obligations faites auparavant cet âge ne font
gueres affurées, étant fujettes à refcifion , fi en
icelles il s'y trouve à redire , *& melius fit jura*
minor. intacta fervari, quàm poft vulneratam cau-
fam eis remedium quærere l. Sancimus, C. in qui-
bus cauf. in integ. reftitut. non eft neceffaria. Notre Coutume *medium fecuta* a défini ce tems à
vingt ans pour les mâles , & à quatorze ans pour
les filles , afin que les Seigneurs ne foient fi long-
tems privés de la foi qui leur eft dûe par leurs
vaffaux.

OU L'UN D'EUX.) Pour porter la foi pour
tous fes freres & fœurs , comme il eft dit en l'article 32 ci-après.

Article XXX.

Orl.
art.32.
& 180.

ET au regard des non nobles, s'ils ont enfans de leur mariage, le furvivant (1) a la garde defdits mineurs, & porte la foi & hommage pour eux de leurs héritages tenus en fief, fans ce qu'il foit tenu payer rachat ne profit : mais ne fait pas le gardien les meubles & fruits defdits enfans fiens. Et fi la femme furvit qui ait pris la garde de fes enfans, & elle fe remarie, fefdits enfans étant mineurs & non âgés, elle perd la garde, & n'eft point tournée la garde en bail, mais le pere né la perd.

LE SURVIVANT.) Notre Cout. ne diftingue point s'ils doivent être majeurs de vingt-cinq ans, ou non, & fuffit qu'ils foient en leurs droits. Voyez l'annotation de l'art. 26 ci-devant. Anciennement la loi n'admettoit les femmes à la charge de tuteur ou curateur, *quia ultra fexum fœmineæ imbecillitatis tale officium eft*, *l. 1. C. quando mul. tut. officio fungi poteft.* Auffi qu'elles étoient en perpétuelle tutelle, *Cujac, parat. Cod. t. eod.* Depuis les meres & les ayeules furent admifes aux tutelles de leurs enfans, au défaut des tuteurs teftamentaires & légitimes, fous certaines conditions, *l. 2. auth. matri & aviæ. C. eod.* Mais à préfent, en confidération de la nature on les préfere, non-feulement aux autres de la famille, mais même aux tuteurs teftamentaires, comme tient Labbé fur la Cout. de Berry, art. 5. tit. de l'état & qua-

---

(1) ¶ Il réfulte de cet art. que les pere & mere furvivant font tuteurs de leurs enfans mineurs, & tuteurs naturels & légitimes, non fujets à élection & confirmation en Juftice ; & c'eft ainfi qu'il fe pratique dans ce Bailliage & dans tout le reffort, de tems immémorial.

lité des perſonnes, ſuivant l'opinion de pluſieurs
Docteurs, qu'il rapporte en cet endroit. Notre
Cout. en donnant la garde aux pere & mere ſurvivant, ne déroge au droit commun, ſavoir que la
mere & l'ayeule ſoient tutrices ſi bon leur ſemble
par bénéfice, *ſi poſtulaverint*, dit la loi 2. *C. quando
mul. tutel. officio fungi poteſt*, parlant de la mere.
Quant au pere & ayeul, qu'ils ſoient tuteurs par
contrainte, *& eis invitis*, comme les autres tuteurs
datifs ; car on tient en France pour maxime, que
toutes tutelles ſont datives. Voyez les annotations du ch. 2. lett. T. arrêts de M. Louet. Leſd.
pere & ayeul ne ſe peuvent excuſer pour le nombre des enfans, *quia contra naturales ſtimulos fa-
cerent. l. amiſſimos in fin. D. de excuſat. tutor.*

Mais ne fait pas, &c.) A cauſe de cela
le ſurvivant eſt tenu faire inventaire, autrement
la communauté ſe continue, article 9. titre des
ſociétés ci-après.

Elle se remarie.) La loi *lex quæ. §. lex
enim, C. de adminiſt. tutor.* parlant des meres qui
ſe remarient, dit qu'elles ſont, *immoderatæ &
intemperantes, quæ plerumque novis maritis non
ſolum res filiorum, ſed etiam vitam addicunt.* Pour
cette cauſe, notre Coutume conforme au droit
Romain, leur ôte la tutelle, pource qu'il ſemble qu'elles font bréche à la mémoire qu'elles
doivent avoir de leurs premiers maris, & qu'elles diminuent d'affection envers leurs enfans ;
comme a remarqué Spondanus, au livre 16 de
l'Odyſſée d'Homere, ſur les conſidérations rapportées par Télémaque, qui retenoient Pénelope
de ſe remarier ; *& Cujac. parat. C. t. de ſecundis
nuptiis*, joint que le ſecond mariage les remet en
la puiſſance d'autrui, *corpore & ſubſtantia, &
omni vita*, dit la loi, *aſſiduis. C. qui pot. in pignor.
hab.* Et ſi après le ſecond mariage elles négligent
de faire créer des tuteurs à leurs enfans, par
diſpoſition de droit elles ſont privées de l'hérédité ſi leſdits enfans meurent, *impuberes, l. om-*

nem & l. matres. C. ad Tertullian. fauf les cas rapportés en la gl. de la loi 3. *C. eod.* & le cas qui
eft en l'addition de Barthole fur lad. loi. Voyez
plus amplement cette matiere dans Boërius, fur
la Cout. de Berry, art. 9. & Labbé, art. 3. tit.
de l'état & qualité des perfonnes. De favoir dans
quel tems la mere doit faire pourvoir des tuteurs
à fes enfans impuberes, il y a diverfité d'opinions
entre les Docteurs fur la loi 2. §. *fi mater. D. ad
Senatufconfultum Tertul.* où il eft dit, *confeftim*,
que quelques-uns interprêtent, *cum primùm po-
terit.* Les autres donnent quarante jours, fauf
l'empêchement qui peut arriver pendant l'année,
mais la plus commune opinion eft fuivant le texte
du §. *fed quemadmodum, Inftit. ad Tertul.* où le
terme eft d'un an indiftinctement, foit que la mere
ait le loifir ou non , ainfi que remarque Boërius
fur ledit art. Auffi Paul de Caftre , confil. 375.
dit que cet adverbe, *confeftim*, eft mis, *ut folùm
admoneatur mater , quod nullo tempore negligat,
imo cum ftatim poteft petat : cæterum fi pure negligat , caveat ne permittat annum tranfire , quia
tunc effet morofa , & privaretur hæreditate.* Le
nom de mere en cet article comprend l'ayeule ,
laquelle convolant en feconde ou troifiéme noces pendant la tutelle de fes petits-enfans , perd
ladite tutelle , tout ainfi que la mere. Car *eadem eft ratio , argum. l. jufta interpret. D. de verb.
fignific.* La veuve impudique perd auffi , non-
feulement la tutelle de fes enfans, mais auffi fon
douaire , & les autres avantages qu'elle a eu par
le décès de fon mari, *Novell. 2. c. 4. de non eli-
gendo fecundo nubentes :* Chaffanée fur la Cout.
de Bourg. art. 8. n. 2. tit. des enfans de plufieurs
lits , & Coquille fur la Cout. de Nivernois, art.
7. titre de tutelle & curatelle. La veuve toutefois pour fon impudicité n'eft pas privée de la fucceffion de fes enfans, encore que la mere en foit
privée, à faute de leur avoir fait créer des tuteurs
quand elle fe remarie : *nòn enim eft par ratio ;* car

la mere se remariant peut bien soigner à faire créer des tuteurs, mais elle ne doit découvrir sa honte, *& potuit pudori suo parcere*, ce dit l'addition de Barth. *in l. 6. D. ad Tertull.*

ET ELLE N'EST POINT TOURNÉE EN BAIL.) C'est-à-dire que la tutelle naturelle & légitime des meres, *ipso jure*, ne se tourne point en dative, comme il se fait ès nobles, où la garde se tourne en bail, art. 37. ci-après, qui est un avantage que la Cout. donne aux nobles pour la vertu qu'elle présume leur être plus naturelle qu'aux roturiers. Guichardin, liv. 1. section 18. en ses Histoires d'Italie, parlant des nobles de France, dit que l'honneur se nourrit naturellement ès cœurs des personnes qui sont de noble race ; & Alain Chartier, en son traité des trois Vertus, en rend la raison, disant que le sens & gravité des vaillans parens, s'épars & communique à leur génération, par usage de bien endoctriner & fréquentation de hautes œuvres. Cette considération fait cesser le soupçon du mauvais traitement envers les pupilles, que la qualité de Vitric & des secondes noces peut d'ailleurs apporter, comme dit Pyrrhus Englebermeus, sur l'ancienne Cout. d'Orléans, art. 32. tit. des fiefs. Et *licet* que la tutelle ne se tourne point en bail par le second mariage des meres non nobles, il ne s'enfuit pas pourtant que le Vitric ne puisse être tuteur ; mais en ce faisant, les biens, tant du Vitric que de sa femme, sont affectés & hypothéqués à la tutelle, comme il fut jugé par arrêt en l'audience le 18 Décembre 1600, entre Louise Verdin, appellante du Prévôt de Paris, & un nommé Mathieu, tuteur honoraire. intimé.

MAIS LE PERE NE LA PERD.) A cause de son sexe plus ferme & constant que celui de la femme. Chassanée sur la Coutume de Bourgogne, art. 8. n. 9. tit. des enfans de plusieurs lits ; aussi que le pere demeure toujours maitre de ses actions. Les seconds mariages des peres ne laissent le plus souvent d'apporter beaucoup de désordres

en la famille. Diodore Sicilien, livre 12. ch. 4.
remarque que Carondas, Légiflateur des Thu-
riens, met en un paffage de fes Ordonnances :

Le Pere qui en fon Domaine
A fes Enfans premiers amene
Une marâtre, foit privé
D'honneur & public & privé,
Comme celui qui, fans raifon,
A mis le feu en fa maifon ;
Car s'il avoit été heureux
Au premier lit, le malheureux
Se devoit à fon bonheur tenir,
Sinon du tout s'en abftenir ;
Car c'eft fureur de foi plonger
Deux fois en un même danger.

ARTICLE XXXI.

Orl.
art.33.

EN défaut de pere & de mere defdits enfans mineurs, l'ayeul ou ayeule a la garde defdits enfans, & porte la foi & hommage pour eux, de leurfdits héritages tenus en fief, comme lefdits pere & mere, & fans profit ne rachat.

ARTICLE XXXII.

Paris
art.35.
Orl.
art.35.

UN fils noble, ou non noble, aîné, âgé de vingt ans & un jour, fera tenu por-ter la foi & hommage pour tous fes freres & fœur mariés, ou non mariés, & garde une fois fefdits freres & fœurs de payer profit : & la fille à quatorze ans & un jour non mariée, peut porter la foi & homma-ge de fes héritages féodaux, fans payer profit.　　　　　　　　　　　　Un

Un Fils noble.) *Filii appellatione omnes liberos intelligimus, ita ut nepotes videantur comprehendi. l. filii l. justa interpret. D. de verb. signif.* Cet article est aussi la continuation des précédens, & traite d'une même matiere, savoir des exemptions de payer profits en ligne directe. Il faut que ce fils soit aîné, c'est-à-dire, qu'il ait les droits d'ainesse; ainsi le puîné auquel auroient été transmis les droits de primogéniture, *morte aut abstentione primogeniti,* est tenu porter la foi pour ses freres & sœurs, pour les raisons ci-devant annotées sur l'art. 21. Du Moulin sur la Cout. de Paris, art. 35. gl. 1. n. 10. sur la fin, tient que les freres héritiers de l'aîné, décédé sans avoir porté la foi, peuvent, ou l'un d'eux, en portant la foi, affranchir leurs sœurs, comme l'aîné eût pû faire de son vivant, ce qui ne peut être en notre Coutume, où représentation n'a point lieu en ligne collatérale, art. 8. tit. des successions (1). *Quid,* si le fils aîné est pupille ou furieux, partant incapable de porter la foi, je tiens que la souffrance que demandera le tuteur du pupille équipollera à la foi, pour le tems qu'elle durera, art. 53. ci-après; & que la foi que portera le curateur du furieux aura pareil effet, comme si le fils lui-même l'avoit faite, *arg. l. Certe. §. si procurator. D. de precario.*

Sera tenu. (2) Il apparoît par le Procès-verbal de cette Cout. que MM. les Conseillers

---

(1) ¶ Ce sentiment est réfuté par la Thaumassiere *hic,* & est contraire à la commune opinion.

(2) ¶ M. Durand en ses Mémoires, sur cet article dit que si l'aîné est en demeure de porter la foi pendant plusieurs années, pendant lesquelles le partage des biens du pere se fait, & le fief entier échet à une fille qui se marie,

l'aîné n'ayant porté la foi de ce mariage, il n'est pas dû relief suivant du Moulin sur le parag. 35. de Paris, gl. 1. n. 13. parce que cette immunité étoit acquise à la fille dès-lors du décès du pere, ayant un frere, combien qu'elle ne l'ait contraint, comme elle le pouvoit, à porter la foi, & qu'il l'a vu tenir ainsi, Le même, artic. 46. de

députés pour la réformation d'icelle ont laiffé fans réfolution en cet article, fi le fils aîné eft tenu par devoir, ou s'il peut par faculté fans autre obligation porter la foi. Néanmoins par ufage nous obfervons que le fils aîné y eft tenu & obligé : & s'il ne le faifoit, qu'il acquitteroit fes freres & fœurs des dommages & intérêts qui fouffriroient par fa nonchalance ou malice. A quoi eft conforme l'opinion de du Moulin, fur la Coutume de Paris, art. 35. gl. 2. n. 6. comme aftreint il doit réellement porter la foi & hommage, ou du moins faut qu'il fe mette en devoir de vaffal, conftituant le Seigneur en demeure ; car le devoir & offres du fils aîné valablement faites, peuvent garantir les filles des profits, avenant le décès de leur frere auparavant l'interpellation d'aller à la foi. Il convient ici noter la diftinction dont traite du Moulin au lieu ci-deffus, nombre 14. & fuivans, jufques au 22. qui eft entre la vraie demeure du Seigneur, pour le refus fans caufe de recevoir en foi & hommage le fils aîné, & la demeure feinte & non vraie, caufée feulement pour l'abfence dudit Seigneur : *utraque enim mora* a bien cet effet de valider les offres & les rendre équipolentes à

ce titre ; Ferrieres, art. 35. de Paris ; la Thaumaffiere, fur le préfent article & fur le 46. de Lalande, article 35. d'Orleans ; le Grand, Coutume de Troies, titre 2. article 14. gl. 17. nomb. 8. & art. 19. n. 35 & fuiv.

M. Durand, en fes Mémoires fur les articles 36 & 46 des fiefs, & MM. Brideron, anciens Avocats de Montargis, en leurs Mémoires, font d'avis contraires à M. Lhofte.

Il faut donc tenir que les freres & fœurs font exempts du rachat, quoique leur frere aîné n'ait pas porté la foi, fuivant l'avis de du Moulin & celui de la plupart des Auteurs, & que tant que le Seigneur ne faifit point féodalement, cet aîné n'eft pas cenfé être en demeure, & il fait les fruits fiens : s'il eft faifi, il l'eft pour jufqu'à ce qu'il fatisfaffe ; & s'il eft fommé par les puinés, il eft tenu d'aller à la foi, & de leurs dommages & intérêts. M. Brideron, Lieutenant en la Prévôté de cette ville, eft de ce dernier fentiment, & l'a ainfi décidé en Août 1726, dans une efpéce à lui propofée par M. Roulx du Chefnoy, Doyen des Confeillers de ce Siége.

la foi, jufques à ce que le Seigneur ait purgé fa demeure par nouvelle interpellation, art. 11 & 12. ci-devant. Mais la vraie & naturelle demeure a cela de plus, qu'elle fait que la condition demeure pour accomplie à l'égard de ceux qui y ont intérêt, à favoir des filles, pour la libération des profits, d'autant qu'il n'a point tenu à leur frere, mais au Seigneur, qui n'a voulu recevoir les foi & hommage, *l. jure civili. D. de conditionib. & dèmonftr. & l. in omnibus. D. de reg. jur. licet mora non duraverit*, & que le Seigneur puis après fomme ou refaififfe le fief, même quand il l'exploiteroit à faute de foi : car il fuffit que, *conditio femel extiterit*, *argum. l. fi hæredem. C. de conditionib. & demonftrationib.* Le fils aîné eft tenu porter la foi & hommage à fes frais & dépens, en confidération du préciput & avantage qu'il a pardeffus les autres ; & s'il exige de fes freres & fœurs quelque chofe pour récompenfe ou rembourfement, on le peut répéter, *conditione ob turpem caufam*, dit du Moulin au lieu ci-deffus. n. 8.

FRERES & SŒURS.) Sous le nom de freres & fœurs font compris leurs enfans, que nous appellons neveux & niéces, venans à la fucceffion, par repréfentation de leur pere & mere. Du Moulin fur la Cout. de Paris, art. 35. gl. 1. n. 7.

MARIÉE OU NON.) Quelques-uns veulent reftreindre la difpofition de cet art. en faveur des premieres noces ; eftimans que les fecondes noces, *propè ad mæchiam accedunt cap. hac ratione 31. quæft. 1.* & pour cette caufe, les Prêtres ne doivent affifter aux feftins des fecondes noces, *cap. ex his eod.* Voyez S. Jean Chryfoftome, *Homil. 32. in Math.* Mais pource que notre Cout. parle fans diftinction, & que les noces fecondes & troifiémes font permifes par l'Églife, & beaucoup plus favorables que le payement des profits en cas de mariage : avec raifon òn peut affurer que cet affranchiffement eft pour les mariages où fe trou-

I 2

vent les filles, lors du décès de leur pere & mere,
& pour tel autre mariage que la fille ou veuve
contracte après le décès de sondit pere ou mere,
pour une fois seulement. Notre Cout. disant une
fois, *de futuro cogitat , l. si jam facta. D. de condi-*
tion. & demonstr. & l. si ita sit scriptum. §. si pater.
D. de leg. 2.

SESDITS FRERES.) Ce mot, *freres ,* est su-
perflu , parce qu'il n'y a aucun cas où les enfans
mâles doivent profit, par la mort en ligne directe.

ET LA FILLE A QUATORZE ANS PEUT.)
Notre Cout. ayant fait mention de l'âge requis au
mâle pour porter la foi, par occasion déclare aussi
quel doit être celui de la fille ; mais au reste le cas
est différent du précédent, car il faut sous-entendre en ce lieu que la fille n'a point de frere : ces
mots, *non mariés ,. & sans payer profit ,* nous font
connoître cela , autrement ils seroient inutiles ,
d'autant que la fille est affranchie des profits, mariée ou non mariée, ayant un frere. Et encore qu'il
soit dit que la fille non mariée est reçue en foi
sans payer profit, il ne s'ensuit pas qu'elle en soit
pour jamais libérée ; car si elle se marie , son mari
rachetera, comme il est dit en l'art. 46 ci-après.
Ce mot *peut* , n'est pas pour laisser à la volonté de
la fille de porter la foi ou non, mais il est mis
pour déclarer qu'il est permis à la fille , comme
capable en cet âge de porter dorénavant la foi,
suivant la disposition de l'article 18. ci-devant. A
quoi elle est tenue satisfaire , puisqu'elle n'a point
de frere qui la porte pour elle ; autrement le Seigneur féodal n'auroit point d'homme , & seroit
privé de la foi par aventure long-tems, s'il falloit
attendre que la fille fût mariée , ce que la nature
du fief & l'équité ne peut souffrir.

ARTICLE XXXIII.

EN succession de ligne directe * n'y a aucun profit de fief, ni les gardiens n'en doivent : toutefois les pere & ayeül, ayant la garde-noble de leursdits enfans, s'ils se remarient seront tenus de bailler caution de rendre indemnés les mineurs, de ce qu'ils sont tenus les acquitter par la-dite garde.

Paris art. 3. & 33. Orl. art. 21. Troie art. 25

LIGNE DIRECTE.) Il faut excepter le cas de l'art. 46 ci-après. La ligne directe, comme re-marque du Moulin en ce lieu, s'entend aussi-bien en ascendant qu'en descendant ; il en rend la rai-son sur l'art. 47. en la Cout. d'Artois, disant que *ex tacita stipulatione*, c'est plutôt une reversion que succession, *l. jure succursum D. de jure dot. & l. Constitutionis C. de bonis quæ lib.* Voyez plus amplement M. Louet en ses Arrêts notables, let-tre B. ch. 47. Et convient ici noter qu'encore que l'héritier en ligne directe ne paye profit, il doit toutefois porter la foi & hommage, pource que le serment du défunt n'oblige l'héritier.

TOUTEFOIS, &c.) Cette derniere partie n'a rien de commun avec la précédente ; & ceux qui ont réformé cette Cout. n'ont pas bien pris garde qu'en reformant l'ancienne, qui vouloit que les meres gardiennes se remariant fût dû profit, ce qui étoit une exception de la premiere partie, ils ont laissé cette derniere partie comme exception

---

* *Non solùm descendenti, sed etiam ascendenti, ut dixi Consuet. Parisiens. paragr. 2. Et expressim Consuet. Trecensis. par. 25. Calvimontis. par. 16. 22. 40. & Carnotensis. paragr. 16. Quidam hanc immunitatem extendunt in fraternâ vel sororinâ successione, ergo & donatione in anticipatione successionis, sed Arverniæ, & aliis locis de quibus dixi in Consuet. Paris. pat. 23. Nulla ullo casu jura pecuniaria debentur,* C. M.

I 3

ou modification du précédent , & néanmoins n'ont rien de connexe l'un avec l'autre. Ils devoient en faire un art. séparé.

Bailler caution.) Cette caution est pour assurer d'autant plus les affaires des mineurs, pource que les seconds mariages semblent diminuer l'affection des peres envers les enfans du prem. lit, & apportent quelque changement en la famille.

Article XXXIV.

Orl.
art.26.

Gardiens sont pere & mere , ayeul ou ayeule.

Article XXXV.

Orl.
art.27.

Bailliftres sont ayeule trouvée remariée , mere & ayeule qui se remarient, & parens de ligne collatérale , comme frere , sœur, oncle, & cousin ; & le plus prochain préfere l'autre de quelque côté que ce soit, & l'aîné le maint-nai.

Et le plus prochain.) *Idem infra* , art. 4. tit. du droit des gens , & ne doit-on considérer si tous les biens du mineur , ou la plus grande partie , sont venus du côté de celui qui se trouve le plus prochain ; mais seulement on a égard à l'affection du parent , *quæ major præsumitur quo proximior est gradu* , & en pareil dégré les mâles sont préférés aux femelles , suivant la Cout. d'Orléans , art. 27.

Article XXXVI.

Orl.
art.27.

Desormais les bailliftres collatéraux ne gagneront les meubles , ne feront les fruits des héritages des mineurs leurs ; mais en prenant l'administration desdits mineurs , seront tenus faire inventaire, & rendre compte , & ne payeront profit de rachat.

DÉSORMAIS LES BAILLISTRES , &c.) Anciennement les bailliſtres faiſoient leurs les meubles , & prenoient les fruits des héritages du pupille ; pour cela auſſi ils payoient profit de rachat.
Ce qui a été avec grande raiſon réformé , comme
trop rigoureux , pour les raiſons déduites par du
Moulin ſur la Cout. de Paris, art. 46. gl. 1. n. 2 & 4.
tellement qu'à préſent il n'y a point de différence
quant à l'effet , entre les bailliſtres & les tuteurs.

FAIRE INVENTAIRE.) Voyez l'art. 306 &
309 de la Cout. de Poitou , comme il faut faire
inventaire , & dans l'annotation de Maître Pierre
Rat , la forme que l'on y doit obſerver.

ARTICLE XXXVII.

ET au regard des ayeules trouvées re-
mariées , bailliſtres ne feront déſormais leſdits meubles ne fruits leurs ; &
quant aux non mariées , & meres tant
qu'elles feront à marier , feront les meubles
& fruits des héritages leurs , en acquittant
comme les gardiens ; mais ſi-tôt qu'elles ſe
remarieront , ceſſera ladite garde , & ne feront plus les fruits deſdits mineurs leurs :
néanmoins leur demeureront leſdits meubles , en acquittant leſdits mineurs ; & au
moyen de ladite garde qui ſe tourne en bail,
gouverneront comme bailliſtres leſdits mineurs , à la charge de rendre compte &
bailler caution comme deſſus.

DÉSORMAIS NE FERONT.) *Id eſt*, du jour
qu'elles ſont convolées à ſeconde noce.

ET QUANT AUX NON MARIÉES.) La veuve
ſe remariant perd la garde-noble ; mais étant derechef veuve, elle la peut reprendre, *ceſſante cauſa ceſſat effectus , l. adigere D. de jure patronat.*

Ainſi a eté jugé par Arrêt le 10 Juin 1594. Il convient icinoter que l'ayeule ne perd les meubles ſe
remariant durant la garde-noble, & qu'elle ne les
acquiert quand elle eſt trouvée mariée : la raiſon
eſt, parce qu'il eſt plus facile & plus honnête de
refuſer, que de retirer ce qui a été donné. .

EN ACQUITTANT.) Ce n'eſt pas à dire que
celle qui ſe remarie ſoit tenue d'acquitter les mineurs préſentement &ſur le champ : ce gérondif
emporte une néceſſité pour faire que les meubles
lui demeurent, à la charge de rendre indemnés
les mineurs, & de ſe faire donner caution, comme
il eſt dit en l'art. 33 ci-deſſus. *Quid*, ſi ladite
mere ou ayeule ne veut ou ne peut donner caution,
in dubio, puiſque la Cout. n'en diſpoſe pas, j'eſtime que s'il n'y a point eu de communauté entre
elle & le défunt, auparavant l'ouverture de la
garde-noble, que les meubles doivent être rendus, déduction des dettes acquittées; & pour obvier à la difficulté de la recherche, valeur & qualité deſditsmeubles, qui peut en ce cas arriver, je
ſerois d'avis que l'on fit faire inventaire des meubles délaiſſés lors de l'acceptation de la garde-
noble; & s'il y avoit eu communauté précédente,
je tiens que s'étant la communauté continuée avec
les enfans, ladite mere ou ayeule leur doit faire
partage deſd. meubles, par diſpoſition de l'art.
3. tit. des ſociétés, parce que *res in eum caſum*
devenit à quo incipere potuit, joint la faveur des
mineurs, & la qualité odieuſe des ſecondes noces.

GOUVERNERONT COMME BAILLISTRES.)
La garde-noble en ce cas ſe tourne en bail ou tutelle dative, à laquelle ſont obligés les biens
du mari auſſi-bien que ceux de ſa femme, de
laquelle vient le dit bail. Voyez l'annotation ſur
l'art. 30 ci-deſſus.

ARTICLE XXXVIII.

SI pere, mere, ayeul ou ayeule vont de
vie à trépas ſans enfans mâles, délaiſ-

fant une fille ou plusieurs, étant mariées lors dudit trépas, elles doivent rachat de leurs héritages tenus en fief.

DE LEURS HÉRITAGES.) Faut entendre que partage soit fait, & que les héritages en fief appartiennent à la fille mariée; autrement quoiqu'elle y ait part & portion par indivis auparavant le partage, il n'est point dû rachat, pource que la division fait connoitre le vrai Seigneur de l'héritage, qui auparavant étoit incertain. Ainsi a été jugé par arrêt le 6 Avril 1574, rapporté par Maître Anne Robert, *lib. 3. rerum judicatarum, c.* 19. Joignez cet art. avec le 46 ci-après.

ARTICLE XXXIX.

DEformais tant entre nobles *, que non nobles, interdiction de vendre & aliéner ses biens & héritages par veuvage n'aura lieu, & succéderont les enfans desdits nobles, tant des premier, second, que autres subséquens mariages, à leurs peres & meres, ayeux ou ayeules, sous les représentations ci-après déclarées, en tous biens, meubles, immeubles, propres, conquêts assis ès fins desdites Coutumes, sauf la prérogative des aînés ou aînées, sans ce que désormais lesdits enfans puissent alléguer ladite interdiction ne Coutume de suc-

Orl. ar.361.

---

* Voyez le Procès-verbal , & idem *sub Consuet. Aurelian. dixi in Consuet. Parisienf. tit.* 1. *sed longe durior est Consuetudo apud Martpurgum essorum , ubi filii primi matrimonii habent omnia immobilia , filii verò secundi bona mobilia , & testatur Joan. Ferrarius Montanus Martpurgensis Professor , quem ibi vidi inst. de jure natu. gent. & Ci. parag. ex non scripto. C. M.*

céder par mariage ou lits , le tout fans préjudice des fuçceffions jà acquifes ou affectées
auxdits enfans , au moyen de la diffolution
defdits mariages & ancienne Coutume , laquelle préfentement commencera avoir
lieu du jourd'hui , & entre ceux qui ne font
encore mariés , ou font en leur premier
mariage.

Maître Charles du Moulin fur la Cout. de Paris , art. 16. gl. 1. n. 28. parle de cette rigueur,
& de l'inconvénient qui arrivoit par la divifion
des héritages propres & acquêts , entre les enfans du premier mariage & des fubféquens.

ARTICLE XL.

Paris
ar.238
Troies
art.11.

Uand l'un des deux conjoints noble
va de vie à trépas , fans enfans iffus
dudit mariage , le furvivant d'iceux conjoints prend tous les biens meubles , fauf
ceux qui font pour la fortification & inftruction des maifons, & ceux qui y feroient
pour perpétuelle demeure, & les fait fiens,
en payant les dettes , & accompliffant le
teftament pour les legs perfonnels , obféques & funérailles , fauf à Orléans,
Meung, Jargeau, Sully, Comté de Gien,
Saint-Benoît, & Châtillon-fur-Loire , &
ès terres de Sainte-Croix , efquels lieux
les héritiers du trépaffé prennent la moitié
defdits meubles.

L'UN DES DEUX CONJOINTS NOBLES.) La
femme furvivante , quoique de race roturiere ,
fuivant la condition & nobleffe de fon mari,
jouira du gain déféré par cet article.

SANS ENFANS ISSUS DUDIT MARIAGE.)
Sed insurgit dubium, savoir si cet art. est corrigé
par l'Edit des secondes noces de l'an 1560, le défunt ayant des enfans d'un précédent mariage.
J'estime que non, *ex mente*, de l'Edit fait sur la
loi *hac edictali. C. de secund. nupt.* qui est pour
empêcher la profusion de ceux qui se voudroient
remarier. L'avantage du survivant au cas de cet
art. prend *ex eventu :* il ne procéde pas de la libéralité des contractans, *sed ex ordinatione legis.*

PREND TOUS, &c.) Maître René Choppin,
sur la Cout. de Paris, livre 2. tit. 1. n. 20. appelle
cet avantage *sterilis ac infœcundi conjugii solatium,*
& voudrois tenir que ce privilége est personnel
& non pas réel, pour les raisons ci-dessus déduites en l'annotation de l'art. 27. La disposition de
cet art. reçoit exception, quand par fraude le
conjoint noble pour avantager indirectement l'autre conjoint, vend ses immeubles, & particulierement ses propres, pour les convertir en meubles.
Je crois, *causa cognita,* que le survivant ne prendra tout ce qui se trouvera en meubles, mais ce
qui sera jugé devoir être selon la qualité des personnes. Or encore que notre Cout. ne fasse mention d'inventaire, j'estime toutefois que le survivant est tenu d'en faire un des titres, papiers &
enseignemens, afin que les héritiers collatéraux
sachent ce qui leur appartient : on tient qu'il a
été ainsi jugé par arrêt, en l'an 1586. *Carond. lib.*
5. *resp. c. 68.* en rapporte un contre la veuve de
M Roberter, Sieur d'Aluye, Secrétaire d'État.
Voyez ce qui est annoté sur l'art. 1. tit. de douaire ci-après.

ET INSTRUCTION DES MAISONS.) Comme
sont les matériaux destinés pour édifier ou réparer, *l. 122. D. de leg. 1. & l. 15. D. instruct. vel
instrum. leg.* (1). On peut avec raison & équité dire

_____

(1) ¶ Ce sentiment n'est pas   brebis & autres bestiaux, &
suivi, non plus que pour les   ils sont tous réputés meubles

que les bœufs, chevaux & autres uſtenſiles ſervans
au labourage, doivent être compris ſous l'appellation de meubles ſervans à l'inſtruction des maiſons
quand elles ſont champêtres , comme ſont volontiers en France les maiſons des nobles , pour leſquels eſt fait cet art. *l.* 5 *& 12.* §. *ſed ſi fund. D.
eod.* L'article 27. ci-devant donnant les meubles
au gardien-noble , n'excepte point ceux qui ſont
pour l'inſtruction des maiſons , comme fait celui-
ci , *quia favorabilior eſt cauſa parentum* , les meubles que les pere ou mere ont eu par le moyen
de la garde-noble ne ſortent de la famille , &
peuvent retourner aux enfans après le décès de
ceux qui les ont pris ; joint que les gardiens-no-
bles ont affaire des inſtrumens ſervans au labourage, pour faire valoir les héritages, comme ils y
ſont tenus ; & s'il falloit qu'après le tems ils les
rendiſſent , il faudroit auparavant les eſtimer ,
choſe qui apporteroit des différends entre les
pere ou mere & leurs enfans : à quoi la Cout. a
voulu remédier tout d'un coup par ledit art. 27.

EN PAYANT LES DETTES.) *Quia hic à lege ,*
qui induit une eſpéce d'hérédité , comme en l'eſpéce de l'art. 11. tit. des ſucceſſions. *Secus ſi ex
conventione* , comme entre roturiers , quand le
contrat ne fait point mention du payement des
dettes, pource qu'alors c'eſt une donation , *& æs
defunkti non ſequitur donatarium , ſed heredem. l.
æris alieni. C. de donat. & l. 1. C. ſi cert. pet.* & par
argument de l'art. 8. tit. de communauté. Voyez
Carondas, liv. 5. de ſes reſp. chap. 68.

OBSÉQUES ET FUNÉRAILLES.) Selon qu'elles ont été ordonnées par teſtament , ſinon ſelon
la qualité & biens du défunt. *Aliter* , en l'eſpéce
de

& appartenir à l'héritier mo-
bilier. Voyez Brodeau , en ſon
Commentaire ſur l'art. 91. de
la Cout. de Paris , n. 6. contre Coquille; Tronçon , *ibid.*
en ſon Commentaire ſur le

même art. contre Coquille ;
de Ferrieres ſur ledit art. 91.
tome 1. gl. unique , n. 7. contre Auzanet ; la Thaumaſſiere,
ſur le préſent article contre
M. Lhoſte.

de l'art. 11. tit. des succeſſions, où l'héritier n'eſt pas tenu des obſéques & funérailles, mais ſeulement des dettes & droits teſtamentaires du défunt ; parce qu'en ce lieu le ſurvivant prend les meubles par une eſpéce de ſucceſſion, *ex privilegio. Illic vero jure communi.*

ORLÉANS, &c.) Quand on réduiſit par écrit l'ancienne Cout. de Lorris en l'an 1494, comparurent à Montargis les Seigneurs de tous les reſſorts de ladite Cout. ou leurs Députés, entre leſquels étoient ceux de la ville d'Orléans, des Châtellenies & autres Juriſdictions du Duché d'Orléans tenu en apanage ; & étoit lors le Bailli de Montargis Juge des reſſorts & exemptions dudit Duché. Depuis, en l'an 1509, ceux dudit Duché firent corriger ladite Cout. laquelle fut appellée la Cout. de Lorris-Orléans. Ceux de Montargis, & les autres Bailliages & Châtellenies qui n'étoient dudit Duché en l'année 1531, la firent auſſi corriger, & fut nommée la Coutume de Lorris-Montargis, pour la diſtinguer de celle d'Orléans. En faiſant cette correction il ne fut rien changé ou innové, ſinon ce qui a ſemblé vicieux ou défectueux. Ainſi ſont demeurés pluſieurs noms des lieux & choſes qui ſont & concernent quelques Châtellenies du Duché d'Orléans, comme on voit en cet article, & pluſieurs autres de cette Coutume.

DE GIEN.) En l'an 1588, par acte fait au Bailliage de Gien, les Juges, Avocats & Procureurs, de leur autorité privée, ſe départirent de l'obſervation de la Cout. de Montargis, & prirent celle d'Orléans, *cæteris quorum intereſt abſentibus & irrequiſitis*, ce qui a fait naître depuis pluſieurs procès, ſans qu'il ſoit ſur aucun d'iceux intervenu arrêt qui ait autoriſé ou réprouvé ce changement.

ARTICLE XLI.

SI pere, mere, ayeul, ou ayeule, donnent en mariage à leur fils, ou fille, Orl. art. 14.

aucun héritage, ou autrement, en avancement de fucceffion, il n'en eft dû au Seigneur de fief aucun profit, finon que le
mari de ladite fille en voulût entrer en foi,
& que celui qui auroit fait ladite donation
fe démit de la foi, en ladite donation faifant. *

En avancement.) Toutes donations faites
par les pere & mere à leurs enfans, font réputées
être en avancement de fucceffion, pourvu qu'il
n'y ait aucune caufe ou qualité répugnante, dit
du Moulin fur la Cout. de Paris, art. 27. nomb. 1.
& 2. Pour le cas de cet art. l'expreffion de l'a-
vancement de fucceffion, ou l'obmiffion dans le
contrat, ont même effet. Mais s'il eft exprimé,
le donataire doit appréhender la fucceffion, ou
quitter la donation. *Si vero*, il eft obmis, ou bien
qu'il y ait autre caufe exprimée, comme pour la
bonne amour : *tunc*, le donataire peut répudier
l'hérédité, & fe tenir à fa donation ; mais en ce
cas il payera profit, *ex capite donationis, quam
ex nunc facto & declaratione donatarii abftinentis,
apparet non effe ex caufa anticipationis fucceffionis,
fed remanere in forma nudæ & fimplicis donationis.* C'eft l'opinion de du Moulin, ibid. nomb. 4.
inf. Il faut remarquer que cet art. & le 61 ci-
après parle feulement des donations, *in linea
defcendente, quia in linea afcendente non præfumitur fucceffio. Secus*, à Orléans art. 24. tit.
des fiefs. Et que le 46. art. ci-après eft pour le
cas de fucceffion, celui-ci eft pour le cas de
donation.

Il n'est du.) Par préfomption de droit, il
n'y a aucune mutation de vaffal, *quia filius eft quaft
dominus vivente patre.* Lucius remarque un arrêt

* *Scilicet donando genero & infra.* parag. 74. 77. 78. C. M.

à ce sujet, liv. 7. tit. 5. chap. 2. où l'héritage avoit été donné en mariage pour une somme, avec faculté de le retirer en payant.

SINON QUE LE MARI.) La raison est que le fief change de main, entrant en une autre famille, & ne faut pas qu'il reste aucun sujet pour lequel on puisse feindre une continuation : aussi faut-il qu'il intervienne un mutuel consentement du mari d'entrer en foi, & du pere de s'en démettre ; autrement ne seroient dûs aucuns profits, n'étant raisonnable que le gendre, *sine facto suo & eo invito*, fût de pire condition, le pere vivant, que par aventure il ne seroit après son décès, au cas de l'art. 46. ci-après. Aussi sans la démission de la foi, *ubi non est venditio*, il n'y a ouverture de fief, art. 84. le consentement de l'un & de l'autre doit intervenir en faisant la donation, & par ce moyen notre Cout. retranche les occasions au gendre donataire, de pouvoir puis après par intelligence avec son beau-pere donateur, payer des profits indûment, & dissiper son bien en fraude de ses créanciers ; s'il n'est point parlé de démission ou rétention de foi, elle demeure au bailleur, *argum.* §. 84.

ARTICLE XLII.

EN ligne collatérale, en pareil degré en succession de fief, le mâle forclos la femelle. (1)

Paris art. 25. Orl. art. 99.

(1) ¶ M. Lhoste a écrit sur un ancien Coutumier, après le dernier mot du présent art. FEMELLE, *licet ex utroque :* ainsi que je l'ai tenu par avis des Praticiens de ce Bailliage, parce que la succession de fief a été séparée des autres successions, art. 12 des cens. Et de plus, le lundi 11 Avril 1611, fût le semblable résolu par Turbes en cette ville de Montargis, par M. de Soulfour, Conseiller au Parlement, au procès d'entre le sieur de Buzenval & la Demoiselle de la Robye ; & aussi par Turbes, fait un an ou deux auparavant à Nemours.

Nota. Cette observation de M. Lhoste est considérable, & confirme celle de M. Durand, ancien Avocat en ce

K 2

Sur le différend entre Théodore de Chonard, Seigneur de Buzenval, & Françoise de Chonard, veuve du fieur de la Robye, pour les terres de Grand-Champ & la Grange-aux-Rois, régies fous cette Cout. furent faites enquêtes par turbes à Nemours & à Montargis les 9 & 11 Avril 1611, par M. de Soulfour, Confeiller en Parlement, pour favoir fi en fucceffion de fief la fœur germaine du défunt exclut le confanguin, *in vim*, de l'art. 12. tit. des fucceffions ; par icelle fut trouvé que le frere devoit forclorre la femelle, étant le titre des fucceffions pour les roturiers feulement, ainfi que le déclaroit l'ancienne Cout. de 1494, au 3 art. dudit chap. en ces termes ; *en héritages féodaux fuccèdent*, ainfi que deffus eft dit en la matiere des fiefs. Lequel art. a été retranché comme fuperflu, ainfi qu'il eft à préfumer. Chaffanée, Cout. de Bourgogne, tit. des fucceffions, art. 11. n. 12. tient avec plufieurs Auteurs par lui cotés, que *duplicitas vinculi non habet locum in feudalibus*. Les parties toutefois ne firent juger leur différend, & s'accorderent, enforte que la fœur eut les terres, & paya à fon frere confanguin la moitié de l'eftimation. Semblable queftion s'étant anciennement mue pour le Duché de Bretagne, entre Charles de Blois, à caufe de Jeanne de Bretagne, fa femme, fille de Guy, Vicomte de Limoges, frere germain de Jean III. Duc de Bret. dé-

Bailliage, fur le préfent art. qui dit que de fon tems, environ 1670, les anciens pratiquoient l'ufage obfervé du tems de M. Lhofte & avant. Il eft vrai qu'ici M. Lhofte paroît incertain de décider, & que fur l'art. 12. des fucceffions, il dit que la queftion dont il s'agit ici eft *fubjudice* : mais il en réfulteroit de fa note manufcrite, que du tems qu'il l'a faite, qui étoit environ 1613 ou 1614, fuivant l'avis des Praticiens, l'ufage ancien étoit de préférer le frere confanguin à la fœur germaine, & il eft préfumable que fi depuis que M. Lhofte a publié fon Commentaire, l'ufage a varié ou a été fufpendu, il a repris vigueur avant 1670 ou 1672, que les anciens Avocats ont affurés M. Durand, que la pratique étoit de préférer le mâle.

cédé fans enfans, & Jean, Comte de Montfort,
frere de pere feulement dudit Jean III. fut ter-
minée après plufieurs guerres par la journée d'Au-
roy, où ledit Charles de Blois fut tué. Voyez
Froiffard, v. 1. ch. 227. M. de la Guefle, Procureur Général, en un difcours envoyé à feu M. le
Chancelier de Belliévre, qui eft imprimé avec
fes remontrances, dit que cette victoire eft un
arrêt du ciel, lequel caffoit celui qui avoit été
donné en terre ; c'eft celui du 7 Septemb. 1341,
donné à Conflans par le Roi Philippe de Vallois,
au profit dudit Charles de Blois, fon neveu, dont
Froiffard fait mention, c. 71. Il fe trouve toutefois des arrêts contraires qui donnent la fucceffion
même féodale à la fœur germaine du défunt, à
l'exclufion des freres confanguins feulement. Le
Veft, arrêt 48. en remarque un rendu en l'ancienne Cout. d'Orléans, femblable à la nôtre du 23
Janvier 1550. pour la fucceffion de défunt Maitre Jean de St.-Mefmin. Pithou, fur la Cout. de
Troies, art. 15. en cote un autre pour Miraucon,
au rapport de M. Viole. Voyez Carond. liv. 11.
refp. chap. 112.

LE MASLE, &c.) *Etiam ex fœmina*, dit du
Moulin fur la Cout. de Vitry, tit. des fucceffions,
art. 67. car en ligne collatérale les héritiers viennent de leur chef en cette Cout. & non pas par
repréfentation, art. 8. tit. des fucceffions. Il faut
noter que puifque le mâle a plus grande part en la
fucceffion que la femelle, il paye auffi plus de dettes du défunt, à raifon de l'émolument qu'il a en
la fucceffion, & non-feulement des dettes, mais
auffi des frais funéraux, pource que *perfonam de-
functi refpiciunt*, & diminuent d'autant l'hérédité,
Cout. d'Orléans, art. 274. Quant aux frais de la
pourfuite criminelle pour l'homicide du défunt,
ils fe payent *viritim quia non fiunt jure hereditario
fed jure fanguinis*. Auffi la réparation fe divife également : ainfi a été pratiqué à Orléans, par avis
des Juges & Avocats dudit lieu, après la mort de

K 3

Hervé Lhofte , mon frere , tué à Blavet en Bretagne.

EN PAREIL DEGRÉ.) *Licet* , que le mâle &
la femelle ne foient en même ligne ou cellule , ou
que le mâle foit venu d'une femelle : car il fuffit
qu'il foit auffi prochain au défunt ou défunte , &
en pareil degré que la femelle qui fe préfente. Du
Moulin fur la Cout. de Sens, t. des fiefs, art. 201.
& viennent les héritiers en ligne collatérale à la
fucceffion *ex fuo capite* , & non par repréfentation
de leur pere ou mere , obftant l'art. 7. tit. de fucceffions ci-après.

FORCLOS LA FEMELLE.) On pourroit dire
comme Cujas , fur les livres 4. des Sentences de
Paul , tit. 4. parlant de la loi *voconia quæ coercuit*
hæreditates mulierum ne ditefcerent , ac proinde
elatæ æquarent fe viris. Mais il y a plus apparence
de croire que ceci retient de l'antiquité. Les paroles de la loi Salique font , *de terra Sallica nulla*
portio hæreditatis mulieri perveniat , fed ad viri-
lem fexum tota terræ hæreditas perveniat ; parce
que les terres ne fe partageoient en ce commencement , qu'en confidération , principalement de
la guerre , pour laquelle s'enfuit cet article , *ad*
quemcumque hereditas terræ pervenerit , ad illum
veftis bellica. i. Lorica , & ultio proximi , & folutio
lendis debet pertinere. Cette loi en fon commencement général pour toutes les fucceffions des
anciens conquérans de la Gaule , qui ne tenoient
que terre en fief , ne permettoit que les femelles
y euffent part , comme mal propres au manie-
ment des armes. La même raifon fit que ces vaillans Capitaines départirent de leurs terres aux
gens de guerre qui les fuivoient , pour être tenus par eux & leurs hoirs mâles , élifant le fang ,
la famille , la race généreufe , & partant ne vou-
loient que leurs dons , que les feudiftes appellent
bénéfices , allâffent à ceux qui naiffoient hors de
la maifon , *tit. 1. §. hoc autem notandum , lib. 1.*
feud. ains demeurâffent aux feuls mâles , efquels

l'aſſurance de la généroſité eſt plus certaine. Mais
après l'établiſſement des affaires de ce Royaume,
que le ſecours & l'exercice des armes devint
moins néceſſaire, les filles commencerent être
appellées à la ſucceſſion des terres avec leurs freres en ligne directe, comme nous voyons en pluſieurs endroits de cette Cout. & en ligne collatérale, *deficiente maſculo.* en pareil degré, comme
en cet endroit par argument, *à contrario.* Voyez
Philon, Juif, liv. 3. de la vie de Moyſe, où il parle du don ou largeſſe que fit Moyſe aux filles de
Salphaat, de parties des héritages de leur pere.

Article XLIII.

QUand enfans mâles en pareil degré ſuccédent à fief par ligne collatérale, entr'eux n'y a aucun droit de prérogative d'aîneſſe, mais ſuccédent également.

Orl. art. 98.

Ce mot *enfans.* eſt ſuperſlu, car il n'eſt pas néceſſaire que ceux qui ſe préſentent à la ſucceſſion
ſoient freres entr'eux, iſſus de même pere ou mere
quorum reſpectu, ils ſont dits enfans : mais c'eſt aſſez que ceux qui ſuccédent en ligne collatérale
ſoient en pareil degré, *licet*, qu'ils ne ſoient en
même ligne ou cellule, comme ſont l'oncle paternel, & le fils du frere du défunt. Du Moulin
ſur la Cout. de Paris, art. 19. n. 1.

Article XLIV.

LE Seigneur de fief peut acquérir * le fief que ſon Vaſſal tient de lui, & le joindre à ſon domaine, & n'eſt tenu en faire foi & hommage au Seigneur de qui il

Orl. art. 18.

---

* *Non tantùm intelligitur de retractu feudali, ſed etiam de voluntaria acquiſitione, vel ſucceſſione, vel legato.* C. M.

tient fon plein fief, mais fon héritier ou celui qui a la caufe de lui, en eft tenu faire foi, & auffi fi le Seigneur de fief meurt après que fon Vaffal aura acheté fon rere-fief, ledit Vaffal eft tenu en faire foi, tant du fief dudit Seigneur féodal, que dudit rere-fief, & n'eft plus réputé qu'un fief.

ET LE JOINDRE, &c.) Il faut répéter *hoc ver-bum*, peut, *quod importat meram facultatem;* pource que quand l'acquifition n'eft pas faite *jure pa-troni*, il eft en la volonté de l'acquéreur de ne joindre pas le fief acquis au fief immédiat, pourvu qu'auparavant la foi & hommage il le mette hors de fes mains: *idem* eft de fon héritier, art. fubfé-quent. Il faut auffi que le fief acquis tienne de l'acquéreur en plein fief, autrement il ne le pourroit joindre à fon domaine, au préjudice du Sei-gneur immédiat; & auparavant la foi il n'y a point de confolidation, l'acquéreur en ce cas foute-nant par fiction la perfonne d'un étranger, *fecùs*, quand l'acquifition eft d'une chofe cenfuelle; car la réunion fe fait *ipfo actu*, comme il fera dit en l'art. 29. titre des Cens, ci-après.

N'EST TENU.) *Quia in fufpenfo eft* fi ladite acquifition eft plein fief ou arriere-fief, comme il étoit auparavant, jufqu'à ce qu'il l'ait vendu ou fait la foi.

N'EST PLUS RÉPUTÉ.) Et partant l'arriere-fief n'eft pas uni & incorporé au fief, *ipfo jure :* du Moulin fur la Cout. de Dunois, art. 15. tit. des fiefs. *Sed quid*, favoir fi le fief nouvellement ac-quis, foit par droit de retenue féodale, par com-mife ou autrement; fera déformais cenfé & réputé être de mème qualité que l'ancien domaine au-quel il eft joint ; quelques-uns ont tenu l'affirmati-ve fans diftinction, fondés fur ce qu'étant un mê-me fief, *eadem res non debet diverfo jure fpectari, l. fi ex pluribus. D. de fuis & legitim. hæred. & l.*

ultima. C. *de alluvione.* 'Que le droit de l'acquéreur & qu'il a toujours eu en la chose comme Seigneur féodal, est conservé *ex causâ antiquiore,* &
rend l'acquisition accessoire semblable à son principal. Les autres, comme Boërius sur la Cout. de
Berry , tit. des fiefs art. 5. & Tiraqueau sur la
Cout. de Poitou , §. 32. n. 72. l'opinion desquels
me semble meilleure, tiennent indistinctement
que c'est conquêt , & que *res censenda est alia*
à rei proprietate. Choppin, sur la Cout. de Paris,
liv. 2. ch. 6. nomb. 11. en rapporte un arrêt pour
un héritage consolidé par retrait féodal : du
Moulin sur la Cout. de Paris, art. 20. gl. 1. nomb.
48. & art. 43. gl. 1. nomb. 189. dit & tient pour
régle générale que tout héritage acquis par quelque droit ou maniere que ce soit , excepté par
succession , ne sortit pas nature de propre , mais
d'acquêt ou conquêt. Il faut encore excepter le
propre acquis par retrait , car il demeure propre
au retrayant , art. 4. tit. de retrait.

ARTICLE XLV.

ET s'il le revend , ou met hors de ses
mains par quelque maniere que ce soit,
après qu'il aura fait la foi & hommage , il
demeurera plein fief ; mais s'il le vend ou
aliene avant lesdits foi & hommage , il le
peut bien bailler en plein fief , ou arriere-
fief de son Seigneur.

Ord.
art. 19.

. MAIS S'IL LE REVEND , &c.) Ceci est en faveur de la libre disposition que chacun doit avoir
de son bien , sans l'intérêt d'autrui. Et feint la
Cout. en ce cas , que le Seigneur peut acquérir
& jouir de son plein fief , comme personne étrange. Et pratiquons que non-seulement l'acquéreur,
mais aussi ses hoirs, avant la foi & hommage, peuvent disposer du fief acquis , pour en faire plein
fief ou arriere-fief , suivant la disposition de la

Cout. de Blois, art. 66. Et fi l'aliénation fe fait par échange avec un héritage cenfuel, chacun retient fa qualité réelle de feudalité & de cens: car la fubrogation dont eft fait mention en l'art. 19. chap. de matiere de retrait, s'entend pour la qualité de propre feulement. Du Moulin fur la Cout. de Paris, tit. des fiefs, art. 1. gl. 5. n. 20. & Choppin fur ladite Cout. liv. 1. tit. 2. n. 15.

ARTICLE XLVI.

Troies art. 46.

JAçoit que la fille pour la fucceffion de fes pere & mere ne doive aucun profit au Seigneur de fief : toutefois fi elle fe marie ou elle eft trouvée mariée, & elle n'a point de frere qui l'affranchiffe, & porte la foi pour elle, fon mari rachetera. (1)

Cet art. veut que le mari foit exempt des profits pour le premier mariage de fa femme, lorfqu'elle a un frere qui porte la foi pour elle, art. 32. ci-devant; & fi elle n'en a point, ou bien qu'elle en ait un qui ne porte ou ne puiffe porter la foi, les profits font dûs au Seigneur féodal, non feulement pour le mariage contracté, mais auffi à chacune fois qu'elle fe mariera. Le Roi Philippe Augufte eut le Comté de Gien, par le mariage de Mahaut, fille unique de Pierre de Courtenay, & d'Agnès, fille du Comte de Nevers, avec Her-

(1) ¶ Quand même par leur contrat de mariage il y auroit exception de communauté entr'eux, à moins qu'elle ne fe foit réfervée expreffément la jouiffance de tous fes biens. De Lalande, fur la Cout. d'Orléans, Fortin fur Paris, le Grand fur Troies, Ferrieres fur Paris, le Brun, traité des fucceffions, Loyfeau, traité du déguerpiffement, arrêt du 24 Juillet 1665, qui l'a ainfi jugé. Journal des Audiences, tome 2. chapitre 23. page 810 & fuivantes.

La Cout. d'Orléans, art. 36. difpenfe les filles mariées du droit de rachat pour leur premier mariage, foit que leur frere ait porté la foi ou non, & foit qu'elles n'ayent point de freres. Voyez de Lalande fur ledit article.

vieu, fils de Geoffroi de Gien, parce qu'elle n'a-
voit point de frere qui pût porter la foi pour elle.
Voyez du Tillet en la branche de Courtenay. Du
Moulin fur la Cout. de Paris, art. 36. n. 2. & 3.
a penfé que tel droit venoit du changement d'état
& condition qu'apportoit le mariage. Loyfeau, du
déguerpiflement, liv. 2. ch. 4. n. 10. tient que
ce droit eft dû par le mari, à caufe de la puiffance
maritale, & que la Seigneurie du fief paffe en la
perfonne du mari ; mais du Moulin ayant depuis
confidéré que cette raifon répugne à la qualité
honnête de la femme, *quæ non ancilla, fed confors
& particeps fortunæ & bonorum mariti, l. 1. D.
de rit. nupt. & l. fi cum dotem. ⸹. fi maritus. D. fol.
matrim.* il a dit ès annotations fur la Cout. de Vitry, tit. des fiefs, art. 21. que tels profits étoient
dûs, *non contemplatione nuptiarum*, mais pource
que le mari fait les fruits fiens : Choppin aufli eft
de cette opinion, fur la Cout. d'Anjou, liv. 2. tit.
1. & du Moulin fur la Cout. de Paris, §. 37. gl. 1.
n. 7. & 9. *in fin.* Tellement que ceffant le cas de
la communauté de biens entre le mari & la femme,
par claufe expreffe du contrat de mariage ou féparation fubféquente, ceffe aufli la difpofition de
cette Cout. ; & ainfi a été jugé par plufieurs arrêts
rapportés par M. Louet, lettre R. ch. 45. & depuis en la IV. Chambre des Enquêtes, au rapport
de M. Paluau, le 9 Août 1613. au profit de Jac-
queline Do, femme du Comte de Croify, contre
Dame Sufanne de Bauderes. Il y a une autre exception de cet art. qui eft quand la femme délaif-
fe par partage le droit qu'elle avoit au fief, par
indivis, comme dit Maitre Anne Robert, *rerum
judic. lib. 3. cap. 19.* fur un arrêt du 6 Avril 1574.
donné entre Baudouin de Bouchet, & Damoifel-
le Jeanne de la Rouffardiere.

SON MARI RACHETERA.) Ce profit eft *debitum ipfius mariti ;* enforte que s'il meurt fans
l'avoir acquitté, ayant perçu les fruits du fief, fes
héritiers feuls en font tenus, & non la femme,

renonçant à la communauté, ou ſes héritiers, *nee feudum eſt ad hoc hypothecatum* , parce-que notre Cout. qui a chargé ſeulement le mari du payement dudit droit par mots exprès, *non debet in hoc odioſo & exhorbitanti articulo extendi , ſed magis in ſtrictis ſuis terminis reſtringi*, dit du Moulin ſur la Cout. de Paris, titre des fiefs, art. 46. gl. 1. n. 10. en l'eſpéce du gardien qui doit rachat ; & expreſſément encore au cas du ſecond mariage ſur la Cout. de Vitry , art. 11.

A R T I C L E XLVII.

Orl.
art. 11.

QUand à un haut-Juſticier avient par aubainage , ou confiſcation , un fief qui n'eſt point tenu de lui , ou un arriere-fief qui eſt tenu de lui , il en doit dedans l'an qu'il en ſera requis vuider ſes mains , pour raiſon de l'indemnité du Seigneur de fief , ou arriere-fief , ou faire la foi & hommage au Seigneur féodal , & lui payer le quint denier de la valeur & eſtimation du fief , ou revenu d'icelui , tel qu'il avient audit haut-Juſticier ; autrement le Seigneur de fief en jouira , & l'exploitera.

AVIENT PAR AUBAINAGE.) Aubains, dans les Regiſtres de la Chambre des Comptes , ſont définis hommes & femmes nés hors le Royaume, leſquels encore que par grace ſpéciale du Prince ils ſoient naturaliſés , c'eſt à la charge toutefois qu'ils ne pourront tranſmettre leurs ſucceſſions à d'autres qu'à régnicoles; tellement que ſi un étranger meurt ſans hoirs régnicoles , la ſucceſſion par droit d'aubainage appartient au Roi, *qui eſt jus peculiare* , ce dit du Moulin ſur la Cout. de Paris, art. 33. gl. 1. n. 181. & au chap. premier , *quæ ſunt regalia in uſib. feudor. lib. 1.* les biens d'aubains,

bains, *inter regalia connumerantur.* Cette efpéce de confifcation eft introduite , *jure particulari regni , non jure naturali aut gentium ,* feulement pour conferver l'État, & pour empêcher le tranf-port des deniers hors le Royaume , contre les Ordonn. advenant la vente de la fucceffion par l'héritier étranger , comme remarque M. le Pro-cureur Général de la Guefle , en une de fes re-montrances adreffée à M. le Chancelier de Bel-liévre ; ou bien pour retrancher d'autant plus aux étrangers les occafions de demeurer & reconnoî-tre les affaires du Royaume. Ces confidérations qui regardent l'intérêt du Roi feulement, me font incliner à l'avis tenu au parquet de Meffieurs les gens du Roi, qui eft, que le Roi exclut les hauts-Jufticiers en la fucceffion des Aubains, quoique notre Cout. dife le contraire , *enuntiative qui-dem , non autem difpofitivè.* La gl. qui eft en la marge , *inft. de fucceff. cognat. §. fin.* dit que *non licet ducere argumentum ab enuntiativis.* Voyez à ce propos les Cout. d'Orléans , art. 344. tit. des fucceffions ; Auxerre , art. 79. du Perche, art. 19. *Guillel. Bened. in cap. Reinut. in verbo & uxor. nomine. Adel. n. 1042. ufque ad numerum 1058. gl. prag. fanct. tit. de collat, §. veruntamen in verbo liberius.* M. Louet , lettre A. chap. 16. & lettre V. chap. 13. Loyfeau en fon traité des offices , chap. 12. n. 106. Vrai eft que le Sei-gneur haut-Jufticier fuccéde au fils de l'étran-ger naturalifé , & mort fans enfans , à l'exclufion du Roi. Carondas, liv. 3. refp. ch. 45. Coquille fur la Cout. de Nevers , art. 22. déclare com-ment les étrangers doivent être naturalifés , & le privilége qu'ont quelques Villes , où les étran-gers y demeurans , font tenus pour naturalifés par-tout le Royaume.

CONFISCATION.) Ici le mot de *confifcation* eft pris généralement pour acquifition de biens au profit du Seigneur haut-Jufticier, comme ayant les droits du Roi, à favoir pour délit, déshérence, ou bâtardife de fon jufticiable. Loyfeau, au lieu ci-deffus, n. 61. & 65. dit que ces droits ont été octroyés aux hauts-Jufticiers, en récompenfe des charges de la Juftice, *ficut & cætera vacantia.*

OÙ FAIRE LA FOI.) Le Roi toutefois peut retenir & unir à fon domaine l'arriere-fief à lui échu par confifcation ou autrement, & ne fera tenu d'en porter la foi, attendu qu'il ne reconnoît aucun fupérieur *in temporalibus,* & qu'il eft le premier Seigneur de fief dominant, comme remarque M. le Maître, tit. des fiefs, ch. 1. *& fic obfervatur fecundum feudorum, tit. 100. lib. 4. feudor. apud Cujac.* Pithou fur la Cout. de Troies, art. 41. remarque un accord pour la Champagne, & un arrêt de l'an 1314, par lefquels le Roi donne un Gentilhomme pour faire la foi. Néanmoins Maitre Charles du Moulin fur la Cout. de Paris, art. 33. gl. 1. n. 161. & en autres lieux, tient qu'à l'égard du Roi, *alienatio femper eft neceffaria.* Il y a Ordonnance fur ce fujet du Roi Philippe le Bel, de l'an 1304. Toutefois il advient rarement que le Roi retienne les arriere-fiefs, car il les donne, ou autrement en difpofe à quelque particulier. Faut ici noter que cette alternative, *ou faire la foi,* n'a pas lieu quand la haute-Juftice appartient à gens de main-morte, *obftat enim,* l'art. 86. ci-après.

ET LUI PAYER.) *Illud eft fpeciale,* en faveur des Seigneurs hauts-Jufticiers, afin que l'honneur & le refpect qui leur eft dû, leur foit confervé. Ce feroit chofe indécente ou fâcheufe au haut-Jufticier, de voir un étranger, ou par aventure fon vaffal, jouir d'un héritage qui lui auroit appartenu, affis en fa Paroiffe ou Seigneurie. Cela pourroit caufer des querelles, à quoi la Cout. a remédié, laiffant au choix du haut-Jufticier de payer le revenu du fief tel qu'il lui eft advenu. *Idem* une fomme de deniers montant à la valeur du revenu que le haut-Jufticier pouvoit percevoir du fief, felon qu'il lui eft advenu ; ou bien de payer la cinquiéme partie de la valeur du fief, selon l'estimation qui en sera faite entre le haut-Justicier & le Seigneur dominant. En ce cas particulier le revenu ainsi estimé, au lieu de rachat, comme porte la Cout. d'Orléans, art. 21. *quod est irregulare*, en cette Cout.

OU REVENU D'ICELUI.) C'est-à-dire, qu'en estimant le fief, on aura égard au revenu, déduction des charges, non-seulement foncieres, mais aussi des dettes personnelles & hypothécaires, *si aliunde domino non suppetat*, pource que telles dettes diminuent d'autant le revenu.

ARTICLE XLVIII.

DE plusieurs enfans, freres & sœurs nobles, étant en bail sous leurs oncles ou cousins; l'un d'iceux venu en âge, soit fils ou fille, acquiert le bail des autres mineurs s'il veut, & en forclos leur bailliftre plus loin de lui en degré.

Joignez l'art. 28 ci-devant.

Orl. art.28.

ARTICLE XLIX.

QUand mineurs faillent de bail ou garde, & veulent entrer en foi de leur Seigneur de fief, il est tenu de les recevoir sans profit; sinon qu'autre profit précédent en fut dû.

Orl. art.29.

ARTICLE L.

ET quand un Seigneur de fief a reçu son Vassal, il ne peut plus lui donner empêchement pour les profits qui lui pourroient être dûs au-devant la réception de foi, sinon qu'il fut faite réservation expresse desdits profits, ou que le Vassal eut fait

Orl. art.66.

L 2

quelque contrat occulte, dont fut dû pró-
fit recélé audit Seigneur ; efquels cas pourra ledit Seigneur faifir pour lefdits profits ,
comme auparavant.

NE PEUT PLUS.) Parce que *non conqueri re-*
mittere eft , dit Barthole fur la loi premiere , §.
fin. D. ad fenat. fyllan. Ce qui a lieu *in odiofis ,*
comme font les profits de fiefs.

ARTICLE LI.

POur partage n'y a point de profit au
Seigneur féodal, finon qu'il y eut tournes d'argent , meuble ou immeuble non
étant ne venant de ladite fucceffion ; efquels
cas feront dûs quint & requint pour lefdites
tournes ou eftimation. (1)

POUR PARTAGE.) Le partage n'eft pas pro-

(1) ¶ Par Acte de notoriété
en ce Bailliage , le 6 Août
1715 , a été déclaré que , de
toutes licitations faites en
Juftice entre co - propriétaires & affociés , de même
qu'entre cohéritiers , il n'eft
dû aucuns profits, foit qu'il
y ait ou non des biens à fuf-
fire dans les fucceffions , communautés ou affociations ,
pour payer les parts & portions des Sollicitans , pourvu que la licitation foit adjugée à l'un des co-propriétaires , affociés , ou cohéritiers. Cet Acte eft contraire
au fentiment de Monfieur
Durand, *hoc loco ,* qui penfe
que l'exemption des profits
au cas de licitation ne doit
avoir lieu qu'entre cohéritiers feulement , & non entre
co - propriétaires & co-affociés , fuivant qu'il a été jugé
en cette Coutume par arrêt
du 9 Janvier 1593 , rapporté
par Bacquet , des francs-fiefs,
chapit. 7. n. 23. néanmoins
Louet , lett. L. & Brodeau fur
Louet , rapportent des arrêts
qui ont jugé en faveur des
co-propriétaires , co-affociés,
& co-légataires , & ces arrêts
font poftérieurs à celui de
1593. La nouvelle Jurifprudence du Parlement (1746)
eft que profits ne font dûs
ni entre co - propriétaires ,
co-légataires , co-affociés ou
cohéritiers , même dans le
cas où la licitation fe fait
hors Juftice. Voyez Ferrieres
fur Paris.

prement une aliénation, mais un expédient ou permutation des chofes féparant-la communauté, *l. cum pater.* §. *hæreditatem. D. leg.* 2. Autant en peut-on dire quand l'héritage ne fe peut partir & eft licité (1); pource que c'eft une aliénation néceffaire, *cum nemo cogatur manere in communione. Quid*, s'il a tournes, *id in eo emptionem redolet*, & les profits font payés par celui qui a plus grande portion d'héritage qui ne lui appartiendroit pour fa portion héréditaire, & qui donne les tournes, & non pas par celui qui les reçoit ; parce que les tournes font pour récompenfe de la plus value des héritages donnés felon leur évaluation & prifée, & ne font pas pour fatisfaire le recevant du quint denier, s'il lui en falloit payer au Seigneur féodal. En matiere de contrat de vente, *venditor de eo folvendo cogitat*, volontiers il fait fon compte & vend à plus haut prix, *quod non idem eft* en matiere de partage, où les Comparans ne reçoivent que le fupplément de l'eftimation. Tellement que celui qui reçoit les tournes n'a aucun avantage où profit en cette qualité. *Quinimo deterior eft ejus conditio vilem pro avito fundo, invitus fortè, pecuniam recipiens.* Et celui qui donne les tournes, eft plus avantagé par l'augmentation & accroiffement de fon domaine : il a donc été plus raifonnable de charger du payement des profits celui qui donne les tournes, que celui qui les reçoit ; joint qu'il a plus d'intérêt de fe concilier la bienveillance de fon nouveau Seigneur, que fon compartageant, *qui definit effe vaffalus.* Voyez ce qui eft annoté fur l'art. 57. de ce titre. *Sed quid caufæ eft*, que les profits des tournes de partage font plus grands que non pas en échange : conférez les articles 61. ci-après, & 24. titre des Cens, avec celui-ci, & le 30. titre des Cens. J'eftime que c'eft afin que les droits profitables des Seigneurs foient confervés en partage. Ils en pour-

_____

(1) ¶ Voyez ma Note fur l'art. 30 des Cens ci-après.

L 3

roicnt être facilement fruftrés par les intelligen-
ces des compartans, qui le plus fouvent font proches parens : *quod vix fieri poteft* en échange d'héritages qui fe fait ordinairement entre étrangers.

NON ÉTANT.) Cette exception inclut en foi.
qu'il faut que par le partage, la récompenfe, ou
tournes des chofes meubles ou immeubles, foit
faite du bien de la fucceffion : *idem*, art. 30. tit.
des Cens ; en la Cout. de Nevers, art. 24. tit. des
fiefs ; & de Tours, art. 151. tit. des rachats.

ARTICLE LII.

Orl.
art.68.
& 98.
Troi s
art.41.
& 49.
Aux.
art.46.

UN Vaffal, en quelque maniere que le
fief lui foit avenu, foit par fucceffion,
acquêt, ou autrement, ne fe peut dire faifi
de fon fief à l'encontre de fon Seigneur de
fief, procédant par faifie ou puiffance de
fief, jufqu'à ce qu'il ait fait foi & hommage
à fondit Seigneur, ou que de lui il ait eu
fouffrance qui équipolle à foi, ou qu'il ait
offert duement à fon Seigneur faire la foi, &
payé les devoirs & profits, fi aucuns en font
dûs ; efquels cas peut prétendre complainte
contre fondit Seigneur de fief. *

NE SE PEUT DIRE, &c.) C'eft une excep-
tion de l'art. 7. tit. des donations entre-vifs, & de
l'art. 6. tit. des donations pour caufe de mort.
Voyez *Guillel. Bened. cap. Reinut. in verbo, &
uxorem, num. 951.* & Chaffanée, Cout. de Bourgogne, tit. des fiefs, §. 5. *in verbo*, & prendre
poffeffion, nombre 1.

---

* *Strictius loquuntur Confuet. Nivernenfis.* paragr. 50. 52.
& A. vernienfis. par. 91. *dixi in Confuet. Parifienf.* parag. 1.
l. 4. C. M.

PROCÉDANT, &c.) *Id eſt*, en qualité de Seigneur; car s'il prétend droit au fief par acquiſition,
ſucceſſion ou autre moyen non procédant de droit
féodal, le vaſſal audit cas ſe peut dire ſaiſi à l'encontre de ſondit Seigneur, qui eſt en ce cas réputé
comme perſonne étrange, ſi ledit vaſſal a la poſſeſſion par appréhenſion de fait ou autrement :
Cout. de Nivernois, art. 52. tit. des fiefs.

JUSQU'A.) Et encore que le vaſſal ſoit évincé
pendant le procès, il eſt tenu faire la foi & hommage : Balde & Alciat ſur le ch. 1. *de inveſtit., re.
al. fac. lib. 2. feud.*

OU QU'IL AIT OFFERT DUEMENT.)Si rachat
eſt dû, le vaſſal doit faire ſes offres, ſuivant qu'il
eſt porté en l'art. 13. ci-devant. S'il doit quint &
requint, il peut offrir les profits au fur du prix,
ſelon la diſpoſition des art. 57 & 60. ci après, &
ainſi que j'ai annoté ſur l'art. 17. de ce tit. Il y a
un cas obmis par cet article, qui équipolle à la
foi & hommage, qui eſt quand le vaſſal a été reçu par main ſouveraine ; Cout. d'Orléans, art. 87.
Nevers, art. 50. & Troies, art. 49. en ce tit.

ESQUELS CAS, &c.) L'inveſtiture rend le
vaſſal vraiment enſaiſiné de ſon fief à l'encontre
de ſon Seigneur ; mais la ſouffrance & les offres
le rendent ſeulement poſſeſſeur par proviſion,
afin qu'il jouiſſe de ſon fief, qu'il en recueille les
fruits ſans crainte d'en être dépoſſédé par ſaiſie ou
main-miſe féodale ſubſéquente, combien que la
foi eût failli de ſon côté, ainſi que nous avons annoté en l'article 12. ci-devant.

CONTRE SONDIT SEIGNEUR DE FIEF.) En-
core qu'il fût haut-Juſticier. Voyez l'art. 12. tit.
des matieres poſſeſſ. car le fief n'a rien de commun avec la juſtice.

ARTICLE LIII.

SOuffrance équipolle à foi tant qu'elle
dure.

Paris
art. 42.
Orl.
art. 24.
Troies
art. 47a

Cette patience n'empêche.pas que le Seigneur ne se fasse payer des profits & autres droits, si aucuns lui sont dûs ; car le bas-âge du vassal l'excuse seulement *à servitio personali*, ce dit le texte du titre, *de minore ad fidel. feud. non cog. cap. 13. lib. 4. feud. apud. Cujac.* Aussi le tuteur ou curateur en demandant souffrance, est tenu déclarer les noms & âges des mineurs, afin que le Seigneur sache combien de tems durera la souffrance : Cout. de Paris, art. 41. tit. des fiefs. Mais le tuteur n'est pas tenu donner aveu & dénombrement au nom de son pupille ; parce qu'étant venu en âge il le pourroit révoquer ou partie d'icelui. L'aveu est un acte légitime qui ne reçoit point de condition, & ne doit être donné qu'après la foi faite, art. 64. ci-après.

ARTICLE LIV.

Orl. art. 7.

QUand un Vassal baille son héritage qu'il tient en fief, à cens ou rente perpétuelle, retenu à lui les foi & hommage, celui qui prend ledit héritage à cens ou rente n'en doit aucun profit.

En ce lieu faut que la rente équipolle à cens, suivant l'art. 40. tit. des cens, ci-après : c'est-à-dire, qu'elle ait été créée par le bail d'héritage, féodale perpétuelle. *Id est quæ perpetuò durare possit*, comme il sera dit ci-après sur l'art. 25. tit. des cens, autrement seroit dû profit, comme d'une vente, art. 23. Cout. de Paris, & de Chartres, 21. & faut joindre cet art. avec le 4. ci-devant. Cette liberté favorable de disposer de son fief sans payer profit, a prévalu sur l'usage des Fiefs, *cap. similiter, tit. de lege Conradi*, en considération que le bail d'héritage n'est vraie vente, étant la rente créée par le bail d'héritage, féodale, estimée par notre Cout. être le fief même ; aussi qu'il n'y a point de changement de vassal. Et s'il avient

que le preneur vende ledit héritage à autrui,
en sont dûs lods & vente au bailleur, Seigneur
Cenfier, ses hoirs ou ayans cause ; & si ledit
cens & rente est vendu ou autrement changé de
main, les profits féodaux appartiennent au Seigneur de fief, par l'article subséquent.

RETENU A LUI, &c.) Ou qu'il n'en ait parlé, art. 84. ci-après.

ARTICLE LV.

TOutefois si ledit Vassal vend lesdits **Ort.**
cens & rente, ou partie d'iceux, **art. 9.**
sera fief séparé, comme faisant partie dudit fief, dont sont dûs par l'acquéreur quints
& requints au Seigneur du fief, & sera
l'acquéreur, quel qu'il soit, tenu faire
foi & hommage desdits cens & rente, ainsi
acquis audit Seigneur de fief, soit que le
Vassal vendeur eut retenu la foi dudit fief,
ou non.

SERA FIEF SÉPARÉ.) Pource que le vassal
vendant le total n'a plus rien au fief, & s'il en vend
partie, cette portion vendue demeure fief séparé, s'étant le vassal joué de son fief, suivant la
faculté a lui octroyée par l'art. précédent.

ET SERA L'ACQUÉREUR.) Même le preneur
de l'héritage & censitaire, s'il acquiert lad. rente
ou portion d'icelle, il est tenu faire la foi & payer
les profits. *Idem*, d'une rente fonciere, de sa nature non rachetable en sont dûs lods & ventes,
art. 33. tit. des cens. Et après l'hommage fait du
fief acquis par le detteur, je voudrois tenir aussi
qu'il n'y a aucun inconvénient, parce que *confu-*
sione, le cens & rente seroit éteint, & que le fief
retourneroit en sa premiere nature de domaine,
argumento. §. 45. ci-dessus : *maximè*, s'il n'y avoit
déclaration contraire, comme il est dit en l'art.

20. tit. des fiefs. Cout. d'Orléans, & art. 53. de Paris. Cout. de Paris. *Sed cur*, les profits font dûs par l'acquéreur, *maximè omissa stipulatione*, francs deniers au vendeur, comme en vente d'autre héritage, art. 57 & 58 ci-après. J'estime que cette disparité vient de ce que l'acquisition d'un fief consistant seulement en perception de cens & rente, & profits de lods & ventes, quand le cas y échet, *vili plerumque pretio comparatur*, à cause de l'incertitude des profits censuels, en quoi consiste le plus grand émolument ; & que pour cette raison & équité l'acquéreur est plutôt chargé du payement des profits féodaux envers le Seigneur dominant, que non pas le vendeur, joint l'intérêt plus grand qu'il a de reconnoître son nouveau Seigneur, comme il a été remarqué sur l'art. 51 ci-devant. Notre Cout. n'a égard à la rétention de la foi, pour obvier aux fraudes qu'on pourroit faire au préjudice des Seigneurs de fief, & qu'il n'y a apparence que la foi demeure en la personne du vendeur, *sine subjecto vana & elusoria effet ejusmodi retentio fidei.*

ARTICLE LVI.

DOrénavant en cas de rachat & exploit du Seigneur de fief sur son Vassal pour quelque cause qui chée en exploit, ledit Seigneur de fief ne prendra ou levera plus les fruits pendans ès terres & autres choses dudit fief, sinon quant & au regard des Domaines que tient le Vassal en sa main, ou par Métayers ou Fermiers ; car quant au reste baillé à cens & rente, se contentera pour son profit de rachat des cens & rente, & autres revenus & profits qu'en a & recevroit ledit Vassal, sinon que ledit Seigneur voulût montrer lesdits baux à cens & rente, avoir été faits en fraude, & avoir pris argent en iceux faisant; auquel cas pourroit exploiter ledit fief jusques à ce qu'il ait été payé de ses quints & requints.

OU PAR MÉTAYERS, &c.) Les art. 72. & 73. tit. des fiefs en la Cout. d'Orléans, & 58. Cout. de Paris, expliquent au long la forme que doit garder le Seigneur en exploitant le fief affermé ou donné à location. Est aussi à remarquer l'arrêt du 31 Décembre 1537. rapporté par M. le Maître au traité des fiefs, chap. 4. par lequel fut dit, que pendant l'année du rachat, le Seigneur féodal jouiroit des terres, colombiers & autres droits, hormis de l'habitation du Château & Maison Seigneuriale, pour laquelle le vassal feroit tenu payer louage, tel qu'il feroit trouvé pour un an ; lequel arrêt je voudrois par humanité étendre aussi au cas de l'exploit, par faute de foi ; & semble que la Cout. d'Orléans l'entende ainsi esdits articles.

IL SE CONTENTERA.) Les vassaux sont Seigneurs utiles, *liberam habentes rerum suarum administrationem* : ce qu'ils font est présumé être fait par eux comme bons peres de famille, & par bon ménage. C'est pourquoi les Seigneurs de fief se doivent contenter des cens & rente & autres revenus suivant les baux. *Aliter*, en la Cout. d'Orléans, art. 7 & 8. tit. des fiefs, & de Paris, art. 59. *tit. eodem.* Nous observons toutefois que le Seigneur féodal peut saisir l'héritage donné à cens & rente, mais les détenteurs en auront main-levée, en faisant apparoir de leur bail, sans dommages & intérêts, demeurant la saisie pour le cens.

EN FRAUDE.) Maître René Choppin sur la Cout. de Paris, liv. 1. tit. 2. nomb. 13. remarque que le Seigneur est admis à vérifier, non-seulement la fraude qui a donné lieu au contrat, comme si le vassal a pris argent en faisant le bail, mais.

auſſi ſi l'héritage eſt donné à beaucoup moindre cens & rente que l'on a accoutumé au pays. Lucius en rapporte un arrêt, liv. 7. tit. 4.

ET AVOIR PRIS ARGENT.) Ou autre choſe, ſoit meuble ou immeuble, ſuivant l'article 4. ci-devant.

ARTICLE LVII.

Paris art.23.
Troies art.27.
Aux. art.61.

QUand aucun vend ſon héritage tenu en fief, il y a droit de quint denier àcquis au Seigneur de qui eſt tenu en fief ledit héritage, de la ſomme de deniers qu'a été vendu ledit héritage, & le doit le vendeur.

ARTICLE LVIII.

Orl. art. 1.
Troies art.27.

MAis ſi le vendeur vend ſondit fief, les deniers francs à lui, l'acheteur doit au Seigneur de fief le quint & requint.

QUAND AUCUN VEND.) Encore que l'emphytéoſe ſoit une eſpéce de contrat diſtinct & ſéparé, §. *adeo inſt. de locat*, toutefois parce qu'il participe de la vente ou de la location, pour icelui il eſt dû profit au Seigneur féodal, à raiſon de l'argent débourſé, ou du revenu annuel, ſuivant la diſpoſition de cet art. & du 43. tit. des cens ci-après. Pour diſcerner l'emphytéoſe des autres contrats, faut voir la Cout. de Blois, art. 111 que du Moulin ſur la Cout. de Paris, art. 73. n. 37. tit. des cens, tient à cet égard être générale, & devoir ſervir d'explication aux autres Cout. Convient auſſi remarquer que pour la revente par autorité de Juſtice, il n'eſt dû profit de fief ni de cens, ſi le premier acquéreur a payé ; car il ſuccéde au droit du Seigneur de fief ou cenſuel, pour recouvrer les profits de l'adjudicataire : ou eſt au choix dudit Seigneur, en rendant ceux de la première acquiſition,

acquisition, prendre ceux de la derniere (1): Cout. de Paris, art. 79. & d'Orl. 115. tit. des cens. Et si le premier acquéreur n'a pas payé le profit au Seign. de fief, il peut être contraint au payement d'icelui, *etiam* après le déguerpissement, pour les raisons alléguées par Loyseau, du déguerpissement, liv. 6. c. 5. n. 8 & 9. Me. René Choppin sur la Cout. de Paris, liv. 1. tit. 2. n. 5. en rapporte un arrêt du 6 Juin 1591. au profit de l'Évêque de Paris, contre Judas Champagne. Si ce n'étoit cet arrêt, je voudrois considérer l'état de l'éviction ; car si l'acquéreur posséde l'héritage, n'y ayant point de Commissaire établi, *licet* que cet acquéreur ait déclaré qu'il délaisse l'héritage, il doit payer, *non habet de quo conqueratur*, l'effet du contrat subsiste encore, & est assuré de recouvrer les profits qu'il aura payés, si le créancier de son vendeur passe plus outre à l'éviction. Ainsi fut jugé en ce Bailliage le 5 Novemb. 1619. pour le Receveur du Domaine de cette Ville, contre Michel Bouloy. Mais si l'acquéreur est vé-

---

(1) ¶ Brodeau & Ferrieres sur les art. 79. & 84. de Paris, rapportent les Arrêts qui ont jugé que le Seigneur ne peut prétendre doubles profits, l'un de la vente volontaire, & l'autre de l'adjudication par décret après le déguerpissement de l'acquéreur ; mais un seul & unique droit, soit de la premiere vente, soit de l'adjudication, lorsque le prix n'excéde celui de la vente, par la raison que dans ce cas il n'y a aucun changement de personnes ni mutation. De Lalande, art. 115. 116. & 457. d'Orl. Tronçon, art. 79 de Paris, Fortin, *ibid.* Guenois en sa conférence sur ledit art. Carondas & Tournet, *ibid.* Choppin sur Paris, liv. 2. tit. 6. n. 22. Duplessis

sur Paris, traité des Fiefs, liv. 3. sur la fin, & traité des Censives, livre 2. ch. 2. sect. 1. *in verbo* vente volontaire.

Cette jurisprudence est un droit commun & général attesté par Loyseau, traité du déguerpissement, liv. 2. ch. 2. & inscrit aux art. 18. 19. & 20. des Arrêts de M. de Lamoignon, sous le tit. des Droits Seigneuriaux. L'art. 79. de la Cout. de Paris, & le 115. de celle d'Orléans ont été ajoutés lors de leur réformation, comme fondé sur la jurisprudence des Arrêts. La Thaumassiere, article 26 des Cens de cette Cout. atteste avec M. Lhoste que l'article 79 de Paris est observé a Montargis,

ritablement dépoffédé, & qu'il ne jouiffe plus de
l'héritage, *in vim*, du contrat de l'acquifition, il
n'y a point d'apparence de le contraindre à payer
des profits d'une acquifition qui n'a point d'effet :
& femble que Maître René Choppin au lieu ci-
deffus, liv. 2. tit. 6. n. 22. foit de cet avis. Et
quant aux reftitutions en entier, faut prendre
garde fi la reftitution fe fait pour caufe ancienne
néceffaire & provenante du contrat, comme minorité, lézion & autres, ou bien pour caufe nouvelle
& furvenante, comme en force de la loi *fi unquam*.
C. *de revocand. donat.* Ce que nos Docteurs dif-
tinguent proprement par ces deux adverbes, *ex
tunc* & *ex nunc* ; car au premier cas, il n'appartient aucun profit féodal ou cenfuel, ni du contrat, ni de la reftitution ; parce que le contrat eft
tota'ement annullé, comme n'ayant eu aucune
vertu dès fon commencement : & la Cout. parlant
des ventes, entend de celles qui font valides,
du Moulin fur la Cout. de Paris, art. 33. gl. 1.
n. 33 & 40. Voyez l'annotation ès Arrêts de M.
Louet, lettre R. n. 2. & ce qui eft annoté fur l'art.
78. ci-après. Le Seigneur donc doit rendre les
profits qu'il a reçus, & qui font tournés à fon profit, *conditione fine caufa* ; mais auparavant fera
fagement l'acquéreur, s'il dénonce la demande en
reftitution au Seigneur qui a reçu les profits, afin
que fi bon lui femble il intervienne en la caufe,
comme remarque ledit du Moulin fur le même
art. n. 33 & 68. En l'autre cas quand la reftitution
eft faite, *ex nunc*, il eft dû profit du premier contrat, & non pas de la révocation, comme il fe voit
au réméré, art. 77. ci-après ; pource que le contrat eft feulement caffé ou révoqué pour l'avenir : du Moulin au même endroit, n. 40. Arrêt
pour ledit Me. Charles du Moulin, du 12 Avril
1551. rapporté par le Veft, art. 49. à la charge de
l'hypothéque fubfidiaire du douaire de la femme
du donataire. Quant aux deniers payés pour fupplément du prix, s'il n'eft pas dit francs deniers

au vendeur, ledit vendeur en payera les profits,
encore que par le contrat de vente il ait ftipulé
les deniers francs, pour les raifons alléguées par
Carondas, liv. 10. refp. chap. 34. *Sed quæftionis
eft,* à qui appartiendront les profits du fupplément,
ou à celui qui étoit fermier lors du contrat, ou à
celui qui l'eft lors du fupplément. Carondas, l. 7.
refp. ch. 113. dit qu'ils appartiennent au fecond,
parce que le contrat de fupplément eft volontaire, & en rapporte deux arrêts.

SON HÉRITAGE.) Pour conftitution ou acquifition d'ufufruit, il n'y a point de profit, pource
que l'ufufruit ne fait partie du fonds, finon par fiction à caufe de l'utilité, *leg. decima tertia. §. illud.
D. de accept.* & Cujas, *ad leg. fi Titio §. ufusfruc-
tus. D. de ufufruct. leg. 17. quæftion. pap.* Ce qui
eft vrai, finon que l'ufufruit fût perpétuel, ou fe
dût continuer en plufieurs générations, d'autant
que la propriété feroit inutile, fans efpoir de
confolidation, dit la loi 3. *de ufufr.* Le Seigneur
féodal ou cenfuel ne peut prétendre aucun profit pour vente de bois de haute-fûtaie, jugé par
Arrêt en la Chambre de l'Édit, le 5 Janvier
1606. la raifon eft que lefdits bois ne font partie
effentielle du fonds, non plus que les ongles ou les
cheveux font du corps de l'homme (1). *Mol. ad
Confuet. Parif. §. 33. gl. 2. n. 90.* quoique la loi
Quintus Mutius D. de act. empt. dife que *non eft
feparatum corpus à fundo.* Voyez Chenu en fa 2.
cent. queftion 33. Je voudrois toutefois exclure
la fraude qui peut intervenir en telle vente, comme fi le vaffal ou cenfitaire, en intention de faire fa condition meilleure, vendoit fon bois féparément d'avec la terre à une même ou diverfes

---

(1) ¶ Ne font dûs profits des
fruits pendans, vendus fepa-
rément d'avec le fonds & à
divers prix, non-feulement
par contrat féparé, fait devant ou après le contrat de
vente du fonds, avec retenue
des fruits, mais auffi par même contrat, s'il n'y a fraude.
Voyez ma Note fur l'art. 57.
ci-deffus.

M 2

perfonnes, qu'il apparût de la fraude par la confidération du tems ou des perfonnes ; en ce cas
je tiendrois que les profits feroient dûs des deux
ventes, ainfi qu'il eft porté en la Cout. de Bretagne, art 60. tit. des droits du Prince, & *ibid*,
Argentré. *Molin. ad confuet. Parif. §. 20. glof. 1.
n. 81. & §. 78. gl. 1. n. 191.*

ET LE DOIT LE VENDEUR.) Les Coutumes
nouvellement réformées confidérant que le vendeur n'a plus d'intérêt pour l'avenir de fe conferver les bonnes graces du Seigneur féodal, & pour
retrancher les occafions de procès, chargent l'a-
cheteur feul de payer le cinquiéme denier du prix
de la vente. Paris art. 23. Orléans art. 1. La nôtre approchant plus près de l'ufage des fiefs, faifant fuccéder le quint denier au lieu de la commife, quand le vaffal vendoit fon fief. *Infcio aut no-
lente domino, tit. de prohib. alien. feud. per feder. lib.
2. feud.* a eftimé qu'il étoit à propos de faire payer
le quint denier au vendeur, comme pour gagner
les bonnes graces de fon Seign. & lui faire agréer
la vente du fief, (fauf ès cas des art. 51. & 55. ci-
devant.) Toutefois la même Cout. n'ayant cela
pour objet principal, & confidérant que les fiefs
font à préfent patrimoniaux, a voulu qu'au cas
que le vendeur fût fi peu foucieux de ce devoir,
le Seigneur au moins fût reconnu par un nouveau
vaffal acquéreur, & que les mêmes droits profitables qu'il eût reçu du vendeur lui fuffent d'ailleurs confervés ; néanmoins eu égard au prix de
la vente, revenant bon au vendeur, il y a moins
de la centiéme partie au quint & requint de l'acquéreur, qu'au quint, s'il eût été payé par le vendeur. Comme fi le fief eft vendu cinq cens livres,
le vendeur a pour fon prix quatre cens livres, &
paye cent livres au Seigneur ; & s'il eft vendu
quatre cens livres, francs deniers au vendeur, le
profit de quint & requint ne monte qu'à quatre-
vingt-feize livres. Ainfi le Seigneur a moins en
ce cas de quatre livres, que non pas en l'autre.

Au Seigneur.) Le mot de Seigneur en ce lieu eſt pris largement, pour celui *qui juſto titulo* poſſéde & jouit du fief, ſoit le Seigneur immédiat ou médiat; quand il exploite le fief de ſon vaſſal, ou qu'il en jouit pour rachat, même l'uſufruitier, ſuivant la Cout. de Paris, art. 2. tit. des fiefs.

ARTICLE LIX.

QUand le fief eſt vendu, le Seigneur de fief auquel eſt dû quint ou requint, ſelon la diſtinction des ſuſdits, ſe peut adreſſer pour ſes profits au vendeur ou à l'acheteur, & les pourſuivre perſonnellement, ou ſe prendre à ſon fief pour ſaiſiſſement, au choix dudit Seigneur de fief.]

Paris art.24.
Orl. art.44.
Troies art.42.

Par saisissement.) Le Seigneur de fief levera les fruits; mais en payant par le vaſſal les profits avec les frais de la ſaiſie, il aura main-levée avec reſtitution des fruits, comme il eſt dit pour l'amende, art. 64. & 65. ci-après; ou bien ſeront iceux compenſés juſqu'à la concurrence.

ARTICLE LX.

QUint denier eſt le cinquiéme denier du prix que le fief eſt vendu, & requint eſt le cinquiéme denier de la ſomme dûe au Seigneur pour le quint; comme l'on diroit, en un héritage vendu vingt-cinq livres, le quint denier ſeroit cent ſols, & le requint ſeroit vingt ſols; ainſi la ſomme de quint & requint de ladite ſomme de vingt-cinq livres, c'eſt ſix livres, & conſéquemment de plus plus, & de moins moins.

& Orl. art. 1.
Troies ai t.17.

M 3

Tellement que de 400 liv. le quint & requint
se monte à 96 livres ; ce qui n'est conforme à une
Ordonn. extraite de la Chambre des Comptes,
rapportée par Pithou sur le 27 art. de la Cout. de
Troies, tir. des Droits des Seigneurs féodaux ;
car par icelle il est dit que de 400 livres sont dûs
100 livres au Seigneur pour quint & requint.

Article LXI.

Paris
art. 26.
& 33.
Orl.
art. 13.
& 14.
Troies
art. 32.
& 33.
Aux.
art. 70.

SI fief est échangé (1) ou donné, il y a rachat ; sinon que la donation fût faite
pour Dieu ou en aumône sans fraude, ou
qu'il soit donné en mariage par le pere ou
mere, ayeul ou ayeule, ou autrement en
avancement de succession, ou autre ascendant, au fils ou fille, neveu ou niéce en
droite ligne ; mais si les fiefs échangés sont
sous un même Seigneur, n'y a point de
profit, sinon qu'il y eût tournes, auquel
cas seroit dû quint audit Seigneur de fief

(1) ¶ *Quid*, si le contrat
d'échange est résolu dans l'an
volontairement par les parties
qui reprennent leur Fief, s'il
y a lieu à nouveau droit de
rachat.
Voyez la Note sur l'art. 24.
des Cens ci-après.
Héritage censuel, acquis
par donation, ne doit profit
de lods & vente. Voyez M.
Lhoste sur l'art. 5. des Cens,
ci-après.
De ces mots *échangé ou donné, il y a rachat*, il semble
que les profits de quint & requint ne sont pas dûs, sinon
au cas de vente ou équipollent à vente ; néanmoins par

Déclaration du Roi du 20
Mars 1673. duement registrée,
il a été dérogé aux Coutumes ;
& l'on a établi une nouvelle
jurisprudence uniforme, qui
est que droit de quint & requint, de lods & vente &
autres sont dûs, soit au Roi,
soit aux Seigneurs particuliers, s'ils les ont acquis en
tous cas d'échange de rentes
constituées contre des héritages & autres immeubles,
nonobstant tous usages précédens contraires : & ces
droits sont dûs selon qu'ils
sont établis par les Coutumes
au cas de vente.

pour lefdites tournes feulement ; comme
deffus eft dit en l'article faifant mention
defdites tournes.

SI FIEF EST ÉCHANGÉ.) *Permutatio eft rei
immobilis aut ejus vicem gerens* , comme font les
rentes foncieres rachetables ou non, *etiam retentâ
fide. Quid* , d'un fief échangé avec un office héréditaire , ou bien avec des rentes conftituées. On
pourroit faire une différence entre les offices qui
confiftent feulement en exercice, comme font les
Greffes & les Notariats, & les Offices qui ont des
gages à prendre fur les Aydes & deniers Royaux,
comme fur un fonds ; & dire en cette Coutume
que ceux-ci font réputés immeubles entre le Roi
& les acquéreurs, & leurs héritiers, comme font
les rentes entre le créancier & le conftituant, &
leurs héritiers , *ab identitate rationis* , parce que
les uns & les autres font conftitués & affis fur un
fonds. Pour les autres offices fans gages, on peut
dire que hors la perfonne qui en jouit , ils font
purement meubles ; Cout. de Paris , art. 95. &
comme tels ils fe partiffent entre les cohéritiers.
Choppin fur la Cout. de Paris, liv. 1. ch. 1. n. 36.
La fiction qui pourroit être confidérée ne peut
s'étendre à un tiers. Et quand la Cout. difpofe de
quelque chofe, c'eft toujours *ftriéte & proprie*, dit
Barthole , §. *videndum. D. de lib. & pofth.* Auffi
quand elle parle des chofes données en contre-
échange , cela doit être entendu des vrais héritages, *huc pertinent verba* de cet art., mais fi les fiefs
échangés font fous un même Seigneur. En l'art. 24.
tit. des cens, fi les héritages font affis en diverfes
cenfives. C'eft pourquoi les offices de Greffiers en
aucune Cout. ne font fujets à retrait : Choppin
ibid. lib. 2. tit. 6. num. 9. Les autres qui ont
gages ne le feroient non plus en notre Coutume ,
pource que ce ne font point vraiment héritages ;
ils font à faculté de rachat perpétuel , *nec habent*

situm. Ce qui eſt dit ci-deſſus des offices ſe peut approprier aux rentes conſtituées à prix d'argent, qu'elles ne ſont proprement héritage, mais à l'égard de certaines perſonnes. Voyez ſur l'art. 10. tit. de communauté. Auſſi ne ſont-elles ſujettes à retrait, art. 23. tit. de retrait. Et a été jugé que l'héritage donné pour une rente conſtituée eſt retrayable en payant le prix de la rente : Chenu en cote un arrêt en ſa 2. cent. queſt. 27. (1). Partant on peut dire en cette Cout. qu'indiſtinctement offices ou rentes conſtituées, données pour héritage, n'eſt pas contrat d'échange, mais de vente, dont eſt dû profit féodal ou cenſuel, ſelon la qualité de l'héritage. Du Moulin ſur l'art. 2. de ce titre, *in terminis*, dit que ſi le fief ſe vend, à la charge de la rente conſtituée, il ſera dû quint denier du prix de ladite rente. Le même Auteur en dit autant ſur la Cout. de Paris, tit. des fiefs, art. 33. gl. 2. n. 66. 86. & *ſeq*. & au titre des cens, art. 84. gl. 1. n. 91. & *ſeq*. Argentré ſur la Cout. de Bretagne, art. 61. gl. 1. n. 4. & art. 73. gl. 2. n. 5. tit. des droits du Prince, & ſur l'art. 300. tit. de promeſſe : Carondas, liv. 7. reſp. ch. 17. Cela a été jugé en ce Bailliage, en l'aſſiſe du 19 Novembre 1625. pour les Fermiers du Domaine de cette Ville, & le 1 Juillet 1626, pour les Dames Religieuſes de S. Dominique, & *ſic obſervatur aliter*, à Paris, art. 94. & à Orléans, art. 191. & 351. où il eſt dit ſans diſtinction des perſonnes que les rentes conſtituées ſont réputées immeubles, juſqu'à ce qu'elles ſoient rachetées : *ſed quæque Conſuetudo ſuo clauditur termino.* Voyez ſur l'article 24. titre des cens.

De l'échange & de la donation entre-vifs ou à

---

(1) ¶ Jugé au contraire par Arrêt du 18 Janvier 1676. De Lalande, art. 13. d'Orl. eſt d'avis contraire, faiſant aller les rentes conſtituées de même pas avec les foncieres, fondé ſur les art. 191. & 251. où les rentes conſtituées ſont réputées immeubles dans ladite Cout. d'Orléans. Voyez Lhofte ſur l'art. 10. titre des Communautés ci-après.

caufe de mort, eft dû profit *propter mutationem Vaſſali*, c'eft pourquoi *ubi ceſſat ratio*, comme ès cas d'échange faits ſous un même Seigneur, & de la donation qui eft faite *ſucceſſuro*, il n'eft rien dû, ſinon que le donataire voulût entrer en foi, art. 41. ci-devant. Quant aux donations & legs pieux, *id favor Religionis exigit.*

EN DROITE LIGNE.) Voyez l'art 41. ci-devant, & le 2. tit. des donations faites en mariage. *Aliter* en ligne collatérale, *quia non cenſetur continuatio dominii, ut in filio,* article 41. ci-devant.

IL N'Y A, &c.) Toutefois ſi l'un des contractans rachete dans l'an, il eft dû profit, car tel contrat eft réputé d'achat & non d'échange, art. 34. tit. des cens, ci-après.

DESDITES TOURNES SEULEMENT.) Pource que *prorata precii,* c'eft une vente, comme en l'art. 51. ci-deſſus. *Idem,* en l'art. 14. titre des cens, & art. 9. tit. de retrait, & pour le ſurplus ſi les héritages ſont ſous divers Seigneurs, il eft dû rachat. *Mol. ad Conſ. Par. gl. 1. n. 81.* Faut ici noter que cet adverbe limitatif, *ſeulement,* ſe doit entendre du quint denier qui eft dû au Seigneur, pour les tournes & pour le ſurplus de l'échange il y a rachat. A ceci eft conforme la Cout. d'Orléans, article 13. titre des Fiefs.

ARTICLE LXII.

EN tous cas que fief échet à aucun par ſucceſſion de ligne collatérale, eft dû profit de rachat au Seigneur de fief.

Paris art.33. Orl. art.22. Troies art.26.

Voyez l'annotation ſur l'article 13. ci-deſſus.

ARTICLE LXIII.

SI homme ou femme nobles délaiſſent pluſieurs enfans, fils ou filles mineurs, qui chéent en bail de leur oncle, couſin,

Paris art.41. Orl. 23. 30. & 31.

ou autre parent de ligne collatérale, &
par fucceſſion de tems l'un des fils ou fille
viennent en âge de faire foi, iceux fils ou
fille peuvent requérir entrer en foi, tant
pour eux que pour leurs autres freres &
fœurs, ſans payer profit ; & à ce eſt tenu
ledit Seigneur le recevoir, ſuppoſé qu'ils
acquierent ou attrayent à eux le bail de
leurſdits autres freres & fœurs : & quand
les autres enfans viendront en âge, ils pourront, ſi bon leur ſemble, entrer en foi,
& y feront reçus ſans profit, pource qui
leur vient en droite ligne, & ne feront
point à ce contraints, ſi c'eſt le fils qui ait
porté la foi ; mais ſi c'eſt une fille, l'aîné
fils venu en âge ſera tenu entrer en foi, &
la porter pour lui & ſes autres freres &
fœurs, lequel forclora ſa fœur dudit bail
qu'elle avoit, & auſſi les acquittera pour
une fois du profit, comme deſſus eſt dit,
ſans s'en pouvoir déſiſter au préjudice de
feſdits freres & fœurs.

En age.) L'âge pour pouvoir faire la foi eſt
à vingt ans & un jour aux mâles, & à quatorze
ans & un jour aux filles, art. 28. ci-deſſus.

Et quand, &c.) *Videlicet*, filles ou mâles
puînés ; car quand eſt de l'aîné, *etiam nolens*, il
doit porter la foi, tant pour lui que pour ſes autres freres & fœurs, art. 32. ci-deſſus, & *hic*.

Mais si, &c.) La fille ne porte la foi pour
ſes freres ou fœurs non âgés, ſinon *in fubfidium*,
& en attendant que l'aîné ſoit en âge ſuffiſant pour
faire la foi ; auquel étant parvenu, ceſſe l'affran-
chiſſement de la foi de la fille.

ARTICLE LXIV.

UN Vassal, sur peine de quinze sols d'amende, est tenu de bailler dedans quarante jours après qu'il est reçu en foi, son aveu & dénombrement bien au long (1) & bien déclaré, sans rien délaisser ; car s'il délaissoit aucune chose par malice, il seroit acquis au Seigneur de fief : pour avoir lesquels quinze sols, il peut saisir son fief, & lever les fruits, ou faire lever ; en lui payant lesdits quinze sols avec les frais, sera tenu de restituer les fruits au Vassal, excepté en la Châtellenie & ressort d'Yenville, où il n'y a que cinq sols.

Paris art. 8. Orl. art. 7. Troies art. 30. Aux. art. 50.

EST TENU DE BAILLER.) Le vassal à ses dépens doit donner son dénombrement en termes certains & clairs, & désigner les héritages par tenans & aboutissans, signé d'un Notaire ; pour quoi faire aura recours aux anciens titres, précédens aveux & dénombremens de son Seigneur, si bon lui semble, en communiquant les siens le premier, suivant l'art. 79 de la Cout. d'Orléans, tit. des fiefs.

DEDANS QUARANTE JOURS.) Le Seigneur féodal a coutume, en recevant son vassal en foi, de lui enjoindre de donner son aveu dans quarante

(1) ¶ Les actes d'aveux & dénombremens se font ordinairement à la charge de les augmenter, s'il y a quelque chose d'omis ; c'est pourquoi avant les blâmes desdits aveux & dénombremens, le Seigneur ne peut pas prétendre de confisquer ; & il ne peut user de ce droit que lorsqu'après les blâmes signifiés ils persistent malicieusement dans le refus d'y ajouter ou de les corriger & d'en reconnoître le Seigneur, lequel en ce cas confisque à son profit tout ce qui n'a point été déclaré. La Cour. de Paris le décide ainsi, & sa disposition doit être étendue à cette Coutume, comme étant plus judicieuse.

jours ; cette injonction expresse ou tacite , néanmoins indicte par la Cout. vaut & sert de premiere
sommation , comme dit l'ancienne Cout. d'Orl.
art. 65. Ce que notre Cout. omet à déclarer,
mais doit être entendu pour donner suite au subséquent art. & faire les quatre sommations , appellées saisissement. Est aussi à propos de remarquer que les quarante jours ne se prennent pas *de
momento ad momentum* , car le jour de la réception en foi n'est pas compris en ce terme.

SANS RIEN DÉLAISSER.) On a douté si le
Seigneur de dime inféodée étoit tenu donner aveu
& déclaration. Mais la résolution de Me. Charles du Moulin sur la Cout. de Poitou, art 105. me
semble décider , ne mettant aucune différence
quant à ce , entre les dimes inféodées, & les autres fiefs lais , & en rend raison assez amplement.

POUR AVOIR , &c.) Les amendes en cette
Cout. sont *in fructu*, aussi bien que les profits féodaux & censuels , comme nous voyons par cet art.
& par le 2. tit. des cens. C'est pourquoi pour
avoir payement des amendes , le Seigneur peut
procéder par saisie. *Secùs* , à Paris , art. 81. tit.
des cens, & Orléans, art. 78. tit. des fiefs: encore
que pour l'amende & pour les frais , la saisie faire
à faute d'aveu tienne jusqu'au payement. Ce que
j'estime devoir être aussi observé en cette Cout.
constituant différence entre les frais de la saisie à
faute d'homme , & les frais de saisie à faute d'a-
veu ; les frais ici sont la cause principale de la saisie , afin de contraindre par ce moyen le vassal à
donner son aveu ; & la saisie par ouverture de fief
se fait pour ne laisser le fief sans homme capable de
le tenir , n'étant les frais qu'accessoires du principal. Voyez l'art. 21. ci-devant.

ARTICLE LXV.

Paris
art. 9.

ET lesdits quarante jours passés , peut
ledit Seigneur derechef saisir ou sommer son Vassal de lui bailler son aveu ; lequel

quel Vaſſal a encore quarante jours pour
ſondit aveu bailler. Et ſi pareillement il ne
le baille dedans leſdits quarante jours, ſera
tenu de pareille amende que devant, laquelle payant aura main-levée en payant leſdits
frais. Et s'il ne le baille, encore le pourra
ſommer pour tierce fois, ou ſaiſir. Et ſi
dedans ledit tems de quarante jours il ne le
baille, ſera tenu en ſemblable amende ; &
néanmoins n'aura délivrance de ſon fief, ne
des fruits d'icelui, qu'il n'ait baillé ſondit
aveu, mais le tiendra en ſa main juſqu'à ce
qu'il lui ait baillé ſondit aveu. Leſquels
fruits ledit Seigneur de fief fera ſiens, après
leſdits quatre ſaiſiſſemens, juſqu'à ce que
ledit Vaſſal baille ledit aveu, ſinon qu'il
vînt dedans quarante jours après ledit quart
ſaiſiſſement ; auquel cas en baillant ledit
aveu, payant les frais & autres amendes,
ceſſera la main dudit Seigneur, & rendra à
ſon Vaſſal les fruits perçus, & jouira ledit
Vaſſal de ſondit fief, & fera les fruits ſiens,
nonobſtant qu'il ſoit procès ou queſtion
ſur le débat de l'aveu, ſauf aux Seigneurs
Châtelains, Comtes & Barons, qui auront pour quarante jours, trois mois.

ARTICLE LXVI.

CAr ledit Seigneur après ledit aveu Paris
baillé ou préſenté par le Vaſſal, aura, art. 10.
& a quarante jours pour le voir, viſiter, ac- art. 82.
cepter, contredire ou refuſer, ſi faire le art. 30.

veut. Pourquoi faire pourra écrire les causes de refus, ou acceptation au dos d'icelui
aveu. Et pour savoir ladite réponse, sera
ledit Vassal tenu aller se lendemain des quarante jours au domicile dudit Seigneur, s'il
demeure à dix lieues du fief dominant, si ledit Seigneur n'a justice; & s'il a justice, aux
Officiers de ladite justice, pour en avoir réponse; & s'ils ne la baillent, ou ne sont
trouvés, ou autres ayant puissance pour ce
faire, ledit jour passé seront lesdits aveux tenus pour reçus & passés. Et s'ils refusent ledit aveu, se pourront lesdites parties res-
pectivement pourvoir par justice.

LE POURRA SOMMER.) Le Seigneur de fief
procédant par sommation contre son vassal, *mitiùs
agit*, & ne sont les fruits empêchés, *si verò* il
procéde par voie de saisie, le vassal ne doit enlever les fruits, comme il est dit en l'art. 74. ci-après.
Cette tierce sommation ou saisie, dont est ici fait
mention, est la troisiéme de celles qu'a faites le
Seigneur, pour lesquelles échet amende ; mais
en effet c'est la quatriéme, compris la premiere,
quæ legalis est, comme nous avons dit ci-devant.

LESQUELS FRUITS.) Observant toutefois en
la perception d'iceux ce qui est dit en l'article 71.
ci-après.

ARTICLE LXVII.

Paris
art. 54.
Orl.
art. 76.
Troies
art. 45.

QUand le Seigneur de fief exploite l'héritage tenu de lui en plein fief par
faute d'homme & foi non faite, il peut
exploiter les Vassaux de son Vassal, rere-
fiefs de lui, s'ils ne sont en foi de sondit
Vassal ; & s'il sont en foi dudit Vassal,

tant que ledit Seigneur tient l'héritage de son Vaſſal, le peut ſommer de venir à ſa foi; à laquelle faire ils ont quarante jours à ſommer leur Seigneur de fief pour aller faire ſon devoir devers ſondit Seigneur. Et s'il le fait, ledit Seigneur principal ne peut exploiter leſdits Vaſſaux, rere-Vaſſaux dudit Seigneur. Et ſi ledit Vaſſal ne fait ſon devoir dedans leſdits quarante jours, leſdits rere-Vaſſaux ſont tenus de faire la foi audit premier Seigneur, & bailler leur aveu & dénombrement, comme tenant en rere-fief de lui, ſur les peines d'être exploités comme plein fief.

Il peut exploiter,) L'exploit du Seign., faute d'hommage ou foi non faite ſur les arriere-fiefs, ſe fait en conſéquence en ſuivant la main-miſe du vaſſal, ou bien par nouvelle ſaiſie dudit Seigneur, comme pourroit faire ſon vaſſal, parce que le Seigneur exploitant le fief de ſon vaſſal, entre aux droits d'icelui, prend tous les fruits *qui in futurum contingent,* à l'occaſion & par le moyen dudit fief; mais n'a pas ceux qui étoient acquis au vaſſal auparavant la main-miſe, comme les profits de quint denier & rachat. *Et quod magis eſt,* ſi ledit Seigneur avoit reçu un arriere-vaſſal en foi, purement & ſimplement, ſans réſervation des profits dûs à ſon vaſſal, cette réception de foi ne préjudicieroit au payement deſd. profits, & pourroit ledit vaſſal, même auparavant la main-levée, ſaiſir le fief pour leſdits profits, comme ſi l'arriere-vaſſal n'avoit pas été reçu en foi: du Moulin ſur la Cout. de Paris, art. 55. gl. 8. n. 2. *Quid,* ſi le fief tombe en commiſe, il eſt certain que le fief appartient à celui qui a reçu l'offenſe, *in ultionem injuriæ, cap. denique, tit. quæ fuit prima cauſa feudi amitt. lib. 2. feud.* Donc pendant que le Seigneur exploitera le fief de fon vaffal, fi quelqu'un des arriere-vaffaux commet félonnie contre lui, l'arriere-fief lui appartient, le peut retenir ou aliéner, fous les mêmes conditions toutefois qu'il eſt mouvant en arriere-fief. Et fi le fief eſt déclaré commis pour offenfe faite au vaffal, le Seigneur en jouira feulement pendant le tems de l'exploit : du Moulin fur la Cout. de Paris, art. 1. gl. 1. n. 54. & art. 55. gl. 10. n. 45.

ARRIERE-FIEFS.) Boutillier en fa Somme rurale, dit que tenir en arriere-fief, c'eſt quand on tient aucun fief par feconde ou tierce perfonne; & que tenir par moyen, c'eſt quand on a autres hommes fous foi par la nature du fief, & toutefois eſt tenu d'autre Seigneur. Nous confondons ces deux fignifications & difons arriere-fief, ou par moyen, être tous les fiefs qui relevent d'un autre fupérieur, *intermediante alio feudo.*

LES PEUT SOMMER.) Le Seigneur de fief exploitant le fief de fon vaffal par faute d'homme, peut fommer fes arriere-vaffaux comme nouveau Seigneur, étant au lieu de fon vaffal ; & en cette qualité il reçoit la foi defdits arriere-vaffaux, leur donne main-levée & fait tous actes de Seigneurie utile. Toutefois après la main-levée il doit rendre à fon vaffal les actes de réception de foi, d'aveu & de dénombrement qui lui ont été donnés, pource qu'ils ne lui fervent plus de rien, & profitent au vaffal comme inſtrumens néceffaires de fon fief : du Moulin fur la Cout. de Paris, article 55. gloffe 7. nombre 2.

ARTICLE LXVIII.

Orl. art. 83. ITem, & en exploitant par le Seigneur de fief fon plein fief par défaut d'aveu non baillé, il ne peut exploiter fes riere-Vaffaux, foit par faute d'homme ou autrement.

Cet article eſt une exception du précédent, qui

fait connoitre la différence qui eſt entre l'exploit par ouverture de fief, & celui qui eſt fait à faute de dénombrement : celui-là ſe fait par une eſpéce de réunion, celui-ci par forme de ſollicitation, pour preſſer le vaſſal de fournir ſon aveu ; comme en cas preſque ſemblable eſt la loi *is cui, in princ. D. ut in poſſeſſ. legat.* Ainſi donc le Seigneur ſe doit contenter de la poſſeſſion que la Cout. lui donne, & de la jouiſſance des fruits naturels & civils, quand ils échéent *jure pignoris*, comme en la loi ς. *C. ut in poſſeſſ. legat.* & par diſpoſition de l'art. 64. ci-devant, ſans qu'il puiſſe moleſter les arriere-vaſſaux par main-miſe & perte de fruits de leur fief, *jure proprietatis & dominii perfecti.* Il faut toutefois excepter le cas qu'au fief exploité, il n'y eût autre choſe ou revenu notable que celui des arriere-fiefs : du Moulin ſur la Cout. de Paris, art. 9. gl. 3. n. 3. & 10.

ARTICLE LXIX.

TOutes & quantefois qu'un Seigneur de fief trouve ſon fief ouvert & il chet en exploit, il le peut exploiter en pure perte du Vaſſal, ſans ce que ce qu'il enleve vienne en déduction des droits à lui dûs par le Vaſſal, ſous les modifications deſſuſdites.

SOUS LES MODIFICATIONS.) Ces modifications ſont quand les fruits recueillis depuis la ſaiſie dans les 40 jours que le vaſſal peut purger ſa demeure, ſont compris au profit, *id eſt*, ſont compenſés juſqu'à concurrence avec le profit, ſi aucun eſt dû, ainſi qu'il eſt dit ès art. 8. & 20. ci-deſſus.

ARTICLE LXX.

TOutefois que le Seigneur de fief ſaiſit l'héritage de lui tenu en fief, & par le Vaſſal tenu en domaine, par faute de foi

N 3

non faite ; & il l'a trouvé enfruité , soient
vignes ou terres emblavées., le Seigneur
les peut exploiter & prendre en pure perte
du Vassal , sinon qu'on lui fasse les foi &
hommage ou offres suffisantes , avant que
lesdits fruits soient ameublis ; pourvu que
les quarante jours dont dessus est fait mention donnés à l'héritier du Vassal pour entrer en foi , soient passés ; car dedans lesdits quarante jours , le Seigneur de fief ne
peut saisir ne exploiter.

PAR LE VASSAL TENU, &c.) *Idem*, art. 56. ci-
devant ; car quand le fief est donné à cens & rente , le Seigneur se doit contenter desdits cens &
rente , & autres revenus qu'en a & reçoit le vassal , comme porte ledit art. *Quid*, si le domaine
est affermé, savoir si le Seigneur se doit tenir au
bail. M. Louet avec les annotations sur le ch. 34.
lettre L. & la Cout. de Paris, art. 69. d'Orléans
72. tiennent l'affirmative : Argentré sur la Cout.
de Bretagne , tit. des Droits du Prince , art. 76.
note 8. & plusieurs autres , vont à la négative , &
donnent le choix au Seigneur ; ce que je trouve
plus accordant à notre Coutume, à raison des art.
56. & 76. sous cette modification toutefois que le
bail ne soit qu'à neuf ans & au-dessous ; autrement
s'il passe neuf ans, le Seigneur *stare debet locationi*,
d'autant que le fermier jouit de l'héritage *suo nomine , non alieno* , par une espéce d'aliénation qui
lui a été faite , que le Seigneur a eue pour agréable , puisqu'il en a reçu les profits. De ces raisons
il résulte que le Seigneur ne fait la ferme sienne ,
du jour que les fruits sont ameublis au fermier qui
a bail de neuf ans & au-dessous , mais seulement
du jour que le payement de ladite ferme est échu;
auparavant lequel tems, si le vassal vient à pur-

ger fa demeure, le Seign. ne peut rien prétendre en ladite ferme. Et fi le bail eft à moindre terme que de 9 ans, la ferme eft acquife au Seigneur, du jour que le fermier ameublit les fruits, *licet* que le vaffal vienne auparavant le tems du payement : Cout. d'Orléans, art. 207. tit. des Communautés d'entre homme & femme. Ainfi il ne faut pas toujours regarder le tems de l'ameubliffement des fruits, mais au profit de qui lefdits fruits ou la penfion font ameublis. Voyez la Cout. de Berry, art. 15. tit. des fiefs, avec les annotations de Labbé ; Argentré au lieu ci-deffus, note 5. Cette annotation fervira d'explication pour l'art. 82. ci-après.

SOIENT AMEUBLIS.) Tant que les fruits font en terres, ils font partie du fonds, *l. fructus pendent. D. de rei vindic.* Et quand ils font en faifon & maturité, ils font faits meubles au profit du Seigneur féodal, *argum. l. fi pater,* C. *de ufufructu, & l. fi abfente, 9. fin. D. de ufufr.* avec l'annotation de Godefroi. Et combien qu'ils foient mûrs, & la faifon même paffée, s'ils font fur pied quand le vaffal vient faire la foi ou offres, ils n'appartiennent pas au Seigneur : *odiofa enim funt reftrigenda ;* & femble que Tiraqueau foit de cet avis. *§. 4. gl. 4. in prin. tit. de retract. conven. ad Conf. Pictav.* Ce que deffus eft vrai, pourvu que tous les fruits foient encore fur pied ; car fi partie d'iceux étoient féparés de la terre, *incepti colligi pro collectis habentur,* comme on peut tirer de l'art. 74. de la Cout. d'Orléans, ou par la levée de la bonde de l'étang le poiffon eft ameubli : du Moulin eft auffi de cet avis fur la Cout. de Paris, art. 1. gl. 8. n. 42.

DONT DESSUS, &c.) C'eft en l'article 19. de ce titre.

ARTICLE LXXI.

ET fi un Seigneur en héritage ou do- Orl.
maine de fon Vaffal, par faute de foi art.57.
& 74.
& hommage non faits, veut exploiter,

foit étangs, bois, vignes, terres, & des
bleds mûrs, il prend tout ce qu'il trouve
audit héritage, & l'applique à fon profit;
fors les bois qui font pour l'embelliſſement
des maiſons, & autres qui n'ont accoutumé
d'être coupés, qu'il ne peut couper; mais
ſi pour rachat il met fa main eſdits étangs
ou bois, & que fon Vaſſal lui fait les offres
deſſuſdites, & que ledit Seigneur accepte
l'année, en ces cas il n'aura pas toute la
coupe dudit bois, mais le revenu d'une année, au prix de dix ans pour une année,
pour les revenu deſdites années, ne
pourra en tout cas ledit Seigneur de fief
couper leſdits bois, ne pêcher leſdits
étangs.

ARTICLE. LXXII.

Orl.
art. 58.
Troies
art. 26.
& 189.
ET feront leſdites années, quant aux
étangs & eaux, eſtimées par gens à
ce connoiſſant, élus par les parties, ſinon
que les années de coupe & pêche, de trois
pour l'eau, & dix pour le bois, échuſſent
en l'an dudit exploit, pourra pêcher &
couper ledit Seigneur, en tems & faiſon
dû, le Vaſſal à ce appellé à fon fief huit
jours devant; autrement ne le pourra faire,
qu'il ne ſoit tenu rendre & reſtituer le tour,
& pour cette fois privé de fon profit deſdits
bois & étangs. Mais en cas d'eſtimation
tiendra la main dudit Seigneur, juſques à
ce qu'il ſoit accordé & diſcuté deſdits
étangs. Et quant aux bois, en cas où

échéra prifée , fera & eft eftimé l'arpent à deux fols parifis en grurie par chacun an , & quatre fols parifis hors grurie ; & l'ar- pent d'eau à dix fols tournois , en contri- buant par ledit Seigneur de fief aux frais de l'empoiffonnement & pêche defdits étangs, *pro rata.*

Ou DOMAINE.) Ceci a été ajouté en confé- quence de l'art. 56. ci-devant.

VEUT EXPLOITER.) En notre ancienne Cout. il y avoit *exploiter & ravoirer ,* comme il eft en- core en la Cout. d'Orléans , art. 74. Le mot *ra- voirer* eft fignificatif du pouvoir qu'a le Seigneur féodal de prendre tous les fruits qu'il trouve au domaine de fon vaffal en état d'être recueillis ; car ravoirer , c'eft-à-dire , s'approprier le revenu de plufieurs années , fans avoir égard à l'accroif- fance & augmentation que lefdits fruits ont pris ès années précédentes fon exploit , & auffi fans appeller le propriétaire lorfqu'il voudra faire la recueillie ; ce que le Seigneur ne doit faire quand il jouit du fief pour rachat , comme il eft dit en cet art. & au fubféquent.

IL PREND TOUT.) Le Seigneur qui exploite le fief de fon vaffal par faute de foi, fait fiens tous les fruits naturels qu'il trouve audit fief , & qui en proviendront tant & fi longuement que durera fon exploit , étant cueillis en maturité & faifon dûe , comme il eft dit en l'art. précédent , fans aucune diftinction du tems qu'il aura commencé à jouir , contre l'opinion de quelques feudiftes, *tit. hic finitur lex , cap. his confequentibus , lib.* 2. *feud.* Il jouira auffi des bâtimens , fans toutefois déloger fon vaffal, femme, enfans & famille y de- meurant & habitant; Orléans art. 75. Voyez l'an- notation de l'art. 56. ci-devant. Et quant aux fruits civils, ils appartiennent auffi au Seigneur féodal , quand ils échéent au tems de fon exploit , comme nous avons annoté fur l'article 67. ci-devant.

QU'IL NE PEUT COUPER.) *Quia non funt in fruĉtu , l fed fi glandes , D. de ufufruĉtu.* Mais les fruits qui procédent des bois de haute - fûtaie font en revenu , comme la glandée & paiſſon , & les chablis : Cout. de Berry , art. 43. titre des fiefs , *l. arboribus , D. de ufufruĉtu.* Guenois en la Conférence des Cout. dit avoir été ainſi jugé aux Grands-jours de Poitiers le 26 Octobre 1579. Le Roi Philippes le Bel , en l'année 1302. après avoir déclaré comme il entend que les adminiſtrateurs des régales ſe comportent en la jouiſſance des fruits, il ordonne en l'art. 4. qu'en la pêche du poiſſon on réferve de l'avelin pour repeupler l'étang ou vivier après ladite pêche , & que l'on ſe garde auſſi à toujours - mais de toutes deſtructions , dégâts & excès , & que l'on tienne telle équité comme en ſa choſe propre , & l'adminiſtrateur qui fera le contraire rendra le dommage , & ſi ſera puni comme de raiſon.

MAIS SI POUR RACHAT.) Ceci devoit ſuivre l'art. 21. mais il eſt mis en ce lieu pour montrer la différence qui eſt entre l'exploit à faute de foi , & celui qui eſt pour rachat.

ACCEPTE L'ANNÉE.) Les réformateurs de cette Cout. voulant être briefs , ont rendu le texte de cet art. & le ſuivant , un peu difficile à accorder avec le ſens , & ont entendu dire qu'après que le vaſſal a fait les trois offres , omettant ce qui réſulte de l'acceptation de la ſomme de deniers, ſi le Seigneur accepte l'année ou la valeur d'icelle , ſelon le dire de deux prud'hommes, en ces cas il n'aura pas réellement ni par eſtimation, toute la coupe des bois taillis & pêche des étangs, mais le revenu d'une année des bois au prix de dix , & des étangs au prix de trois ; pour lequel revenu deſdites années, dont une lui appartient, les autres au vaſſal, il ne pourra *videlicet*, s'il l'exploite l'année , en tous cas , *id eſt*, prématurément hors de ſaiſon , & ſans y appeller ſon vaſſal,

couper les bois ni pêcher les étangs ; & pour éva-
luer le revenu des étangs qui eft chofe incertaine ,
que le Seigneur & le vaffal conviendront de perfonnes qui eftimeront combien peut valoir ledit
revenu pour une année à raifon de trois , laquelle
valeur, outre la fomme de dix fols tournois pour
chacun arpent d'eau, appartiendra aud. Seigneur,
déduction préalablement faite des frais de l'empoiffonnement & pêche des étangs au *pro rata.*
Quant aux bois qui ont un revenu plus certain ,
la Cout. fait la prifée , donnant au Seigneur la
fomme de deux fols parifis , pour chacun arpent
de bois en grurie , & quatre fols parifis hors de
grurie. *Quid*, fi la coupe de bois & pêche des
étangs échéent en l'année choifie par le Seigneur
pour fon droit de rachat , & qu'il ne veuille prendre le revenu par eftimation ; notre Cout. contraire en cela à celle de Paris , art. 48. & d'Orl,
art. 57. permet au Seigneur de couper & pêcher
en tems & faifon , le vaffal appellé à fon fief huit
jours auparavant fur les peines indictes ; & ce faifant, il prendra la dixiéme partie de la coupe des
bois , & la troifiéme de la pêche des étangs, con-
tribuant auffi pour fa part comme deffus.

ET DIX POUR LES BOIS.) Voyez l'Ordonn.
de Charles IX. en l'an 1561. conforme à cette
Cout. pareille Ordonnance de l'an 1563. art. 4.
& 1573. & de Henri III. en l'an 1580. art. 36.
Sous le nom de bois taillis ne font compris les
faulfayes, coudraies & frênaies, qui fe pourront
couper à trois ans : Cout. d'Anjou , art. 113.

LE VASSAL APPELLÉ.) La Cout. de Sens ,
tit. des fiefs, art. 194. dit, *le Vaffal préfent ou appellé*, pour lever tout le doute. Cette préfence
ou interpellation eft néceffaire pour empêcher les
Seigneurs de faire tort à leurs vaffaux.

MAIS EN CAS D'ESTIMATION.) Ici le mot
d'eftimation eft mis largement pour l'acceptation
de l'offre , au dire de deux prud'hommes , &
pour l'évaluation à faire du revenu de l'année des
bois & étangs , non encore en maturité.

JUSQU'A CE QUE.) *Quare non idem eft,* des bois ; c'eft parce que pendant l'eftimation des étangs, qui font de plus longue difcuffion, il ne feroit pas raifonnable que le Seigneur demeurât défaifi de la chofe, & après que l'eftimation eft faite, la valeur étant lors certaine, *tum eft loco rei.* Et quant eft du bois, dont la prifée eft facile & prompte à faire fur les contrats d'acquifition, aveux & dénombremens, ou fuivant un arpentage, la Cout. ne fait état de ce peu de tems qu'il convient y employer, *modicum enim intervallum intervallum non eft.*

L'ARPENT DEUX SOLS PARISIS.) Cette évaluation eft petite, parce que tous ceux qui ont droit de prendre annates fur le bien d'autrui, ne font de droit favorifés, dit M. le Maître en fon traité des fiefs, chap. 4.

L'ARPENT D'EAU.) Je ne fache Cout. qui eftime l'eau des étangs que la nôtre ; prefque toutes fe contentent de donner au Seigneur l'évaluation d'une année de la pêche ; la nôtre, outre cela, lui donne 10 f. tournois pour chacun arpent d'eau, comme faifant les eaux parties des fruits du domaine en confidération que l'année expirée, le Seigneur laiffe à fon vaffal cette eau venue dans l'étang. Auffi quand il arrive que le Seigneur fait la pêche, il n'a pas le prix de l'eau, parce qu'elle s'eft écoulée, & n'en reçoit déformais le vaffal aucun profit.

ARTICLE LXXIII.

Orl. Art. 70. ET au regard des maifons, manoirs, & édifices de fief exploités, ledit Seigneur fera tenu les entretenir l'année qu'il en jouira par exploit, enfemble les jardins, terres, prés, & autres chofes, dont il jouira & prendra le revenu, fans rien y détériorer, mais en ufer comme bon pere de famille.

Maifons

MAISONS & ÉDIFICES.) LES Cout. de Paris, art. 58. & d'Orléans 73. tit. des fiefs (1), déclarent particulierement quels sont ces édifices, & comment le Seigneur dominant en doit jouir.

EXPLOITÉS.) Soit faute de foi, ou pour droit de rachat.

SERA TENU, &c.) Quand le Seigneur exploite le fief de son vassal, il en jouit comme de sa propre chose ; aussi doit-il entretenir les bâtimens dont il jouit, autrement que ne feroit un locataire, qui ordinairement n'est tenu que jusqu'à cinq sols par chacune année, mais les doit entretenir comme usufruitier de menues réparations nécessaires, *l. hactenus*, *D. de usufr.* & la Cout. d'Orléans, art. 222. tit. des douaires, *hactenus tamen, ut non nisi de dolo & lata culpa tam in committendo, quàm in omittendo teneatur ; de levi autem vel levissima culpa non teneatur.* C'est la modification que du Moulin apporte à la comparaison du Seigneur de fief, & de l'usufruitier sur l'art. 1. gl. 8. quest. 10. n. 65. en la Cout. de Paris, tit. des fiefs. Le mot d'année n'est pas mis ici pour limiter cet entretenement au tems & cas de l'exploit pour rachat, & exclure celui que doit faire le Seigneur tant qu'il jouira des bâtimens, quand il exploite par faute de foi ; mais sert pour montrer que le Seigneur de fief qui exploite *quovis modo*, est tenu d'entretenir les bâtimens, & faire faire les réparations nécessaires par chacune année qu'il jouira du fief.

ET PREND LE REVENU.) Sans diminution des charges & rentes non inféodées, article 3 ci-devant.

---

(1) ¶ Ferrieres sur l'art. 58. de Paris, dit que la disposition dudit article 58. comme très-juste, a été étendue aux autres Coutumes qui n'en disposent pas, par arrêt du 19 Août 1583, rapporté par Choppin sur le titre des fiefs, nomb. 4. & par Tournet & Brodeau, n. 5.

Article LXXIV.

Paris
art.29.
Orl.
art.77.
Aux.
art.47.

SI le Vaſſal enfreint la main du Seigneur duement ſignifiée à la perſonne du Vaſſal, ou détenteur du fief, ou ſa femme, auxquels ſera tenu bailler ſon exploit en brief, il enchet en l'amende de ſoixante ſols envers ledit Seigneur ; & doit reſtituer tout ce qu'il aura enlevé, avant que ledit Seigneur ſoit tenu recevoir ſon Vaſſal.

En l'amende, &c.) L'amende de main-briſée vient en conſéquence de la Juſtice de vaſſal, dont eſt parlé en l'art. 89 ci-après. En matiere féodale & de terrage, ladite amende eſt de ſoixante ſols, *hic*, & en l'art. 90. En matiere de cens, elle eſt régulierement de cinq ſols, *ibidem*, & art. 2. tit. des cens. Toutes ces amendes ſe doivent prendre à tournois, & non à pariſis ; ce qui a lieu généralement en cette Cout. où le pariſis n'eſt exprimé, *tanquam de minori mulêta lata ſit, l. nummis. D. de leg. 3.* comme l'a noté du Moulin ſur la Cout. de Paris, art. 77. gl. 1. n. 20. tit. des cens. Les ſols ſont appellés tournois, à cauſe de la très-ancienne fabrique qui s'en faiſoit à Tours, & valent douze deniers. Depuis les Rois en ont fait faire à Paris, & valent le quart davantage, à ſavoir quinze deniers, *ut poteſtas preventioque regia oſtenderetur præ cæteris monetæ fabricatoribus regulis*, dit Maître René Choppin ſur la Cout. d'Anjou, lib. 1. ch. 3. n. 5.

Doit restituer tout.) Cela s'entend quant à l'exploit actuel du Seign., comme porte l'art. 81. ci-après. Et auparavant lad. reſtitution, le vaſſal non-ſeulement ne ſera admis à la foi, mais auſſi ne ſera reçu à propoſer ſes cauſes d'oppoſition ou d'appel, comme remarque du Moulin en la Cout. de Paris, art. 1. gl. 9. n. 1. C'eſt le brocard des Praticiens, qu'un Seigneur de beurre mange un vaſſal d'acier, & que le vaſſal ne plaide la main garnie : il y a toutefois un cas excepté en l'art.

8ʒ. qui eſt quand le vaſſal déſavoue ſon Seigneur.

ARTICLE LXXV.

SI un héritage tenu en fief eſt redévable par aveu ou nommée, de cheval de ſervice au Seigneur de fief, ledit cheval eſt eſtimé à ſoixante ſols; & n'eſt tenu le Vaſſal payer ledit cheval de ſervice, ſinon que ſon héritage vale dix livres tournois par an, en revenu, & au-deſſus; lequel cheval ne pourra être levé par le Seigneur de fief qu'une fois en ſa vie. Orl. art.84.

Aucuns diſent que le cheval de ſervice vient de l'ancienne reconnoiſſance que le nouveau vaſſal faiſoit à ſon Seigneur d'un cheval & armes complettes, *tit.* ʾ2. *lib.* 2. *feud. ſervato uſu majorum vaſſalorum in dandis equis & armis ſuis ſenioribus,* dit le texte de la Conſtitution de l'Empereur Conrad, *tit. de beneficiis. lib.* 5. *feud.* les autres eſtiment que ce droit prend ſon origine du ſervice que les vaſſaux étoient tenus rendre à leurs Seigneurs, quand ils alloient en guerre, §. 2. *tit. quæ fuit prima cauſa feud. amitt. lib.* 2. *feud.* Auſſi les Docteurs ſur ledit tit. 12. tiennent que *feudalis militia equeſtris fuit.* A quoi on peut joindre ce que dit *Macer in l. officium.* §. 1. *D. de re militari, ubi equus militaris extra provinciam non eſt ducendus.* Quoi qu'il en ſoit, ces devoirs & reconnoiſſances réelles à préſent ne ſe pratiquent plus, & ont été réduites à une ſomme d'argent. Voyez Argentré ſur la Cout. de Bretagne, arr. ʒ11. n. 5. La Cout. de Poitou, tit. des fiefs, art. 165. dit que le cheval de ſervice eſt dû à la fin de la mutation du vaſſal, qui eſt le tems que *milites,* qui ſont les moindres vaſſaux, *inveſtituram petere debent, tit.* 22. *lib.* 1. *feud.* Notre Cout. qui n'a point préfixé de tems au vaſſal pour aller à la foi, laiſſe auſſi à la volonté du Seigneur de lever ce droit une fois en ſa vie. O 2

ARTICLE LXXVI.

Orl.
art.72.
Aux.
art.64.

ET combien que par les Coutumes deffus couchées, foit dit que le Seigneur
féodal peut exploiter le fief de fon Vaffal
par défaut de foi & hommage, & prendre
tous les fruits dudit fief en pure perte d'icelui Vaffal ; toutefois ledit Seigneur ne
pourra prendre ne lever lefdits fruits, finon
en payant les frais induftriaux & femence
du Laboureur ou Métayer ; & de fes autres
intérêts & dommages aura recours contre
le Vaffal ou autre, par la faute duquel il
fouffrira lefdits intérêts & dommages, fi
ledit Laboureur & Métayer a fignifié &
fait à favoir en tems dû ledit faififfement
audit Vaffal fon maître.

EN PAYANT.) Le mot *en payant*, bien que
gérondif, importe, *tantum actum futurum, &*
modum non conditionem, dit l'annotation fur le
chap. 33. lettre R. au recueil des arrêts de M.
Louet, fuivant l'opinion de du Moulin fur la Cout.
de Paris, art. 20. felon la réduction de l'ancienne
à la nouvelle, gl. 71. n. 1. *& feq.* C'eft-à-dire,
que le Seigneur doit rendre les labourages & femences, non pas préfentement ou auparavant que
d'entrer en la jouiffance, mais feulement après la
récolte. Ce qui a été confirmé par plufieurs Jugemens remarqués en ladite annotation.

DU LABOUREUR, &c.) En réformant notre
Cout. on a ajouté le mot de métayer avec une dif-
jonctive, pour montrer que celui qui a labouré &
femé les terres, ou qui fous fon nom a fait faire
les façons, en doit être rembourfé. Ainfi fous le
nom du laboureur fera compris le vaffal qui tenoit
par fes mains l'héritage chû en exploit ; à quoi

s'accorde la Coût. d'Orléans, qui parle indiſtinctement de ladite récompenſe, art. 71. & 72.

ARTICLE LXXVII.

QUand le Vaſſal vend ſon fief ſous faculté * de réméré, il y a profit de fief, ſi le vendeur ſe déſaiſit de la foi, ſoit que le réméré ſoit en une même carte avec la vente, ou en diverſes; mais quand le vendeur rachete ledit fief dedans le tems de ladite faculté, il n'y a point de profit de fief; & ſi le réméré ſe paſſe ſans racheter, ſera dû profit de quint, & ſera tenu le vendeur céder la foi à l'acheteur. Orl. art. 12.

DE RÉMÉRÉ.) La faculté de rémérer un fonds ſe preſcrit par 30 ans (1), Cout. d'Orléans, art. 169. *Etiam* que le réméré fût ſtipulé à toujours, Cout. de Paris, art. 120. jugé par arrêt, pour une rente fonciere rachetable, entre Maître Étienne Robert appellant, Jean & Denis Macheves intimés, au mois de Décemb. 1599. en la quatriéme Chambre des Enquêtes, au rapport de M. Paſtoureau. Toutefois le créancier après les 30 ans, en

(1) ¶ Par arrêt du Parlement de Paris, du il a été jugé que pour exclure le tems de trente ans, l'acheteur, au bout du réméré expiré, devoit aſſigner le vendeur, pour voir dire qu'il ſeroit déchu de ladite faculté, faute par lui d'en avoir uſé, & que lui acquéreur ſeroit & demeureroit propriétaire incommutable; mais il faut obſerver qu'en ce cas au tems de l'aſſignation, le vendeur peut encore uſer de ſa faculté, en offrant de rembourſer l'acquéreur du prix principal, frais & loyaux coûts; pourquoi il eſt d'uſage que les Juges accordent un délai de quelques jours, pour faciliter à ce vendeur les moyens de trouver les deniers néceſſaires; & ce délai étant paſſé ſans y avoir ſatisfait, le vendeur eſt déchu entierement.

* *Scilicet* 9. *annorum, ut paragrap. ſeq.* C. M.

peut permettre le rachat, *in necem*, de l'hypothéque de fes créanciers ; *quia præfcripto nihil
aliud eft, quam exceptio, quæ amiffa non fuppletur :*
jugé par arrêt fur un appel de Château-Renard
le 18 Décembre 1621. contre Me. Pierre Mou-
linet, Avocat en ce Bailliage : *idem*, jugé pour
une rente en bled fonciere non rachetable, *con-
fultis Claffib.* en la 4. M. Paftoureau, Rapp. en
Février 1618. au profit du fieur Gervaife.

OU EN DIVERSES.) *Aliter*, en vente d'héritage cenfuel, art. 41. tit. des cens, ci-après.

IL N'Y A.) Encore qu'il y ait comme double
vente, il n'eft pas toutefois dû profit de la vente
& du réméré ; mais feulement de la vente, à caufe de la mutation d'homme par le tranfport de la
foi.

ET SI.) La raifon vient de ce que cette incertitude qui tenoit en fufpend l'exécution de la
vente, n'eft plus, eft que l'acheteur devient dès-
lors incommutablement Seigneur de la chofe,
tout ainfi que dès le commencement le réméré
n'avoit point été ftipulé. Auffi de ce tems commence à courir l'an du retrait lignager, art. 16.
tit. des matieres de retrait. Toutefois les profits
de la vente font acquis au Seigneur ou au fermier qui étoit lorfque le contrat a été paflé, &
non pas à celui qui eft quand le réméré expire,
parce que *ab initio pura fuit venditio fub conditione tantùm refolvenda, l. 1. & 2. D. de leg. commiff.*
Cette queftion eft traitée doctement par Maitre
Anne Robert, *rerum judic. lib. 3. cap. 18.* & confirmée par arrêt en robe rouge, le 22 Décembre 1584.

ET SERA TENU.) Parce qu'il n'a plus le fief
qui eft le fujet de la foi : *nec amplius fpes eft rever-
furum iri*, comme on dit d'une dette fous condition, §. *ex conditionali, inftitu. de verb. oblig.* Et
quand le vendeur ne voudroit céder la foi à l'a-
cheteur, *pro ceffa habentur*, comme en l'art. 55.
ci-devant.

ARTICLE LXXVIII.

UN Vaſſal peut vendre ſon fief ſous fa- Troies
culté de réméré juſqu'à neuf ans, art. 34.
pour une fois ſeulement, * & en retenir la
foi pardevers lui, & en ce faiſant, il n'y a
point de profit pour le Seigneur de qui eſt
tenu le fief.

Ceux qui premierement ont établi notre Cout.
voyant la reſſemblance qui eſt entre la vente & la
location, & que *iiſdem regulis conſiſtunt*, dit le
texte des Inſtitut. *tit. de locato & conducto*, ont
auſſi penſé être à propos de régler les contrats de
vente par le tems du réméré, comme les contrats
de locations par le tems du bail, *ult. in l. ult.
juncta gloſ. D. ſi ager vectigal. vel. emphiteut. pet.*
Voyez l'art. 43. tit. des cens ci-après. C'eſt pourquoi ici le contrat de vente fait ſous faculté de réméré juſqu'à neuf ans, ne porte point de profit,
non plus que feroit un bail. *Secùs*, ſi le réméré
eſt à plus long tems, ou à toutefois & quantes,
ou à vie de perſonne, art. 48. tit. des cens, *ad
tantum venditoris cauſa cavetur*; car à l'égard du
Seign., le contrat eſt eſtimé pur & ſimple, ayant
intérêt que la foi ne ſoit ſi long-tems ſéparée de
ſa cauſe : tellement qu'audit cas de vente le quint
denier eſt dû du prix de la vente & du réméré,
quand il ſera fait, comme ſi c'étoit un nouvel

---

* *Id eſt ver eundem contractum vel prorogando, non exceden-
de illua ſpatium. Secùs ſi ſemel vendideris & redemerit infra ad
temporis; qua poteſt iterùm vendere ſub ſimili facultate & deinceps: ſed non ejuſdem venditionis facultatem redimendi proro-
gare ultra ann. 9. nec vendere ſub dicta facultate cum pacto re-
novandi venditionem vel prorogandi ultra id temporis, ut in ſimili divi in annot. ad Alexand. Conſil. 165. lib. 2. & Conſil.
104. lib. 3. Jaſ. in l. manumiſſiones ff. de Juſti. & jure. Petr.
Anchar. Conſil. 57. C. M. Vide eundem Mol. ad Conſ. Pariſ.
paragraph. 33. gl. 2, num. 48. & ſeq.*

achat. Et fuivant cela , Meffire Nicolas d'Anjou,
Seign. de S. Fargeau , Charny & S. Maurice-fur-
Laveron, paya le profit de quint à Madame Renée
de France , par accord du 7 Juillet 1551. pour le
rachat qui fut fur lui fait de la terre de S. Maurice , par Dame Avoye de Chabannes , fa tante,
l'an 1532. en vertu de la faculté par ladite Dame
Avoye , ftipulée au contrat de donation qu'elle
avoit fait audit Seign. d'Anjou , l'an 1516. Toutefois fi la vente a été faite à faculté de rémérer à
plus de neuf ans , & que le réméré foit exécuté
plutôt & dans neuf ans , il ne fera point dû profit
dudit réméré, non plus que d'une refcifion qui feroit faite *ex cauſâ novâ , puta ſupervenientia liberorum,* comme il a été noté fur l'art. 57. ci-devant.
L'inconvénient ou dommage que le Seign. pouvoit recevoir , fi le réméré eût pris long trait ,
eft réparé par l'accélération & exécution dudit
réméré , faite dans le tems permis par la Cout.
*Sed fufficiunt jura debita ex primâ vendicatione in
quâ iſta fuit inclauſa tanquam ejus pars.* Ainfi a été
pratiqué pour le fieur de Platte-ville , contre le
fieur de Chamy, au mois de Juin 1615. Voyez du
Moulin fur la Cout. de Paris , art. 33. gl. 1. n. 40.

RETENIR LA FOI.) Il faut que le vendeur
retienne la foi expreffément par le même contrat
de vente , autrement la démiffion d'icelle eft er-
tendue *ex naturâ actûs ,* & feroit dû profit. *Mol.
ad Conf. Par. tit. de feud.* §. 51. gl. 2. num. 14.
& 30. *Aliter ,* quand le fief eft donné à rente ,
art. 84. ci-après , ou donné en mariage par pere ,
mere , ayeul ou ayeule , art. 41. ci-devant.

EN CE FAISANT.) *Id eſt ,* fi le réméré n'eft
que pour neuf ans , ou moins , & que le vendeur
rachete fon fief dans ledit tems , il n'y a point de
profit ; car ce n'eft proprement une vente , mais
une réfolution d'icelle faite par le moyen du
préambule du contrat, dit *Mazurre* en fa Pratiq.
tit. 33. n. 13. Cet art. fert auffi pour les matieres
cenfuelles, tellement que pour un héritage vendu

à faculté de rémérer jufqu'à 9 ans par même contrat, il n'en eft point dû de profit lors de la vente ni lors du rachat. *Et fi exactum fit quintum*
pretii, reftitui debet, quia relevium nondùm ceffit
& reftituo agit retrò: vide Mol. ad Conf. Parifienf.
§. *33. gloff. 1. num. 10 & 11.* & M. Louet, lettre
V. n. 12. avec l'annotation, & ce qui eft annoté
fur l'art. 16. tit. de retrait.

ARTICLE LXXIX.

UN Seigneur n'eft tenu recevoir en foi
& hommage fon Vaffal par Procu-
reur fi bon ne lui femble, fauf l'excufe de
prifon, grièvo maladie, inimitié capitale,
ou autre caufe raifonnable; auquel cas la
procuration portera la fupplication & ex-
cufes honnêtes, avec acte judiciaire defdites maladies & prifon; & au refus de le
recevoir, fera ledit Procureur telles &
femblables offres que pourroit faire ledit
Vaffal.

Paris art.67.
Orl. art.65.
Troies art.40.
Aux. art.43.

SI BON, &c.) La raifon eft pource que la
preftation de la foi eft perfonnelle, felon l'opinion
de quelques-uns, le Seigneur ayant intérêt de
connoitre la perfonne de fon vaffal: du Moulin
fur les queftions de *Joan. Galus, quæft. 301.*

OU AUTRE CAUSE.) Comme pour le fervice
néceffaire que doit le vaffal Confeiller en Parlem.
duquel la Cour ne le voudroit excufer, & ordon-
neroit qu'il feroit reçu par Procureur, Choppin fur la Cout. d'Anjou, liv. 1. art. 7. M. Louet,
lettre L. ch. 8. comme auffi pour le vœu de clôture, *cap. unico* §. *verum, tit. de ftat. regul. in fexto.*
Voyez autres cas en la loi *non exigimus.* §. *1. &*
feq. D. fi quis cautionibus.

ET AU REFUS, &c.) Il faut apporter une
diftinction, fur les caufes de l'empêchement du

vaſſal, ſi elles ſont à tems, ou bien ſi elles ſont
de ſoi perdurables: pour celles-ci, le Seigneur eſt
tenu recevoir ſon vaſſal en foi par Procureur, autrement les offres feroient autant comme la foi :
pour les autres, *preciſê non teneur*, mais il doit
donner ſouffrance, ſinon & à ſon refus les offres
équipollent à la ſouffrance qu'il devoit donner, &
auront icelles offres effet de ſuperſéder la main-
miſe féodale, juſqu'à ce que l'excuſe ceſſe. Cout.
de Paris, art. 67. & Orléans, art. 65. jugé par
arrêt le 7 Septembre 1377. pour Meſſire Gaulcher
de Châtillon, où fut le Seigneur d'Angbien condamné à rendre les fruits depuis les offres, & fut
mis le dit Châtillon en ſouffrance tant que l'empêchement dura, & au refus dud. d'Anghien fut led.
de Châtillon reçu par main ſouveraine. Pithou ſur
la Cout. de Troies, art. 41. Mais de-là en avant
ſi la cauſe de l'empêchement ceſſe, le Seigneur
pourra reſaiſir & exploiter le fief en pure perte,
ſi le vaſſal ne vient à la foi dans quarante jours,
art. 12. ci-devant. Nous mettons entre les cauſes
d'empêchement continuelles le vœu de clôture,
ſous la diſtinction apportée par le Droit Canon
de la qualité du Seigneur dominant, ſavoir que
l'Abbeſſe ou Prieure doit être admiſe par Procureur, ſi ſon fief eſt eccléſiaſtique. *Secùs*, s'il eſt
ſéculier, *cap. unico. §. verum, & §. Epiſcopis, tit.
de ſtatu regulat. in ſexto* : encore que M. le Maitre
en ſon traité des amortiſſemens, ch. 8. ſemble
tenir l'affirmative indifféremment.

Article LXXX.

LE Seigneur du fief n'eſt tenu emplir ne
fournir le contenu de l'aveu de ſon
Vaſſal, quelque réception qu'il ait fait de
l'aveu, car il s'entend, ſans préjudice du
Seigneur; ſauf toutefois aux prérogatives
ou droits d'autorité, dont eſt reçu, comme

de juſtice, pont-levis, garennes, colombier, droit de chaſſe, & autres telles prééminences; car ledit Seigneur après telle réception ne les peut empêcher ne contredire. Mais au regard des terres ou autre entrepriſe ſur le domaine de ſon Seigneur, pour être dedans l'aveu, ne les peut preſcrire, ſinon qu'il en eût joui trente ans.

NE FOURNIR.) Mais il eſt tenu d'aider ſon vaſſal de ſes anciens titres, pour fournir & emplir le ſien des héritages particuliers de ſon fief. Cout. d'Orléans, art. 79.

COMME DE JUSTICE, &c.) Le Seigneur féodal haut-Juſticier a les droits ici exprimés, & ne peut octroyer à ſes vaſſaux au détroit de ſa Juſtice, quand d'ailleurs ils ne les ont pas; comme ſont le droit de Juſtice, qu'il faut entendre de la fonciere, dont eſt fait mention en l'art. 89 ci-après; car pour la Juſtice ordinaire, il n'appartient qu'au Roi de l'établir, il y va de ſon autorité, & de l'intérêt de ſes ſujets, leſquels ſont foulés par la multitude des Juſtices. Loyſeau en ſon traité des Seigneuries, ch. 10. n. 53. dit que les Conceſſions de Juſtices ſans permiſſion du Roi ſont nulles. Pour le droit de Pont-levis, les haut-Juſticiers prétendent qu'à eux ſeuls appartient de bâtir fortereſſes, ou par leur permiſſion. Choppin, Cout. d'Anjou, liv. 1. ch. 42. n. 15. cote un Édit du 10 Mars 1566. portant commandement aux gentilshommes de Bourgogne, de démolir les maiſons fortes, Ponts-levis. Colombiers, & avec marques de Juſtice ou fief noble. Il remarque auſſi que le Roi octroyant lettres de bâtir fortereſſe avec Pont-levis, c'eſt avec la permiſſion du Seigneur haut-Juſticier. Toutefois on tient à préſent que cette permiſſion du Seigneur haut-Juſticier eſt néceſſaire ſeulement quand l'héritage eſt ro-

turier. Voyez M. Louet, lettre F. n. 13 & 14. &
Choppin *de privileg. ruſt. lib. 3. cap. 12. num. 3.*
Pour le Colombier & la Garenne, nous avons recours à la Cout. d'Orléans, comme ayant été autrefois une même avec la nôtre, en l'art. 168. elle
porte que le Seigneur non haut-Juſticier ayant
fief, cenſive & terres labourables en domaine
juſqu'à cent arpens, peut avoir Colombier à pied.
Choppin ſur la Cout. de Paris, liv. 1. tit. 2. n. 43.
expliquant celle de Paris, qui ne porte que cin-
quante arpens, dit que *eadem eſt ratio*, pour les
garennes, *& generaliter obſervari.* Il cite du Moulin ſur la Cout. de Touraine, art. 70.

CAR APRÈS.) D'autant que par préſomption
on croit que le Seigneur concéde à ſon vaſſal les
droits & prééminences, comme dépendantes de
ſa ſimple volonté, *voluiſſe intellegitur qui præſens
non contradixit, l. 2. §. voluntatem. D. ſol. matr. &
l. ſi tantum ſciente. D. ad S. C. Maced. Non idem,*
des terres & héritages ; car en matiere d'aliénation, il eſt requis une volonté expreſſe & préciſe,
auſſi que la plupart des Seigneurs ne connoiſſant
les tenans de leurs héritages, pourroient être
déçus par leurs vaſſaux : les aveux & dénombremens, *non ſunt modi adquirendi dominii,* ils ne ſont
donnés ni reçus à cette fin. *Mol ad Conſ. Pariſienſ.
§. 1. gl. 5. num. 23.* C'eſt pourquoi le vaſſal ne
peut preſcrire, c'eſt-à-dire, que par forme d'exception il ne peut alléguer la teneur du dénombrement, pour de-là s'attribuer la propriété des
héritages de ſon Seign. *Præſcriptionis enim nomine nihil aliud quàm exceptio ſignificatur.* Notre
Cout. dit que le vaſſal ne peut preſcrire, ſinon
qu'il eût joui par trente ans, *id eſt,* qu'il eût acquis l'exception péremptoire pour avoir joui du
domaine de ſon Seigneur par trente ans, *Cujac
parat. C. de præſcrip. lon. temp.* Il faut remarquer
que l'aveu doit être fourni en parchemin, & pas
en papier. Le Veſt en rapporte un arrêt du 23
Décembre, ſans date de l'an, ch. 88.

ART. LXXXI.

COmbien qu'il soit dit ci-dessus, qu'à
faute de foi & autres droits, le Seigneur
de fief peut saisir le fief de son Vassal, &
après quarante jours l'exploiter & prendre
les fruits jusqu'à ce qu'il ait homme, & lui
ayent les foi & hommage été faits, ou offres pertinentes, & que si le Vassal enfreint
ladite main-mise, il enchet en amende, &
est tenu restituer les fruits & levées avant
être reçu en foi ; toutefois cela s'entend
quant à l'exploit actuel dudit Seigneur, &
qu'il leveroit les fruits, ou feroit lever
réellement & de fait. Car s'il n'y avoit
que simple saisie & établissement de Commissaire dormant, comme le détenteur ou
autre qui ne levât de fait, & en laissât
jouir le Vassal, ou ses Fermiers ou Métayers, ne pourroit ledit Seigneur de fief
demander que l'année dudit saisissement, &
non les subséquentes, sinon qu'il y eût nouvel saissement pour chacune année ; auquel
cas lui seroient acquis les fruits & droits
féodaux de chacune année duement saisie
& signifiée.

COMBIEN QU'IL, &c.) Cet art. 81. & le suivant, font modifications des art. 8. 17. & 74.

QUE L'ANNÉE, &c.) Le vassal doit aussi l'a-
mende d'infraction de main féodale qu'il a encou-
rue, ayant contrevenu aux défenses de jouir du
fief empêché, art. 74. ci-devant ; & ce qu'il est
ici fait mention de l'amende, *est per modum nar-
rationis tantum.*

SINON QU'IL Y EUT.) En cela apparoît la différence qui eſt entre la ſaiſie ou empêchement ſimple, & la ſaiſie que le Seigneur peut faire avec établiſſement de Commiſſaire & levée de fruits, laquelle n'a beſoin d'être renouvellée que de trois ans en trois ans. Cout. de Paris, art. 31. & d'Orléans art. 51. Sauf s'il y a inſtance ſur la ſaiſie ; Arrêt du 28 Mars 1600. rapporté par Tronçon : Cout. de Paris, art. 31. ſur lequel art. Carondas remarque que ce renouvellement de ſaiſie doit être gardé même ès Coutum. qui n'en diſpoſent point, comme eſt la nôtre, & en cote un Arrêt, *idem*, M. Louet, lettre S. n. 14.

DUEMENT SIGNIFIÉE.) C'eſt-à-dire, en telle maniere que le vaſſal en puiſſe avoir connoiſſance. Carondas, *ibid.*

ARTICLE LXXXII.

Orl.
art. 69.

JAçoit qu'en ouverture de fief, le Seigneur puiſſe quarante jours après la ſaiſie exploiter le fief de ſon Vaſſal ; néanmoins ſi ledit Vaſſal vient faire la foi ou faire offres pertinentes après leſdits quarante jours, & avant que ledit Seigneur ait cueilli les fruits, ou reçu le revenu dudit fief, ledit Vaſſal purge ſa demeure, & ne pourra ledit Seigneur abattre ne prendre les fruits, ne lever le revenu ; ains ſera ſeulement ledit Vaſſal tenu des frais de la ſaiſie, & autres raiſonnables, ſi aucuns ſont.

AIT CUEILLI, &c.) Ci-devant en l'art. ... il eſt dit, *avant que les fruits ſoient ameublis* Voyez l'annotation ſur ledit article.

TENU DES FRAIS.) Et pour iceux, s'il y a différend, ne demeurera ledit fief ſaiſi, art. ... ci-devant.

ARTICLE LXXXIII.

QUand le fief est saisi à faute d'homme, & il y a opposition & procès, le Seigneur ne plaidera désaisi ; ains tiendra sa main, sinon que le Vassal maintienne être en foi, ou avoir duement offert, ou désavoué ledit Seigneur (1) ; auquel cas de désaveu si le Seigneur veut montrer être tenu de lui, y sera reçu, & le Vassal à l'opposite. Mais s'il est trouvé qu'à tort le désaveu ait été fait, le Vassal confisquera son fief audit Seigneur, & si rendra les fruits par lui perçus pendant le procès. Et aux autres cas sera ledit Vassal tenu faire apparoir de sadite fidélité, ou offres duement faites dedans quarante jours ; autrement ledit tems passé tiendra la main & saisie, & rendra les levées, s'il est trouvé n'avoir fait lesdites foi ou offres dûs.

Paris art. 43. & 45. Orl. art. 80. & 81.

OPPOSITION OU PROCÉS.) Pendant ce débat le vassal n'aura pas communication des titres du Seigneur, jusqu'à ce qu'il ait avoué ou désavoué le Seigneur : Coût. de Paris, art. 44. & d'Orléans 79. *& sic observatur.*

MAINTIENNE, &c.) Car le vassal en ce cas se peut dire saisi, même peut former complainte contre son Seigneur, art. 52. ci-devant.

OU DÉSAVOUE.) Le désaveu emporte perte & aliénation ; c'est pourquoi il ne peut être fait

(1) ¶ Selon M. Durand sur cet art. le vassal qui a connu un autre Seigneur au lieu du véritable Seigneur, n'encoure la peine de la commise, suivant l'opinion de du Moulin sur la Coutume de Paris, paragraphe 43. glos. 1. nombre 165. sinon que ledit vassal fût lige, contre Carondas sur led. art. 43. de Paris.

P 2

valablement par une perfonne qui n'a pouvoir d'a-
liéner, comme un Eccléfiaftique, fans bonne procuration, un mineur, une femme fans être autorifée de fon mari, quoiqu'elle le fût par Juftice.
Du Moulin fur la Cout. de Paris, art. 43. gl. 1. n.
76. & 90. M. le Maître, traité des fiefs, ch. 2.
Et la raifon pourquoi le vaffal jouit pendant le
procès en cas de défaveu, eft pource que la Seigneurie eft en fufpend, y pouvant avoir un autre
Seigneur. *Non idem eft* quand le Roi a fait faifir
comme Seigneur féodal, car *præfumptione juris*
& de jure, le Roi eft réputé Seign. immédiat de
tous les fiefs de fon Royaume, quand il n'en apparoît point d'autre ; *huc pertinent* les raifons déduites par M. l'Avocat général ès grands-jours de
Poitiers, fur une queftion rapportée par Maître
René Choppin, en la Coutume d'Angers, liv. 1.
chapitre 6. nombre 7.

IL Y SERA REÇU.) La Coutume d'Orléans,
art. 81. exclut la preuve littérale par un titre ex-
cédent cent ans, fi le Seigneur féodal n'eft Châtelain ; ce que je trouve bien à propos pour la raifon ci-devant notée en l'art. 9. Mais puifque notre Cout. n'en porte rien, toute preuve de Droit
fera reçue, *tanquam cafus omiffus*, *l. commodiffime.*
D. de liber. & pofthu.

CONFISQUERA.) Voyez les titres 5. & 21. du
liv. 4. des fiefs, & fur iceux ce qu'a écrit Cujas.
Il eft certain que le fief tombe en commife pour
l'ingratitude du vaffal à l'endroit de fon Seigneur,
dont nous avons un des cas en cet article : pour les
autres, quelques-uns font d'avis de fuivre ce qui
eft écrit en l'ufage des fiefs, qu'ils tiennent être
le droit commun en cette matiere ; les autres ont
eftimé qu'il falloit avoir recours à l'auth. §. *caufas*
autem, tit. ut cum de appellat. cognof. Mais l'opinion de du Moulin fur la Cout. de Paris, art. 43.
gl. 1. n. 135. *& feq.* me femble la meilleure, où
fans avoir égard à l'ufage des fiefs, comme Cout.
feulement locale, ni aux caufes d'ingratitude por-

tées par l'authentique, qui ne font convenables
aux matieres féodales, il dit que le droit commun
qui vient à fuivre en cela, eft la loi *generaliter. C.
de revocandis donat.* qui exprime cinq caufes d'ingratitude, pour lefquelles une donation eft révo-
cable, fous laquelle appellation doit être entendu
un fief, qui eft auffi une efpéce de donation appellée bénéfice, que la derniere des caufes fpécifiée
en ladite loi comprend le défaveu du vaffal. Mais
on a demandé fi le vaffal qui avoit reconnu un autre
au lieu du vrai Seigneur, encouroit la peine de la
commife, & tient-on que non, fi ce n'eft que le
vaffal foit lige : du Moulin au même lieu, n. 165.
Quid, s'il reconnoit fon Seigneur pour cenfuel,
mais non pas pour être féodal : Me. René Choppin fur la Cout. d'Angers, liv. 1. ch. 6. n. 7. dit
que *humanitate duriufcula commiffi pœna eximen-
dum eft.* Il ne faut pas entendre que la commife
ait lieu en matiere cenfuelle comme en matiere de
fief, l'obligation du vaffal eft plus étroite que du
cenfitaire envers fon Seigneur ; ni auffi que le
Seigneur puiffe fe faifir du fief de fon vaffal ingrat
& méconnoiffant ; mais il doit fe pourvoir en Juftice pour faire déclarer le fief commis, finon que
le vaffal ait le Roi pour Seigneur : du Moulin au
lieu ci-deffus, n. 41. *& feq. & conf. 3. §. 5. Sed quid*,
favoir fi le fief tombe en commife fans charge
de rente non inféodée par argument de l'art. 3. ci-
devant : du Moulin, les fieurs d'Argentré & Louet
tiennent la négative fondée principalement fur la
qualité des fiefs qui font patrimoniaux, & de la
caufe fupervenante qui donne lieu, & qui eft comme le principe de la commife. Mais quand on vient
à confidérer que la qualité patrimoniale donnée
aux fiefs va feulement à la liberté des fucceffions
& des aliénations, contre ce qui étoit de l'ufage
des fiefs trop rigoureux pour les vaffaux ; que la
caufe fupervenante donne feulem. ouverture, ou
pour mieux dire, prépare l'exécution de ce droit
ancien ; comme l'exécution d'une obligation, *in*

P 3

diem dilata, devient parée ceſſant la condition, laquelle n'a dû être ignorée des créanciers, *quia nata & ſcripta*. La commune opinion des Docteurs qui tiennent l'affirmative ſemble plus recevable , dont du Moulin a fait un recueil , & de leurs raiſons, art. 20. gl. 5. n. 26. & 28. de la Cout. de Paris, où il nous renvoie, traitant cette queſt. ſur le 45. art. gl. n. 98. les ſieurs d'Argentré , tit. des Droits du Prince, art. 76. nota 8. & Louet, lettre C. ch. 53. où il rapporte que cela a été comme jugé par arrêt prononcé en robes rouges par M. le Préſident de Thou, le 7 jour du mois de Septembre , 1574. Pithou ſur la Cout. de Troies, art. 120. en cote un du 14 jour du mois de Septemb. 1574. pour de Sauzai. Je crois que c'eſt le même de M. Louet , dont auſſi Carondas , liv. 5. reſp. ch. 4. parle amplement. Papon en ſes arrêts, livre 13. tit. 2. ch. 7. en remarque un autre du Parlement de Grenoble, de l'an 1461. Voyez la Cout. de Troies, art. 59. & de Nevers, art. 39. tit. des fiefs, & ſur icelui l'annotation de Coquille. *Choppin de privileg. ruſt. libro 3. capite 12. & libro 3. de Domanio Franciæ , titulo 12. art. 14. Guido Papæ deciſ. 428. & 575.* Mazuere , titre 25. n. 25. & ce qui eſt ci-devant annoté ſur l'art. 5. J'ai appris des Mémoires de feu Monſieur Maître Jean Delavau , mon grand-oncle , Conſeiller en la Grand'Chambre du Parlement , que le Roi François n'a voulu répondre aux créanciers de Charles de Bourbon , ſinon juſqu'à la concurrence des meubles ; car des terres de ſon fief, il diſoit n'avoir pû être engagées ou aliénées à ſon préjudice. *Vide quæ ſunt allegata*, au plaidoyer de la cauſe de Provence , le Jeudi ſixiéme Mars 1549. ſi la commiſe eſt propre ou acquêt. Voyez l'annotation de l'article 44. ci-devant.

Article LXXXIV.

Orl.
art. 11.

QUand un Vaſſal baille à cens & rente, ou l'un ſeulement, ſon héritage tenu en fief, retenue à lui expreſſément la foi, ou qu'il en ait parlé, & ne s'en eſt déſaiſi, la foi demeure toujours audit bailleur, lequel eſt tenu la porter, & en acquitter le preneur, & de payer les profits le cas avenant ; finon qu'il y eût convention expreſſe au contraire.

Cet art. eſt mis pour expliquer les art. 4. & 54. ci-devant. Voyez du Moulin, Cout. de Paris, art. 51. gl. 2. n. 12. & 28. La raiſon de cet art. eſt, parce que le bail n'eſt pas une vraie aliénation, ains eſt une adminiſtration domeſtique. *Aliter in venditione*, comme il a été dit fur l'article 55. ci-devant.

ARTICLE LXXXV.

QUand d'un lieu & fief d'où dépendent fief & Vaſſaux, ſont pluſieurs Seigneurs audit fief dominant, & qu'iceux Seigneurs ne ſont demeurans ſur ledit lieu, il ſuffit au Vaſſal d'aller faire ſes offres & devoir ſur ledit fief dominant, & ce fait, le ſignifier à l'un deſdits Seigneurs en partie, qui eſt trouvé ou demeurant au-dedans de dix lieues dudit fief, à ſa perſonne, ou domicile; & n'eſt le Vaſſal tenu faire qu'une foi, & bailler un aveu.

Orl. art. 48.

PLUSIEURS SEIGNEURS.)Soit qu'ils tiennent le fief diviſément ou indiviſément, ce qui eſt contraire à l'uſage des fiefs, *tit. 102. lib. 4. feud.*

IL SUFFIT AU VASSAL.) La raiſon eſt, d'autant que la foi eſt dûe par le vaſſal, *non ratione perſonæ, ſed dominii*, comme nous avons noté ſur l'article 12. Il eſt à noter qu'en matiere féodale, *in concernentibus meram ſolemnitatem cujuſcun-*

que actus ; faut fuivre la Cout. du lieu , *in quo ille actus celebratur , fecus in iis , quæ concernunt rem vel onus rei.* Du Moulin fur la Cout. de Paris , art. 12. gl. 1. n. 37. & M. Louet , lettre C. ch. 49. & lettre F. ch. 19.

A L'UN , &c.) Notre Cout. ne diftingue point auquel des Seigneurs on fe doit adreffer ; cela dépend de la volonté du vaffal , ou de la rencontre , pour éviter la jaloufie qui pourroit naître entre les Seigneurs , *& eo jure utimur.* Et telle eft auffi l'opinion de Cujas , fur le *tit. 9. lib. 4. feud.* Je voudrois toutefois , par bienféance , que l'on s'adreffât plutôt à l'ainé , que non pas au puiné , s'ils font tous deux fur les lieux , pource que l'honneur de la famille rélide plus en la perfonne des ainés que non pas des puinés.

ET N'EST , &c.) Il n'eft pas raifonnable que la condition du vaffal foit empirée pour la mort de fon Seigneur , ou aliénation du fief qui auroit caufé cette pluralité de Seigneurs ; & à ceci eft conforme l'ufage des fiefs , tit. 102. liv. 4. *feud. apud Cujac.*

ARTICLE LXXXVI.

LEs gens d'Églife & autres ayant mainmorte , ne peuvent acquérir ne tenir héritages en leurs mains , au préjudice du Seigneur de fief d'iceux héritages , ainçois font tenus d'en vuider leurs mains , & les mettre ès mains de perfonnes qui ayent puiffance de les vendre , aliéner , ou en difpofer en telle maniere que les droits féodaux & cenfuels ne foient détériorés ne diminués. Et après que la fommation ou commandement fera fait aufdits gens d'Églife , & autres qui ont la main-morte , vuider leurs mains defdits héritages , ils au

ront délai d'un an à ce faire ; & fi le Seigneur féodal les a une fois reçus à homme
vivant & mourant, il fera tenu à toutes
mutations les recevoir audit homme mourant & vivant, en payant profit, & fans
préjudice de l'indemnité au Seigneur féodal, fi aucune eft dûe (1).

La Cout. fous l'appellation des gens d'Églife,
ou autres ayans main-morte, ne comprend pas
les perfonnes particulieres qui ont pouvoir de
porter la foi, vendre leur bien, en difpofer à
leur volonté, & le tranfmettre à leurs héritiers,
ains feulement entend parler des corps compofés
de plufieurs gens eccléfiaftiques ou féculiers,
comme font les Églifes, Colléges & autres Communautés capables, *quidem,* de tenir & poffé der
biens immeubles, mais non au préjudice du public, & des Seigneurs direûs en particulier, qui
recevroient un notable intérêt ; ceux-ci en la
perte de leurs droits, & le public en la diminution des tailles & autres impofitions, dont ces
Corps & Communautés font exempts, & de toutes autres charges civiles & militaires, dont
auffi étoient exempts les Druides, *Cæfar, lib. 6.
de bello Gall.* Nous avons vu en l'année 1606.
combien la République de Venife s'eft tenue ferme pour ce fujet, contre le Pape Paul V. Voyez
plus amplement Bodin en fa République, liv. 5.
ch. 2. pourquoi les Églifes & les Communautés
font appellées gens de main-morte. Voyez *Mol.*
fur la Cout. de Paris, §. 51. gl. 2. n. 54.

---

(1) ¶ C'eft-à-dire, fi elle n'a
pas été payée ; & il y a plufieurs cas où elle pourroit
n'être pas dûe : *primò,* fi elle
avoit été payée : *fecundò,* fi
elle avoit été remife, ou que
les gens de main-morte en
euffent compofés lorfqu'ils
ont été reçus la premiere
fois à donner homme vivant
& mourant: *tertiò,* elle pourroit être prefcrite par le laps
de 60 ans, art. 87 ci-après.

NE PEUVENT ACQUÉRIR , &c.) Ces deux
mots font , *copulativè pofita*, comme fi on difoit ,
ne peuvent acquérir pour *tenir ;* car il eft certain
qu'ils peuvent acquérir , mais ils ne peuvent pas
tenir au préjudice du public & des Seigneurs.
Me. René Choppin fur la Cout. d'Angers, liv. 1.
ch. 37. n. 2. rapporte un art. tiré d'un vieux Coutumier général en Fiançois, qui porte en termes
exprès la même difpofition que cet art. Le ch. 1.
tit. de immunitate Ecclefiæ , lib. 6. decretal. qui
n'eft reçu , réprouve cet empêchement en France. Voyez à ce propos *Guillel. Benedicti, cap.*
Reinutius , extra de tefta. apud Gregor. in verbo &
uxorem , decif. 5. num. 32.

HÉRITAGES.) Le Roi St. Louis a permis aux
Eccléfiaftiques d'acquérir & tenir dimes inféodées avec exemption de fief envers le Seigneur
féodal : du Moulin dit que cela fe doit entendre
du fervice perfonnel , non des profits ou de l'indemnité , pour cela ils donnent homme vivant &
mourant. Auffi le Seigneur féodal ne peut contraindre les Eccléfiaftiques à vuider leurs mains
d'une dime inféodée par eux acquife , comme il
peut faire d'un autre héritage. *Idque ,* à caufe de
l'opinion que l'on a que les dimes naturellement
appartiennent à l'Églife , & que *in priftinam cau-*
fam revertuntur : & pour cette caufe auffi le lignager ne peut retraire fur l'Églife la dime inféodée qu'elle aura achetée. Voyez Coquille ,
Cout. de Nevers, au préambule du titre des dimes, & fur l'article dernier, *ibid.*

AU PRÉJUDICE.) Les Eccléfiaftiques peuvent acquérir & tenir l'héritage en franc-aleu ,
parce que les Seigneurs de fief n'y ont point d'intérêt , ains le Roi feul, lequel en fera à fa volonté : & quant aux Seigneurs hauts-Jufticiers, leur
intérêt n'eft confidérable : *Guillel. Benedict.* au
lieu ci-deffus, n. 56. *Sed quid ,* des rentes données à l'Églife , à prendre fur héritages, qui de-
là en avant font réputées foncieres , & chargent

l'héritage, en forte qu'il en fera moins vendu à l'avenir : du Moulin fur la Cout. de Paris, art. 28. gl. 1. n. 10. & art. 51. gl. 2. n. 95. réfoud que l'Églife n'eft tenue en vuider fes mains, *quia non funt revera pars feudi. Addo*, que la faveur de la religion doit prévaloir l'intérêt du Seigneur, attendu même que le dommage qu'il en reçoit n'eft pas grand, & ne va qu'à la diminution des profits en cas de vente.

DE VUIDER, &c.) Pource qu'en matiere cenfuelle il n'y a inveftiture par notre Coutume; & quand il y en auroit, *folutio non inducit invefti-turam, fed profeffionem qualitatis* de l'héritage : du Moulin fur la Cout. de Paris, titre des cens, art. 74. gl. 1. n. 150 & *feq.* Me. René Choppin fur la Cout. d'Anjou, liv. 1. ch. 37. n. 2. déclare comment les gens d'Églife doivent vuider leurs mains des héritages par eux acquis. Faut auffi noter qu'il n'eft point dû profit de quint denier de l'acquifition faite par gens d'Églife, quand ils en vuident leurs mains, pource qu'elle demeure fans effet, mais feulement en eft dû de l'acquifition qu'on fait d'eux, comme dit Bacquet, au traité du droit des nouveaux acquêts, ch. 33. n. 4. & au traité de la Juftice, ch. 12.

ILS AURONT DÉLAI, &c.) Plufieurs Coutum. entr'autres celle de Berry, art. 53. font commen-cer l'année au jour que l'acquifition a été notifiée au Seigneur; la nôtre, plus rigoureufe, ne la fait commencer qu'au jour de la fommation, quand il plait au Seigneur de la faire, pourvu que ce foit dans tel tems que l'Eccléfiaftique ne puiffe exciper de la jouiffance par foixante ans, dont eft fait mention en l'article fubféquent.

ET SI LE SEIGNEUR.) La raifon eft qu'en ma-tiere féodale, la réception de l'homme vivant & mourant, & de la déclaration en matiere cer-fuelle, portent approbation de la capacité de l'acquéreur : du Moulin fur la Cout. de Paris, art. 51. gl. 2. n. 73. *argumento l. commifforiæ. D. de*

pact. inter empt. & vend. l. ſi fundus. §. eleganter.
D. de leg. commiſſ. laquelle approbation doit être
faite par le Seigneur ou Procureur Fifcal, car
l'approbation générale, comme celle d'un fermier, *intelligitur de perſonis idoneis & habilibus*,
dit du Moulin au lieu ci-deſſus, n. 74. Cette approbation & réception eſt une des exceptions de
la régle portée en la premiere partie de cet art.
au ſubſéquent il y en a encore une. L'abbé après
du Moulin, au lieu ci-deſſus, ès annotations ſur
la Cout. de Berry, art. 53. tit. des fiefs, en remarque cinq autres ; ſavoir, quand le Seigneur a
demandé les profits, & qu'ils lui ont été accor-
dés purement & ſimplement ; ſi les héritages ont
été acquis pour doter ou fonder une Égliſe Paro-
chiale ; ſi les dimes inféodées relevent nuement
du Roi ; ſi les héritages ſont mouvans d'un Seigneur eccléſiaſtique, ſous lequel fût l'Égliſe qui
a acquis, & ſi l'Égliſe a permiſſion d'amortir.

HOMME VIVANT & MOURANT.) Cet homme
vivant & mourant, que la Cout. d'Orléans, art.
40. appelle Vicaire, ſert principalement pour
faire les foi & hommage, à peine de l'exploit.
Voyez la fin du ch. 8. au traité des amortiſſemens
de M. le Maitre. Quelquefois auſſi cet homme
eſt donné pour en outre conſerver les droits profitables du Seigneur de fief, avenant le décès
dudit Vicaire, comme nous dirons ci-après.
Quelques arrêts ont jugé que les gens de main-
morte doivent donner homme vivant, mourant &
confiſcant. Voyez M. le Maitre au lieu ci-deſſus,
ch. 6. mais cela a été trouvé trop rude. Les arrêts rendus depuis, & notre Cout. ſe font contentés de l'homme vivant & mourant, pour les
raiſons rapportées par du Moulin au lieu ci-deſſus, n. 63. Voyez Carondas, liv. 1. de ſes réponſes, ch. 68. & Guenois en la Conférence des
Coutumes, tome 2. en l'addition ſur le tit. 1.

EN PAYANT PROFIT.) Les profits de l'acquiſition faite par gens de main-morte, ſont dûs au
eigneur

Seigneur de fief, puifqu'il reçoit d'eux homme vivant & mourant, *licet* qu'ils euffent joui 60 ans, comme il eft porté en l'article fuivant.

SANS PRÉJUDICE (1), &c.) Du Moulin fur la Cout. de Paris, article 51. glof. 2. n. 68. dit que *indemnitas eft illa penfio quæ fit & præftatur Domino pro intereft fuo, loco jurium utilium, quæ verifimiliter percepturus erat, remanente in privatorum manu.* Cette indemnité par la Cout. d'Anjou, art. 38. dit que c'eft la valeur de trois années (2) : quelques arrêts, entr'autres par celui du 22 Décembre 1581. a été liquidée à raifon du tiers denier en fief, & du quart en roture : Me. René Choppin fur la Cout. d'Anjou, liv. 1. ch. 37. n. 8. dit la cinquiéme en roture, & en rapporte un arrêt. Toutefois la plus commune opinion eftime l'indemnité, tant en matiere féodale que cenfuelle, être le cinquiéme denier de la valeur de la chofe : Cout. de Melun, art. 30. Voyez Bacquet, traité des avertiffemens, ch. 53. Guenois au lieu ci-deffus, où ils remarquent plufieurs arrêts qui ont ainfi eftimé l'indemnité. Le Veft, arrêt 78. en rapporte un arrêt rendu entre les Religieux de Sainte Genevieve de Paris, demandeurs, & les Jéfuites, défendeurs, qui fut prononcé en robes rouges le 9 Avril 1565. Or, d'autant que les Seigneurs peuvent convenir diverfement avec gens de main-morte, qui ont acquis héritages en fief, pour la confervation de leurs droits profitables, notre Cout. n'a pas donné l'indemnité en tout cas, mais feulement fi elle eft dûe. *Idem*, quand elle fera dûe (3) : car fi le Seigneur prend rachat pour

---

(1) ¶ Le droit d'indemnité ne fe peut prefcrire que par 60 ans, fuivant l'article 87 ci-après.

(2) ¶ Selon la Jurifprudence des derniers Arrêts, ce droit eft le tiers des biens féodaux, outre l'homme vivant & mourant ; & à l'é-

gard des rotures, le cinquiéme du prix. Arrêt du 27 Août 1676, rapporté par Ferrieres : autre Arrêt du 27 Février 1685.

(3) ¶ Cette diftinction doit être rejettée comme contraire à l'efprit de la Coutume & à fes termes, & felon l'u-

Tome I. Q

la mort de l'homme vivant & mourant , il eſt aſſez
indemniſé, recevant le profit plus ſouvent qu'il ne
feroit ſi le fief étoit en main ſéculiere : *ſi verò* cet
homme vivant & mourant eſt donné ſeulement, *ad*
id, qu'il porte la foi & hommage , l'indemnité eſt
dûe pour la perte que reçoit le Seigneur de fief de
ſes droits de rachat & quint denier. A ce propos
eſt l'arrêt pour le Seigneur d'Ormoy, contre les
Abbé & Couvent de S. Victor, du 8 Mars 1536.
rapporté par M. le Maître, traité des amortiſſemens, ch. 8. & autres que Carondas remarque au
liv. 1. de ſes réponſes c. 69. Maître René Choppin ſur la Cout. d'Anjou , liv. 1. ch. 37. n. 7. tient
que les héritages relevans du Roi, & qui ont été
par lui amortis , ſont exempts de tous droits &
profits de fief par mutation.

ſage le plus commun de cette Province & Coutume. L'indemnité avec l'homme vivant & mourant ſe paye par gens de main-morte , jugé par Arrêt du 27 Février 1685. au profit de M. le Préſident de Paris , contre les Religieuſes de Ville - Chaſſon. Voyez Ferrieres , en ſon prélude du titre des fiefs de la Coutume de Paris , nomb. 72 & ſuivans , qui au nomb. 77 rapporte Arrêt du 27 Août 1676. qui a condamné les Religieuſes de l'Hôtel-Dieu de Pontoiſe.

En matiere de roture il eſt dû au Seigneur le droit d'indemnité , qui conſiſte en l'homme vivant & mourant , à la mort duquel eſt dû profit , & à chaque mutation d'autre homme , ou le reve-nu , ou l'eſtimation des fruits d'une année. Voyez Lhoſte, art. 87. ſur ces mots : *& dès-lors en avant.*

Article LXXXVII.

Orl.
art. 41. SI leſdits gens d'Égliſe , ou ceux qui ont
main-morte ne vuident leurs mains deſdits héritages dedans l'an (1) , en ce cas le-

(1) ¶ [L'homme vivant & mourant doit avoir vingt ans en matiere de fief, & peut être impubere au cas de roture. Voyez M. Durand , *hoc loco* , qui dit avoir été ainſi jugé en ce Préſidial le 21 Mars 1673.

Ici la Coutume donne au cenſuel le même droit qu'au féodal, ce qui ſemble induire qu'elle a voulu lui donner

dit Seigneur féodal ou censuel exploitera ledit héritage féodal ou censuel, & fera les

auffi le droit d'indemnité ;
c'eft-à-dire, indemnité, dit
M. Durand fur cet article.
Le mardi 21 Novemb. 1747.
au Bailliage, fur les Conclu-
fions de M. Foucher, Avo-
cat du Roi, qui fit un favant
plaidoyer, il fut jugé que
dans cette Coutume il n'é-
toit point dû en matiere
cenfuelle avec l'indemnité
homme vivant & mourant,
avec droit de rachat à chaque mutation, comme l'un
& l'autre droit étoit dû en
matiere féodale. Les Parties
étoient le Receveur général
du Domaine de Montargis,
demandeur par Drouin, Procureur, qui perdit fa caufe,
contre les Marguilliers de la
Fabrique de Poucourt, défendeurs par Vian, Avocat. Moi
prononçant, affifté de MM.
Charroyer, Leboys, Payneau,
Chefnoy, Ozon, & deux
Gradués, Benou, Greffier-
Commis ; & par la même
Sentence, on a donné acte
audit Avocat du Roi des pro-
teftations par lui faites contre un acte d'homme vivant
& mourant, fourni audit
Receveur général par les Freres des Écoles chrétiennes
de cette Ville, portant claufe
que rachat feroit payé à chaque mutation ; ce que l'Avocat du Roi a trouvé injufte,
& contraire à notre Coutume. Cette Sentence a été
confirmée par décifion du
Confeil de Monfeigneur le
Duc d'Orléans, Seigneur Apa-
nagifte de Montargis, en
date du 2 Avril 1748, portant que les héritages de
queftion étant en roture, &

fitués en cette Coutume, fuivant laquelle les rotures ne
doivent aucuns droits que
dans le cas de vente ou équipollent à vente, il feroit
inutile de faire donner homme vivant & mourant à la
Fabrique de Poucourt, puifque tant qu'elle fera propriétaire des héritages dont il
s'agit, il ne peut être dû aucun droit de relief ou de rachat, & que c'eft ainfi qu'on
en ufe dans toutes les Coutumes où il n'eft dû aucun
rachat ou relief pour les rotures ; en conféquence de
quoi, il a été mandé au Receveur général des Domaines
d'aquiefcer à ladite Sentence, & de ne plus demander
en pareil cas d'homme vi-
vant & mourant pour les rotures, dans l'étendue de la
Coutume de Montargis. Suivant cette décifion, conforme aux moyens énoncés dans
le plaidoyer de M. Foucher,
c'eft ainfi qu'on doit entendre & interpréter la Déclaration du 20 Novembre 1729.
qui a établi une nouvelle
Jurifprudence en cette matiere, & fur les difpofitions
de laquelle le Receveur général des Domaines préten-
doit établir en roture un
double droit d'indemnité &
d'homme vivant & mourant,
avec relief à chaque mutation, de même qu'en matiere féodale ; dans l'efpéce de
queftion, la Fabrique de Poucourt avoit payé le droit
d'indemnité réglé par ladite
Déclaration, & les Freres
des Écoles en ont ufé de
même.

fruits fiens , jufques à ce qu'ils ayent vuidé
leurs mains d'iceux héritages * : toutefois fi
lefdits gens d'Églife , ou ayans main-morte ,
avoient tenu & joui defdits héritages par foi-
xante-ans , ils ne feront tenus en vuider leurs
mains , mais en feront tenus bailler homme
vivant & mourant audit Seigneur de fief ,
en payant profit ; & dès-lors en avant par
la mort de chacun homme vivant & mourant , fera dû rachat & profit de fief.

DANS L'AN.) *Videlicet* après la fommation &
commandement, comme il eft dit en l'art. précéd.
SOIXANTE ANS.) La Cout. d'Orléans, ou que
ils euffent lettres d'amortiffemens , art. 41. *quod
eft verum.* Ce tems contient l'ordinaire cours de
la vie humaine , pendant lequel fi le Seigneur *non
conqueftus eft tanquam præfens, videtur voluiffe : &
quod femel placuit, amplius difplicere non poteft.*
Mais on pourroit demander fi ce tems court contre un mineur ou furieux, *quibus nullum animi judi-
cium eft ;* laiffant les opinions qui peuvent être
contraires , la réfolution de Chaffanée fur la
Cout. de Bourg. tit. des fiefs, art. 2. n. 8. eft que
toutes prefcriptions introduites par les Coutumes
courent contre les mineurs. A quoi on peut ajouter les maximes, que *quæ cui ipfo jure pereunt, &
minori pereunt* , & que *ftatuta contra juris ordinem
arctanda funt.* Il faut toutefois excepter la caufe
& intérêt de l'État ; *falus populi fuprema lex efto :*
c'eft pourquoi les gens de main-morte ne peuvent valablement exciper de leur jouiffance contre la demande d'un Procureur du Roi , qui les
pourfuivroit de vuider leurs mains.

---

* *Idem Confuet. Arverniæ.* paragr. 16. *eod. tit.* C. M.

TENUS BAILLER HOMME , &c.) En ce Bailliage s'eſt préſenté la queſtion , ſavoir ſi on peut
acquérir par laps de tems la liberté de ne point
donner homme vivant & mourant , & de ne point
payer de profit, à cauſe de l'acquiſition faite long-
tems y avoit , même immémorial , entre les Religieux de S.-Benoît-ſur-Loire , demandeurs , &
les Marġuilliers de l'Égliſe de Ferrieres, défendeurs ; les demandeurs ſe fondoient ſur le texte
de la Cout. que l'art. 9. ci-devant porte : Que le
vaſſal ne peut preſcrire contre le Seign.: qu'ils de-
meuroient d'accord que l'indemnité , ſi aucune eſt
dûe outre l'homme vivant & mourant , eſt preſcriptible : du Moulin ſur la Cout. de Paris, art. 51.
gl. 2. n. 70. & Bacquet, traité des amortiſſemens,
ch. 60. pareillement que le profit dû à cauſe de
l'acquiſition ou la mutation d'homme , le pouvoit
preſcrire , art. 3. tit. des preſcriptions , mais non
pas la preſtation d'homme vivant & mourant , laquelle va ſeulement à l'effet de conſerver le Seigneur dominant en ſes droits , *in futurum. Moli-*
næus ibidem , num. 60. & ce qu'il a annoté ſur lad.
Cout. art. 16. autrement l'héritage ſeroit en franc-
aleu, ſans titre, ce que notre Cout. ne reconnoît.
Quant au profit dû à cauſe de l'acquiſition , la
preſcription ne peut courir que du jour que les
gens de main-morte ſont poſſeſſeurs incommuta-
bles , *per conſenſum aut ſilentium ſexagenarium*
domini , parce qu'auparavant ce tems les acquéreurs peuvent être contraints vuider leurs mains.
De la part des défendeurs on diſoit que *Eccleſia*
adverſus eccleſiam utitur jure communi , lequel
droit va à la liberté, & eſt ſuivant le chap. 1. *de*
immunitate eccleſ. in 6. Que le Dioceſe de Sens
ayant amortiſſement général du Roi , en date du
20 Septemb. 1578. l'Égliſe de Ferrieres qui eſt du
Dioceſe , a pû , *optimo & pleno jure* , acquérir &
tenir héritages , *etiam invito domino ;* & a été en
poſſeſſion incommutable du jour de l'acquiſition :
que l'homme vivant & mourant eſt une eſpéce

Q 3

d'indemnité. *Mol. ibid. num. 68.* que l'indemnité
eſt preſcriptible, *ne dum propreterito, ſed etiam pro
futuro tempore & in perpetuum*, dit le même Auteur au même endroit, n. 70. Les demandeurs ré-
pliquoient que la perception des droits Seigneuriaux eſt de droit coutumier : que l'appellation
de Seign. féodal ou cenſuel en cette Cout. s'entend tant de l'eccléſiaſtique que du ſéculier : Labbé ſur la Cout. de Berry, tit. des fiefs, art. 53.
Que le ch. 1. *de immunitate*, ne fait loi en France.
Qu'Égliſe contre Égliſe n'a point de privilége, &
que chacune uſe de ſon droit ordinaire, *argumento cap. illud extra de præſcript.* Et quand bien
une Égliſe ne pourroit contraindre une autre
Égliſe à vuider mains, cela ne paſſe le cas de la
liberté d'acquérir & tenir, & non pas anéantir
les droits profitables dûs à cauſe de l'acquiſition:
maximè, ceux qui concernent le fonds du fief, &
emportent diminution notable d'icelui. Sur ces
raiſons intervint ſentence le 19 Février 1611. au
profit des demandeurs, pour l'homme vivant &
mourant : le profit dû à cauſe de l'acquiſition, jugé
preſcrit, à cauſe que l'Égliſe avoit pû poſſéder &
tenir l'héritage acquis en force de l'avertiſſement.
Appel en la Cour, où Meſſieurs s'étant arrêtés ſur
les Conſultations mandiées de quelques Avocats
de ce ſiége, contraires à l'uſage ; il fut ordonné
qu'il feroit faite enquête par turbe à Montargis,
ſuper modo utendi, ſi en matiere cenſuelle (1) l'É-
gliſe avoit coutume de donner homme vivant &
mourant, *quod ſemper fuit indubitatum, & eſt*

(1) ¶ Il ſemble qu'on peut inférer de-là, que puiſqu'en matiere cenſuelle on a tou-jours donné en cette Cour, homme vivant & mourant, avec droit de rachat à cha-que mutation, ce n'a pû être que pour tenir lieu d'indem-nité, un homme n'étant pas néceſſaire en matiere cen-ſuelle, où il n'y a pas de foi & hommage à rendre, & où les Syndics ou Marguilliers ſont capables de paſſer dé-claration & reconnoiſſance, autrement il n'y auroit que peu ou point de différence entre le cas de roture & celui de fief.

in viridi observantia : la dépense a empêché l'exécution de cet àrrêt interlocutoire, ainsi la question est demeurée ès termes de la sentence.

ET DÈS-LORS EN AVANT.) La jouissance de soixante ans est au lieu de l'approbation ; & d'autant que l'on pouvoit douter, comme ont fait plusieurs grands personnages, si outre l'homme vivant & mourant le Seigneur pouvoit prétendre aucune indemnité : notre Cout. y a voulu pourvoir, déclarant que les gens de main-morte étoient tenus de donner homme vivant & mourant, non-seulement pour satisfaire le Seigneur de ses devoirs honorifiques, mais aussi pour l'indemniser des profitables, octroyant rachat par le décès de chacun Vicaire. Chenu, en ses questions notables, question 81. remarque un arrêt à ce propos, donné en la quatriéme Chambre des Enquêtes, au rapport de M. de Chesse, le 3 Août 1602. pour le Seigneur de Mollanges, contre les Religieuses de Notre-Dame de S. Paul. Plusieurs voyant que le texte de notre Cout. ne parle que du Seigneur de fief, ont pensé qu'il demeuroit court pour ce qui étoit de l'indemnité dûe au Seigneur censuel, disant qu'outre la prestation annuelle il ne pourroit demander pour son indemnité que de l'argent à une fois payer, & non pas prétendre homme vivant & mourant, pource que par la mort il n'est dû aucun profit en matiere censuelle ; & à cela étoient favorisés des opinions de Bacquet, traité 4. liv. 2. ch. 54. & de Carondas, liv. 1. de ses réponses, ch. 68. où ils remarquent plusieurs arrèts donnés sur ce sujet. Mais qui prendra garde de près aux termes de notre Cout. jugera qu'elle attribue l'homme vivant & mourant pour l'indemnité de l'un & l'autre des Seigneurs. L'appellation du Seigneur de fief n'est moins convenable au censuel qu'au féodal, *diverso tamen respectu*, celui-ci en considération de la Seigneurie directe qu'il a sur le fief de son vassal, l'autre à cause de la Seigneurie utile ou propriété du fief qu'il détient;

la Juſtice ſur le cenſitaire eſt appellée Juſtice de
fief, auſſi-bien que celle qui eſt ſur le vaſſal,
art. 89 & 90 ci-après. Donner homme vivant &
mourant au Seigneur cenſuel ne change pas la nature du cens, mais ſeulement la maniere de payer
les profits. Ce n'eſt point choſe ſans exemple
d'autres Cout. celle de Blois, art. 44. & Boulo-
gne, art. 55. y ſont formelles, & l'ancienne pratique en ce pays eſt auſſi *vera legis interpres* (1).
Le 15 Janvier 1565. il fut dit en ce Bailliage
que les Adminiſtrateurs de l'Hôtel-Dieu de cette Ville donneroient homme vivant & mourant
au Seigneur de Châlettes, pour des prés qu'ils
tiennent de lui, & depuis ont continué, même
envers d'autres Seigneurs, comme j'ai vu dans
les titres de l'Hôtel-Dieu.

Article LXXXVIII.

Orl.
art.42. SI gens d'Égliſe ou autres ayans main-
morte pour héritage tenu en fief, nom-
ment & baillent quelque perſonne pour
homme vivant & mourant, qui comme tel
ſoit reçu en foi, & après icelui homme vivant & mourant, fait vœu & profeſſion en
Religion, de-là en avant s'il y a mutation
du côté du Seigneur féodal, avant le trépas dudit homme vivant & mourant qui
ſe rend Religieux & Profès ; en ce cas,
après ſommation ou empêchement fait de
la part d'icelui Seigneur, ledit fief eſt ouvert, & peut icelui Seigneur féodal exploi-

(1) ¶ Auſſi les Dames Béné-
dictines de cette Ville ayant
acquis en 1718 une Métairie
& domaine de feu M. Jour-
dain, Conſeiller en ce Siége,
mouvant des Dames de Saint-
Dominique, ont offert aux- dites Dames, outre les profits de lods & vente, dûs à
cauſe de leur acquiſition,
homme vivant & mourant
pour le droit d'indemnité,
ce qui a été accepté, conformément à l'uſage.

ter en pure perte, jufqu'à ce qu'il ait nouvel homme vivant & mourant ; fauf que les gens d'Églife , ou ayans main-morte, ont quarante jours de délai fubféquent dud. empêchement ou fommation, pour bailler nouvel homme vivant & mourant, & pour ledit homme vivant & mourant bailler dans lefdits quarante jours , eft par ledit homme vivant & mourant dû profit.

Par l'ufage des fiefs non-feulement, *monachif-mo , fed etiam clericatu feudum amittitur , tit. ultim. lib.* 4. *feud. defiit enim effe miles fæculi , qui factus eft miles Chrifti :* toutefois à préfent que les fiefs font patrimoniaux , les Clercs font réputés capables de tenir leurs fiefs comme les lais, leur qualité & office ne les pouvant difpenfer des devoirs & offices envers leur Seigneur. Pour le vœu de religion , *ipfo facto*, le fief n'eft pas ouvert , même en notre Cout. contraire en cela à l'ufage des fiefs , *tit. 21. lib. 2. feud.* mais feulement quand il faut renouveller la foi , laquelle celui qui eft Profès ne peut faire , *fidelitas enim eft fubjectio præter naturam permanens in capite libero* , dit Chaffanée fur l'art. 3. n. 5. en la Cout. de Bourgogne , auffi le §. *verum , de ftatu regularium , in fexto* , eft inutile. Autant en peut-on dire de celui, *qui maximam capitis diminutionem paffus eft* , comme nous avons noté fur l'art. 8 ci-devant.

S'IL Y A MUTATION , &c.) Pource qu'il fe fait auffi ouverture au fief , & faut que le vaffal après la fommation ou empêchement vienne faire la foi au nouveau Seigneur, à peine de l'exploit , art. 18 ci-devant.

ONT QUARANTE JOURS.) C'eft-à-dire, que les gens de main-morte ont 80 jours après la fommation ou empêchement , *idque favore religionis:*

ou bien parce que notre Cout. qui feint la mort
naturelle du Vicaire , faifant payer rachat pour
le nouvel homme vivant & mourant , donne les
quarante jours après la faifie , qui devroient être
auparavant.

ET POUR LESDITS HOMMES , &c.) Notre
Cout. qui donne des profits au Seigneur pour le
nouvel homme, feint la mort naturelle de l'ancien,
quod eft irregulare, pour fon incapacité de porter
la foi. *Idem*, s'il étoit banni à perpétuité. Voyez
ce qui eft annoté fur l'art. 8 ci-devant. Le 6 Août
1619. entre les Chanoines de Gien , appellans du
Bailli de Châtillon-fur-Loing, & Mlle Doinville,
Dame de Contar ; il fut jugé en ce Bailliage que
l'homme vivant & mourant donné pour l'indemnité du Seigneur en matiere cenfuelle , s'étant ledit homme rendu Capucin , & le fieur Doinville
qui l'avoit reçu , étant mort , il n'étoit pourtant
point dû de profit , & falloit attendre la mort naturelle du Vicaire , faifant par ce moyen une diftinction entre le Vicaire donné en matiere féodale , & celui qui eft donné en matiere cenfuelle,
quia primo cafu , il eft dû profit par la difpofition
de cet art. qui parle de l'ouverture de fief. *Altero*,
non , parce qu'en matiere cenfuelle il n'y a point
d'ouverture de fief par la mort du Seigneur cenfuel , il faut feulement donner nouvelle déclaration , *in quo non opus eft minifterio & perfonna* de
l'homme vivant & mourant. Les anciennes Cout.
celle d'Orléans réformée , art. 42. & l'ancienne
même , qui étoit quafi une avec la nôtre , en l'art.
103. n'attribuent aucun profit au Seigneur de fief
pour le renouvellement du Vicaire, dans les quarante jours , l'ancien étant encore vivant ; mais
les profits font réfervés jufqu'après fa mort naturelle , ce que je trouve très-équitable , *in odiofis
enim*, comme font les profits Seigneuriaux, *minùs
benignè interpretandum eft*. Toutefois puifque notre Cout. en difpofe autrement , & qu'en matiere de Cout. *omni-moda ratio fufficit* , dit du Mou-

lin fur la Cout. de Paris, art. 16. n. 3. tit. des fiefs, *lex non est amplius judicanda, sed secundùm eam judicandum.*

ARTICLE LXXXIX.

LA Justice du Vassal est double ; l'une de pouvoir, si bon lui semble, de son autorité & sans Justice, prendre Notaire ou témoins, & en leur présence mettre & appofer sa main féodale sur les fiefs tenus de lui, le signifier à son Vassal, ou détenteur du fief, & lui défendre n'enfreindre sa main ; laquelle saisie est de tel effet pour pourfuivre son Vassal pardevant le Juge ordinaire à restitution des fruits, amende, & autres profits, comme si la main du haut-Justicier, ou du Roi, y étoit appofée, en confortant la sienne, en informant duement de ladite saisie.

LA JUSTICE, &c.) Quelques-uns ont penfé que cette Justice étoit une quatriéme efpéce de Justice ; mais véritablement ils s'abufent, car c'est plutôt un exploit domanial, ou acte dè Seigneurie privée, *factum domini re sua utentis*, dit Loyfeau, en son traité des Seigneuries, ch. 10. Notre Cout. l'appelle Justice de vassal, & feroit mieux dit Justice de fief, puifqu'elle est double, c'est-à-dire, qu'elle appartient au Seigneur de fief fur son vassal, & au Seigneur du fief fur son cenfitaire. Bacquet, traité de Justice, ch. 3. n. 8. remarque un arrêt ancien qui fait mention de cette efpéce de Justice fonciere.

APPOSER SA MAIN FÉODALE.) En faifant simplement défenfe à son vassal de jouir de son fief, comme en l'art. 17. ou bien en établissant le vassal même Commissaire, art. 81. ou bien aussi après

avoir faifi, établiffant un Commiffaire qui dépof-
féde le vaffal, leve ou faffe lever les fruits réellement, comme en l'art. 19. La main féodale mife
jure vel injuria, tient pendant le procès ou oppofition, fi aucune y a, dit M. le Maître, traité des
fiefs, ch. 6. à quoi s'accorde l'art. 83. ci-devant,
fans préjudice des dommages & intérêts, fi elle
eft déclarée tortionnaire. Voyez ès arrêts notables de M. Louet, lettre F. chap. 20.

JUGE ORDINAIRE.) Le Seigneur de fief pour
fes profits & autres droits réels par lui prétendus
fur le fief fervant, doit fuivre la Juftice du lieu
où la chofe eft affife : ainfi le portoit l'ancienne
Cout. de Berry, art. 16. tit. des fiefs. Auffi M.
Louet en fes arrêts notables, lettre F. ch. 195.
tient avec plufieurs autres Docteurs, qu'il faut
fuivre la Cout. du lieu fervant. *Aliud eft*, quand
il eft queftion des droits perfonnels, comme nous
avons noté fur l'art. 85. ci-devant.

AMENDE.) L'amende d'infraction de main-
mife en matiere féodale, eft de foixante fols tournois, art. 74. ci-devant.

ARTICLE XC.

L'Autre eft de pouvoir, comme deffus,
faifir les chofes tenues de lui en cens,
& leur défendre l'infraction de fa main;
de pouvoir faire convenir l'infracteur Vaffal, ou cenfier en Juftice, pour rétablir
les fruits, payer l'amende de ladite infraction, qui eft de cinq fols, de défaut de n'a-
voir payé le cens au jour qu'il eft dû, l'a-
mende de n'avoir déprié les lods & ventes
dedans huitaine, qui eft de foixante fols,
d'avoir enfreint le terrage, qui eft de foixante fols, avec les profits, tant féodaux
que cenfuels.

L'AUTRE, &c.

L'AUTRE, &c.) En cet art. eſt déclaré en
quoi conſiſte, & quel eſt l'effet de l'autre eſpéce
de Juſtice de fief du Seigneur cenſuel ſur ſon
cenſitaire, dont auſſi il eſt parlé en l'art. 2. tit.
des cens. Et faut noter que le Seigneur cenſuel
peut auſſi faire lever les fruits de l'héritage redevable de cens par un Commiſſaire, comme le
féodal, non pas pour les acquérir en pure perte,
mais pour les conſerver : dit du Moulin ſur la
Coutume de Paris, art. 74. n. 10. tit. des cens.

DE 5 SOLS.) L'amende eſt ſeulement de 5 ſ.
tournois au Seigneur cenſier pour main-briſée, ſi
ledit Seigneur n'a pas procédé par autorité de
Juſtice ; mais s'il avoit Juſtice, & avoit fait ſaiſir
par autorité d'icelle, l'amende ſeroit de 60 ſ. Et
ſi le Seigneur n'ayant Juſtice fait appoſer la main
de Juſtice en confortant la ſienne, ſur l'amende
de 60 ſ. lui en appartient 5. art. 2. tit. des cens.

*AUtres Articles ajoutés pour les Comté &
Pays de Sanxerre, Châtellenie d'Au-
bigny-ſur-Nerre, la Chapelle-d'Angillon,
Concreſſault, Saint-Briſſon, Cernoy, Terres
& Juſtices d'Aultry, la Ville-Aultry, le
Châtel, Pierre-Ficte-ès-Bois, Blancaffort,
les Châtellenie & Juſtice de Vailly, Varleu,
Charpignon, Maiſontout & Saulougne, &
autres Châtellenies, Juſtices & Seigneuries
du Bailliage de Berry, régies & gouvernées
anciennement par & ſelon leſdit. Coutumes
de Lorris, qu'ils ont dit, ou la plupart d'i-
ceux, étre obſervé par Coutume locale eſdits
lieux, Terres, Pays, Châtellenies, Juſtices & Seigneuries ; & requis étre inſcrits au
préſent Coutumier, tant en ce préſent Chapitre des Fiefs, qu'autres Chapitres dudit*

Tome I.   R

Coutumier, felon les Articles par eux bail-
lés par écrit, defquels les teneurs pour ledit
préfent Chapitre des Fiefs s'enfuivent.

CHASTELLENIE D'AUBIGNY.) Jugé par arrêt du 29 Juillet 1606. en la quatriéme Chambre
des Enquêtes, au rapport de M. Delavau, qu'Aubigny n'étoit pas de cette Coutume, entre Étienne de Mahis & Chriftophe Aubry. ·

J'ai reconnu par le procès-verbal de l'ancienne
Cout. de Lorris, fait & parachevé le 24 Avril
1404. & ai appris d'un Mémoire de défunt Monfieur Maitre Jean Delavau , mon grand-oncle,
Confeiller en Parlement , conforme aux dire &
relation des anciens Praticiens du pays, que notre Coutume , outre ce qui eft au pays de Berry , eft limitée d'un côté des terres & Juftices
du Duché d'Orléans , de l'autre de la rivìere
d'Yonne , à commencer au ru de Beauche, qui
va defcendre dans la riviere d'Yonne , à un lieu
appellé Moneftau : dudit ru , le long de la riviere d'Yonne, en dévalant par Joigny , Ville-
Neuve-le-Roi & Sens, (où, fous le pont, il y
a une pierre appellée *Lettrée*,) jufqu'à Monte-
reau-faut-Yonne , & de Montereau au moulin
de la Pierre, de-là à St. Mathurin de-l'Archant,
comprenant le Bailliage de Nemours & Siége
particulier de Château-Landon ; & ce qui eft
des Bailliages de Montargis & de Gien de ce
côté-là jufqu'à la riviere de Loire , & remon-
tant le long d'icelle jufqu'à Neuvy, & de-là revenant gagner le fufd. ru de Beauche, traverfant
en ce faifant le pays de Puifaie , où eft affis St.-
Fargeau, & autres terres dépendantes du Bailliage de Montargis. Il y a eu pour les limites ci-
deffus arrêt pour le Sr. de Champigny le 14 Août
1546. après enquêtes par turbes faites par Guillaume Bouchet, Lieutenant-général à Sens, le 20
Sept. 1537. & par Guillaume Graffet, Enquêteur

aud. lieu, le 16 Janvier audit an. Autre enquête
pour la Seigneurie de Ville-Thierry, par M. le
Grand, Confeiller en Parlement, à Sens le 19
Novemb. 1608. & à Montargis le 1 Décemb. audit an, par arrêt donné entre Dame Madeleine
Pivart, femme de Charles de Prunelay, Baron
Defneval, & Meffire Claude Pivart. Autre enquête par turbes, en exécution d'un arrêt de la
Cour, faite par M. Barillon à Montargis, le 5
Octob. 1620. & depuis à Melun & autres lieux,
pour les terres & Seigneuries de Dian, Bleves,
Voux & Fiefs de Boifi-Ville, Bailliage de Melun, Juftice de Moret, fituées entre les rivieres
d'Yonne & Loing, entre les Allégrains; fur lefquelles Enquêtes intervint arrêt du 1 Mars 1625.
& ordonné que ledit arrêt fera lû & enregiftré
audit Siége & Juftice de Moret ; tellement
qu'en ce circuit, il y a plufieurs terres & Seigneuries qui ne font du Bailliage de Montargis,
combien qu'elles gardent la Coutume, les unes
en tout, les autres en partie, comme les lieux
ici dénommés, pour lefquels ont été mis les articles fuivans, qui font autant d'exceptions de
la Coutume générale.

ARTICLE XCI.

LE Seigneur de fief Châtelain, lai &
non autre, peut avoir le fief ou héritage cenfuel mouvant de fa Châtellenie, par
puiffance de fief, & droit de retenue, pour
le prix qu'il a été vendu, & loyaux frais,
dedans quarante jours après les offres &
dépri à lui faites.

Cet article eft exception de l'article 5.

R 2

Article XCII.

Paris
art. 1.
Orl.
art.43.

QUand le Seigneur de fief n'a point d'homme par aliénation faite par son Vaſſal, de l'héritage mouvant de lui en fief, ledit Seigneur peut incontinent faiſir ledit héritage, & icelui exploiter, & fait les fruits ſiens en pure perte de ſon Vaſſal, juſqu'à ce qu'il ait homme & qu'il ait été payé de ſes profits ; leſquels payés, & foi & hommage faits, & offres pertinentes, ledit Vaſſal aura main-levée de ſondit fief.

Cet article eſt exception de l'article 8.

Article XCIII.

DE quelque côté que la foi ſaille, du Seigneur ou Vaſſal, ou des deux, le Seigneur de fief n'exploitera le fief de ſon Vaſſal, ſinon que ſondit Vaſſal eût vendu, ou autrement aliéné, auquel cas qu'il eût vendu ou aliéné, incontinent ledit Seigneur exploitera comme deſſus.

Cet article eſt exception de l'article 11.

Article XCIV.

Orl.
art.34.

QUand enfans nobles, ou non nobles, demeurent ſans gardien ou bailliſtre, & on leur pourvoit de Tuteur & Curateur,

ils doivent profit de rachat * , lequel payé,
fera tenu le Seigneur de fief leur bailler
fouffrance , jufqu'à ce qu'ils foient en âge.

Cet article eſt une exception de l'article 29.
Voy. Choppin, Cout. de Paris, liv. 1. ch. 2. n. 23.

ARTICLE XCV.

UN Seigneur de fief non ayant droit
de haute-Juſtice , ne peut faifir le fief
de fon Vaſſal , pour quelque caufe que ce
foit , fans autorité de Juſtice , & commiſ-
fion du Juge ordinaire du haut-Juſticier,
duquel il tient le fief; ne pareillement le
Seigneur cenfuel pour fon cens & dépen-
dances d'icelui , fi ladite cenfive eſt en la
Juſtice , & fans obtenir commiſſion du Juge , en la Jurifdiction duquel eſt ladite
cenfive affife.

Cet art. eſt une exception des art. 89 & 90.

_____

* *Idem Confuetud. Aurelianenf.* parag. 31. *fed eſt iniquiſ-
fimum & reſtringendum , ut procedat quando à principio nullæ
funt gardiani : Ita quod initio neceſſe eſt Tutorem vel Curatorem deputari ; fatis eſt enim quod vel momento fupervixerit ,*
aucun gardien ou bailliſtre *, ut etiàm reſtrinxi confuet. Aurelian. de parag.* 31. 35. 54. C. M.

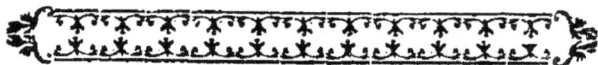

CHAPITRE II.

Des Cens & Droits Censuels.

ARTICLE PREMIER.

Paris
art.85.
Orl.
ar.102.
Troies
art.52.

Q Uand aucun doit cens, & il ne paye le jour qu'il doit, il est amendable de cinq sols envers le Seigneur censier (1), sauf à Gien, Châtillon, Bonny-sur-Loire, & en aucuns autres lieux, où il n'y a que trois sols; & n'y a dépri de huitaine ni autre pour éviter ledit défaut.

DOIT CENS.) Il n'est pas dit *& rente*, encore qu'elle fût créée avec le cens. Le cens en ce lieu veut dire le chef cens ; toutes les autres impositions après icelui, comme la rente, croix ou croît de cens, terrage, oublie, chapon, coutumes & autres, ne font vraiment de la Seigneurie directe, sinon qu'ils soient la première redevance. Cout. de Bourbonnois, art. 391. Loyseau, du déguerpissement, liv. 1. ch. 5. n. 10. Voyez ce qui est annoté sur l'art. 4. ch. de champart & terrage.

NE PAYE.) En quelques lieux le Seigneur censier doit faire publier aux prônes qu'il veut recevoir son cens ; mais en notre Cout. *dies interpellat pro homine , ut in l. magnam , C. de contrahend. stipul.* Aussi les réformateurs ont ajouté à la fin de cet art. qu'il n'y auroit dépri de huitaine ni autre, pour éviter le défaut ; & non-seulement il

---

(1) ¶ N'est dû qu'une amende de cinq sols pour plusieurs années de Cens non payés.

Voyez Arrêt du tome 5. du Journal des Audiences , Édit. de 1707. liv. 6. ch. 6.

faut payer au jour, mais auſſi au lieu où on a accoutumé, art. 6. ci-après : le jour & le lieu ſont preſcrits, afin que la reconnoiſſance ſe puiſſe faire plus facilement, & la poſſeſſion de la Seigneurie conſervée.

CINQ SOLS.) Cette amende Seigneuriale n'eſt pas tant *in lucrum*, que pour peine au Cenſitaire de n'avoir fait ſon devoir.

NI AUTRE.) Quand bien l'héritage appartiendroit à un mineur, ſouffrance n'a lieu en matiere cenſuelle, pource que la perſonne n'eſt pas requiſe comme en matiere féodale, & ſuffit que le cens ſoit payé par le tuteur ou autre ayant charge : du Moulin ſur la Cout. de Paris, titre des cens, art. 74. nombre 76. & *ſeq.*

ARTICLE II.

ITem, le Seigneur de ladite cenſive pour les arrérages de ſon cens, de ſondit défaut & autres droits cenſuels, peut empêcher l'héritage tenu à cens de lui ; ſi c'eſt maiſon, par obſtacle & barreau mis ès huis, & ſi c'eſt en terres labourables ou vignes, par brandons mis ès fruits ; & ſi le Seigneur ou détenteur de l'héritage briſe la main à lui ſignifiée, il enchet en cinq ſols d'amende envers ledit Seigneur. Toutefois ſi ledit Seigneur étoit Juſticier, & procédoit en empêchement par l'autorité de ſa Juſtice, il y auroit ſoixante ſols d'amende ; & s'il n'avoit Juſtice, en confortant ſa main fit appoſer la main de Juſtice qui fut enfreinte, ledit Seigneur cenſier prendra cinq ſols ſur ladite amende de ſoixante ſols.

POUR LES ARRÉRAGES.) Il faut que l'exploit faſſe mention *pro quâ parte*, pour combien d'an-

Paris.
art. 74.
Orl.
ar. 103.
& 423.

nées, & pour quelle quantité de cens. *Aliter,* la
saisie sera déclarée tortionnaire. Jugé par arrêt le
5 Mars 1536. plaidant le Maître & Aubry : & ne
faut pas entendre que le Seigneur ne puisse saisir
que pour trois années , car il peut aussi saisir ou
empêcher pour vingt-neuf années d'arrérages, si
tant lui est dû, art. 3. tit. des prescriptions ; & si
le propriétaire s'oppose, il aura main-levée, en
consignant les trois dernieres années , sans préjudice du surplus , art. 3 ci-après. Le Seigneur
censuel qui fait saisir pour les arrérages de cens à
lui dûs, est préféré au colon. 1o. Parce que *non
persona sed fundus debet & Dominus habet jus
in re ,* sauf au colon son recours contre le propriétaire. 2o. Par argument du chapit. *pastoribus
de decimis, ubi non deducuntur impensæ fructuum,
gloss. in l. si à Domino. D. de pet. hered. Licet,*
qu'anciennement on tînt que le cens étoit payable auparavant le dîme. Voyez ci-après, tit. de
terrage, art. 5. 3o. Par argument *ab invectis & il-
latis quæ non tenentur pro parte temporis nec loci.*
4o. Par autre argument tiré du déguerpissement,
où on n'est pas reçu, sinon en payant entierement
les arrérages, *fine deductione impensarum. Nec
obstat privilegium causæ ,* qui a seulement lieu entre créanciers. *Nec obstat* l'art. 76. tit. des fiefs,
parce que au cas de cet article, le Seigneur n'est
qu'au lieu du vassal , *& certat de lucro captan lo.*
On en peut autant dire d'une rente fonciere. Ce
qui est ici dit que le Seigneur peut aussi saisir
pour ses autres droits censuels, c'est-à-dire, pour
droits de lods & vente , art. 32 ci-après. *Et argumento ducto* du quint & requint en matiere féodale , art. 59. tit. des fiefs , & pour les amendes
de n'avoir déprié dans la huitaine & de main-
brisée , pource que l'héritage a été autrefois
donné à ces charges, *accessorium sequitur naturam
sui principalis. Secùs ,* à Paris , art. 81.

Peut empêcher.) *Videlicet* de son autorité
privée , si bon lui semble , art. 89. tit. des fiefs.

Lucius remarque à ce propos un arrêt du mois de Juin 1548. liv. 7. titre 5. chapitre 1. & Bacquet, tit. des Juftices, ch. 3. n. 8. un autre de l'an 1287. Et au n. 18. il dit que les actes de cette Juftice fonciere *funt prehenfiones & impedimenta in rem tantùm & non in perfonam.* Voyez *Mol.* fur la Cout. de Paris, art. 87. n. 9. & art. 1. gl. 4. n. 10. Toutefois les Seigneurs ont accoutumé de faire faifir par autorité de Juftice, par un Sergent qui donne copie de la faifie & établiffement de Commiffaire, fi le propriétaire le requiert. Par la faifie le Seigneur du cens ne fait les fruits fiens, comme en matiere féodale ; mais feulement ils font confervés, dit du Moulin fur la Cout. de Paris, tit. des cens, art. 74. n. 3 & 10.

SI C'EST MAISON , &c.) Anciennement , *ob penfionem non folutam Dominus fores percludebat,* empêchant la jouiffance & difpofition des chofes qui font en la maifon, *l. pen. D. in quib. cauf. pig. vel hypot.* Cet obftacle eft un figne que la maifon eft faifie, & eft comme en la main du Seigneur cenfuel ; le brandon, qui eft un bâton garni de paille, piqué dans terre, démontre qu'il y a faifie des fruits ou de l'héritage même. Anciennement les créanciers licencieufement faifoient mettre quelques marques aux héritages de leurs detteurs, afin que l'on reconnût par-là qu'ils étoient hypothéqués. Cela a été défendu par les Empereurs, & réfervé feulement quand il feroit ordonné par Juftice , *l. ultima. C. ut nemini fine Jud. auth. fig. appon.* Mais d'autant que la Juftice fonciere imite la Juftice & reffent fa Jurifdiction, on a eftimé que le Seigneur pouvoit faire mettre fes enfeignemens d'hypothéque & faifie, laquelle a tel effet, que le cenfitaire ne peut aliéner les meubles empêchés par obftacle, au préjudice du Seigneur cenfuel , *tunc enim pignoris nomine retenta funt ; & derifus fuit Nerva Jurifconfultus , qui per feneftram monftraverat fervos detentos ob penfionem , & liberari poffe aiebat. d. l. penult.*

D. in quib. cauſ. Quant à la main - miſe féodale, on n'uſe point d'obſtacle ni de brandons,
pource qu'elle n'eſt pas ſimplement pour empêcher le détenteur de jouir, mais encore elle eſt
une eſpéce de conſolidation de la Seigneurie
utile à la directe.

SOIXANTE SOLS.) Le mépris eſt plus grand
à cauſe de l'autorité de la Juſtice qui étoit inter-
venue à cette ſaiſie ; c'eſt pourquoi la peine eſt
augmentée, & au lieu de cinq ſols pour ſimple
infraction de main, le cenſitaire en paye ſoixante.

ARTICLE III.

Paris
art.75.
Orl.
ar.104.
& 105. ITem, ſi le Seigneur de ladite cenſive empêche pour ſes arrérages, & celui à qui
eſt l'héritage s'oppoſe, s'il confeſſe ledit héritage être redevable envers ledit Seigneur
cenſier dudit cens, ou que le Seigneur de
ladite cenſive enſeigne par ſes papiers anciens ou titres, en ce cas la main tiendra,
mais le détenteur en conſignant les cens de
trois années, ſi tant ou plus on en demande,
avec l'amende de la derniere année, aura
main-lévée, & ne peut-on demander le
défaut de pluſieurs années, qu'une amende
pour la derniere année.

POUR LES ARRÉRAGES.) Le Seigneur peut
faire ſaiſir pour les arrérages qui lui ſont dùs,
pourvu que ce ſoit des dernieres années ; autrement il ſeroit non recevable, pource que le payement de trois années induit les précédentes, ſi les
quittances ou recettes ſont pures & ſimples, *l.
quicumque C. de apoch. pub.* Jugé par arrêt le 28
Juillet 1577. & depuis en l'audience le 3 Février
1585. contre l'Abbé de S. Vincent. Voyez ce qui
eſt annoté ſur l'art. 3. tit. des preſcriptions.

S'IL CONFESSE LEDIT , &c.) Il faut entendre ceci du censitaire , qui reconnoît le cens , mais dénie la dette, sans toutefois faire apparoir de quittance des payemens derniers.

OU QUE LE SEIGNEUR , &c.) Ceci est en cas de dénégation du droit de cens , ou désaveu de Seigneur. Et s'il ne fait apparoir promptement de son droit ou jouissance, le censitaire aura mainlevée de la saisie , sans consigner & sans bailler caution , *quia negatio ista est velut securis ad radicem* : du Moulin sur la Cout. de Paris , tit. des cens, art. 74. n. 157. S'il se trouve que le censitaire ait mal dénié ou désavoué son Seigneur , l'héritage pourtant ne tombe en commise comme en matiere féodale , puisque notre Cout. n'en dit rien ; mais ledit censitaire sera condamné à restituer tous les fruits qu'il a levés par provision , sauf de les répéter en payant les arrérages dûs , les frais de la saisie , l'amende pour n'avoir déprié le cens , & encore les soixante sols d'amende de main-brisée, sous prétexte du désaveu : du Moulin au lieu ci-dessus, n. 171. *& seq.*

PAR SES PAPIERS , &c.) Les Seigneurs censuels ont deux sortes de papiers ; savoir celui des déclarations qu'on appelle terriers , & un autre des recettes annuelles du cens. Les déclarations sont contrats de reconnoissance du cens des héitages , dont le censitaire est détenteur , lesquels sont spécifiés par tenans & aboutissans , ainsi que l'enseigne la loi *forma D. de censib.* Ces contrats sont suffisans pour la provision & pour le principal, & les plus anciens sont les meilleurs, dit Faber sur les Institutes, *de locat & conduct.* Pour les autres de recette , ils sont valables, *quidem*, pour fonder une provision, mais non pas pour obtenir au principal , sinon qu'ils y fussent de trente ans , consécutifs ou plus, comme servans de piéce justificative pour la prescription.

LES TROIS DERNIERES ANNÉES.) Voyez l'Ordonnance de Charles IX. en l'an 1563. Cette adjudication provifionnelle eft afin qu'il ne femble que le Seigneur plaide défaifi, & d'autant qu'il n'y a pas grande apparence que les Seigneurs ou leurs Fermiers foient fi négligens : auffi que ce n'eft leur ordinaire de laiffer leurs cenfitaires en arrérages de tant d'années, on leur adjuge feulement trois années, jufqu'à ce qu'ils ayent fait apparoir par leurs papiers de recette le défaut de payement des années demandées. *gl. in l. 1. C. de jure emph. & l. penult. C. de apoch. lib. 10. & ibi Barth.*

Qu'une amende.) Le filence du Seigneur cenfuel eft une oubliance du mépris & remife de l'amende. Voyez M. Louet, lettre A. ch. 8. avec l'annotation, finon qu'il y eût convention contraire, Cout. de Nevers, tit. des cens, art. 10. Il n'eft auffi dû qu'une amende pour plufieurs piéces d'héritages poffédés, *ab eodem cenfuario*, où par le même bail folidairement, dit du Moulin fur la Cout. de Blois, art. 50. tit. des cens : Peleus en rapporte un arrêt en fes queftions, du mois de Juillet 1607. au rapport de M. Thevin, entre M. le Préfident d'Atis, & M. Amelin, ch. 156.

Article IV.

Item, aucunes cenfives font à droit de lods & ventes, autres à quint & ventes fimplement, les autres à vin & ventes, & les autres à ventes fimplement ; ceux qui doivent lods & ventes, il eft dû pour franc huit blancs ; ceux qui font à ventes fimplement, du franc feize deniers parifis ; ceux qui font à quints & ventes, feize deniers parifis pour franc, & une paire de gants ; & ceux qui font à vin & ventes, doivent feize deniers parifis pour franc, avec une jallée de vin pour tout, & paye ce l'achereur.   Les

Les anciens Coutumiers pour établir les lods & ventes en matiere cenfuelle, ont pris exemple fur les emphytéofes, où l'acquéreur pour faire approuver & avoir agréable au Seigneur la ceffion, donnoit le cinquantiéme denier de la valeur de la chofe, *l. 3. C. de jure empith.* Notre Cout. a réglé ce droit, & l'appelle lods & ventes, ou vente fimplement, felon que plus ou moins les Seigneurs en ont convenu avec les preneurs de l'héritage, *ab initio vel poft*, par long ufage. Il ne faut pas réprouver l'opinion de du Moulin fur la Cout. de Paris, tit. des cens, art. 76. gl. 1. n. 4. *maximè*, en notre Cout. où la différence eft remarquée entre le droit de lods & ventes, & celui de vente fimplement. Je ne doute point qu'au commencement quelques Seigneurs par fubtilité avaricieufe n'ayent exigé double droit, favoir les lods pour les ventes, comme aliénation *in genere*, & encore le droit de vente pour la vente *in fpecie*; enforte que par ufage ils ont affervi leurs cenfitaires à payer lods & ventes, qui eft le fixiéme denier de la chofe vendue, au lieu que les autres fe font contentés du droit ordinaire, qui eft le douziéme denier, qu'ils ont appellés vente fimplement, fauf quelque petite honnêteté particuliere de gants ou vin, qu'aucuns ont annexé à leurs droits : ainfi le Roi ou fes fermiers ne prennent que le droit de vente par toute l'étendue de cette Cout. fur lequel les autres Seigneurs devroient prendre exemple. Auffi *in dubio*, à faute par le Seigneur de prouver fon droit de lods & ventes copulativement, le cenfitaire ne payera que vente fimplement, *tanquam ufitatior & mitior modus*; & que notre Cout. a remis ce droit felon l'ufage : du Moulin au lieu ci-deffus, n. 10. & fur la Cout. de Sens, art. 21.

ARTICLE V.

APrès qu'aucun a acheté un héritage redevable en cenfive, il eft tenu de

Paris art. 77. Orl. ar. 107.

Tome I. S

payer ou déprier lefdits lods & ventes (1),
felon la Coutume du pays, dedans la huitaine enfuivant ladite vente ; autrement s'il
ne déprie au Seigneur cenfier, il eft amendable de foixante fols d'amende envers ledit Seigneur cenfier.

APRÈS QU'AUCUN, &c.) Si l'héritage a été
acheté du Seigneur cenfuel, il n'eft point dû de
profit. Cet achat eft comme nouvelle conceffion à
tit. de cens ; & ainfi a été jugé à Montargis pour
Denis Belly, ayant pris la caufe pour Jean Mail-
lard, acheteur, contre Jean Bertaut, Receveur,
Fermier de Fontaine-Jean, le 18 Août 1615. fuivant l'opinion de du Moulin fur la Cout. de Paris,
tit. des cens, art. 78. gl. 2. n. 5. Il n'y a point auffi
de lods & ventes pour donation : c'eft *cafus ob-*
miffus, qui demeure en la difpofition du droit
commun, & par argument de l'emphytéofe, *l. 3.*
C. de jure emph. finon que la donation fût pour récompenfe de fervice ou charge, autre que celle
dont l'héritage feroit chargé lois de la donation,
Cout. d'Orl. art. 117. (2) Chaffanée fur la Cout.

(1) ¶ Il n'y a que le cas de
la vente qui donne ouverture
aux profits de quint & requint, ou de lods & vente,
& non la donation pure &
fimple, qui n'eft pas vente.
Lhofte, art. 61. des fiefs, &
la Thaumaffiere, art. 5 des cens;
c'eft *cafus obmiffus*, qui eft
refté en la difpofition du Droit
commun, & ainfi s'obferve-
t-il en cette Coutume.

(2) ¶ Celle d'Orléans, art.
117. pour toutes donations
d héritages étant en cenfive,
à droit de vente, ne font
dûes aucunes ventes au Seigneur cenfier, finon que la
donation fût pour récom-
penfe de fervice, &c. & a
Thaumaffiere fur cet art. &
que l'on peut inférer de cette
difpofition, que les lods &
ventes ne font dûs que pour
contrat de vente ou équipollent à vente, ce qui doit faire décider qu'en ces donations pures & fimples il n'eft
point dû profits de lods &
vente. Savoir fi font dûs profits des fruits pendans vendus
féparément d'avec le fonds &
à divers prix, par contrat
féparé, ou par même contrat
Voyez ma Note, page 135
ci-devant.

de Bourgogne , tit. des cens , art. 7. n. 2. parce
que telle donation équipolle à une vente, par conféquent l'héritage donné est sujet à retrait lignager, dit du Moulin sur l'ancienne Cout. d'Orléans,
art. 125. & Pontanus sur la Cout. de Blois , art.
121. Il est dû lods & vente pour la transaction , à
raison de l'argent qui aura été déboursé. Voyez
Choppin sur la Cout. de Paris, liv. 2. ch. 6. n. 13.
où il cite plusieurs Auteurs de cette opinion.

PAYER, &c.) Les profits sont dûs au Seigneur,
à raison du prix ou autre chose équipollente & qui
tourne au profit du vendeur ; Tiraqueau en son
traité lignager , §. 2. gl. 4. n. 9. & Chaffanée sur
la Cout. de Bourg. tit. des retraits , art. 1. *in verbo* , le prix. Il s'ensuit de-là que les vins bûs , les
salaires des Notaires & autres frais faits au sujet
du contrat, ne font partie du prix, & n'en sont dûs
lods & vente (1) : du Moulin sur la Cout. de Paris, tit. des cens, art. 76. gl. 1. n. 34. en cote un
arrêt du dernier jour de Janvier 1557. J'ai vu juger en Parlement cette question pour les frais de
criées, le 21 de Février 1614. Ces mots du texte, *de payer ou déprier, selon la Coutume du pays* ,
ne doivent servir de couverture à ceux qui veulent autoriser la mauvaise pratique de ce pays, de
faire payer profits des vins bûs & autres frais ; ils
doivent seulement s'entendre du droit de lods &
ventes, qui ne sont uniformes au pays & Bailliage,
comme dit l'art. 9. ci-apr. Il convient remarquer
que l'acheteur n'est tenu de prier, quand le Seigneur censuel a été présent au contrat , comme
témoin ou autrement , pourvu qu'il en apparoif-
se par ledit contrat , *argumento l. si tamen scien-
te. D. ad S. C. Maced. & l. 2. §. voluntatem. D.
Jol. mat. In his quæ afferunt leve præjudicium
vel modicum gravamen , sola præsentia & scien-
tia sufficit , præsertim si hujus causa sit lucrativa* ,

(1) ¶ Mais ils doivent être   vant M. Lhoste , art. 1. du re-
rendus par le retrayant ligna-   trait , ci-après.
ger à l'acquéreur évincé , sui-

dit Nicolaus Valla , *de reb. dubiis , quæst.* 10.

AMENDABLE DE 60 SOLS.) Nous avons dit en l'art. 74. tit. des fiefs , que suivant l'opinion de du Moulin , faut prendre les sommes adjugées par notre Coutume , à tournois & non à Parisis , quand il n'y est pas exprimé. Or cette amende n'est pas seulement pour réparation du mépris que le Seigneur a reçu de n'avoir été déprié , mais aussi est acquise par une espéce de petit profit pour la négligence de son nouveau censitaire , qu'il n'a point couverte *per professionem censûs* , ni estimée remise par laps de tems , comme l'autre de cinq sols : parce que la recette du cens à l'égard du sieur , n'emporte qu'une reconnoissance que l'héritage tient de lui en censive , & non pas en domaine, dit du Moulin sur la Cout. de Paris, art. 74. gl. 1. n. 150. *Silere non intelligitur qui non potest loqui*, disent les Docteurs par argument de la loi *ejus* , *D. de reg. jur.* Le Seigneur n'a pû faire demande de ses droits, que véritablement ou par présomption il ignoroit , joint la maxime qui dit que *nemini dolus prodesse debet.* Toutefois si les profits dûs ne se montoient à tant que l'amende , elle sera diminuée jusqu'à concurrence d'iceux , *l. unica. C. de sentent. quæ pro eo quod inter prof.* Pareillement il n'est dû qu'une amende , *licet* qu'ils soient plusieurs acquéreurs : ce sont les opinions de du Moulin sur la Cout. de Paris , tit des cens , art. 77. gl. 1. n. 35 & 36. *& seq.* Cette huitaine pour dépriser court contre le mineur , le tuteur duquel doit payer l'amende sans espérance de la recouvrer , *l. non ignotum. C. de administ. tutor.*

ARTICLE VI.

Paris art.77. Orl. ar.107.

ET si ledit Seigneur censier n'a maison , & n'est trouvé sur le lieu où a accoutumé être reçu , ou se doit recevoir ladite censive, il suffit d'aller devers le Juge de la

Jurifdiction où eft ledit héritage affis, &
illec faire ou faire faire fes offres & dépris,
& les faire enregiftrer au Greffe.

N'a maison , &c.) En matiere féodale le
vaffal doit aller trouver fon Seigneur jufqu'à dix
lieues, pour faire la foi, *quod eft perfonaliffimum*,
art. 11. ci-devant ; mais en matiere cenfuelle il
fuffit au propriétaire d'aller fur le lieu où le cens
fe reçoit ; & s'il n'y trouve fon Seigneur, ou bien
qu'il n'y ait domicile, il fatisfait à fon devoir,
faifant fes offres à la Juftice ; & par ce moyen la
Cout. pourvoit à l'honneur & reconnoiffance qui
eft dûe au Seigneur & à la fûreté de fes droits
profitables, *ne oblivione depereant*, qui eft une des
principales caufes du dépri : du Moulin fur la
Cout. de Paris, art. 77. gl. 1. n. 25. dit que le dépri fait au Seigneur trouvé fortuitement *vel in tran-
fitu*, excufe de l'amende ; ce que je ne voudrois
affurer, finon que le Seigneur eût accepté le dépri : autrement j'eflime qu'il faut fuivre le texte
de la Cout. qui par refpect veut que le cenfitaire
cherche fon Seigneur, *faltem* au lieu accoutumé
de recevoir le cens. La Cout. de Blois, art. 49.
dit qu'il fuffit à l'acquéreur aller fur le lieu où la
derniere recette a été faite ; ce que je trouve à
propos, pour éviter l'incertitude en laquelle tom-
beroit l'acquéreur, fi le Seigneur avoit nouvellement reçu fon cens en autre lieu qu'on fouloit
d'ancienneté, finon qu'il y eût lieu député, comme ajoute ladite Cout., *id eft* que le cens fût affecté à quelque lieu Seigneurial ; car en ce cas on
doit croire que la derniere recette a été faite en
autre lieu, plutôt par occafion *cum animo redeun-
di*, que pour innover & changer de lieu.

Ou faire faire.) Le cenfitaire n'eft aftreint
de faire aucun devoir perfonnellement, comme
eft le vaffal envers fon Seigneur, qui doit la foi
& hommage, *nifi id dolo fiat*. Voyez du Moulin
fur la Cout. de Paris, tit. des cens, art. 83. gl. 1.
n. 71. & *feq.*   S 3

ARTICLE VII.

Paris
art 84
Orl.
x.116.

ET si un héritage est saisi, vendu & adjugé par décret, en ce cas il n'y a
point d'amende pour non avoir déprié les
lods & ventes au Seigneur censier, sinon
qu'il fût vendu, nommément chargé de
cens dudit Seigneur, & icelui nommé, auquel cas l'acheteur aura quarante jours pour
déprier.

EN CE CAS, &c.) La remise de l'amende en ce
cas est très-équitable & accompagnée de grandes
raisons. Car la plupart des Décrets se font *in no-
lentes*, gens qui par malice ou déplaisir de se voir
spoliés, ne veulent rien déclarer ; ou bien se font
sur des curateurs aux biens vacans, qui ne con-
noissent pas même le plus souvent les héritages :
& seroit chose trop dure de condamner un acquéreur, *eujus, vel auctoris plerumque aut folius Judicis
fides fugillari non potest*. Cette considération a fait
dire à du Moulin sur la Cout. de Paris, titre des
cens, art. 77. gl. 1. n. 21 & 22. que la disposition
de cet article cessoit *in simplici decreto confirma-
torio, quia Judex ibi nihil dat, sed contractum priùs
factum tantùm confirmat*, & qu'il n'avoit pareillement lieu ès ventes & aliénation des biens de l'É-
glise, des mineurs & autres qui se font *citrà publi-
cas subhastationes*, lesquelles sont semblables aux
ventes faites par des particuliers. Il y a encore une
autre raison, qui est qu'un enchérisseur incertain
si la chose lui demeurera, n'a pas sujet de s'enquérir qui peuvent être les Seigneurs censuels ; sinon
après l'adjudication purement & simplement faite, *in feudalibus autem omnimodo*, le vassal n'a que
vingt jours après son acquisition, pendant lesquels
le Seigneur ne peut procéder par saisie, art. 8.
tit. des fiefs : pource que le Seigneur féodal a intérêt de n'être pas longuement privé de son vas-

fal, lequel veille jufqu'à ce qu'il foit réveillé par une faifie ; *& fi juftam habuit ignorantiæ caufam*, il devient fans excufe, étant par ladite faifie acerté de la mouvance ; & encore après icelle il a quarante jours pour purger fa demeure.

AURA 40 JOURS.) Ces quarante jours font donnés à l'acquéreur par décret, afin que pendant ce tems il puiffe configner les deniers de l'adjudication & lever fon décret en forme, fi bon lui femble ; ce qui ne fe peut faire tant facilement, comme en acquifition de gré à gré & pardevant Notaire.

ARTICLE VIII.

QUand l'acheteur viendra déprier les lods & ventes au Seigneur cenfier, il fera tenu, fi le Seigneur le requiert, bailler reconnoiffance par Notaire dudit dépri, contenant la fomme de l'acquifition, à fes dépens ; & femblablement le Seigneur contraire reconnoiffanĉe audit acheteur, aux dépens dudit Seigneur, par main de Notaire, ou de fa main, s'il fait écrire, ou du Commis dudit Seigneur.

ARTICLE IX.

MAis pource que les Coutumes defdits pays & Baillages ne font uniformes defdits droits de lods & ventes & fe diverfifient, & en aucunes defdites Châtellenies y a diverfes ufances ; on n'y peut donner certaine régle, ni écrire la forme & maniere d'en ufer, & pour ce, chacun gardera fa nature de fa cenfive.

CONTENANT LA SOMME.) Toutefois il n'eft pas tenu dans la huitaine lors du dépri faire apparoir du contrat d'acquisition, qui par aventure ne pourroit être mis en grosse: du Moulin sur la Cout. de Paris, tit. des cens, art. 77. gl. 1. n. 15. mais après en payant ou étant appellé pour payer & rapporter son contrat, il en doit faire apparoir, art. 31 ci-après, & n'est le censitaire recevable à demander vûe, arrêt du vendredi 6 Mai 1552.

Et pour ce, &c.) La Cout. n'a pû régler les profits censuels pour la diversité des usances: car aucuns Seigneurs sont fondés d'ancienneté en lods & ventes, d'autres de vin ou gants & ventes, les autres en droit de vente simplement. C'est pourquoi chacun d'iceux jouit selon la nature de sa censive. On pourroit ici faire une question, si l'héritage est réputé libre du cens, ou d'autres redevances Seigneuriales, quand il n'en apparoit par titre, & que le détenteur & ses prédécesseurs en ont joui franchement, & par tems immémorial? Je sais que de droit toutes choses sont estimées libres, s'il n'appert du contraire, *l. quotiens, D. de reg. jur.* Toutefois puisque notre Cout. a seulement divisé la Seigneurie directe des héritages en deux espéces, savoir en fief & censive ou terrage, & ne parle du franc-aleu, mais qu'elle empêche la prescription des droits Seigneuriaux, *à toto*, il semble qu'elle veuille dire qu'il n'y a point de terre sans Seign. comme quelques Cout. l'ont expressément déclaré: Blois art. 33. Senlis art. 261. Bretagne 328. & que le franc-aleu ne se peut acquérir que par tit. exprès, ainsi que porte la Cout. de Melun, art. 105. A la vérité les droits Seigneuriaux ne sont & ne se réglent comme les servitudes, quoique la Cout. d'Orléans, art. 255. parlant du franc-aleu, les ait ainsi appellés, *sed improprie.* Aussi que ledit art. a été mal mis au titre des servitudes, comme le notateur a remarqué.

Orl.
ar. 108.
Troies
art. 58.
Aux.
art. 89.

ARTICLE X.

SI aucun prend un héritage censuel à rente perpétuelle, chacun franc de

rente eſt priſé & eſtimé à la ſomme de
quinze livres tournois (1) ; & de chacun
deſdits francs, doit ſeize deniers pariſis ; &
ſemblablement là où il y a lods & ventes,
trente-deux deniers ; & s'il ſe baille à rente de bled , ſera le bled eſtimé & priſé à
argent , & payé à l'équipollent , ſelon l'eſtimation ci-après faite.

Notre art. & le 23. parlent de la priſe d'héritage à rente du cenſitaire , & non pas de la ceſſion
à un tiers , à la charge de la rente ; ils ne parlent
pas auſſi de la priſe de l'héritage déguerpi à faute par le preneur, ſes héritiers ou ayans cauſe de
pouvoir payer la rente , pource qu'il n'y a point
de bourſe déliée , & le déguerpiſſement n'opere par une tranſlation de la propriété de l'héritage, ains une extinction & réſolution du droit de
celui qui déguerpit, *tanquam ex cauſa ſuperve-
niente*, dont a été touché quelque choſe ſur l'art.
57. tit. des fiefs. Voyez Loyſeau au traité du déguerpiſſement, liv. 6. ch. 5. n. 10 & 11. Or encore que les baux n'emportent alienation de la propriété , ains ſeulement ſoient une adminiſtration
domeſtique, *l. utima. C. de rebus alien. non alien.*

---

(1) ¶ Cet article induit que
profits ſont dûs de bail à rente perpétuelle & non rachetable , à la différence de la
Cout. de Paris , art. 87. où
profits ne ſont dûs de tels
baux. M. Durand ſur cet article ſemble être de cet avis.
De Lalande , art. 108 d'Orl.
décide que dans notre Cout.
il eſt dû profits de tels baux,
ſuivant l'art. 43 ci-après , à la
différence de celle de Paris,
audit art. 87.
Nota. Profits ne ſont dûs
en cette Coutume pour fiefs
en roture , lorſqu'après diſ-
cuſſion mobiliaire , & par ſentence du Juge , le bailleur de
fonds à charge de rente fonciere rachetable ou non , rentre
dans ſes fonds baillés à rente ,
par défaut de payement des
arrérages de la rente & ine-
xécution des clauſes du bail.
Louet & Brodeau , l. R. Dupleſſis ſur Paris , de Lalande
ſur Orléans , le Grand ſur
Troies, d'autant que les profits
ont été déjà payés lors du
bail à rente ou de la priſe des
héritages, Orl. art. 112.

Cujac. in comment. C. de jure emphyteutico : toutefois il eſt dû profit de tels contrats comme des
autres baux à longues années, comme il eſt fait
mention en l'art. 4;. ci-après. Voyez ce qui eſt
annoté ſur l'art. 77. tit. des fiefs.

· A RENTE PERPÉTUELLE.) *Id eſt*, qui ne ſoit
rachetable, & qui n'a point de prix. La qualité
de rente perpétuelle eſt auſſi quelquefois donnée
aux rentes rachetables, qui de leur nature peuvent ne l'être pas, à cauſe de la faculté preſcriptible du rachat, comme ſont les rentes du bail
d'héritage qui ont un prix certain (1) : quelquefois auſſi les rentes conſtituées ſont appellées perpétuelles, *ratione accidentis*, quand elles ne
ſont pas amorties par les detteurs, *quia perpetuò durare poſſunt.*

PRISÉ ET ESTIMÉ.) *Videlicet*, pour ſur ladite eſtimation & priſée payer les lods & ventes
lors de la priſe, *ad inſtar locationis ad longum
tempus.* Et quand la rente ſera vendue, étant
icelle déſormais au lieu de l'héritage.

ARTICLE XI.

LE franc de rente fonciere ſera eſtimé à
la ſomme de quinze livres tournois.

QUINZE LIVRES.) L'Ordonn. du Roi François I. an 1539. peu après la réformation de cette
Cout. évalue les rentes foncieres, ſur les villes &
fauxbourgs de ce Royaume, à la même raiſon du
denier quinze : depuis, l'Ordonn. du Roi Henri,
au mois de Mai 1553. art. 6. les a priſées au denier vingt : du Moulin dit que le plus vrai & le
plus juſte prix eſt à raiſon de trente pour un, en
ſon traité des uſures, queſtion 5. n. 113. Mais
pour l'eſtimation de lods & ventes, qui eſt une

---

(1) ¶ Il réſulte de cette obſervation de M. Lhoſte, que
la faculté accordée par contrat de création, de racheter
une rente fonciere, ſe peut
preſcrire après les 30 ans, au
bout deſquelles cette rente devient non-rachetable, & cette
faculté eſt preſcrite.

matiere lucrative & odieufe, la Cout. *quod mini-*
mum eft fequitur, comme dit ledit du Moulin fur
l'ancienne Cout. d'Orl. art. 19. Et encore qu'ès
lieux ci-deffus les rentes foncieres qui n'ont point
de prix foient eftimées, il ne s'enfuit pas pourtant
qu'elles ne puiffent être vendues ou créées rachetables, pour le prix que les parties conviendront
fans vice d'ufure : Loyfeau, du déguerpiffement,
liv. 1. chap. 7. n. 2 & 3. Cela a été jugé par arrêt
prononcé en robes rouges, à la prononciation
folennelle de la Pentecôte 1532. entre Turpin
& Lefcorven, rapporté par Coquille fur la
Cout. de Nevers, tit. des rentes & hypothéques, art. 9. où une rente à dix pour cens conftituée pour foulte de partage fut approuvée.

Article XII.

LE bled de rente, à la mefure de Montargis (1), qui eft égale à celle de Paris, & toutes les autres à les réduire à ladite raifon, laquelle mefure confifte en
muids, & contient ledit muids douze fep-
tiers, le feptier huit boiffeaux, qui font
quatre-vingt feize boiffeaux.

Mesure de Montargis.) Les mefures en
France font prefque différentes les unes des autres. Les douze mines d'Orl. & les huit de Bau-
gency, reviennent à douze boiffeaux & un tiers
de Montargis, mefure raclée; & ainfi y a réduction à faire des mefures des autres lieux. L'ufage
ou plutôt l'abus toléré par nos Rois, a fait que
chaque petit Seign. a fa mefure à part, différente
de celle de fon voifin. Nos Docteurs ont aucunement approuvé cette diverfité, *in l. modios C. de*

(1) ¶ Le Boiffeau de Mon-
targis raclé net, contient 30
livres de froment, & c'eft de
cette mefure que la Coutume

entend parler, & non du boiffeau ou mefure de marché,
qui contient deux livres de
plus.

l

ſuſp. lib. 10. & du Moulin ſur la Cout. d'Arras, tit. des droits domaniaux, art. 5. Il ſeroit toutefois fort à propos y ajouter un réglement, pour ôter les tromperies qui ſe commettent en telle diverſité. Philippes de Commines, ch. 125, dit que le Roi Louis XI. étoit en volonté de faire qu'en ſon Royaume on n'uſât que d'une Cout. d'un prix & d'une meſure, ce qu'il eût fait s'il n'eût été prévenu de mort. Il y a des Marchands qui trompent en la meſure du boiſſeau; s'ils achetent de la marchandiſe comble, c'eſt-à-dire tant que le boiſſeau enfaîté en peut tenir, ces trompeurs prennent un boiſſeau large, & de moindre profondeur, afin que le faîte porte davantage; & s'ils vendent comble, ils meſurent avec un boiſſeau étroit & de moindre circonférence, afin qu'il porte moins. Pour retrancher cet abus, j'eſtime que la Cout. de Poitou, art. 35. doit être gardée, diſant que le boiſſeau doit avoir de parfond le tiers de ſon large.

Article XIII.

SEra ledit muids froment en rente, meſure que deſſus, eſtimé à ſept vingt-quatre livres tournois, qui eſt douze livres tournois pour chacun ſeptier, & chacun boiſſeau trente ſols tournois.

Article XIV.

LE muids de ſeigle de rente, meſure que deſſus, eſtimé à la ſomme de ſix vingt livres tournois, le ſeptier à dix livres tournois, & le boiſſeau à vingt-cinq ſols tournois.

Article XV.

LE muids d'orge rente, meſure que deſſus, eſtimé à quatre-vingt ſeize livres tournois, le ſeptier à huit livres tournois,

nois, & le boiffeau à vingt fols tournois.

Article XVI.

LE muids d'avoine de rente , mefure que deffus, eftimé à quarante-huit livres tournois , le feptier quatre livres tournois , & le boiffeau à dix fols tournois.

Article XVII.

LEs pois & les féves de rente au prix du froment.

Article XVIII.

LE mil & navette de rente au prix du feigle.

Article XIX.

LE chapon de rente quinze fols tournois.

Article XX.

LA poule de rente , à dix fols tournois.

Article XXI.

LE fromage de rente à douze fols tournois.

Les articles précédens , depuis le 13 jufqu'au 21 inclufivement, ont été ajoutés par les réformateurs, non pas pour établir un prix vrai & certain à la marchandife , parce qu'il peut changer felon le tems , *l. prætia. §. fin. D. ad leg. falc.* Mais afin que fur icelui feulement on prenne pied lorfqu'il fera queftion de lods & ventes , des baux & rentes , pour retrancher en ce faifant l'occafion de chicaner , fi on fût venu à faire des appréciations, *fi quid eft iniqui,* en telles eftimations, *utilitate publica rependitur.*

Tome I.   T

ARTICLE XXII.

LA mesure de l'arpent par ladite Coutume est semblable, tant en terres, prés, bois, vignes, qu'eaux, & contient cent cordes, & chacune corde vingt pieds-de-Roi, qui est douze pouces pour pied, sans préjudice des baux faits auparavant le jourd'hui, laquelle Coutume commencera avoir lieu dudit jourd'hui.

PIED-DE-ROI, QUI EST, &c.) Encore qu'il soit ici question de mesure de terre, la Cout. néanmoins délaisse le pied des Géometres, qui est de quatre petites palmes, ou seize doigts : la gl. sur le ch. *sicut antiquitus* 17. *quæst.* 4. ne lui en donne que quinze ; le doigt est de quatre grains d'orge en largeur. Le pied-de-Roi contient douze pouces, chacun pouce douze lignes : cette mesure est appellée pied-de-Roi, *per excellentiam*, comme plus en usage & plus ancien que l'autre. *Henricus Glareanus, lib. Geograph. cap. 15.* nous le dépeint égal, & semblable à celui dont usoient les Romains ; ce que nous avons par aventure retenu d'eux, lorsqu'ils seigneurioient en Gaule. Les vers suivans aideront à la mémoire, pour retenir la valeur des mesures.

Quatuor ex granis digitus componitur unus,
Est quater in palmo digitus, quater in pede palmus,
Quinque pedes passum faciunt, passus quoque centum
Viginti quinque stadium dant : sed milliare
Octo dabunt stadia : duplicatum dat tibi leucam.

SANS PRÉJUDICE.) Nous apprenons des anciens titres de ce pays, que la corde étoit de vingt-

deux pieds, dont on ufe encore en quelques Châtellenies de ce Bailliage, comme à Villiers-faint-
Benoît & à Tannere. Voyez le procès-verbal de
cette Coutume.

ARTICLE XXIII.

ET fi on le prend à rente rachetable (1),
fera tenu de payer lefdits lods & ventes au prix du rachat ; & payera à l'heure
de la prife , & ne fera rien tenu payer à
l'heure du rachat de ladite rente (2).

Orl.
art.10ç.
Troïes
art. 75.
Auſ.
art. 88.

En l'art. 10. il a été dit comme les lods & ventes fe payent des prifes à rente fonciere non rachetable: celui-ci continuant la matiere eſt, quand
les baux des héritages font à rente rachetable, &
dit que les profits feront réglés au prix du rachat,
qui eſt la valeur certaine de la rente , & que les
parties même lui ont donnée ; que lefdits profits
feront payés par le preneur lors de la prife , com-

---

(1) ¶ Suppléé: LE PRENEUR.
Ledit preneur ni le tiers
acquéreur à la charge de la
rente feulement. Voyez M.
Lhofte fur l'art. 33 ci-après.

(2) ¶ Ce qui eſt très-jufte ,
parce que ce n'eſt qu'une libération & un payement du
prix de la vente, lors de laquelle les lods & ventes ont
dûs être payés.

Il eſt à remarquer dans
cette Coutume, que fi le propriétaire d'héritages baillés
à rente fonciere rachetable
reprend lefdits héritages plufieurs années après le bail à
rente , en conféquence du ré-
filiment dudit bail , confenti
par ceux qui poffédoient lefdits héritages fous la charge
de la rente , font dûs au Seigneur droits de lods & ven-

tes , parce qu'alors il y a
nouvelle vente & mutation ,
& que la réfiliation n'eſt pas
cenfée ainfi faite , *ex cauſá
antiquâ & neceſſariâ*, le débiteur étant réputé folvable :
& il faut conclure qu'autant
que la rente fubfifte fans être
vendue , il n'eſt point dû
profits ; mais autant de fois
qu'elle eſt vendue , *toties*, il
en eſt dû , parce que la vente
cedit loco rei , & repréfente
ledit héritage.

Savoir fi on peut tefter de
la totalité d'une rente fonciere , créée pour bail d'héritage , qui étoit propre au
bailleur pendant les 30 ans
de la faculté de rachat. Voyez
ma Note fur l'art, 2. des tefta-
mens.

T 2

me on fait en un bail à longues années, si on re-
mettoit à faire le payement des profits lorsque la
rente seroit rachetée, *tanquam esset tum venditio*,
les Seigneurs pourroient être frustrés de leurs
droits par l'intelligence des contractans, qui si-
muleroient une rente créée par bail, laquelle puis
après le detteur racheteroit au déçu du Seigneur
censuel. Il a donc été meilleur de faire payer les
profits lors de la prise, & non quand la rente sera
·rachetée; pource que le rachat vraiment n'est pas
une vente d'héritage, mais une libération ou décharge de l'héritage aliéné, pour laquelle aliénation le Seigneur a déjà reçu ses profits. D'ailleurs
le rachat est un amortissement qui réduit la rente
ad non esse, & n'y a plus rien d'immeuble, *ne in
intellectu quidem. Vide Mol. ad Consuetudinem Parisiens.* §. *33. gl. 2. num. 66.* reste seulement le
prix qui est pur meuble, sauf les cas des art. 10.
tit. des Communautés d'entre homme & femme
ci-après, & 244. de la Cout. de Paris, où les deniers sont réputés immeubles, & le 17. art. des
matieres de retrait ci-après, où le rachat ne tient
pas au préjudice du lignager qui veut retraire.
Nous remarquerons ici la différence qui est entre
le rachat de la rente fonciere rachetable, & l'a-
chat ou acquisition que fait le detteur de celle qui
est non-rachetable, dont est parlé en l'art. 33. ci-
après. Sous le nom de rente rachetable, j'entends
comprendre celles qui le sont *in vim*, des Ordonnances du Roi François I. au mois d'Oct. 1539.
Henri II. en Mai 1553. pource que la loi *utilitatis
publicæ causa*, annulle la qualité de non-rachetable, que les contractans avoient donnée à ces rentes, leur constituant un prix comme *ab initio*, en·
remboursant lequel, l'Ordonn. du Roi François
I. les déclare éteintes & amorties, tellement que
ce n'est pas une acquisition, mais un rachat, qui
fait qu'elles ne sont sujettes à retrait, *argumento,*
de l'art. 27. tit. des matieres de retrait ci-après:
quia res desinit esse immobilis. Et pour mieux par-

venir à cette extinction, on tient que la faculté de racheter ces rentes ne se prescrit par aucun tems : Cout. de Paris, art. 121, & d'Orléans, art. 271. Aussi Carondas sur le Code Henri, liv. 6. tit. 14. art. 4. remarque avoir ainsi été jugé en Parlement le 12 Mars 1576. en une cause de Sainte Opportune de Paris.

ARTICLE XXIV.

EN échange d'héritage redevable de droit de cens, fait but à but sans nulles tournes (1), sont dûs ventes au Seigneur censier, si les héritages échangés sont assis en diverses censives * : mais si lesdits héritages sont en une même censive, n'en sont dûs aucunes ventes, ni autres profits, sinon qu'il y eût tournes; auquel cas sont dûs ventes pour le prix desdits tournes seulement.

Orl. art. 110. Troies art. 55. Aux. art. 85.

SONT DUS.) En droit il n'est dû aucun profit de l'échange également fait ; toutefois en l'espéce de notre Cout. chacun des compermutans, paye la moitié de ce qu'ils doivent en cas de vente; tellement que si le Seigneur est fondé en lods

(1) ¶ *Quid*, si le contrat d'échange est résolu volontairement par les Parties dans l'an, savoir si à cause de cette résolution sont dûs nouveaux droits de rachat au cas des biens nobles, à chacun des Seigneurs dans la censive desquels les fiefs échangés sont situés, de même que s'il y avoit nouvelle mutation, & si le présent article doit être entendû des biens roturiers aussi-bien que des nobles. Il y a lieu de croire que ledit art. est commun aux fiefs & aux rotures, & qu'il n'est point dû de nouveaux droits de rachat, non plus que nouveaux droits de vente. Voyez de Lalande, art. 110. d'Orléans, & Lhoste art. 61 des fiefs.

* *Idem consuet. Aurelian.* paragr. 30. *Blesnes.* paragr. 119. *adde consuet. Calui.* paragr. 59. C. M.

Y 3

& ventes, il n'aura que vente simplement ; & s'il n'a que le droit de vente , il ne recevra que demi-vente (1) , *pro rata estimationis rei.* Voy. a ce propos Guido Pape, question 92. Boër. sur la Cout. de Berry , tit. des fiefs , art. 18. Mais on pourra demander aux dépens de qui se fera cette estimation. Je réponds que ce sera aux dépens de l'acquéreur , sinon qu'il eût fait offres raisonnables ; auquel cas si le Seigneur ne l'accepte, elle se fait aux dépens dudit Seigneur, suivant la Cout. de Bourbonnois , art. 396. laquelle du Moulin sur la Cout. de Paris, tit. des cens , art. 78. gl. 4. n. 41. dit être tant équitable, que *loco non clauditur ,* & doit être tenue pour générale.

MAIS SI.) Cela n'a autre raison , sinon qu'en ce cas il n'y a changement d'homme ou tenancier ; & c'est pourquoi en matiere féodale il n'est dû quint & requint , art. 61. tit. des fiefs. Quand rentes constituées même par hypothéque spéciale sur l'héritage en même censive sont données en contr'échange, il est dû profit à raison du prix de la rente, horsqu'elle ne soit racherée, d'autant que la promesse équipolle à argent comptant , & que le detteur la peut racheter *totes quoties , etiam invito & contradicente creditore ,* comme il sera dit ci-après en cet art. Voyez ce qui est annoté sur l'art. 61. tit. des fiefs. *Secùs,* si les rentes données en contr'échange sont foncieres , encore qu'elles soient rachetables, pource qu'elles sont en notre Coutume au lieu & de même nature que le fonds, pour lequel on paye profit quand elles sont vendues ou échangées , art. 33. ci-après , sauf si l'échange se fait avec le detteur desdites rentes, *quia tunc indistinctè censetur venditio,* dit du Moulin sur la Cout. de Paris , art. 78. gl. 2. n. 6. *Quid,* si les héritages sont de diverses prises, que nous appel-

---

(1) ¶ Ceci est à observer : au cas d'échange en roture , il n'est dû que le demi-droit à chacun des Seigneurs ; d'où il résulte qu'à Paris il ne seroit dû que demi rachat au cas d'échange de fiefs. Lhoste , art. 61 des fiefs.

Ions maſures, *à manſione*, dont les droits ſe payent
ſéparément & par aventure à divers jours. De
premier abord ſemble qu'il en ſoit dû lods & ventes, comme étant en diverſes cenſives ; toutefois
du Moulin ſur la Cout. de Paris, tit. des cens, art.
78. gl. 2. n. 14. tient le contraire, & qu'il ſuffit
que les héritages échangés ſoient mouvans d'un
même Seigneur. Cette interprétation me ſemble
conforme à ce qui a été ci-devant dit en l'art. 61.
Et en conféquence je voudrois tenir que le nouveau propriétaire d'un héritage acquis par échange pour un féodal en même Seigneurie, ne devroit
profits, *licet* que le nouveau vaſſal en payât ; *id
enim operatur* le changement de vaſſal & la dé-
miſſion de foi. Conſidération qui ceſſe en matiere
cenſuelle : auſſi qu'en ce cas le Seigneur auroit
double profit *ex eodem negotio, quod nimis dam-
noſum mihi videtur.*

SINON QU'IL.) Il eſt dû profit des tournes au
Seigneur, ſelon la nature de la cenſive, pource
qu'à cet égard le contrat eſt réputé de vente,
Balde in l. Ariſto. D. de donat. Idem in feudis,
art. 51. ci-devant ; & faut entendre ceci *de pro-
priâ & voluntariâ permutatione* ; autrement ſi les
tournes étoient données *ex alio negotio & cauſâ
neceſſariâ,* comme pour partage ou tranſaction,
il ne ſeroit dû aucun profit ; art. 30. ci-après. Ce
que nous reſtreignons & pratiquons *inter cohœre-
des,* & non entre aſſociés, comme il ſera dit ſur ledit art. *Quid,* ſi pour tournes on donne une rente
conſtituée à prix d'argent, à prendre ſur autres
héritages, j'eſtime qu'il en eſt dû lods & ventes,
ſuivant l'opinion de du Moulin *ibidem,* tit. des
fiefs, art. 33. gl. 2. n. 86. tit. des cens, art. 84. gl.
1. n. 91. & ſuivans. Les raiſons ſont tirées par argument *ab equipollenti,* du *retentum* de la Cour, en
l'arrêt ſuſdit, que d'un héritage vendu à la charge
de rente conſtituée à prix d'argent, il eſt dû lods
& ventes, non-ſeulement pour le regard des deniers débourſés, mais auſſi pour le ſort principal

de ladite rente ; *quia idem eſt aĉtivè* donner une
rente pour l'héritage , *aut paſſivè* le charger d'une
rente ; l'une & l'autre éſt au lieu d'argent que l'acquéreur devroit débourſer,& y ſont réduĉtibles,
ex ſui natura. Et du Moulin au lieu ci-deſſus , n.
94. ajoute que ſi on ne payoit les profits au Seigneur , *ejus immunitatis ſemper via pateret , & ſte-*
ret fraus his juribus , l'acheteur emprunteroit des
rentes de ſon ami , leſquelles il donneroit en
échange & peu après les racheteroit. Voyez ce
qui eſt annoté ſur l'art. 61. tit. des fiefs. *Aliud eſt*
d'une rente fonciere , quoique rachetable , *quia*
fundi loco eſt , & vicem rei immobilis gerit. Voyez
du Moulin ès lieux ci-deſſus , & ce qui ſera dit
ſur l'article 33. ci-après.

Article XXV.

Ord. Art.109.

SI aucune perſonne vend rente perpétuelle ou réméré ſur ſes biens & héritages , en ce cas n'y a aucun droit de lods &
ventes : toutefois ſi par après ladite rente
étoit aſſignée ſur héritage particulier par
les parties ou Juſtice , en ce cas en ſera dû
profit par l'acquéreur.

Anciennement on créoit des rentes à prix d'argent, non rachetables : du Moulin ſur la Cout. de
Paris , tit. des cens, art. 84. gl. 1. n. 41. & en ſon
traité des uſures , queſtion 8. n. 143. & Coquille
ſur la Cout. de Nevers , tit. des fiefs , art. 25. &
des rentes , art. 9. tiennent que cela ſe peut encore faire , ce que je n'eſtime pas , étant choſes
contraires aux extravagantes , *regimini de empt.*
& vend. ou du moins *mos obſolevit.* Elles ſont appellées perpétuelles , à cauſe du long tems qu'elles peuvent durer , & incertitude du rachat perpétuel; tout ainſi qu'une exception incertaine par
diſpoſition de droit eſt cenſée perpétuelle en matiere de répétition de choſe non dûe. On tenoit

auffi qu'après trente ans les rentes que nous appellons volantes devenoient non rachetables. Voyez
Chaffanée fur la Cout. de Bourgogne, tit. des rentes vendues à rachat, art. 1. n. 10. Le premier arrêt qui les déclara rachetables à jamais, & qui depuis a fervi de loi , eft du 13 Mars 1547. entre
Thomas Raponel & Faron Charpentier, rapporté
par du Moulin au même lieu, *numero* 31. Quand
donc ces rentes font vendues , *id eft* font conftituées ou affignées fur la généralité des biens du
detteur, il n'étoit , comme il eft encore, dû aucun profit au Seigneur cenfuel; mais on difoit que
fi elles étoient affignées par hypothéque fpéciale
fur un héritage particulier , il en étoit dû lods &
ventes. Voyez Choppin fur la Cout. de Paris, liv.
2. tit 6. n. 20. La Cout. de Nevers, tit. des fiefs,
art. 25. permet au Seigneur empêcher telles rentes, ou s'en faire payer quint denier : en ce pays
les fermiers du domaine du Roi faifoient payer
profit en cas de vente de rentes conftituées pour
argent , lorfque les rentes étoient fpéciales. Le
Confeil de Madame Renée de France, Ducheffe
de Ferrare, & qui jouiffoit du Domaine de Montargis, fit changer ce mauvais ufage l'an 1570. fur
l'occurrence d'une affaire de Me. François Rouf-
fet, célébre Médecin; la raifon étoit que les anciens croyoient que l'affignation ou hypothéque
fur un immeuble étoit une vente ; cette claufe eft
encore ordinaire ès contrats. *Dont* & duquel héritage ledit vendeur s'eft défaifi & dévêtu jufqu'à
concurrence de ladite rente, & par conféquent on
tenoit que la rente étoit de même nature que le
fonds, & qu'elle faifoit partie d'icelui. Sur ce fondement il fut facile d'établir l'opinion du payement des lods & ventes, quand telles ventes fe
créoient, & quand elles fe vendoient , comme
nous voyons en l'art. 33. ci-après. Depuis comme
l'efprit des hommes s'affine par l'ufage , on a jugé
que ces rentes *afficiunt fundum* pour l'hypothéque
feulement, que la fpécialité à l'égard du detteur

& fes héritiers n'a pas plus d'effet que la généralí-
té , *relevat tantùm creditorem à probatione dominii,*
dit M. Louet, lettre H. ch. 9. *in fin.* Ces raifons &
autres ont donné fujet à l'arrêt du 10 Mai 1557.
rapporté par du Moulin en fes annotations fur la
nouvelle Cout. de Paris, art. 58. Voy. M. Louet,
lettre L. ch. 15. Tellement qu'à préfent cet art.
ne fert plus de rien; ou bien il faut prendre la pre-
mi ere partie pour les rentes conftituées , & la feconde pour les rentes d'affiette , *ubi creditor hypo-
thecæ incumbens poffidet ad commodum venditoris ,*
dit du Moulin en fon traité des ufures , queft. 35.
n. 268. Argentré fur la Cout. de Bretagne , art.
61. gl. 2. n. 1. tit. des droits du Prince. De ces
rentes font mention les Cout. d'Anjou , art. 295.
& Poitou , art. 27 & 190. Les Canoniftes n'ont
pas réprouvé ces rentes en affiette. Voyez Barthole fur la loi *fi ea leg. D. de ufur.* J'ai trouvé dans
les Mémoires de défunt M. Me. Jean Delavau ,
Confeiller en Parlement, qu'il y a deux arrêts qui
réglent ces rentes en affiette comme elles fe doivent faire , & à favoir fi en donnant héritages &
revenus de proche en proche , fi la Jurifdiction y
eft comprife ; tous deux font de l'an 1496. l'un du
dernier jour d'Avril pour le Sieur de la Loue ,
l'autre du 14 jour d'Août contre ceux de Citeaux
& ceux de S. Germain-des-Prés. Elles fe font
par une antichrefe licite , quand le detteur à délaiffé à fon créancier la jouiffance de fes héritages,
juftement évalués avec la rente , jufqu'au rachat
perpétuel , comme eft la nature de la rente , en
forte que le refte du bien du detteur eft déchargé
de l'hypothéque , *l. fi fervus §. quicumque. D. de
leg.* 2. Cet affignat reffent fa vente , *creditor enim
excuffo prætio fecundum ejus fundi reditum mercatus,*
comme dit la loi *fi fundum per fidei commiff. D. de
leg.* 1. Loyfeau du déguerpiffement , liv. 1. ch.
7. n. 14 & 15. Autres entendent cet article ,
au cas que l'héritage hypothéqué fpécialement à
une rente conftituée eft vendu à la charge de la

rente, il eſt dû profit par l'acquéreur, tant du prix de ladite rente, que de l'argent débourſé : cela a été ainſi noté par du Moulin ſur l'art. 1. tit. des fiefs, & exprimé en l'art. 111. de la Cout. d'Orléans. Ou bien cette aſſignation eſt comme une eſpéce de location perpétuelle juſqu'au rachat de la rente : du Moulin au lieu ci-deſſus, n. 266. limite cette aſſignat à la location de l'héritage ; & Maître Pierre Rat ſur ledit art. en la Cout. de Poitiers, définit le juſte prix de l'aſſignat au revenu commun de vingt années : c'eſt pourquoi de telles rentes d'aſſiette comme de vente à réméré perpétuel, ou comme de location à long tems, il en eſt dû lods & ventes, art. 78. tit. des fiefs, & art. 43. ci-après : Argentré Cout. de Bretagne, art. 301. Ce que deſſus doit ſervir d'interprétation à l'art. 22. du ch. du retrait lignager, qui parle de ces deux ſortes de rentes ; car le retrait & les lods & ventes marchent quaſi toujours de pas égal. Voyez l'art. 34 ci-après.

Par les parties ou justice.) *Id eſt*, de gré à gré ou par la voie de Juſtice, quand le créancier contraint ſon detteur de lui donner par aſſiette l'héritage ou choſe immeuble, valant chacun an par commune eſtimation la valeur de ſadite rente, toutes charges déduites : Cout. d'Anjou, art. 492.

Article XXVI.

SI aucun acheteur d'héritage cenſuel (1) qui n'a payé, ſe déporte de ſon achat, Orl. art. 112.

---

(1) ¶ Selon de Lalande, art. 112 d'Orl. cet art. 26 a lieu en fief auſſi-bien qu'en roture, la raiſon étant égale, & c'eſt un cas obmis dans notre Coutume, qui doit être ſuppléé comme choſe raiſonnable, de même qu'on le ſupplée dans la pratique, en la Coutume d'Orléans, dont ledit art. 112. ne parle non plus que celui-ci que de l'héritage cenſuel.

Nota. Quand le bailleur de fonds de l'héritage donné à rente fonciere, reprend ledit héritage après l'an expiré, ou pluſieurs années après, par convention avec le débiteur, ſans ordonnance de Juſtice,

& le vendeur reprenne dedans l'an ledit héritage par lui vendu, en acquit dudit prix, au Seigneur cenfier en font dûs lods & ventes de la premiere vendition feulement.

Pirrhus Englebermeus fur l'art. 10. Cout. d'Orléans, tit. des cens, dit que cet art. n'eft pas fondé en grande raifon ; & à la vérité il ne la faut par tirer des maximes de droit. M. Cujas fur le tit. 14. du liv. 4. des fiefs, dit que *multa funt in moribus Galliæ diffentanea, multa fine ratione, ut quod de jure recepto Neratius fcripfit, non effe ejus anxiè rationem inquirendam, ne multa ex his quæ certa funt fubvertantur. Id moribus Galliæ veriffime poffit, quod plerumque omni ratione deftituantur, peti partim ex jure Gallico, partim ex imperitorum doctorum fententiis male coherentibus.* Voyez auffi ce que dit du Moulin fur l'art. 78. de la Cout. de Paris, gl. 1. n. 39. touchant cet art. Puis donc qu'en matiere de Cout. *omnimoda ratio fufficit,* on peut dire qu'il eft dû profit de la vente, *quia pura fuit ;* mais que de la reprife il n'en eft rien dû, pource que c'eft plutôt une extinction ou réfolution du droit de l'acquéreur, qu'une nouvelle acquifition, *ab exemplo* d'une vente à faute de payer le prix, *ut fundus inemptus fit fub pacto legis commifforiæ, l. 1 & 2. D. de leg. commiff. Maximè,* quand le contrat fe réfout dans peu de tems *ut hic.* Voyez ce qui a été annoté fur l'art.

78.

il eft dû profits au Seigneur comme d'une nouvelle vente, à caufe de la mutation, nonobftant la difpofition de l'art. 23 de ce titre, qui n'a point d'application à cette efpéce. Moulins fur Paris, paragr. 78. gl. 1. n. 39. Pithou, fur l'art. 77 de la Cout. de Troies. Louet & Brodeau, let. R. n. 2. Du Moulin, parag. 22 de Paris, n. 15 & fuiv. & parag. 23. n. 9. De Lalande fur l'art. 112 d'Orl. Voy. ma Note fur l'art. 61 des fiefs, où, par Déclaration de 1673. font dûs profits de tous échanges de rentes contre des héritages, comme en vente, ce qui a fixé la Jurifprudence de tout le Royaume.

78. tit. des fiefs : & du Moulin fur la Cout. de Paris, tit. des fiefs, art. 33. gl. 1. n. 20. Il a fallu trouver un expédient coloré, prendre l'intention du vendeur de recevoir le prix pour une condition expreſſe au contrat, afin de foulager les vendeurs, contraints de reprendre leur chofe, ou la perdre.

Article XXVII.

HEritage baillé à cens, ne ſe peut bailler par le preneur, ou ayant cauſe de lui à autre cens, pource que cens ſur cens n'a lieu.

Orl.
art. 112.
Trois
art. 56.
Aux.
art. 98.

, Les Seigneuries directe & utile font bien compatibles, *apud duos in ſolidum,* fur une même choſe, *l. damni §. & qui D. de damno infect. & l. 1. in fine, cum l. ſeq. D. ſi ager vectigal. vel emphit. pet.* Mais la Seigneurie directe *apud duos pro ſolido eſſe non poteſt. l. de hæreditate. §. pater. D. de caſt. pecul. & l. ſi ut certo, §. ſi duobus D. commodati.* C'eſt la raiſon pourquoi notre Cout. & preſque toutes les autres, diſent que cens ſur cens n'a point de lieu : le vaſſal peut bien donner ſon héritage à cens, *retenta fide,* & en demeurera Seigneur direct avec ſes Seigneurs médiat & immédiat, *ſed ſubordinatè,* ſelon l'opinion de du Moulin, *aut per incluſionem,* ſuivant l'avis des autres Docteurs, rapporté par ledit du Moulin ſur la Cout. de Paris, tit. des fiefs, art. 1. gl. 6. n. 7 & 8. Quelques Cout. par imitation en ont autant permis aux cenſitaires par la volonté du Seigneur cenſuel : mais la nôtre rejette totalement cette ſubordination en matiere cenſuelle, *tanquam quid feudo minus nobile ;* de maniere que ſi un cenſitaire avoit donné ſon héritage à autre cens, le contrat feroit déclaré nul, ou bien le cens feroit réduit à la nature d'une rente fonciere. Voyez ledit du Moulin ſur la même Cout. tit. des cens, art. 73. gl. 1. n. 22. & Chaſſanée ſur la Cout. de Bourgogne, au même titre, art. 6. n. 5. *quod uſque adeo*

Tome I.   V

verum eſt, que même un héritage cenſuel autrefois amorti ne peut être donné à cens, dit Bacquet, traité 4. liv. 2. chap. 6. n. 1 & 2.

ARTICLE XXVIII.

L E propriétaire de l'héritage cenſuel ne
peut bailler l'héritage ſujet audit cens
ou partie d'icelui, ſans charge dudit cens
envers le Seigneur, ou ſe charger de le
payer & en décharger le preneur ; & s'il le
fait, ledit Seigneur peut faire révoquer ledit bail, & contraindre le ſecond ou plus
lointain propriétaire, de lui reconnoître
ledit cens, & s'inſcrire en ſon papier, &
s'obliger.

NE PEUT BAILLER.) *Videlicet*, à plus de
neuf ans, parce que le bail eſt une eſpéce d'aliénation, comme il a été dit en l'art. 43. chap. des
fiefs. *Si verò*, l'héritage a été donné à moindre
tems, le fermier ne peut être convenu pour le
payement des charges foncieres, car en nommant
ſon Seigneur, lui ſera donné congé de l'inſtance.
Voy. à ce propos les arrêts de Me. Anne Robert,
liv. 4. ch. 9. & Loyſeau du déguerpiſſement, liv.
2. ch. 2. n. 14. & 20. où doctement *ſuo more* il diſ-
cute à qui appartient de payer leſdites charges.
De cet art. par identité de raiſon, il réſulte auſſi
que le propriétaire ne peut vendre ſon héritage
ſans la charge du cens, car il y eſt tellement attaché ou inhérent, qu'on peut dire que c'eſt l'héritage qui doit, & non la perſonne, *l. 2. & 3. C.
ſi re ſenſu & reliq. fund. comp. non poſſe.*

OU SE CHARGER, &c.) Les régles du fief
ne conviennent en tout au cens, *maximè hoc caſu*,
pource que le cens *eſt onus realiſſimum.* Juſtinian
en ſa nouvelle 17. dit, *tributa à poſſeſſoribus infe-
runtur, nec alii debent eſſe collatores, alii verò*

possessores : maximè enim convenit , ut contribu-
tiones ad possessores referantur , non etiam ad eos
qui prædia neque detinent , neque possident.

OU S'IL LE FAIT.) Les Ordonnances de François I. 1539. art. 180. & 181. & de Henri II.
1549. art. 5. de Henri III. à Blois 1572. art. 180.
font défenses aux Notaires de passer aucuns contrats de vente, d'échanges ou autres , sans déclarer par les contractans les charges des héritages, & envers qui ils sont chargés , à peine de
nullité , & autres peines indictes par lesdites Ordonnances , & sous la modification de l'arrêt de
vérification du 4 Mars 1549. Mais pendant l'instance sur la nullité du contrat , le Seigneur peut
contraindre les précédens propriétaires de lui
reconnoître le cens , suivant les dernieres déclara-
rations & reconnoissances. Cette faculté au Seigneur de poursuivre les précédens propriétaires,
est afin qu'il ne plaide défaisi , *& re sua carere vi-*
deatur argument. de l'art. 83. tit. des fiefs. Et ce
qui est dit, que le Seigneur se peut adresser au second, ou au plus lointain propriétaire ; c'est-à-dire , que la vente faite par le premier propriétaire
au second sans charge du cens , & la revente du
second au troisiéme, *& sic deinceps ,* n'ôte pas le
droit du Seigneur , & ne l'empêche qu'il ne puisse
contraindre le dernier propriétaire de lui reconnoître le cens , & soi inscrire en son papier , &
obliger. Ici on pourroit faire une question, savoir
si la déclaration de cens faite par le contrat, oblige l'acheteur envers le Seigneur ? Omettant les
raisons pour l'affirmative , rapportées par Coquille , qui est de cet avis , sur la Cout. de Nevers, tit. des cens , art. 25. je tiens que tout ainsi
comme la déclaration ne nuit au Seigneur, aussi ne
lui doit-elle profiter , & qu'il faut venir à la vérité , *l. in conventionib. D. de verb. sig. in emptis*
& venditis potius id quod actum quàm id quod dic-
tum sit, sequendum est, l. sed Celsus. §.1.D. de con-
trah. empt. Ce que le Docteur Godefroy inter-

prêtant dit, que *judex à prætore datus non entendu id judicat quatenùs lingua nuncupatum est, sed ex æquo.* Voyez Guido Pape, quest. 24. & la Paraphrase de M. Bourdin sur ladite Ordonnance de 1539. tellement que si l'héritage ne se trouve assez chargé, l'acquéreur en payera davantage, sauf son recours contre son vendeur : si au contraire le cens ou rente est moindre que la déclaration ne porte, le Seigneur ne peut contraindre l'acheteur d'en payer davantage que véritablement il est dû ; mais le vendeur répétera la valeur du surplus ; qui *actione ex vendito,* faisant cette plus grande charge, *per errorem dicta,* partie du prix ; en sorte que sans icelle il est à présumer que l'acheteur eût déboursé davantage d'argent, *l. si minor. à venditore C. de act. empt.* & ainsi a été jugé en ce Bailliage le 25 Septembre 1612. pour Pierre Parchasson, contre Lucas Pillé.

ARTICLE XXIX.

^{Aux.}
^{art. 95.} QUand le propriétaire de la terre redevable à cens cesse de payer, & demeure ladite terre sans détenteur, le Seigneur auquel est dû ledit cens la peut prendre & unir à son domaine *, supposé qu'il ne fût Justicier. Et en revenant dedans dix ans, & payant les méliorations, feront les Seigneurs tenus les rendre sans déduction des levées qui demeureront auxdits Seigneurs (1).

(1) ¶ Le mardi 2 Avril 1743. à l'audience de ce Bailliage, il a été donné Acte de notoriété, ainsi qu'il suit : Ouï Blondet, Procureur, en sa Requête judiciaire pour le

---

* *Item consuetud. Burgund.* paragr. 5. *eod. tit. Nivernex.* paragr. 11. *eod. tit.* C. M.

CESSE DE PAYER, &c.) *Hic duo defiderantur,* *fcilicet* la ceffation du payement & l'abandonnement de l'héritage ; car pour faute de payer le cens ou autres droits cenfuels, le Seigneur doit procéder par obftacle ou faifie, art. 2. ci-devant; & après un tems légitime fi perfonne ne s'oppofe, le Seigneur alors pourra prendre le fief, *in defectum folutionis & hominis.* Jugé par arrêt du 28 Mars 1615. pour Jean de Gauville, contre Jacq. Amyot, Sr. de Courtampierre, pour un lieu appellé des Portes, en la Juftice de Château-Landon. J'ai dit, *fi perfonne ne s'oppofe,* pour faire connoitre que l'abfence ou négligence du propriétai-

fieur Marquis de Champignelles ; & ouïs fur ce les Gens du Roi, auxquels il en a été communiqué, enfemble les Avocats & Procureurs de ce Siége, & l'avis pris de la Compagnie. Nous, ayant égard à ladite requête, & y faifant droit, Nous avons donné Acte de notoriété, qu'en conféquence de l'art. 29. du chapitre des cens & droits cenfuels de la Coutume de Montargis, & des Jugemens de ce Siége, rapporté par Monfieur Lhofte, fon Commentateur, il eft d'ufage & de pratique ordinaire dans l'étendue & reffort de cette Coutume, que faute de payement du droit de cens de l'héritage demeuré vacant & fans détenteur pendant trois années entieres & confécutives, le Seigneur cenfuel de cet héritage peut, par autorité de Juftice, le prendre & réunir à fon domaine, à condition néanmoins que fi le propriétaire du même héritage le réclame dans les dix ans de la réunion, en ce cas, en payant les améliorations, le Seigneur eft tenu

de lui rendre, fans déduction cependant des fruits & levées, qui demeurent & appartiennent en entier au Seigneur. COMME auffi avons donné Acte de notoriété, qu'après l'expiration defdites dix années fans réclamation, l'héritage eft entierement & abfolument réuni au domaine du Seigneur, lequel en peut totalement difpofer à fa volonté, fans que le propriétaire en ce cas puiffe être admis & reçu à le réclamer, fi bon ne femble au Seigneur, fi ce n'eft au cas de minorité, ou pour autre caufe jufte & raifonnable, Moi prononçant, affifté de MM. Charroyer, Préfident au Préfidial, & Confeiller au Bailliage, Leboys, Lieutenant-particulier Affeffeur criminel, Conftantin, Confeiller., Rouffelet, Confeiller honoraire, & Hureau de Montalibert, Confeiller, M. Frogier, Avocat du Roi, feul, MM. Hureau & Foucher, Avocats, Gourdet, Drouin, Ledagre, Blondet, Naudin, Durzy, Procureurs, Benou, Greffier.

V 3

re ne nuit à l'ufufruitier ou au créancier, *etiam* chi-
rographaire , & qu'il peut apparoitre à la faifie ,
après la prife de l'héritage dans, dix ans : *& fi jufta
offerat*, le Seigneur lui doit donner main-levée ,
& foi défifter de la jouiffance, *quia res in eum ca-
fum devenit, à quo incipere non potuit* : & ainfi à
été jugé à Montargis pour Jacques le Duc, contre Me. Paul Malingré , le 23 Juin 1612. Voyez
du Moulin fur la Cout. de Paris, tit. des cens, art.
85. n. 92. jufqu'au 101. & Coquille fur la Cout. de
Nevers, au même tit. art. 11. Mais s'il vient après
les dix ans , *non audietur , quia omne jus pignoris
evanuit, l. vectigali. D. de pignor.* Voyez les annotations fur les art. 5 & 83. tit. des fiefs. Et parce que notre Cout. ne dit pas de combien de
tems doit être cette ceffation , devant que le
Seigneur puiffe prendre l'héritage vacant, quelques-uns tiennent qu'il faut feulement deux ans.
Chaffanée fur la Cout. de Bourgogne, tit. des
mains-mortes, *art. 22. in princ.* les autres difent
qu'il en faut trois , laquelle opinion me femble
meilleure , *argumento ab emphyteuta l. 2. C. de
jure emphyteut.* Et en ce lieu voyez l'annotation
de Godefroy. Du Moulin femble auffi être de
cet avis, en la Cout. de Paris , titre des cens ,
art. 85. gl. 1. n. 84. & fut ainfi jugé en ce Bailliage le 28 Nov. 1626. fur un appel de Cepoy, au
profit d'un nommé Montault, contre les Religieux de St.-Benoît-fur-Loire. *Idem eft* de l'héritage chargé de terrage , Cout. de Clermont ,
art. 120. de la Marche , art. 331.

LA PEUT PRENDRE, &c.) Ce mot *prendre* nous
montre que c'eft *factum Domini re fua utentis*, &
pour ce faire qu'il n'eft tenu précifément avoir
recours à la Juftice : les mots fuivans y font exprès, *fuppofé qu'il ne fût Jufticier* : toutefois *con-
fultius tamen egerit fi jure creditoris*, il fait créer un
curateur à l'abfent ou aux biens vacans, fur lequel il fera décréter l'héritage , & après les folemnités le faire adjuger au plus offrant, à la char-

ge de fa redevance; & ce qui reftera du prix, le
Seigneur, préalablement payé des arrérages &
droits à lui dûs, fera mis en dépôt pour être reftitué au propriétaire s'il revient dans les dix ans ,
ou délivré audit Seigneur, comme tenant lieu de
l'héritage par fubrogation. Cet expédient eft fondé en raifon de pratique, dit Coquille au lieu ci-
deffus, & peut être obfervé par-tout. Mais pour
revenir au droit du Seigneur cenfuel, il peut mettre l'héritage en fa main par une efpéce de confolidation, en forte qu'après les dix ans, le cens eft
réuni au fief incommutablement. *Sed quæftionis eft,*
comment fe fait cette confolidation, *an ipfo jure,*
an facto hominis accedente ? Autrefois on a dit qu'il
falloit une déclaration expreffe ou tacite, *argu-*
mento à feudis, art. 44. tit. des fiefs ci-devant : à
préfent on tient qu'elle fe fait *ipfo jure,* foit que le
Seigneur de fief entre au droit du propriétaire de
l'héritage cenfuel, ou que le cenfitaire acquiere
le fief, dont mouvoit fon héritage, par les maximes, *res fua nemini fervit,* que toute chofe revient
facilement à fa premiere origine, que le cens *tan-*
quam feudo minus nobile, par la confufion quitte &
dépofe fa condition ignoble & roturiere, comme
le fleuve Fibrenus, dont parle Ciceron, *lib. 2. de*
legibus, & toutefois fi l'acquéreur déclare par exprès par le contrat d'acquifition, qu'il veut que lefdits héritages demeurent en roture; en ce cas, *tan-*
quam extraneus videbitur emiffe, & les Seigneuries
utile & directe feront poffédées *ab eodem diverfis*
refpectibus, Cout. d'Orl. art. 20. tit. des fiefs. Cela
a été jugé par plufieurs arrêts, entr'autres par un
notable appellé des Brochards, du 27 Juill. 1529.
& un autre des Bragelones, du 22 Février 1601.
rapporté par M. Louet, lettre F. ch. 5. & en l'annotation audit lieu. Et le 21 Juin 1570. fur un appel de Sens, en la 4. Chambre des Enquêtes, au
rapport de M. du Tillet, & le 20 Février 1599.
en la même Chambre, au profit du fieur des An-
gonieres. Choppin, fur la Cout. de Paris, liv. 1.

ch. 2. n. 25. Mais je tiens que cette déclaration
ne peut avoir effet quand l'héritage censuel re-
tourne au Seigneur par puissance de fief, *sicut in
feudis* par droit de retenue ou de commise, pource qu'on ne peut considérer par fiction le Seigneur acquéreur comme personne étrange, *quia
non eo jure possessionem aut dominium nactus est*,
il faudroit admettre double fiction, ce que le
droit ne permet pas ; aussi notre Cout. dit que
le Seigneur peut prendre la terre & l'unir à son
domaine. Cette particule *&*, est de signification
copulative, *quasi diceret*, la peut prendre pour
l'unir à son domaine, tellement que si après les
dix ans le Seign. ne redonne l'héritage à cens, &
qu'il en demeure saisi & vêtu, il sera parti comme fief, & non pas comme roture, quelque déclaration qu'il ait faite. Cette interprétation doit
d'autant mieux être reçue, qu'elle est favorable,
accordante à la raison, & convenable au texte,
qui autrement seroit à cet égard inutile.

DEDANS DIX ANS.) Ce tems de dix ans, ap-
pellé en droit *longissimum tempus*, *glossa*, *in l. filius fam. C. de pet. hæred.* est donné au censitaire
pour reprendre son héritage auparavant délaissé,
& ledit tems passé, *ne rerum dominia in incerto
sint*, *Institut. de usucap.* lesdits héritages demeurent incommutablement au Seigneur censier, *videlicet*, comme fief ; mais les pourra bailler ou
accenser à tel qu'il lui plaira, sans être tenu de
les remetre ou donner à celui qui les tenoit à cens
de lui auparavant, si bon ne lui semble, disent les
Cout. de Nevers & de Bourgogne. J'estime toutefois que contre cette perte d'héritage & de
fruits perçus, pendant la minorité, le propriétaire en peut être restitué dans les trente-cinq ans
de sa minorité, suivant l'Ordonnance de l'an
1539. art. 134. *quia non potest alienare, & est
læsus, & quando restitutio est de Justitia, id est
octroyée en cas de droit, ut hic, & non pas de
gratia, semper venit restitutio fructuum*, dit Chas-

fanée fur la Cout. de Bourgogne , tit. des fiefs ,
art. 2. n. 20. où il cite le chap. *gravis, extra de reſ-*
titu. ſpoliat & la loi *videmus* 2. §. *in Faviana D.*
de uſur. du Moulin fur l'art. 33. gl. 1. n. 48. tit.
des fiefs, Cout. de Paris, dit que cela eſt général, *in omni reſtitutione in integrum, ut veniant*
fructus : à quoi on peut ajouter la diſpoſition de
la loi 2. *C. de fund. patrimonial.* & de la Cout.
d'Auxerre , art. 239. qui ne répute l'héritage vacant , ſinon entre âgés & non privilégiés. Or pendant le tems que le Seigneur poſſéde l'héritage ,
il eſt tenu ſeulement des menues réparations néceſſaires, tout ainſi que le Seigneur féodal quand
il exploite le fief à faute d'homme, art. 73. tit.
des fiefs ; pour les autres réparations , *quæ in fu-*
turum proſunt , ou mélioration de l'héritage , qui
par aventure étoit en friche, comme ſont ordinairement les héritages délaiſſés. Notre Cout.
par un gérondif qui emporte une condition, veut
que le propriétaire revenant, les paye auparavant
que de rentrer en la jouiſſance, *conditionis enim*
natura eſt , ut prius impleri debeat , quàm diſpoſitio
ſortiatur effectum , argumento *l. cum ab eo D. de*
contrah. empt. & le Seigneur comme un poſſeſſeur
de bonne-foi , *pro ſumptibus habet rei retentionem,*
l. ſed ſi ideo. D. ſol. matri l. hujuſmodi. §. qui ſer-
vum. D. de leg. 1. Et quodmagis eſt , la main-miſe
tient pour les arrérages du cens dûs auparavant ,
art. 2. ci-devant, ſans déduction des levées, *id eſt,*
ſans que ce qu'il a levé de l'héritage , vienne en
déduction des droits à lui dûs , dit le texte de
l'art. 69. tit. des fiefs , parlant de l'exploit féodal : du moins en cas de débat , il faudra que le
propriétaire conſigne les trois dernieres années,
art. 3. *eodem.* Mais le Seigneur qui a joui de l'héritage ne peut demander les cens pour les années
qu'il a joui , parce que , *fuit loco proprietarii,* ils
ſont confus ſur lui. En paſſant il faut corriger le
texte de cet article , qui *errore ſcribentis,* eſt
conçu en ſingulier au commencement, & au pluriel nombre à la fin.

ARTICLE XXX.

Orl.
art. 113.
Troies.
art. 57.
Aux.
art. 97.
POur partage n'y a point de profit au Seigneur cenfier, s'il n'y a tournes d'argent, ou chofe mobiliaire, non étant de la fucceffion, & fans fraude (1), auquel cas font dûs lods & ventes des tournes, ou eftimation d'autres chofes mobiliaires retournées.

Pour partage tant en matiere féodale que cenfuelle, il n'eft point dû profit. Voyez l'art. 51. tit. des fiefs, pource que le partage n'eft pas proprement une aliénation ou nouvelle acquifition, *fed eft actus difcernens communionem, l. cum pater. §. hæred. D. de leg. 2.* Du Moulin fur la Cout. de Paris, tit. des cens, art. 73. gl. 3. n. 11. *Idem*, de la licitation, quand un des héritiers eft adjudicataire. La licitation eft un expédient qui a été trouvé pour fuppléer au défaut du partage, quand la chofe ne fe peut divifer. Du Moulin fur ladite Cout. tit. des fiefs, art. 33. gl. 1. n. 75. Tellement que fi la chofe peut être divifée & néanmoins eft licitée, la licitation fera eftimée frauduleufe. *Eadem ratione*, fi plufieurs corps d'une fucceffion, comme maifon, prés ou vignes, font licités, telle licitation fera auffi réputée avoir été faite en fraude du Seign. cenfier; parce que la licitation doit

(1) ¶ Voyez ma remarque fur l'art. 51 des fiefs.

Nota. Profits font dûs par la veuve qui a renoncé à la Communauté des propres du mari, à elle cédés ou vendus par l'héritier, en payement de fes reprifes ou conventions matrimoniales; mais ils ne font pas dûs des acquêts & biens de la Communauté, tant de ceux qu'elle prend comme communs, que de ceux que les héritiers lui abandonnent ou vendent, à eux appartenans. Voyez l'Arrêt du 7 Juin 1712. en faveur du Chapitre de Ste. Opportune de Paris.

être feulement de chofe qui ne fe peut partir *fine detrimento fubjecti*, afin de fuppléer à l'impoffibilité du partage ; *navem fi dividis, perdis*. Ainfi fut jugé en l'affife de ce Bailliage le dernier jour de Mai 1624. pour le Fermier du Domaine de Montargis. La licitation doit auffi être faite en Juftice & non pas pardevant un Notaire, fuivant la Cout. de Paris, art. 80. & d'Orléans, art. 114. Ainfi jugé en ce Bailliage le 7 Mai 1624. pour le Receveur du Domaine de cette Ville, contre Balthazar, Notaire. Mais on a douté fi lods & ventes font dûs quand un étranger eft admis à y enchérir; du Moulin réfout la queftion fur l'art. 78. gl. 1. n. 156. difant que l'intervention n'opere rien, & n'étant adjudicataire ; c'eft tout ainfi que s'il n'y avoit point été admis. Cela a été jugé par arrêt le 3 Mars 1587. remarqué par M. Louet, lettre L. ch. 9. La limitation de notre Cout., pour l'égard des tournes qui doivent être de la fucceffion, c'eft afin d'ôter aux partages toute apparence de vente & achat que les tournes lui pouvoient apporter ; en conféquence de cela la faveur & difpofition de cet article ceffe ès partages & divifions qui fe font entre compartageans fimples, & qui ne font cohéritiers, comme il a été jugé en ce Bailliage le 18 Août 1612. pour le Receveur du Domaine, le Procureur du Roi joint, contre Jean Gravier, fuivant l'avis de du Moulin, *ibidem*, n. 160. *Aufreius Capellæ Tholof. quæft. 65.* tient que *in divifione voluntariâ, ut inter focios, locus eft laudimiis : fecùs in divifione neceffariâ, veluti inter fratres* (1). On peut, fuivant cette diftinction, dire que *in divifione communitatis*, il n'eft point dû de profit pour une rente fonciere ou autre immeuble apporté par l'un des conjoints, & donné à l'autre pour fa part afférante en la communauté. Jugé en ce Bailliage le 15 Janvier 1618. pour Marie Dery, veuve de Charles Panis, contre le fieur

(1) ¶ Voyez ma remarque fur l'art. 51 des fiefs.

de Châlettes. Bacquet au traité des francs-fiefs,
ch. 7. n. 23. dit qu'il a été jugé par arrêt *in termi-*
nis noſtræ Conſuetudinis , le 9 Janvier 1593. Les
tournes donc doivent être de la ſucceſſion & ſans
fraude; c'eſt-à-dire, que celui à qui eſt l'héritage
doit récompenſer l'autre ſur la part qui lui appartient des meubles communs entr'eux ; autrement
il ſera dû profit des choſes retournées, tellement
que ſi la tourne eſt de meuble , & qu'il n'y en ait
point en la ſucceſſion, ou que la ſucceſſion mobiliaire ne ſoit entr'eux commune , c'eſt une vente
à l'égard du retour , dont ſera dû profit. Je n'eſtime pas toutefois que l'héritier ſoit tenu donner
copie de tout l'inventaire de la ſucceſſion au Seigneur féodal ou cenſuel , pour lui faire connoître
que les tournes ſont de la ſucceſſion , & que le
défunt a délaiſſé de l'argent à ſes héritiers ; *du-*
rum & inhumanum eſt publicatione pompâque rerum
familiarium & paupertatis detegi utilitatem , & in-
vidiæ exponere divities , dit le texte de la loi *me-*
minimus. C. quando & quibus quarta pars debetur
ex bonis decu lib. 10. mais ſuffit, ſuivant l'opinion
de Barthole , *ibidem* , que le cohéritier donne le
commencement de l'inventaire & un extrait des
articles des meubles retournés , ou bien la clôture contenant la priſée d'iceux , ſi les tournes
ſont en argent : car encore qu'il n'y eut que des
meubles & point d'argent en la ſucceſſion, il faut
préſumer que celui qui a donné deniers diminue
d'autant de ſa part des meubles, leſquels auſſi on
convertit ordinairement en argent. Voyez Coquille ſur la Cout. de Nevers , art. 24. tit. des
fiefs. Il ne faut pas toutefois eſtimer qu'en licitation faite entre cohéritiers , il ſoit néceſſaire que
le prix ſoit des biens de la ſucceſſion , pour que
l'acquéreur ſoit exempt des profits. Notre Cout.
ne parle que du partage ; & encore qu'il ſoit dit
que la licitation équipolle à partage, *tamen ſimile*
vel equipollens non eſt idem , quod durum reſtrin-
gendum. Joint qu'à la licitation *neceſſariò & invi-*
tus

rus cohæres accedit, ne re fua iniquè careat (1).

Lods et ventes, &c.) Voyez ce qui eſt
annoté ſur l'article 51.ᵉ titre des fiefs.

ARTICLE XXXI.

L'Acquêreur de l'héritage, ſoit féodal Orl.
art.107.
Aux.
art. 91.
ou cenſuel, par achat pris à rente ou
échange, ou le vendeur, s'il doit les profits, eſt tenu en faiſant la foi, ou dépriant,
du moins payant, montrer & exhiber à
ſon Seigneur féodal ou cenſuel le Contrat
de nouvelle inveſtiture ou acquêt, pour
connoître & liquider leſdits profits.

Ou le vendeur, &c.) En matiere féodale
le vendeur doit les profits, *niſi aliter conventum
ſit*, art. 57. tit. des fiefs; auſſi eſt-ce à lui à montrer le contrat de vente.

(1) ¶ Conformément à cette déciſion, il a été donné Acte de notoriété en ce Bailliage le 7 Novemb. 1668, ſur le requis de Me. Prochaſſon, Procureur du Sr. de Maulverny, Sr. du Haſle, demeurant à Paris, qu'en cette Coutume, encore que par les articles 51 des fiefs & 30 des cens, il ſoit dû profits de quint & requint en matiere féodale, & de lods & ventes en matiere cenſuelle, des tournes qui ſe font dans les partages, lorſqu'ils ſe font des biens non étans de la ſucceſſion; cependant il s'eſt toujours pratiqué, conſulté & jugé, que ces droits ne ſont point dûs ès licitations qui ſe font entre cohéritiers, par autorité de Juſtice, bien-qu'il n'y eut dans la ſucceſſion que les

bien licités. M. Dubin, ſecond Préſident, aſſiſté de MM. Ozon, de Belan, Marchand, N. Ozon & Violette, Conſeillers, & Srs. Brideron, l'aîné, Coleſſon, Roulx & Durand, Avocats. Et le 20 Novemb. 1668, a été donné pareil Acte au Bailliage de Nemours, pour le Sr. Henri de Birogues de la Coudraye, à l'aſſiſe dudit Nemours, prononcé par le Sr. Anne Hedelin, Lieutenant général, & délivré par Debonnaire, Greffier.

La nouvelle Juriſprudence du Parlement depuis quelques années, eſt que les profits ne ſont point dûs, même dans le cas où la licitation ſe fait volontairement hors Juſtice, pardevant Notaire.

MONTRER , &c.) La loi 2. §. *prætor ait D. de lib. hom. exib.* dit que *exhibere ex extrâ secretum facere ;* aussi celui qui doit payer les profits , est tenu montrer ses contrats en bonne forme à son Seigneur , afin qu'il reconnoisse quels profits lui sont dûs ; s'il veut en avoir copie, il pourra retenir lesdits contrats , & la prendre si bon lui semble , à ses dépens : du Moulin sur la Cout. de Paris , tit. des fiefs , art. 20. gl. 1. nomb. 5. Encore que le Seigneur ne puisse *rectâ viâ* saisir le fief ou l'héritage censuel à faute de montrer titres ; toutefois en conséquence de la saisie, à faute d'homme ou de cens & droits non payés, en cette Cout. ladite saisie tient pour l'exhibition , jusqu'à ce qu'elle soit faite : du Moulin *ibid.* tit. des cens , article 73. gl. 3. nomb. 8.

LE CONTRAT.) *Hoc pertinet ad feuda tantum:* car en matiere censuelle il n'y a point d'investiture par notre Coutume.

ARTICLE XXXII.

LE Seigneur censier se peut adresser pour ses lods & ventes à son héritage censuel , & détenteur d'icelui; pour raison duquel lui sont dûs lesdits lods & ventes, jusques à trente ans *.

Le Seigneur censuel peut faire saisir l'héritage, non-seulement pour les arrérages du cens & profits, mais aussi pour son défaut & autres droits censuels, art. 2. ci-devant , & art. 90. tit. des fiefs , *in fine,* & encore peut poursuivre personnellement le propriétaire de l'héritage pour les cens & autres droits échus pendant son tems, *nec una actio per aliam tollitur , l. persecutione C. de pig.* contre la disposition de l'Authentique, *hoc si debitor. C. eod.* à laquelle pour cet égard on dé-

---

* *Non post nec hypothecariæ quidem.* C. M.

roge, difent Chaffanée fur la Cout. de Bourgog.
tit. des cens, art. 1. & Boërius fur la Cout. de
Berry, tit. des hypothéques, art. 1. Et comme
la préfence & fubfcription du créancier au contrat de vente d'un héritage franc & quitte de
toutes charges & hypothéques, *pro approbatione
eft*, & ôte l'action hypothécaire contre l'acheteur, *l. fi dejuffor §. pater D. de pig. Nicolaus Valla,
de reb. dub. cap.* 10. *Pari ratione*, fi le Seigneur
quittance le contrat & reçoit les profits de la derniere acquifition fans aucune réferve, il approuve
le contrat, & tacitement remet fon action hypothécaire pour fes droits & arrérages, fauf de fe
pourvoir perfonnellement contre les detteurs &
détenteurs précédens. *Non idem eft*, fi fimplement il a reçu le cens du nouvel acquéreur, *five
fcienter five ignoranter : hoc enim ei non nocet*,
pource que la recette du cens emporte feulement
une reconnoiffance du Seigneur, que l'héritage
eft à cens de lui, & non en domaine, *argumento*
de l'art. 35. ci-après : du Moulin fur la Cout. de
Paris, tit. des cens, art. 74. gl. 1. n. 150. & 151.

JUSQU'A 30 ANS.) *Idem* des profits de fief,
art. 3. tit. des prefcriptions. Voyez l'art. 9. tit.
des fiefs, ci-devant.

ARTICLE XXXIII.

SI rentes fpéciales, foient foncieres ou
conftituées, dûes fur l'héritage cenfuel, fe vendent ou échangent, en eft dû
profit au Seigneur cenfier, comme deffus,
foit que le detteur defdites rentes les ac-
quît, ou autres; mais s'il y avoit réméré,
n'en feroient point dû du rachat, en rache-
tant dedans le tems du réméré, autrement
en eft dû : & *idem*, au Seigneur féodal de
rente inféodée dûe fur héritage féodal.

X 2

Ci-devant en l'art. 25. il a été parlé des rentes
fpéciales, comme anciennement on les mettoit au
·rang des rentes foncieres, & comme à préfent il
faut entendre cet article des rentes en affiette,
quia hic creditor non eft quafi poffeffor reditus incor-
poralis, fed verus & naturalis poffeffor fundi &
quafi dominus, dit du Moulin fur la Cout. de Paris, tit. des cens, art. 49. glof. 1. n. 17. Argentré fur la Cout. de Bretagne, art. 73. gl. 3. n. 4.
tit. des droits du Prince. Et d'autant que la rente ainfi affife, ne fe peut transférer fans l'héritage,
non mirum eft fi pour la vente ou échange d'icelle on fait payer profits. Quant aux rentes foncieres, notre Coutume les met au lieu du fonds,
& en eft dû profit quand elles fe vendent, foit
qu'elles foient rachetables ou non, *adjeɛtio enim*
redemptionis non mutat naturam aɛtus, du Moulin *ibidem*, tit. des fiefs, art. 33. gl. 2. n. 65. &
86. Loyfeau du déguerpiffement, liv. 4. ch. 11.
n. 16. En conféquence de cette difpofition, quand
on vend ou céde par tranfport héritage chargé
de rente fonciere, même rachetable, il n'y a
aucun profit, *pro rata* du rachat de la rente, *nec*
aliter, mais feulement de l'argent débourfé, par
la régle *duæ caufæ lucrativæ non fubfiftunt in eo-*
dem fubjeɛto. Auffi que *re vera* l'acheteur n'acquiert pas en ce faifant un fonds entier, *fed tan-*
10 diminutum : la renté ne peut faire partie du prix
æquipollenti funɛtione, quæ prætio non eft conftitu-
ta, ce font les principales raifons amplement déduites par le même Auteur *ibidem*, n. 86. & tit.
des cens, art. 83. gl. 1. n. 16. jufqu'au 43. Le jugement rendu en ce Bailliage le 22 de Février
1613. pour Simon Cocqueret, contre Me. Thomas Guyon, Receveur du Domaine de Montargis, confirmé par arrêt le 10 Avril 1614. plaidant
Guyon & Gautier, a fait reprendre l'ufage difcon-
tinué. Il y avoit eu auparavant arrêt du 15 Avril
1606. fur un appel de Gien, pour Jean Bourgeois,
contre Jacques Janffon, Receveur de la Buffiere:
fecùs ftatuitur en la Cout. de Paris, art. 83. tit.

des cens, pour l'intérêt du Seigneur : du Moulin *ib.* n. 39. & Loyſeau, n. 19. lequel intérêt eſt levé en notre Cout. par l'établiſſement du droit des lods & ventes, quand la rente fonciere rachetable ſe vend ou échange. Il ne faut paſſer ſous ſilence que quand il n'apparoît pas de la création d'une rente ancienne, ains ſeulement des reconnoiſſances qui ne déclarent la qualité en ces termes, *ladite rente de la nature qu'elle eſt*, comme nous voyons ſouvent, telle rente eſt réputée conſtituée, *in obſcuris quod minimum eſt ſequimur*, & ſe doit racheter au prix & à raiſon du denier quinze, *argumento* de l'Ordonn. du Roi François I. en Octob. 1539. & de l'art. 26. tit. de matiere de retrait, ci-après : telle eſt l'opinion de du Moulin en ſon traité des uſures, qu'eſt. 20. n. 213. *& ſeq.* & ſur la Cout. de Paris, tit. des cens, art. 84. gl. 1. n. 63. où il rapporte un arrêt de l'an 1540. pour les Paroiſſiens de S. Jacques-de-la-Boucherie : ſinon que la rente fût dûe au Seigneur du cens, *propter præſumptionem unanimæ conceſſionis.* Ainſi en eſt-il des rentes en grain, dont la réduction ſe fait au denier douze, eſtimation faite du grain au commun prix qu'il a valu en la précédente année, ſuivant l'Ordonn. du Roi Charles IX. en Novemb. 1565. publiée en Parlement au mois d'Avril enſuivant, & jugé *noviſſimè* par arrêt du 23 Avril 1613. plaidant Gautier & Paillet, nonobſtant que l'on ſoutint que la réduction s'en devoit faire au denier ſeize, en conſéquence du dernier Édit, fait pour la réduction des rentes en l'an 1601. vérifié en Parlement le 18 Fév. 1601. Du Moulin *de uſuris*, queſt. 21. n. 221 & 222. expoſe doctement & judicieuſement les raiſons de cette réduction : il ſe trouve toutefois des arrêts qui les ont réduites au denier quinze. *Lucius*, lib. 7. tit. 6. cap. 4. en remarque un du 13 Mars 1549. On en rapporte un autre de relevée, du 6 Nov. 1556. plaidant Grangier, de la Porte, & M. le Procureur-Général Bourdin. Voyez M. Louet, lett. R. ch. 12. avec les annotations.　　　　　　　　X 3

SOIT QUE.) Il faut prendre fainement ce qui
eſt ici dit du detteur qui acquiert la rente fonciere.
Notre Cout. uſe du mot *acquérir*, qui ne peut convenir à celui qui amortit une rente rachetable ; car
ce n'eſt pas un achat, mais un rachat ou extinction
de rente, dont il n'eſt dû aucun profit, *quia res recidit in purum mobile, in vim pacti aut privilegii*, comme il a été dit en l'art. 23 ci-devant , & l'héritage
reprend en ce faiſant ſa premiere qualité. Ce mot
d'acquérir appartient au detteur , ou pour mieux
dire au détenteur de l'héritage chargé de rente
fonciere non rachetable , quand elle vient entre
ſes mains : car ce n'eſt un rachat ou amortiſſement, mais un achat ou acquiſition faite comme
par perſonne étrange , les Seigneuries directe
& utile , ſi bon ſemble à l'acquéreur, demeurant
ſéparées *diverſis reſpectibus*, comme quand le Seigneur cenſuel acquiert l'héritage de cens envers
lui , ainſi qu'il eſt annoté ſur l'art. 19 ci-devant:
ou bien comme le cens demeure fief ſéparé
quand il parvient au détenteur de l'héritage qui
le doit , art. 55. tit. des fiefs , en déclarant l'a-
cheteur, *videlicet* par exprès par le contrat d'acquiſition , qui veut que l'héritage demeure chargé de la rente , *argumento* de l'art. 20. tit. des
fiefs, Cout. d'Orléans. Il y a une exception en
l'article dernier , titre de retrait.

S'IL Y AVOIT.) *Videlicet* par une même carte,
autrement en feroit dû profit, art. 41 ci-après. La
derniere partie de cet art. ſe rapporte au 78. art.
tit. des fiefs, qui parle de l'héritage féodal , vendu ſous faculté de réméré juſqu'à neuf ans, *retentâ
fide :* celui-ci eſt pour les rentes qui ſortiſſent nature d'héritage , *& gerunt partem fundi*, quand elles ſont vendues, *circa eadem idem jus ſtatuitur.*
Voyez ce qui eſt annoté ſur ledit art. & l'annotation ſur le ch. 12. lett. V. ès arrêts de M. Louet.

DANS LE TEMS.) Si aucun a été ſtipulé par le
contrat dans lequel la rente fonciere pourroit
être rachetée , *tempore enim elapſo* , la rente eſt

non rachetable, *ex conventione*. Idem, s'il eſt ſtipulé que la rente ſera rachetable, *toties quoties :*
pour le rachat il n'eſt point dû profit, *licet* qu'il
fût fait après trente ans, *quia præſcriptio non oppo-
ſita non intelligitur.* Voyez ce qui eſt annoté ſur
l'art. 77. tit. des fiefs. Il faut excepter le cas,
quand la rente eſt échangée par le detteur avec le
créancier pour héritage: *tunc* il eſt dû profit, *quia
eſt extinctio per modum venditionis.* Voyez l'annotation ſur l'article 24 ci-devant.

Article XXXIV.

SI héritage ou rente s'échangent, & l'un
des contrahans rachete dedans l'an * ſon
échange, tels contrats ſont réputés d'achat,
non d'échange ; tant quant au retrait lignager, droit de retenue, qu'autres choſes
& profits ſi bon ſemble au Seigneur, en
déduiſant ceux qu'il pourroit avoir pris &
lévés pour le premier contrat.

Le rachat de l'échange ſoit rente où héritage
fait dans l'an, découvre l'intention des parties, qui
a été de vendre *ab initio*; ſinon qu'il y ait quelque
juſte occaſion qui faſſe connoître le contraire :
du Moulin ſur la Cout. de Paris, tit. des cens, art.
78. gl. 2. n. 8 & 9. & ſi le rachat ſe fait après l'an,
ex conventione redimendi, le contrat eſt réputé
d'achat, & non d'échange, comme ſi dès-lors
l'argent avoit été débourſé: du Moulin *ibidem*,
& Cout. d'Anjou, art. 356. La fraude *non ex
conſilio aut pacto, ſed ex eventu probari debet*, on
peut changer de volonté. Voyez M Louet,
lettre R. chap. 53. avec les annotations. On peut
commettre d'autres faudes, leſquelles ſelon les

* *Idem conf. Borbon.* paragr. 407. *Victriaca.* paragr. 30.
Calvimont. paragr. 38. C. M.

occurrences peuvent être vérifiées par témoins, *nec prodeft exceptio* de l'Ordonnance de Moulins, art. 54. car elle n'a oncques entendu exclure la preuve d'un dol & fraude. Voyez du Moulin fur la Cout. de Paris , art. 33. gl. 2. nomb. 92. & art. 78. gl. 2. n. 8. & ce qui eft annoté fur l'art. 25. tit. de retrait ci-après : auffi que l'Ordonnance n'a lieu que , *inter contrahentes qui fibi profpicere potuerunt* , & non contre un tiers, qui n'eft appellé au contrat : Brodeau en l'annotation fur le chap. 7. lettre T. ès arrêts de M. Louet, en rapporte un arrêt du Mardi matin , 20. jour de Mars 1607. plaidant Mauguin & J. Montreuil.

TANT QUANT, &c.) *Id eft* , que le Seigneur féodal ou cenfuel de l'héritage vendu , a les profits entierement de quint denier, ou de lods & ventes felon la qualité de l'héritage , & non pas le droit de rachat comme d'échange, art. 61. tit. des fiefs , ou la moitié des lods & ventes , comme il eft dit en l'art. 24 ci-devant , comme fi c'étoit un contrat d'échange , & que les 40 jours octroyés au Châtelain , ou autre qui a droit de retenue , & l'an de retrait lignager , fe prennent feulement , *à die detectionis fraudis : argumento l. annus. D. de calumniatoribus , & l. cum fex. D. de ædilitio edicto* , du Moulin fur la Coutume de Blois , article 193.

ARTICLE XXXV.

Paris art. 124.
Orl. art. 263.
POur recevoir par le Seigneur cenfuel le cens du nouvel acquêteur , ne font les profits de lods & ventes couverts , foit que l'acquêteur ait déprié ou non ; car lefdits lods & ventes ne fe prefcrivent que par trente ans.

Voyez ce qui eft annoté fur l'article 9. tit. des fiefs , & 32 ci-devant.

ARTICLE XXXVI.

LEs cens font divifibles, enfemble la Ort.
rente appofée avec les cens, & par ar. 12
un même contrat entre les redevables &
détenteurs des héritages; mais ne les peuvent divifer fans appeller le Seigneur, qui
pourra fi bon lui femble, quand ils viendront tous enfemble, accorder & divifer
pour leurs portions & quotités, & jufques-
là pourra contraindre chacun d'eux pour
le tout.

Outre les différences remarquées par Loyfeau,
traité du déguerpiffement, liv. 1. ch. 5. n. 3. les
cens & rentes cenfuelles ont cela de particulier
d'avec les rentes fimplement foncieres, qu'elles
font divifibles de leur nature : c'eft l'antithèfe de
cet art. & du fuivant. La fin ou caufe motive du
payement du cens, c'eft la reconnoiffance & le
devoir que les détenteurs de l'héritage cenfuel
doivent à leur Seigneur, pourquoi faire il eft néceffaire de divifer le cens en autant de parties qu'il
y a de propriétaires : *nec diftinguendum,* fi la prife
a été faite par un ou plufieurs : *fed fufficit,* que
non conftet, de la claufe fpéciale, vu le bail au
contraire : du Moulin fur la Cout. d'Orléans, art.
129. *Non idem eft,* des rentes fimplement foncieres, d'autant qu'elles ne font créées à cette même fin & intention. Le profit eft le principal but
de celui qui les a créées. Le droit Romain qui le
premier a établi le cens, admet cette divifion,
nouvelle 17. ch. 8. fur la fin, *l. ultima, fine cenfu, & reliquis. Cod. Theodofi.* L'utilité publique
& particuliere du Seigneur & des détenteurs eft
conjointe, comme nous dirons incontinent. Le
cens toutefois n'eft pas réputé divifible, comme
eft l'obligation par la loi des douze tables, *l. ea*

quæ C. famil. hercifc. mais quand réellement l'héritage cenfuel eft parti entre les héritiers ou ayans
caufe du preneur ; auffi notre Cout. porte que jufques-là le Seigneur pourra contraindre chacun
d'eux pour le tout. Et de rechef le dit cens pourra
être fubdivifé en autant de parts que l'héritage
fera reparti , en gardant toujours la forme & maniere de divifer ici prefcrite ; pourvu auffi que les
portions ayent forme d'héritage. *Ufui & prehentioni idoneum , alias non tam effet divifio in prædia,
quàm feƈtio in fruſtula , & abufus rei :* dit du Moulin fur la Cout. de Paris, tit. des cens, art. 78.
gl. 4. n. 31. & 32. *Sed quæſtionis eſt ,* comme fe
fera cette divifion, *aut promodo quantitatis , aut
pro moƚo qualitatis ?* Cette difficulté s'étant préfentée, j'ai eftimé que la divifion fe devoit faire,
eu égard , non-feulement à la quantité, mais auffi
à la bonté & valeur des terres de chacune portion , ainfi que le Seigneur interprêtant le bail par
lui fait , ou fes prédéceffeurs arbitrera ; & comme Juge *inquiret ad quos debitoris facultates tranfierunt , ut finguli æqua æſtimatione habita pro rata
rerum quas poffident , conveniantur , l. apud eos , de
dedit. civit. lib. 11. C.* ou bien *tanquam per æquator
ſterilia atque erema prædia iis quæ culta vel opima
ſunt , compenfabit. l. omnis C. de cenfibus , lib. eodem.* J'entends que ce réglement du cens foit fait
quand les détenteurs commencent à féparer la
mafure entr'eux , autrement s'ils avoient joui de
l'héritage auparavant *pro divifo ,* & néanmoins
payé le cens folidairement , fans qu'il apparût
d'obligation fpéciale , chacun d'eux continuera
felon les quotités accoutumées. Ainfi a été jugé
en ce Bailliage le dernier Mai 1616. entre Abraham Thellier , & Théophile Ayllaud. Encore
eft-il néceffaire que le Seigneur approuve cette
diftribution , ou autrement la régle , fi elle n'eft
pas bien faite , ayant intérêt que les terres ſtériles & de moindre valeur, ne foient pas plus chargées *quàm par eſt ,* afin que l'on ne les lui délaif

fe puis après pour le cens, à la décharge des autres meilleures & de plus grand prix. L'on pratique en ce Bailliage le contraire de ce que deffus,
& tient-on que les détenteurs peuvent bien entr'eux divifer pour leur commodité, mais que
cela ne nuit à la folidité de l'hypothéque , *l.* 25.
C. de pactis , & que le Seigneur ne peut être contraint à divifer fon cens, puifque la Cout. remet
cela à fa volonté. Je ne veux témérairement con-
trarier cet ufage ; mais je dirai que l'avis de du
Moulin *ibidem ,* n. 34. me femble être fondé en
grande apparence , à favoir qu'il y a de l'imper-
tinence en cet art. d'autant qu'il octroye aux détenteurs la faculté de divifer le cens, *& uno con-*
texiu, il révoque cette faculté, la remettant à la
volonté d'autre perfonne. Si on l'interprète felon
la pratique du pays, *funt nugæ,* de conftituer régles pour permettre à des detteurs de s'accommoder & convenir par enfemble pour fatisfaire au
payement de leur dette, & permettre à un créancier de remettre partie de fon obligation. Ces fa-
cultés font de droit, ou pour mieux dire dépendent du fens commun ; ne feroit-il pas mieux &
plus raifonnable de prendre ces mots , *fi bon lui*
femble, qui font toute la difficulté *ut non plenum*
arbitrium voluntatis domino dederint, fed quafi viro
bono ? Cette explication eft prife de la loi , *fi fic*
leg. D. de leg. 1. & de la loi , *fideicommiff.* §.
quamquam. D. de leg. 3. ou bien dire en ajoutant à
l'opinion de du Moulin, que cette conjonction *fi*
non conditionem importat, fed modum, remettant
au jugement du Seigneur cenfuel de faire la divifion comme bon lui femblera , ainfi que ci-deffus
eft annoté, *res emphiteutica poteft dividi irrequifito*
duo, dit Barthole fur la loi *& ideo, num.* 4. *D. de*
cond. furt. L'utilité publique & particuliere requiert cette obfervation. On retrancheroit l'occafion d'une infinité de procès qui attirent la ruine des familles ; les bons ménagers ne feroient
inquiétés pour les dettes de leurs conforts fai-

néans ou plaidaciers, les profits censuels & amendes des Seigneurs s'augmenteroient par les ventes plus fréquentes des héritages ainsi déchargés, & par le plus grand nombre des particuliers, qui ne payeroient le cens au jour accoutumé : du Moulin *ib.* n. 32. & 35. Est à noter que le Seigneur censuel qui a acheté partie de la masure, ne divise pas pourtant son cens & rente, il peut nonobstant contraindre les autres tenanciers solidairement comme auparavant, la portion des cens & rente dont l'héritage qu'il a acheté est chargée, confuse sur lui : Choppin *ad consuetud. Andegav. lib. 2. ch. 2. num. 4.*

QUAND VIENDRONT, &c.) Le cens se divise aussi *ex assuetudine facti*, quand les propriétaires ont accoutumé de payer divisément, chacun pour la part qu'il a en l'héritage, sans protestations contraires de la part du Seigneur, *argum. l. quod si nolit. §. quia assidua D. de ædilit. edicto :* du Moulin *ib.* n. 35. ce qui est vrai pour le cens, mais non pas pour les autres rentes, *ut ibi dicitur*, & en l'annotation sur le ch. 6. lettre R. ès arrêts de M. Louet.

CONTRAINDRE CHACUN D'EUX.) Même le Commissaire établi au régime de l'héritage qui lui doit cens, *tanquam possessori. l. licet. §. rei depositæ. D. de pos.* Il poursuit sa redevance suivant le bénéfice de la loi. *Imperatores D. de publican. vectig. & commiss.* Arrêt du 2 Janv. 1577.

ARTICLE XXXVII.

REnte fonciere ou spéciale est indivisible quant à l'hypothéque entre les héritiers du preneur, & ayans cause d'eux, lesquels en peuvent être poursuivis, chacun d'eux seul pour le tout, sans division; mais s'il y a plusieurs preneurs par un contrat, s'il n'est dit être tenu chacun pour le

tout,

tout, ne font tenus que pour leurs portions, ne leurs héritiers & ayans caufe ;
ne leurs portions d'héritages feront tenues
répondre pour les portions des autres premiers preneurs, ou preneurs.

Rente fonciere.) La rente en efpéce à
prendre fur héritages, dont il n'appert de la création, eft réputée fonciere & non rachetable, après
la jouiffance par 30 ans. Arrêt du 1. Août 1601.
rapporté par Bergeron. *Aliter,* d'une rente en deniers, elle eft préfumée conftituée à prix d'argent
& rachetable, *favore libertatis* : les héritages naturellement ne produifent pas de l'argent, *in
odiofis quod minimum eft fequimur* : Bacquet, du
droit de déshérence, ch. 4. n. 16.

Quant a l'hypothéque.) *Recté* quant à
l'hypothéque, car l'obligation perfonnelle fe divife *ipfo jure* entre les héritiers, *l. ea quæ C. famil. hercif.* mais l'hypothéque affecte chacune
partie de l'héritage, *in folidum* : & eft, comme
dit Ariftote de l'ame, que *tota eft in toto, & tota
in qualibet parte.* Barthole dit, & eft une maxime, que *quotiens perfonalis actio concurrit cum
hypothecaria, nec difcuffioni, nec divifioni locus
eft.* Ce feroit une grande incommodité à un créancier qui a donné fon héritage à un feul, que *fine
facto fuo* il fût contraint à recevoir fa dette en autant de parcelles que le propriétaire a laiffé d'héritiers ou ayans caufe. La rente conftituée par
un acheteur d'héritage, à faute de payer le prix
de la vente, eft réputée fonciere quant à l'effet,
*inter debitorem & creditorem, ratione privilegii,
l. 7. C. qui pot. in pig.* comme on peut colliger
de l'arrêt du 23 Mars 1592. pour la veuve François de Mailly, & d'un autre arrêt du 8 Maî
1599. au rapport de M. Delavau, mon oncle,
en la 4. Chambre des Enquêtes, entre Me. Pierre de l'Étoile, & Louife & Antoinette Gui-

Tome I. Y

berts, où le légataire d'une maison fut condamné
à porter-la rente constituée au lieu du prix. *Idque*
pourvu qu'il y ait stipulation d'hypothéque spéciale sur l'héritage, autrement le vendeur ne vien-,
droit que du jour de son contrat de constitution.
Jugé par arrêt du 2 Avril 1622. au rapport de M.
Paluau, en la Grand'Chambre, sur une Sentence-
d'Ordre de Lyon, pour un créancier qui avoit prêté de l'argent pour acheter un héritage. Il a été
aussi jugé que telle rente privilégiée est indivisible de sa nature, par arrêt rapporté par M. Louet,
lett. H. ch. 20. *Idem juris est* des rentes pour retour
de partage & d'échange, qui sont réputées comme foncieres. Loyseau, du déguerpissement, liv.
1. ch. 5. n. 14. & 15. Les rentes spéciales aussi sont
indivisibles, soit qu'elles soient constituées à prix
d'argent ou non, comme sont les donations ou legs
de rente par assignat, comme en l'espéce de la loi
si servus. §. quicumque D. de leg. 2. du Moulin sur
la Cout. de Paris tit. des cens, art. 94. n. 13. &
16. Loyseau *ib.* ch. 7. n. 2, & ch. 8. n. 2. En la
premiere partie de cet art. est considérable, que
la prise est faite par un seul qui fait naitre la soli-
dité, *ipso facto* ; ce seroit une absurdité de sti-
puler d'un homme seul qu'il s'obligeât solidairement ; mais quand il y a plusieurs preneurs par
un contrat, notre Cout. se conforme au droit
Romain, qui veut que la stipulation intervienne, *Authent. hoc ita. C. de duob. reis*, autrement
chacun des preneurs n'est obligé personnellement
ni hypothécairement que pour la part qu'il a en la
prise, *ad instar fidejussorum, l. ultima. C. de cons-
tit. pecunia.* Comme si chacun étoit preneur séparé. *Inde sequitur, ut possit dici*, qu'il y a autant
de rentes que de preneurs, & qu'elles ne doivent être subdivisées au préjudice du Seigneur
entre leurs héritiers, encore que entr'eux pour
leur commodité ils puissent subdiviser l'héritage ;
car après que les premiers preneurs ont divisé,
chacun est obligé pour sa part de la rente, com-

me s'il l'avoit prise seul : *Res in eum casum deve-*
nisse intelligitur, *à quo incipere potuit*, *& plures*
hæredes unius personam sustinent. Ainsi eux ni leurs
héritages ne sont tenus répondre personnellement ni hypothécairement pour la portion de
l'autre compreneur, s'ils n'ont été que deux preneurs : ou pour les portions des autres compre-
neurs, s'ils sont plusieurs. De-là est évident que
ces mots *premiers preneurs*, *ou preneurs*, ne doivent pas être ôtés comme inutiles, ainsi qu'il a
semblé à quelqu'un. Il faut noter que ce qui est
dit des héritiers du preneur, ou de chacun des
preneurs, qu'ils peuvent être poursuivis un seul,
& pour le tout, s'entend si le créancier a dès le
commencement convenu un des obligés pour le
tout ; car s'il avoit poursuivi un d'iceux *pro parte*,
& puis après vouloit agir contre un autre *in soli-*
dum, il n'y seroit pas reçu, *l. liberum fuit C. de*
fidejussor. l. creditores C. de pact. & l. si per impru-
dentiam. §. fin. D. de evict. Il faut encore entendre s'ils sont détenteurs ; autrement si l'un des
héritiers n'est plus détenteur de l'héritage, ou de
portion d'icelui, il ne peut être convenu que pour
telle part & portion qu'il est héritier, *propter per-*
sonalem obligationem idque, en qualité d'héritier :
encore faut-il entendre que ce soit pour les arrérages dûs *ex anteriori* : car l'obligation personnelle en rente fonciere, *sequitur fundi possessorem*,
& est éteinte en la personne du preneur ou ses
héritiers, *eo ipso* qu'ils cessent d'être détenteurs,
l. conventione. C. sine censu & reliquis : sauf au
Seigneur de se pourvoir contre le nouveau détenteur, *argumento* de l'Ordonnance de Charles
VIII. 1441. art. 20. & de l'art. 28. ci-devant :
sinon que par les lettres d'accensement le preneur eût promis mettre amendement, ce qu'il
n'eût fait, ou qu'il eût promis fournir & faire valoir ladite rente, & à ce obligé tous ses biens :
Cout. de Paris, art. 109. Car à cet égard l'obligation personnelle demeure toujours en sa force

& vertu, dit la Cout. de Nevers, tit. des rentes
& hypothéques, art. 4. Cet acquéreur obligé
perfonnellement n'eft pas tenu exhiber le contrat
d'aliénation, comme porte ladite Cout. il n'en
eft rien dit par la nôtre, c'eft *cafus obmiffus, qui
remanet in difpofitione juris communis :* jugé à
Montargis le dernier Mai 1616. fur un appel du
Bailli de Villiers, contre les Marguilliers de
l'Églife dudit lieu.

Article XXXVIII.

LE Seigneur de rente fonciere fe peut
adreffer au tiers détenteur de l'héritage pour lui paffer titre nouveau de ladite
rente, & en ce faifant, s'obliger perfonnellement avec fes biens à la continuation dudit
payement, tant & fi longuement qu'il fera
détenteur.

En ce lieu la rente fonciere eft mife *in genere*,
contenant fous foi le cens & la rente pour bail
d'héritage. La faveur a fait mettre au nombre
des rentes foncieres, les legs ou rentes pour
alimens, àffignées fur un certain fonds. *l. fi fidei
commiff. §. tractum. D. de judic.* Auffi voit-on que
les alimens font comparés aux tributs, & autres
charges foncieres, *l. hactenus. D. de ufufr.* Les
Docteurs fur le chapitre *quanto, extra de decimis*,
ont par identité de raifon étendu cette qualité à
tous legs pitoyables, comme ès rentes délaiffées
à l'Églife pour célébrer ou faire quelque fervice.
Voyez Guido Pape, queft. 176. fauf quelques
particularités remarquées par Loyfeau, traité du
déguerpiffement, liv. 1. ch. 7. n. 4. Ces charges
foncieres ont des effets différens & divers des
rentes conftituées, ou fimples hypothéques, partie defquels font déclarés par Loyfeau au même
livre, ch. 3. n. 15. & feq. Le premier defquels eft
l'action particuliere dont peut ufer le Seigneur

de la rente fonciere, à l'encontre du tiers détenteur, *licet ignorans & fine onere fundum emerit :*
notre Cout. dit qu'il fe peut adreffer à lui, fans autrement fpécifier le nom de l'action : il eft certain
que la voie hypothécaire lui eft commune avec
les autres Seigneurs des rentes volantes ou conftituées, pour les arrérages échus tant auparavant
que durant la détention : & pour ce faire, paffer
titre nouvel, c'eft-à-dire pour la continuation de
fa rente, *l. cum poffeffor. §. ult. D. publ. vettig. &*
commiff. mettant *ex empto,* au lieu du mot *exem-*
plo, par les avis de Cujas, *obf. 1. cap.* 5. & du
Moulin fur la Cout. de Paris, tit. des cens, art. 73.
gl. 1. n. 5. Mais outre cette action hypothécaire,
il a cela de plus, qui eft la différence de cet art.
& du fuivant, qu'il peut convenir le tiers détenteur pour les arrérages de fon tems, & pour la
nouvelle reconnoiffance, *actione perfonali in rem*
fcripta, l. œs quidem. C. de annonis & trib. l. rei
annonariæ. C. fine cenfu & reliq. que ce détenteur ne peut déguerpir qu'il ne paye lefdits arrérages : Cout. d'Orléans, art. 134. ce qui n'a pas
lieu contre le tiers détenteur d'héritage affecté
par fimple hypothéque. Il ne s'eft jamais vu endroit que l'hypothéque engendrât une action
perfonnelle contre un tiers détenteur qui n'eft
point obligé ; cela eft exprès en la loi 1. §. hæres.
D. ad Trebel. & l. 2. *C. fi adverfus creditor.* Il
peut délaiffer par hypothéque l'héritage vendu
fans charge de la rente, fans en payer les arrérages du paffé, fuppofé qu'ils fuffent échus de
fon tems : Cout. de Paris, art. 102. pource que
l'obligation perfonnelle ès rentes conftituées,
non fequitur fundi poffefforem, comme fi la rente
étoit fonciere.

S'OBLIGER.) *Pura & fimplici obligatione perfo-*
nali & hypothecaria. Pour les arrérages qui éché-
ront de cette obligation, naît l'action mixte que
Loyfeau a compofée *ex duobus integris,* qu'il
nomme perfonnelle hypothécaire.

TANT, &c.) Il y a quelque tems qu'en ce pays on tiroit de cette clause un argument *à contrario*, contre le preneur ou ses héritiers, que l'on disoit être obligés personnellement *in perpetuum*, à cause de la promesse de payer & continuer la rente à tout jamais ; ce que le texte de la Cout. d'Orl. art. 134. mal interprêté, semble aussi dire : & en conséquence de ce, on tenoit que le preneur de l'héritage ou ses héritiers ne pouvoient déguerpir ; mais l'arrêt du 30 Juillet 1594. donné au profit de Marie Geoffreneau, confirmatif de la sentence du Bailli de Montargis, a ôté cette erreur ; & la Cout. de Paris, art. 109. a expliqué la cause obligatoire du contrat de prise, ensorte qu'à présent nous recevons au déguerpissement le preneur & ses héritiers, suivant la disposition de ladite Cout. de Paris.

ARTICLE XXXIX.

Orl. art. 136. Aux. art. 132.

ET au regard du tiers détenteur de l'héritage de la rente spécialement constituée, peut être hypothécairement convenu pour passer titre nouveau ; mais ne sera tenu obliger soi ne ses biens, sinon tant qu'il sera détenteur.

DU TIERS DÉTENTEUR.) *Videlicet*, qui a acquis l'héritage sans charge de la rente, autrement il pourroit être poursuivi personnellement, & par conséquent *cedendo non liberaretur, l. 1. C. de pig. & arg. à contrario* de l'art. 102. de la Coutume de Paris.

PEUT ÊTRE, &c.) *Quasi Serviana actione*. §. *item Serviana, inst. de act.* qui est purement réelle & non personnelle, *Cujac. consult. 23.* Le tiers détenteur ainsi poursuivi ne peut non plus que le détenteur d'héritage obligé à rente fonciere, esquiver les conclusions de son créancier, & Seigneur de la rente, ni retarder la condamnation

pour indiquer autres héritages postérieurement
vendus par le detteur : il faut qu'il s'oblige ou
qu'il délaisse par hypothéque. Cout. de Paris,
art. 101. & *l. 2. C. de pig. Quia,* comme dit du
Moulin sur la Cout. de Paris, tit. des cens, art.
94. gl. 1. n. 13. *reditus specialiter assignatus magis
est pars fundi, quàm reditus generalem habens hy-
pothecam.*

PASSER TITRE NOUVEAU.) Ce tit. nouveau
sert au Seigneur de rente fonciere ou rente constituée, premierement, *tanquam antapocha,* pour
empêcher la prescription : secondement, il sert
de titre pour faire pleine & entiere preuve de la
rente : tiercement, il produit une action personnelle & hypothécaire à l'avenir contre le propriétaire sur tous ses biens; & en dernier, il induit aussi
une exécution, parée non-seulement sur l'héritage, mais encore sur tous les autres biens du détenteur : Loyseau, du déguerpissement, liv. 3. ch. 5.
n. 7. Toutefois un créancier de rente constituée
ne peut convenir le tiers détenteur pour lui passer
cette reconnoissance, portant obligation de payer
la rente, *ut aut cedat aut solvat,* sinon après dis-
cution faite des biens du detteur ou de ses héritiers personnellement obligés. Voyez M. Louet,
lett. H. ch. 9. avec l'annotation de Loyseau, du
déguerpissement, liv. 3. ch. 8. mais seulement ledit créancier peut contraindre le tiers détenteur
à ce que l'héritage soit déclaré affecté & hypothéqué à la dette pour s'en adresser contre lui à
l'avenir, si métier est, & pour interrompre la prescription : Cout. d'Auxerre, art. 95. & par argument de l'art. 114. & *seq.* de la Cout. de Paris:
Loyseau *ibidem,* ch. 2. n. 11. jusqu'à la fin.

ARTICLE XL.

TOutes terres tenues en fief redevables
d'ancienneté, ou baillées à taille, oublie, coutume, rente, champart ou ter-

rage par le Vaſſal, emportent lods & ventes, comme s'il y avoit impoſition de cenſive ; pource que d'ancienneté ledit terme
de cenſive, rente, champart & autres, ſe
prenoient l'un pour l'autre.

Les redevances très-foncieres ſont diverſe-
ment nommées ſelon leurs qualités, cauſes ou
origines, *lex dicitur prædiis aut perſonis*. Les Romains appelloient *capitatio* le cens que payoient
ceux qui étoient nommés *Coloni*, *l. cum ſatis*, *de
agrico*. *& cenſit*. *& l. un*. *de capitatione civium cenſib*. *exim*. *& tit*. *de agricol*. *& mancip*. C. *lib*. *11*.
Baronnius en ſes Annales *anno Chriſti 34. num. 10.*
dit que l'on payoit cette redevance *in numiſmate
recens formato ad rationem tributi* : c'étoient petites médailles ou méreaux qui avoient divers prix,
ſecundùm tributi qualitatem. La Cout. de la Marche, art. 153. nomme vilains *à villâ*, c'eſt-à-
dire, gens de ſerve condition, ceux qui doivent la taille, *aut ratione perſonæ*, *aut ratione rei*,
pour les héritages mortaillables qu'ils détien-
nent : la Marche, art. 173. Nevers, art. 1. tit.
des ſervitudes perſonnelles. Je crois que le mot
de *taille* vient des entaillemens que l'on faiſoit
ſur des morceaux de bois à chacun paiement,
pour enfin reconnoitre par le rapport d'iceux, ſi
toute la redevance étoit acquittée. On uſe encore aujourd'hui de ces marques, principalement
avec les boulangers pour le pain que l'on prend,
& les appelle-t-on tailles. Les réformateurs de
notre Coutume ôtant la différence de la condition des perſonnes, art. 1. tit. du droit des gens,
ont laiſſé le droit des Seign. ſur les héritages anciennement poſſédés par les Serfs, & le nom de
taille s'eſt conſervé dans les anciens titres. Quant
au mot d'*oublie*, il n'y a pas grande apparence
d'en tirer l'étymologie de l'oubliance du ſujet
qui n'a payé le cens ; car ce droit n'eſt pas une

amende, mais une charge fonciere. Je crois que
le mot a été impofé à cette redevance *ex occafio-
ne*, & que c'eſt *cenſus ignorantiæ*, dont eſt fait
mention au chapitre *pervenit de cenſib.* qui eſt un
droit exigé, ſans dire la cauſe. Pour l'origine de
ce droit, Guenois en l'addition du titre 2. conférence des Coutumes, rapporte le dire de Pontanus, qui tient que c'eſt un chapon qui a un douzain
au bec. Je ne ſache Seigneur en ce pays qui reçoive ſon cens en cette maniere : on paye bien un
ou pluſieurs chapons, ou partie d'un chapon, pour
reconnoiſſance feigneuriale, par aventure que la
preſtation du douzain au bec s'eſt oubliée, & que
cette oubliance lui a donné le nom. Coutume,
c'eſt le cens redevable d'ancienneté, *ratione aſ-
ſuetudinis*, & dont il n'y a point de bail ou titre
de ſon origine. La rente, c'eſt une charge fonciere qui conſiſte en certaine quantité, payable en
eſpéce ou argent. Terrage ou champart, eſt un
droit que le Seigneur prend ſur les terres en la-
beur, *pro modo collectionis.* Il eſt dit terrage *à terra*, & champart *à campi parte*, ou *campi partu.* Et
comme la propriété des ſignifications *fiſci & æra-
rii*, *ſtipendii & tributi*, eſt confondue, *l. ager. D.
de verborum ſignif.* Ainſi ces droits ſe prennent l'un
pour l'autre, *videlicet* quant à l'effet de la Seigneurie directe, mais la qualité du payement eſt
diverſe, ſelon l'eſpéce de chacune redevance :
& le champart n'eſt pas oublie ou chapon, ni rente de certaine quantité de grain, ni Coutume en
argent. Et faut noter que celui qui doit un ou
pluſieurs chapons de rente, eſt tenu les donner
vifs, dit Barthole ſur la loi 1. §. *plane. D. ſi quadr.
paup. feciſſe dic.* Il faut auſſi entendre que ces
droits emportent lods & ventes, quand ils ſont
ſeuls ou premiere redevance, ou joints avec
icelle ; ainſi qu'il a été annoté ſur l'art. 1. ci-
devant.

ARTICLE XLI.

SI un réméré d'héritage, ou rente vendue, eft donné après la vendition (1),
il y aura lods & ventes, tout ainfi qu'en la
premiere vendition, & que fi l'héritage ou
rente étoient vendus de nouvel, quand il
fera racheté.

Ci-devant, ès articles 78. tit. des fiefs, & 33.
de ce titre, il eft dit que les héritages & rentes
peuvent être vendus à faculté de réméré dans
neuf ans, & qu'en ce faifant il n'eft point dû de
profit de la faculté du réméré en matiere féodale.
Nihil intereft fi le réméré eft par une même carte
ou après : le défaififfement ou retention de la foi,
quæ maximè fpeftatur, fait qu'il eft dû profit ou
non, art. 77. tit. des fiefs. Mais en matiere cenfuelle *non idem eft* ; car fi le réméré eft outre le
contrat, *tanquam paftum ex intervallo*, c'eft un
autre contrat & une nouvelle vente, de laquelle
eft dû profit comme de la premiere : Chaffanée fur
la Cout. de Bourgogne, tit. des rentes faites à
rachat, art. 1. n. 36. dit que le réméré eft réputé
fait après la vendition, quand il n'eft accordé le
même jour, au même lieu, & en préfence des
mèmes Notaires & témoins du contrat. La difpofition de cet article a lieu, quand une rente fonciere eft rachetée *in vim* de la faculté oftroyée

---

(1) ¶ Il faut dire à fens contraire, que fi le réméré eft
donné par le contrat de vente
ou autre *immediate fequenti*,
il n'y a point ouverture aux
profits.

Profits ne font dûs de ventes d'héritages cenfuels à faculté de réméré de neuf ans
ou au-deffous, quoique cette
Coutume n'en parle point ;

& tel eft l'ufage attefté par
M. Durand, en fes Mémoires
fur le préfent article.

Savoir fi la faculté de réméré dure 30 ans, & fi au
bout du réméré expiré, le
vendeur affigné pour fe voir
déchu de fadite faculté, eft
recevable à l'exercer & à rentrer. Voyez ma Note fur l'art.
77 des fiefs.

aprèsſa création, comme il a étéjugé en ceBailliage pour Pierre Bourgeois, ſieur de la Souptiere.

Article XLII.

LE propriétaire ne peut muer la nature de l'héritage, pour démolir ne détériorer l'héritage qui doit cenſive, coutume, autre droit Seigneurial, ou rente fonciere ; tellement que le Seigneur ne puiſſe chacun an prendre ſon droit ſur ledit héritage.

Troies art. 78.

Le propriétaire ne peut muer la nature de l'héritage, & rendre la ſuperficie en autre état moindre en valeur ou revenu qu'il a été donné, pource que cela ne ſe peut faire ſans l'intérêt & préjudice du Seigneur cenſuel ; comme de faire argilieres & autres décombres de terres, ſinon pour bâtir en l'héritage, ou bien que le lieu fût à ce deſtiné, art. 373. de l'ancienne Cout. d'Orléans : ne peut auſſi enlever les bâtimens qui y étoient lors de la priſe, & dont nommément eſt fait mention par le bail, pource qu'ils font partie du fonds, *& ſolo damnum datum fuit*, au préjudice du Seigneur cenſuel, *qui habet jus in re, l. inter quos. §. damni. D. de damno infecto*. Il faut qu'ils maintiennent l'héritage en l'état convenu : Cout. de Nevers, art. 19. tit. des cens. S'il fait le contraire, il eſt tenu réparer le dommage, comme dit Coquille au même endroit, bien que ce qui reſte ſoit ſuffiſant pour la cenſive : du Moulin ſur la Cout. de Paris, tit. des cens, art. 74. gl. 2. n. 3. en rend la raiſon, diſant que le bail à cens de l'héritage inſtruit & amélioré, *fit etiam magnorum laudimiorum contemplatione.* Cette clauſe, *tellement que le Seigneur ne puiſſe, &c.* n'eſt pas une modification, mais une explication de la régle, quand l'héritage eſt dorné nud : les offres de dommages & intérêts pour la moins value de la cenſive ne ſont à recevoir, quand l'héritage peut être remis en ſon premier état ; car l'intérêt, c'eſt la choſe même, *aut qui rem, C.*

de facrofanct. Ecclef. Aliud eft fi les bâtimens avoient été faits depuis le bail, comme dit le même du Moulin fur la Cout. d'Amiens, art. 81.

Article XLIII.

SI l'héritage féodal ou cenfuel fe baille à ferme, maifon, rente, ou penfion juf-qu'à neuf ans, n'en font dûs profits; mais s'il y a audit bail faifant, foit dedans le con-trat ou hors, promeffe ou faculté au pre-neur, lefdits neuf ans finis, de pouvoir re-tenir ledit héritage à toujours(1), ou autre tems, en font dûs profits audit Seigneur dès-lors dudit premier bail ; & femblable-ment font dûs profits, fi lefdits bailleur ou preneur vendent leurfdits droits.

La location jufqu'à neuf ans eft meuble, *argu-mento, l. 1. §. quod ait. D. de fuperfici.* & quand elle eft à plus long tems, ou autre dont l'incertitu-de peut proroger le bail outre neuf années, com-me s'il eft fait à vie du preneur ou bailleur, ou à vie d'autres perfonnes, ou à toutefois & quan-tes, il eft réputé immeuble, *quia conftituit* au pre-neur *jus in re*, & lui fait acquérir une Seigneurie utile, *l. 1. §. qui in perpetuum, & l. ult. D. fi ager vectigal. vel emphiteu. pet. cap. monafterium, junc-tis gloffis in verbis ejus, & ad tempus modicum,. Clement. de reb. Ecclef. non alienand.* & par ar-gument des art. 47 & 48 ci-après, lefquels peu-vent fervir d'explication à la Cout. générale, *citra exemptionem.* La Cour le 23 Janvier 1578. à la pourfuite du fieur de Gueri, propriétaire de la terre de Châteauvillain, fût révoqué & caffé
le

---

(1) ¶ Il s'induit de cet ar-ticle, que dans cette Cou-tume profits font dûs de bail à rente perpétuelle. Voyez l'article 10 ci-devant, Mon-fieur de Lalande, article 108 décide que dans notre Cou-tume on paye les profits de baux à rente, fuivant cet ar-ticle.

le bail fait de ladite terre pour dix-huit ans, par
la Comtesse de Maulevrier usufruitiere, parce
que tel bail étoit une espéce d'aliénation, qui ne
pouvoit subsister au préjudice du propriétaire. Et
d'autant que la faculté octroyée au preneur de
pouvoir retenir à toujours les 9 ans passés, *conditione impleta*, après que le preneur a déclaré sa
volonté, fait tourner le bail à location en bail à
rente ; *non mirum est*, si pour un tel bail il est dû
profit, par disposition des art. 10 ou 23. Mais il
faut entendre ceci des baux d'héritages censuels
ou des féodaux, quand il y a démission expresse
de foi, *argumento* des art. 4 & 54. tit. des fiefs, *ib.*
Des baux faits pour neuf ans, avec promesse ou
faculté au preneur de retenir à plus long tems, il
en est dû profit, *quia res redicit in eum casum, à
quo incipere non potuit* : ce qui étoit meuble après
la déclaration du preneur devient immeuble. Il
ne s'ensuit pas toutefois que le bail immobilier
soit sujet à retrait féodal, pource qu'il n'y a mutation de vassal : le Seigneur Châtelain ne pourroit réunir l'héritage à son fief, n'étant cette espéce d'aliénation que momentanée, *argumento*
de l'art. 5. tit. des fiefs, & n'est aussi sujet à retrait lignager, art. 13. tit. de matiere de retrait :
quia non est vera alienatio, par argument de la défense d'aliéner, qui ne va à la location ou bail à
tems, même de cent années, *Bartol. in l. codicil-
lis. §. instituto. D. de leg.* 2. & Chassanée sur la
Cout. de Bourgogne, tit. des main-mortes, art.
10. n. 36.

Dès-lors dudit, &c.) *Id est*, les profits
sont acquis au Seigneur féodal ou censuel du jour
du bail à moisson, rente ou pension, soit que la
promesse ou faculté de retenir ait été faite incontinent, *aut ex post facto*, audit bail, faisant dedans le contrat, ou hors icelui cette paction, venant à sortir effet, *retrotrahitur ad tempus suæ ori-
ginis*, au tems du premier bail, comme fait en
conséquence. Voy. l'annot. sur l'art. 77. t. des fiefs.

Semblablement.) Par identité de raifon
du bail fait à plus de neuf ans , quand le bailleur
vend fon droit ; c'eft-à-dire , le revenu qu'il a fur
l'héritage de plus de 9 ans , fi l'héritage eft féodal , il eft dû quint denier de l'argent qu'il reçoit,
argumento de l'art. 55. tit. des fiefs : *Si verò* il eft
cenfuel, font dûs lods & ventes, comme pour
vente de rente ou chofe immeuble, *quæ gerit partem fundi,* art. 33. ci-devant. *Idem juris eft,* quand
le preneur vend fon droit, c'eft-à-dire , la jouiffance qu'il a de l'héritage à plus de neuf ans , fi
l'héritage eft féodal , les lods & ventes font dûs
audit bailleur, comme fi le bail à location étoit un
bail à cens, ou rente momentanée, & eft le preneur comme détenteur de chofe cenfuelle. Et fi
l'héritage eft cenfuel , les profits font dûs au Seigneur du cens, à raifon de l'argent débourfé,
comme des autres cas, art. 5. ci-devant.

Article XLIV.

*A*Utres *Articles ajoutés audit Chapitre
des Cens, à la requéte de haut & puiffant Seigneur Jean de Beil , Comte de Sanxerre , & des habitans de la ville & Comté
de Sanxerre* * , *qu'ils ont dit être tenus &
obfervés audit Comté par Coutumes locales,
& requis être inférés en ce préfent Coutumier ; defquels Articles la teneur s'enfuit.*

Les art. fuivans font hors la Cout. générale ,
pour fervir de loi & être gardés ès Villes , Châtellenies , Juftices & Lieux ci-fpécifiés.

---

* Qui eft du Duché de Berry , & néanmoins fe gouverne felon la Coutume de Lorris-Montargis. C. M.

Article XLV.

ITem , les cens du Comté de Sanxerre
portent profit des lods & ventes, accor-

demens, défaut, recélées, enfemble profit de défaut ; & eft le profit de lods & ventes au Seigneur cenfier, foit haut-Jufticier ou non, de quatre fols tournois pour livre, & le défaut, de fept fols fix deniers tournois : en la recélée, de foixante fols tournois, laquelle recélée fe prend huit jours après l'acquifition faite, & non dénoncée au Seigneur cenfier par l'acquéreur, & l'appelle-t-on droit Seigneurial en baffe-Juftice.

La premiere partie eft une exception de l'art. 4. & la feconde partie eft exception de l'art. 1.

Article XLVI.

ITem, fi aucun prend un héritage cenfuel à rente perpétuelle, chacun franc de rente eft eftimé à treize livres tournois, & de chacun franc defdites treize livres tournois, doit le preneur quatre fols, & au fur l'ampleige.

Ceci eft une exception de l'art. 10.

Article XLVII.

ITem, fi aucun prend un héritage à rente, fous faculté de réméré à tems au-deffous de dix ans, il n'en doit au Seigneur cenfier aucun profit de lods & ventes; mais fi le réméré eft de dix ans, ou deffus, ou à toutefois & quantes, le profit eft dû à la raifon deffufdite.

Exception de l'art. 43.

Z 2

Article XLVIII.

ITem, & pareillement fi aucun achete rente ou aucun héritage tenu en cens fans réméré, ou que le réméré contienne dix ans ou au-deffus, toutefois & quantes, ou à vie de perfonne, le Seigneur cenfier prend fon profit de cens à la raifon deffuf-dite : & pour l'achat fait de ladite rente fous réméré au-deffous de dix, n'y a aucun profit. Et ès deux précédens Articles, les acquéreurs font tenus dénoncer ladite ac-quifition aux Seigneurs cenfiers dedans huit jours après, enfuivans ladite acquifition, fur peine de l'amende du recélé, fi l'acqué-reur n'a excufation légitime, dont il faffe apparoir.

La premiere partie de cet art. eft une exception de l'art. 33.la feconde eft une exception de l'art. 5.

Article XLIX.

Orl.
art. 110.

EN échange d'héritage fait but à but & fans tournes, n'eft dû aucun profit au Seigneur cenfier ; mais s'il y a tournes, ou que les héritages échangés foient en di-verfes cenfives, fera dû profit au Seigneur cenfier à la raifon deffufdite.

Exception de l'article 24.

Article L.

AUtres Coutumes locales, tenues & ob-fervées en la Châtellenie de Bleneau, & requis par le Seigneur dudit Bleneau être inférés en ce préfent Coutumier, & Chapi-tre defdits Cens.

ARTICLE LI.

EN ladite Châtellenie pour le droit de ventes & lods, eſt dûe la ſomme de deux ſols ſix deniers tournois pour franc, en matiere d'achat de choſe immobiliaire, que paye l'acheteur, & ſur le tout douze deniers tournois pour la ſaiſie.

Exception de l'article 4.

ARTICLE LII.

ITem, qu'en ladite Châtellenie, en cas qu'héritage ſoit vendu, ledit Seigneur Châtelain a droit de retenue.

Cet article eſt une régle particuliere & locale.

ARTICLE LIII.

ITem, auſſi en l'héritage baillé à rente, ou ſur icelui conſtituée, prend & a ledit Seigneur droit de lods & ventes, & ſaiſine.

ARTICLE LIV.

ITem, ſi ladite rente eſt vendue, ledit Seigneur la peut avoir par droit de retenue.

Ces articles ſont auſſi régles particulieres & locales.

ARTICLE LV.

ITem, prend ledit Seigneur lods & ventes en cas d'échange en diverſes cenſives, & auſſi douze deniers pour la ſaiſine.

Cet art. eſt une exception de l'art. 24.

Z 3

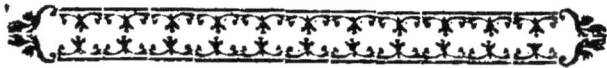

CHAPITRE III.

De Champart & Terrage.

ARTICLE PREMIER.

Orl.
art.141. CElui qui tient & occupe terres sujettes à terrage ou champart, ne peut enlever sa déblée, ou partie d'icelle, sans appeller le Seigneur à qui est dû ledit terrage ou champart, son Commis ou Fermier ; & s'il fait le contraire, il enchet en l'amende envers le Seigneur dudit terrage ou champart, qui est de soixante sols tournois.

CELUI QUI TIENT.) Le locataire aussi-bien que le propriétaire qui tient & occupe la terre redevable de champart, est tenu satisfaire aux charges dudit champart: Étampes, art. 8. & ne se peut excuser sur ce que l'héritage ne lui a été donné nommément à ce droit ; *quia res in debet, non persona*, sauf son recours contre le bailleur : & ainsi a été jugé en ce Bailliage contre la veuve Rigaut, le 29 Mars 1613.

APPELLER.) Auparavant que d'enlever les grains on doit avertir le Seigneur de terrage, son Fermier ou Commis, pour voir compter & nombrer les gerbes, afin qu'il puisse savoir quel nombre & quantité il lui est dû pour son droit de terrage ; & suffit appeller le Seigneur ou son Commis, au lieu où l'on est tenu mener ledit terrage, en présence de témoins : Blois, art. 133. La Cout. de Berry , tit. des droits prédiaux , art. 26. ne

requiert qu'un témoin, fans qu'il foit requis autre
plus grande preuve ; ce qui me femble être plus
raifonnable. Noté, que le Seigneur ou fon Commis après avoir compté les gerbes, ne peut pour
fa part choifir les meilleures & laiffer les pires ;
mais feulement il peut commencer fon compte
par tel endroit du champ que bon lui femblera,
& felon l'ordre du compte prendre fon droit :
c'eft ce que la Cout. de Clermont, art. 119. appelle choifir en dix-eaux ; ce que l'on peut auffi
tirer par argument des arrêts des 23 Février &
5 Juillet 1608. donné pour les dimes, au profit de
Frere Euftache Viole, Prieur de Toyfeley.

SOIXANTE SOLS.) Et nonobftant ladite amende fera payé le champart : Orléans, art. 141. Le
grand Coutumier dit que, fi aucun doit champart, & fon valet ou fon chartier par oubliance
amene le champart à l'hôtel, fon maître doit fer-
mer la porte de fa grange contre fon chartier,
afin d'efchever l'amende, & au furplus prendre
congé de fon Seigneur de ce qui eft à faire.

ARTICLE II.

ITem, & après que les gerbes ont été ter-
ragées, le laboureur ou détenteur de ladite terre, eft tenu mener ledit terrage à
fes coûts & mifes, en la grange terrageaffe,
ou autre lieu à ce ordonné d'ancienneté,
pourvu que ce foit en la Paroiffe ou demi-
lieue de la terre terragée, ou autre lieu
qu'ordonnera le Seigneur en ladite terre,
s'il n'y en a, avant qu'emmener le furplus
de fes gerbes, fur pareille peine.

EST TENU MENER, &c.) *Agri enim tributum in eam civitatem debet levari, in cujus
territorio poffidetur,* dit le texte de la loi *firma.
§. is vero, D. de cenfib.* Notre Cout. a limite le

lieu , & jufqu'où le champart doit être mené, afin
de foulager les laboureurs occupés à ferrer leurs
grains , & veut que le terrage foit mené en la
grange champartereffe , pourvu qu'elle foit au-
dedans de la Paroiffe , quelque diftance qu'il y
ait de la terre terragée ; ou fi elle eft hors de ladite Paroiffe, qu'elle ne foit éloignée que de demi-lieue du champ terragé , *& fic obfervatur.*

Demi - lieue.) Voyez ce qui eft annoté fur
l'art. 22. tit. des cens , & la loi *itinere faciendo.*
D. de verb. fig. & l. 1. D. fi quis caut. Il faut confidérer les lieues felon que l'on a accoutumé en
la Province.

- Article III.

ET fi ledit Seigneur , Commis ou Fermier , font refufans ou dilayans d'aller champarter ou terrager , après que le
laboureur ou détenteur defdites terres tenues à champart l'aura attendu compétemment , & il ne vient ; en ce cas il pourra
champarter & mener ledit champart , ainfi
que deffus eft dit , & après enlever le furplus de fes gerbes ; & s'il fait l'oppofite , eft
amendable , comme deffus.

Attendu compétemment.) Pour définir
ce tems , on doit avoir égard à l'état preffant des
moiffons, qu'un orage furvenant ne gâte les bleds;
à la qualité de celui qui doit lever le terrage, qui
ordinairement eft un ferviteur ou Fermier villageois, & à la diftance de la grange champartereffe , qui doit être dans la Paroiffe ou à demi-lieue
du champ terragé ; & fous ces confidérations ,
j'eftime qu'il fuffit que le terrageur ait été attendu
autant de tems qu'il en faudroit à un homme de
pied , pour après avoir donné ordre à fes affaires

encommencées, venir au champ & faire demi-
lieue ou environ. Quelques Cout. donnent 24
heures , comme Berry , art. 27. titre des droits
prédiaux : Bourbonnois art. 352. titre des droits
Seigneuriaux, & Poitou, art. 64. titre des fiefs &
Jurifdictions ; mais elles étendent la conduite du
terrage en la grange, felon le détroit de la Jurifdiction du Seigneur , ou à deux lieues loin du
champ terragé. Si nous conférons le tems & la
diftance des lieux prefcrits par ces Coutumes-là,
avec la difpofition de la nôtre , *& ex æqualibus
æqualia demas , quæ remanebunt erunt æqualia ;* &
fe trouvera fix heures pour l'attente compétente,
à raifon de la demie-lieue de diftance du champ
à la grange champartereffe. L'autorité des anciens villageois, comme en la *l. fi chorus. D. de
leg.* 2. n'eft à méprifer, difant qu'on doit attendre
du foir au lendemain matin, jufqu'au Soleil levé :
& depuis la première heure après Soleil levé ,
jufqu'à midi ; & depuis midi jufqu'à une heure
devant Soleil couché, qui font au moins fix heures franches. Ce dire a quelque rapport avec la
Cout. de Mante, art. 55. qui veut que le Seigneur
du terrage ou fon Fermier compare du foir au
lendemain matin, & du matin à l'après-dinée. La
Somme rurale , liv. 2. tit. de charrier, devant ou
après Soleil , dit qu'il n'eft pas permis charrier
les gerbes hors le champ durant les moiffons devant Soleil levant ni après Soleil couchant , fur
peine de foixante fols d'amende ; & en eft cru
le Sergent à fon ferment.

Il pourra champarter.) Encore que
notre Coutume ne dife point comme fe doit gouverner le détenteur en l'abfence du terrageur ,
j'eftime toutefois être plus fûr de nombrer les
gerbes en la préfence des moiffonneurs ou autres
perfonnes ; & auparavant que d'enlever du
champ, faire mener & conduire la part du Seigneur dans fa grange, ainfi que porte la Coutume
de Blois , art. 133.

ARTICLE IV.

TErrage eſt droit Seigneurial ; pource que terres baillées à perpétuité audit droit par le Vaſſal , qui les tient franchement audit droit , ſans autres charges , emportent lods & ventes.

Du Moulin ſur la Cout. de Paris, enſon poëme, tit. des cens, n. 1. dit que le terrage eſt une eſpéce de cens , au moins droit égal au cens ; ce qui eſt vrai en notre Cout. & autres , qui le déclarent droit Seigneurial. Son origine vient de cette diſtribution des terres que les anciens conquérans de la Gaule firent aux habitans du pays , aucunes à la charge d'une petite ſomme de deniers, qu'ils nommerent cens ; les autres de quelque portion du rapport d'icelles, qu'ils appellerent champart, *nec enim Franci ingenui pendebant tributum. Turon. lib. 7. cap. 16.* fait à ce propos le chap. 8. tit. 43. des Loix Saliques , où il appelle celui qui paye tribut , *Romanus tributarius.* Par aventure qu'ils trouverent les terres chargées de cens & terrages auparavant par les Romains , & ne changerent la forme de la redevance , mais ſeulement la cauſe ; & ce qui étoit pour reconnoiſſance de Seigneurie univerſelle, fut changé en reconnoiſſance de Seigneurie particuliere: les autres droits Seigneuriaux ont été depuis augmentés par les Seigneurs, *ſive jure ſive injuriâ.* En cette Cout. le champart a demeuré longuement le premier & principal droit Seigneurial , comme le cens, ſans qu'ils ayent été conjointement impoſés ſur un héritage , comme j'ai lû dans un manuſcrit de l'ancienne Cout. , du tems du Roi Charles VIII. & dont font foi les anciens titres du pays. Fait à ce propos la loi *damni , de agricol. cenſit. & colon. lib. 11. C.* A préſent cela ne s'obſerve plus ; le terrage comme les autres droits Seigneuriaux s'eſt ac-

cumulé avec le cens , & porte profit de lods &
ventes , quand il eft feul , ou la premiere & plus
ancienne redevance. Il y a de cela un beau témoignage dans le grand Coutumier, liv. 2. ch. de
champart, art. 1. & dans la Cout. de Bourbonnois,
art. 392. Mais quand le terrage eft conjoint avec
le cens ou avec autre redevance dûe , *in recogni-*
tionem domini directi , & par argument *à contraria*
de ce texte , il n'emporte pas lods & ventes , &
par conféquent n'eft pas vraiment & proprement
droit Seigneurial ; c'eft le cens qui eft la marque
de la directe , & à caufe duquel les profits font
dûs. La franchife des terres d'autres droits que
du terrage , eft la caufe pourquoi il eft droit Seigneurial, & emporte lods & ventes, *alias non*. En
conféquence de cette diftinction , la Cour par arrêt du 14 Décembre 1614. donné au profit de
Maitre Pierre Petit , Procureur en Parlement ,
Seigneur de Treilles, par décret contre les Abbé
& Religieux de Ferrieres, fut dit que lad. Terre
& Seigneurie de Treilles n'étoit fujette au champart , mais feulement étoit redevable du droit de
cens ; parce que lefdits Abbé & Religieux ne
s'étoient parrticulierement oppofés aux criées
pour le champart ; ains feulement en termes généraux pour leurs droits Seigneuriaux , fauf à
eux de fe pourvoir fur les deniers de la vente
pour l'eftimation du terrage. Voyez Goujet,
traité des criées, partie 2. ch. 4. après les effets
de l'adjudication. On en peut par identité de raifon autant dire des rentes ou autre droit joint
avec le cens , quand précifément on ne s'eft pas
opopofé pour les rentes ou autres droits.

ARTICLE V.

TErrage eft droit qui fe leve fur les fruits
des terres baillées audit droit ; & s'il
n'eft autrement déclaré, s'entend de douze
gerbes l'une , tant en bled , orge , avoine ,

pois, féves, naveaux, chanvre, lin, qu'autres fruits.

DE DOUZE GERBES L'UNE.) *Idem*, Cout.
locale de Vatan, ch. 2. art. 3. *Sed quæstionis est*,
si le terrage doit être pris auparavant la dîme ?
Quelques-uns tiennent que le terrage est le premier, pource que le Seigneur a donné sa terre à
condition de terrage, & que chacun peut mettre
& imposer loi à ses choses ; qu'il a été soutenu en
Parlement par autorité des SS.Peres, que la dîme
en la loi Evangélique n'a autre fondement que
l'usage ou la Cout. comme le champart(1). Voy.
M. Louet, lettre T. ch. 60. En Normandie, le
terrage préfére la dîme, comme rapporte Choppin *de privileg. rustic. lib. 1. cap. 7.* & dit-on qu'il
se trouve un ancien arrêt à ce propos, donné à la
Toussaint

. (1) ¶ *Nota*. Par Déclaration du Roi de 1657, tous
possesseurs de terres nobles,
ou roturieres, même les Seigneurs des lieux, pour les
terres de leurs domaines,
sont contraints de payer les
fruits, conformément à l'art.
49 de l'Ordonn. de Blois, &
tous les peines y portées ; &
les sujets à la dîme, tenus de
faire publier au Prône le jour
qu'ils voudront enlever leurs
fruits, afin que les Ecclésiastiques, leurs Fermiers, ou
ayans charge, s'y puissent
trouver. Défanses à tous détenteurs de mettre en gerbes,
enlever, ou empêcher les
fruits, soit gros ou menus-grains, sans avoir payé ou
laissé ledit droit sur le
champ, à la raison, nombre,
qualité & quantité qu'il a
accoutumé être payé ; & parce que les possesseurs pour se
décharger du payement de
dîme, introduisent un abus
qui est très-préjudiciable, en
changeant la surface de la
terre, même la convertissant
en prairies & herbages, ou
en semant des fruits non sujets à dîme, suivant la Cout.
des lieux, dans les champs
qui avoient accoutumé d'être chargés de vignes, bleds
& autres grains, dont ils
payoient la dîme, il est ordonné que ce changement
qui a été, ne sera fait de
la surface de la terre, ou
des fruits & revenus, ne
pourra préjudicier aux Dimiers, auxquels appartient
la dîme desdits fruits & revenus nouveaux, qui ne sont
point sujets à dîme, suivant
l'usage des lieux ; & que la
dîme d'iceux sera payée à la
raison des anciens qui se recueilloient ausdits héritages.
Voyez le nouveau Dictionnaire Civil & Canonique.

Touffaint l'an 1629. Néanmoins la plus faine opinion eft au contraire, que la dime eft de droit di-
vin, dont il y a de beaux paffages au livre du Lé-
vitique, ch. 23. au 1er. des Rois, ch. 8. qu'elle
doit être payée auparavant le champart, *tanquam à Domino refervata in fignum fupremi dominii, cap. tua, & cap. cum non fit in homine, de decimis.* Les Cout. de Berry, art. 10. & Mantes,
art. 55. le portent en termes exprès : & ainfi a été
jugé depuis par arrêt du 23 Février 1608. pour
Frere Euftache Viole, Religieux de l'Abbaye
de St. Denis, Prieur de Thoyfeley, contre Georges de Sorbieres, & depuis pour les Religieux de
St. Sulpice de Bourges, Curés primitifs de Ci-
vray, contre la Dame de Couldray, le 9 Avril
1615. *Modus autem folutionis decimarum* eft de
droit civil, c'eft pourquoi le laboureur n'eft tenu
mener la dime en la grange du Curé, *nifi ultro.* Le
chapitre *revertimini* 16. *quæft.1.* tiré du Commentaire de St. Jerôme, fur le 3. chap. de Malachie,
n'eft pas un précepte de néceffité, mais feulement
de confeil, qui n'oblige point. L'Ordonnance de
Blois 1579. art. 50. veut que les dimes fe levent
felon les Cout. des lieux, & la cote accoutumée
en iceux. A Montargis & ès environs, on prend la
dime de vingt-quatre gerbes l'une, quand le
champ doit terrage; & s'il en eft exempt, on leve
de dix-huit une. Les vignes auffi ne font point
chargées de terrage, mais feulement de dime, excepté à Bony, où la dime eft de treize gerbes
l'une, ou de treize tinées de vin une, combien que
la terre & la vigne foient chargées de champart.

ARTICLE VI.

PRés faits d'ancienneté ne doivent terrage, ni ceux qui par le Vaffal font baillés pour prés ou pâtures, ne femblable-
ment les vignes, ne bois; car en les baillant de cette qualité, font entendus baillés

Tome I.   A a

francs de terrage, comme la mafure, combien que toutes les terres foient baillées à terrage, finon que par exprès fût dit par le bail qu'on n'en payeroit.

MASURE.) Mafure eft dite *à manfione* : c'eft la demeure & bâtiment compris au bail. En ce pays on prend ce mot pour toute la contenue d'héritage d'une même prife : Fauchet en fes antiquités Gauloifes, liv. 4. ch. 5. dit que le mot de mafure vient de *manfus*, qui fignifie un héritage des champs, lequel devoit contenir le labour de deux charrues à bœufs. En Provence, Languedoc & Berry, un tenement d'héritage s'appelle *mas, maix, & meix.*

ARTICLE VII.

IL loit à tout preneur des terres baillées à cens, terrage, ou autre droit, muer & changer la nature de la terre, comme en icelle faire maifon, cour, vignes, jardin, ou bois, & de ce eft tenu avertir le Seigneur qui l'a baillée; mais néanmoins ne peut préjudicier à l'intérêt dudit Seigneur bailleur : car s'il le fait, fera tenu le preneur ou détenteur de la terre, payer chacun an redevoir en bled ou argent, au choix dudit Seigneur, fur peine de foixante fols pour l'indemnité dudit Seigneur, au dit de gens de bien, & au prix que les terres circonvoifines valent ordinairement pour terrage.

Ci-devant au tit. des Cens, art. 42. il eft dit que le propriétaire ne peut muer la nature de l'héritage, par démolir ni détériorer l'héritage qui doit cenfive ; celui-ci permet le changement

en mieux pour augmenter l'héritage, encore que
la mutation le rende de telle nature que fur icelui
le terrage ou autre droit Seigneurial ne fe puiffe
plus lever par chacun an (1) : mais ce changement
ne fe doit faire fans en avertir le Seigneur ; car
outre l'honneur & le refpect qui lui eft dû , il a
encore intérêt pour la confervation de fes droits,
à ce que par chacun an ils foient perceptibles fur
les héritages mêmes qui les doivent : fi toutefois
le détenteur fait au contraire, la Cout. n'annulle
pas ce qui auroit été fait au déçu du Seigneur ,
mais elle pourvoit à fon indemnité par le payement en efpéce ou argent , à fon choix : *ubi lex
verbis prohibitivis non procedit , non inutile cenfe-
tur , quod factum eft , maximè quando actus in alterius præjudicium non vertitur,* difent les Docteurs
fur la *l. non dubium. C. de legib.* Ulpian , *lib. regu-
lar. tit. 1.* appelle telles difpofitions *lex minus
quàm perfecta.* Voy. Cujas, *obfervat. lib. 19. c. 30.*

Au dire de gens, &c.) Cette prifée fe
fera aux frais & dépens du propriétaire , quand
même le Seigneur auroit confenti au changement
de la nature de l'héritage , *argumento* de l'article
fubféquent.

Article VIII.

LE preneur d'héritage à terrage peut réferver audit héritage des bois ou pâtures raifonnablement , felon la tenue dudit

---

(1) ¶ M. Durand en fes Mémoires fur cet article veut
que fi celui qui tient terre à
champart a fait des prés , vignes ou bois , dont il a payé
l'indemnité au Seigneur pour
le terrage , vient à arracher
les vignes ou les bois , fi cette indemnité a été faite par
amortiffement , moyennant
une fomme payée une feule
fois , en ce cas l'héritage
étant délibéré , de quelque
nature qu'il change , il ne
peut plus être chargé ; mais fi
au lieu de champart , il étoit
convenu qu'on payeroit redevance en argent par chacun an
au Seigneur , en ce cas , fi
l'héritage de bois ou vignes
revenoit en fa premiere nature , le Seigneur pourroit reprendre fon terrage en quittant fa redevance.

héritage , pour le pâturage de ſes bêtes , en payant l'indemnité comme deſſus.

La Coutume permettant au propriétaire *ab initio vel ex poſt faſto* muer la nature de l'héritage *in melius* , & encore d'approprier les terres pour la néceſſité de ſon ménage , a voulu pourvoir à la conſervation des droits des Seigneurs de terrage, reſtreignanc la liberté de changer terres en bois ou pâtures, *niſi quatenùs neceſſe eſt ,* eu égard à la tenue , *id eſt* à la quantité & qualité des héritages portée par la priſe , ſans avoir égard aux accrue & augmentation depuis faites ; pource que tel changement ne ſe peut faire ſans l'intérêt du Seig. Les terres ſe convertiſſent en bois & pâtures ſans dépenſe, laiſſant ſeulement l'héritage en déſert quelques années ; ainſi le fonds en eſt plutôt détérioré qu'augmenté. Le revenu annuel de tels héritages ne répond pas ordinairement à celui des terres cultivées ; ainſi le Seigneur qui ne ſeroit payé ne pouvant lever ſon champart ni prendre la valeur ſur telle nature de terre , ſeroit contraint pourſuivre le payement de ſes droits, *jure creditoris* , & s'adreſſer par aventure inutilement ſur les autres biens de ſon detteur ; & encore le Seign. ceſſant de champarter l'héritage changé en bois ou pâture , par ſucceſſion de tems le droit Seigneurial pourroit changer de nature & ſe convertir en ſimple rente (1). Ce ſont les raiſons pourquoi il n'eſt pas permis au preneur d'héritage à terrage réſerver , *id eſt* laiſſer audit héritage croître des bois ou pâtures , *pluſquam par eſt.*

Article IX.

ARticle ajouté audit Chapitre de Champart , que leſdits Seigneur & habitans de Sanxerre , Châtellenie d'Aubigny-ſur-

(1) ¶ En 1691 il a été donné Acte de notoriété en ce Bailliage , comme le droit de Champart eſt preſcriptible lorſqu'il eſt joint au cens.

Nerre, la Chapelle d'Angillon, & d'Ar-
gent, les Aiz-d'Angillon, de Concreſſaut,
St. Briſſon, Cernoy, Terre & Juſtice d'Au-
try, la Ville-d'Autry, le Châtel, Pierre-
Ficte-ès-Bois, Blancaffort, Châtellenie
& Juſtice de Vailly, Varlien-Charpignon,
Maiſont-Tout, & Saulongne, & autres
Châtellenies, Seigneuries, & Juſtices du
pays de Berry, régies & gouvernées ſelon
leſdites Coutumes de Lorris, ont dit être
obſervé & gardé par Coutume locale, & re-
quis être inſéré en ce préſent Coutumier, du-
quel la teneur s'enſuit.

Article X.

LEs Seigneurs à qui ſont dûs terrages
jouiront deſdits terrages dorénavant,
& des droits d'iceux, ainſi & par forme
& maniere qu'ils ont accoutumé d'en jouir
d'ancienneté.

L'article eſt une exception de tout ce Chapitre, qui n'a lieu qu'ès Villes, Châtellenies &
Juſtices, & autres lieux dénommés : & en cela
ne gardent la Coutume générale.

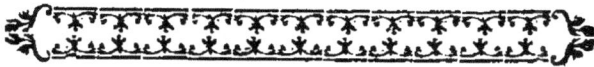

CHAPITRE IV.

Des Pâturages, Herbages & Paiſſons.

ARTICLE PREMIER.

Orl.
art.144.

EN nul tems, on ne peut mener pâturer ſes bêtes ès héritages tenus en fief,
qui ſoient joignans au manoir tenu en fief,
dont ils ſont domaine; mais s'ils ſont ſépa-
rés dudit manoir, & non entretenans à icelui, ils enſuivent la nature des héritages
roturiers, quant à pâturage.

Encore que quelques Coutumiers, comme Pyrrhus Englebermeus ſur l'ancienne Cout. d'Orl.
art. 141. ayent eſtimé que cette prérogative octroyée au féodal, *nobilitatis cauſâ,* doive être ſeulement de la contenue d'un arpent, toutefois nous
étendons ces héritages attenans aux murailles ou
foſſés de la maiſon Seigneuriale, juſqu'aux haies,
foſſés ou chemins qui les ſéparent des autres. *Licet* qu'eſdits héritages féodaux attenans il n'y eût
aucun fruit, ou qu'ils fuſſent en grands bois, eſquels le beſtial ne peut faire dommage; & la
raiſon eſt que notre Cout. *utitur verbis extenſivis,*
il ne ſeroit pas bien ſûr & honnête d'aborder ſi
près la maiſon d'un Gentilhomme.

ARTICLE II.

Orl.
art.145.
Troies
art.169.
& 170.
Aux.
art.260.

EN terres vaines roturieres, les habitans d'une Paroiſſe peuvent mener pâturer leurs bêtes de leur crû, nourriture,
& pour leur uſage, juſques aux clochers

des Paroisses joignantes & voisines tenantes
à eux, sinon que les terres soient closes &
fossoyées. Et sont dites terres vaines, où
n'y a aucune semence : toutefois peut défendre le laboureur de la terre où il y a
chaumes, que l'on n'y voise, jusqu'à ce
qu'il ait eu espace d'enlever ledit chaume,
& sans fraude, & n'entend comprendre en
cet article les hauts Marchands de bétail.

Cet art. est en faveur du public, pour la nourriture du bestial, étant raisonnable que le public
se serve des choses qui ne sont *in fruétu proprie-*
tarii ; ou bien, comme dit Coquille, le Seigneur
d'un héritage, soit terre labourable ou pré en
prairie, n'est pas Seigneur de la pleine propriété,
ains seulement pour s'en servir, selon que la Cout.
lui en donne la puissance. En considération de
cette utilité publique, il est loisible aux laboureurs mener les bêtes qu'ils tiennent à chetel d'autres, n'étant de la Paroisse, ès terres labourables,
tout ainsi que les leurs propres : *non idem*, ès autres lieux par droit d'usage, comme il sera dit ci-
après, art. 7. Or puisque nous parlons du bail à
chetel, j'estime qu'il ne sera hors de propos d'en
dire quelque chose, puisque notre Cout. n'en parle point. Le mot vient *à capitibus finito contraétu*
restituendis : car le bailleur ordinairement stipule
qu'à la fin du bail il reprendra ses chefs, ou tel
autre nombre qu'il aura convenu avec le preneur :
il est bien vrai que quelquefois on donne les bêtes
par estimation, laquelle le bailleur reprend sur la
valeur du chetel & croît *finito tempore* ; & cette
estimation est *loco capitum*. Or cette propriété du
bailleur fait que proprement ce n'est un contrat ni
de vente ni de société, ains une autre espéce,
quæ accedit ad contraétum innominatum, do ut fa-
cias, qui est proximus locationi. Le profit & croît

fe partit par moitié, s'il n'y a convention.contrai-
re, comme l'explique *Joannes* dans la glofe d'A-
curfe, fur la *l. 1. C. pro foc.* la ftipulation du profit & dommage ne doit être moindre de la moitié
pour le preneur ; autrement les conventions font
réputées illicites & ufuraires, dit la Cout. de Nevers, art. 15. tit. des croîts & chetels. L'ufage
du pays en matiere de chetel eft tel, ainfi que j'ai
trouvé dans un ancien Mémoire, écrit de la main
d'un de mes prédéceffeurs en office, & avoir été
certifié par les marchands & laboureurs du pays.
Que fi l on donne quantité de moutons audit titre
de croît & chetel, les laines d'iceux moutons fe
partiffent par moitié, entre le bailleur & le preneur. Et en cas que les moutons fe vendent à plus
haut prix qu'ils n'ont été donnés, le bailleur
prend par préciput la fomme principale ou chetel à quoi ils ont été donnés, & le furplus & profit d'iceux fe partit par moitié entre le bailleur &
le preneur : & pareillement s'ils ont été vendus
jufqu'à la fomme de ladite eftimation ou prifée,
& que partie foient morts de leur mort naturelle,
fans la faute & coulpe du preneur, le bailleur
prend ce qui fera de refte pour fondit chetel,
pour ce qu'ils pourront valoir lors, & le furplus de ce qui s'en faudra, & perte qui pourra
être fur iceux, fe doit partir par moitié, tout
ainfi que fait le profit ; & pareillement que le
preneur eft tenu de rapporter les pelys de moutons morts, lefquels pelys fe partiront par moitié.
Et qu'ainfi il fut jugé en ce Bailliage le 29 ou 30
d'Avril 1565. & le Mercredi 15 Novemb. 1623.
en l'affife. Voyez Sanfon fur la Coût. de Tours,
tit. de communauté de biens, art. 2. *in fu.* Le
chetolier eft tenu vérifier que la mort des bêtes
eft fans fa faute & coulpe, *idque non clare, fed
per conjecturam. Berth. in l. 4. C. D. Marileg.
lib. 11. C.* Il fe pratique auffi que quand le chetel périt entierement, auparavant que le preneur
en aye reçu aucun profit de laine ou de croît,

illud perit domino , & fuffit que le preneur ait per-
du fon induftrie. Il convient auffi remarquer l'arrêt du 7 Septembre 1615. au profit de Michel
Ozon , contre Maître Pierre Nievard, Préfident des Elus à Montargis , fur la queftion de
favoir fi une acquifition de vaches & redonnées
à chetel le jour même au vendeur , étoit une ufure , à caufe du profit que le bailleur en recevoit
comme argent prêté ; & fi telle vente pouvoit
nuire aux créanciers du vendeur , entre les mains
duquel les vaches fe trouvoient & avoient été
faifies : & jugé par ledit arrêt qu'il n'y avoit ufure , & que le vendeur *ex conducto tenebat* , & ne
pouvoient être faifis par fes créanciers.

ROTURIERS.) Quelques Cout. comme celle
de Bretagne , art. 376. met en défenfe les héritages nobles , & femble de premier abord que la
nôtre en veuille autant dire : *inclufio enim unius*
eft exclufio alterius. Mais à cela répugne l'art. précédent , qui veut que les héritages féodaux non
attenans au manoir féodal, enfuivent la nature des
roturiers quant à pâturage. Sous les terres donc
roturieres en ce lieu doivent être entendues toutes terres vaines , même en fief non attenans au
manoir , lefquelles au cas de pâturage font de la
nature des roturieres , autrement il y auroit de
la répugnance entre ces deux articles.

LES HABITANS.) Habitans font ceux qui demeurent , non-feulement fur le leur , mais encore
en celui d'autrui par location ou gratuitement , *l.*
1. §. habitare. D. de his , qui deject , vel effud.

AUX CLOCHERS.) Et s'ils le paffent , ils peuvent être pris par Juftice , & amendables de foixante fols tournois , comme de garde faite , art.
13 ci-après. *Idem* en la Cout. de Troies 169. Argentré fur la Cout. de Bretagne , art. 381. remarque la liberté que les Athéniens donnoient aux
jumens pleines , fervans aux œuvres publiques ,
d'aller par-tout & en tous tems.

SINON QUE , &c.) On pourroit encore rap-

porter une ancienne Ordonn. du Roi St. Louis,
dont fait mention Boutillier en fa Somme rurale,
pour fervir d'exception ; favoir de ne mener les
bêtes en terres nouvellement déblainées devant
le troifiéme jour, afin que le pauvre peuple, membre de Dieu, y puiffe avoir glanaifon (1). Cette
Ordonn. devroit être obfervée , car elle eft fondée fur une grande piété. La clôture dont eft parlé en cet art. s'entend de toutes clôtures, non-
feulement pour empêcher le bétail d'entrer dans
l'héritage , haie vive ou foffé, mais encore d'une
autre forte de clôture , qui fera feulement pour
défigner que la terre eft en défenfe , comme on
fait en ce pays , où le laboureur fait deux ou trois
rangs de bled ou avoine à l'entour de la piéce de
terre qu'il entend réferver pour fes bêtes : on
dit vulgairement qui clôt empêche. Et quand il y

---

(1) ¶ Par l'Ordonnance de
Henri II. de Novembre 1554,
arr. 10. défenfes de glaner
qu'après que le Seigneur ou
Laboureur aura pris & enlevé
fes gerbes , & que ceux à qui
appartiennent les dîmes ,
foit gens d'Églife ou perfonnes Laïques, auront enlevé
leurs dîmes & champarts , &
non plutôt ni autrement , &
les contrevenans feront punis comme larrons, ce qui
aura lieu en faveur des Seigneurs hauts-Jufticiers , qui
feront exécuter ladite Ordonnance ès fins & limites de
leurs terres & Seigneuries ,
permettant à leurs Officiers
d'en connoître , & procéder à
la punition des délinquans.
Regiftrée le 5 Févr. 1555.
Par la Déclaration du Roi
du 6 Août 1709 , en interprétation de celle du 20 Juillet , concernant les bleds ,
article 3. défenfes à tous laboureurs , fermiers & autres,

& à leurs enfans , bergers &
ferviteurs , de conduire ou
faire conduire leurs beftiaux
dans les champs nouvelle-
ment moiffonnés , plutôt que
trois jours après l'enlevement
des gerbes & javelles , à peine
de confifcation des beftiaux ,
& trois cens livres d'amende,
applicable , un tiers au propriétaire , les deux autres
tiers aux pauvres des lieux ,
même de punition exem-
plaire s'il y échet. Les maîtres & propriétaires des beftiaux demeurans civilement
refponfables du fait de leurs
enfans , bergers ou ferviteurs,
& même contraints par corps
au payement de l'amende à
laquelle lefdits enfans , bergers ou ferviteurs auront été
condamnés , fauf leur recours
contre leurfdits bergers ou
ferviteurs , pour le fait defquels ils y auront été condamnés. Regiftrée le 14 Août
1709.

a foſſé, l'art. 12. tit. des ſervitudes ci-après, déclare à qui appartient le foſſé. Quelques Cout.
ajoutent à cette exception le mot d'ancienneté.
Ce qui a été obmis en ce lieu expreſſement,
comme je crois, pour le peu d'intérêt qu'il y a
en la bouchure des terres en campagne, *non*
idem, en prairie, art. 3 ci-après.

Oừ N'Y A AUCUNE SEMENCE.) Ces terres
ſont appellées vaines à la différence des graſſes,
comme prés, pâtures, bois & autres lieux où on
mene le beſtial pour engraiſſer. Voyez Pithou
ſur l'art. 170. de la Cout. de Troies, & faut entendre ce qui eſt ici dit des terres où il n'y a aucune
ſemence de celles que l'on a accoutumé mettre
aux champs ; car ſi on avoit ſemé choux, poirées
ou autres herbages, il conviendroit que celui à
qui eſt ladite terre la gardât ou la clôſit, autrement il s'enſuivroit inconvénient au bien public
pour fait particulier : la terre auſſi en déſert ou
nouvellement défrichée, ou en chaume, ou ave-
noi, eſt réputée vaine, *Cujac. in l. ſilva. D. de*
verb. ſig. outre la liberté publique, le champ eſt
amélioré par la conduite des bêtes. En cet art.
il faut auſſi entendre ſous le nom de terres vaines
les prés pendant l'ouverture d'iceux, parce qu'a-
lors il n'y a aucun fruit qui puiſſe recevoir dommage par les bêtes, joint que la conceſſion de pâcager de clocher en clocher comprend tout ce
qui eſt entre iceux, où il eſt permis de mener
les bêtes pâturer.

TOUTEFOIS, &c.) On a demandé comment
le laboureur pourra défendre ſa terre en chaume,
& dans quel tems il doit chaumer, pour n'empêcher trop long-tems la liberté du pâturage ; &
après m'être curieuſement enquis, j'ai trouvé
qu'en aucuns endroits le laboureur met brandons
en ſa terre. Les Cout. de Bretagne & de Touraine
appellent un héritage brandonné, qui eſt en défenſe. En autre lieu le laboureur fait deux ou trois
ſillons à l'entour de ſa terre en chaume, pour faire

connoître qu'elle eſt en défenſe , & qu'il la veut
chaumer , *quidquid ſit , mos regionis id deſignabit:*
& pour le tems la *l. ſilva.* §. *ſtipula. D. de verb. ſig.*
dit *cum vacaverunt ruſtici* (1). La Cout. de Poitou,
art. 296. dit que les héritages ſont en défenſe encore un mois après que le bled en a été cueilli :
toutefois j'ai appris qu'au plus tard en ce pays le
chaume doit être enlevé dans le quinziéme de
Novembre , parce que de-là en après il ſe pourrit , & ne vaut la peine d'être coupé & emmené
du champ , & que le laboureur a eu aſſez de
tems pour chaumer s'il a voulu ; tellement qu'au
quinziéme de Novembre la défenſe des terres
en chaume doit être levée.

ET N'ENTEND , &c.) La raiſon eſt , parce
que les hauts Marchands de beſtial ont ordinairement grande quantité de bêtes dont ils trafi-
quent, & les héritages ne ſuffiroient pour pâcager
celles des autres habitans de la Paroiſſe , comme
a remarqué Pithou *in non abſimili caſu ,* ſur la
Cout. de Troies , art. 169. & leſdits hauts Marchands de beſtial ſe doivent contenter de mener
leurs bêtes en leurs héritages (2).

(1) ¶ Orléans , art. 145. Toutefois peut défendre le Seign.
ou laboureur de la terre où
il y a chaume , d'y aller juſqu'à ce qu'il ait eu eſpace
d'enlever ledit chaume ſans
fraude.

(2) ¶ Le mardi 22 Août
1713 au matin , ſur les Con-
cluſions de Me. Robeau, Avocat , pour l'abſence du Parquet , il a été ordonné que
la Déclaration du Roi de
1708 , concernant les gla-
neurs , ſeroit exécutée , avec
défenſes à tous particuliers,
de glaner avant que les gerbes
ou grains ayent été entierement enlevés des terres , &
d'y mener les beſtiaux avant
les 24 heures de glane faite , à
peine de dix liv. d'amende &
d'être punis ſelon la rigueur
des Ordonnances , & les propriétaires des beſtiaux d'être
reſponſables en leurs propres & privés noms , & ordonné que ladite Ordonnance
ſeroit lûe , & criée au ſon de
tambour.

ARTICLE III.

ARTICLE III.

TOus prés font défendus depuis le premier jour de Mars jufques au quinziéme jour d'Octobre, finon qu'ils foient fauchés; & fi aucuns defdits prés font à deux herbes, on n'y peut aller qu'ils ne foient fauchés deux fois, ou que le quinziéme jour d'Octobre foit paffé. Et en ceux qui font hayés ou foffoyés, on n'y peut aller en nul tems (1), ne ès pâtures, depuis le quinziéme jour de Mars jufques au premier jour de Juillet; mais on ne peut hayer ne foffoyer, boucher ne clorre, en prairie, ne ès pâtures publiques & communes, après le premier jour de Juillet (2).

Orl.
art. 147.
Anx.
ar. 263.

(1) ¶ M. Durand en fes Mémoires fur cet article, obferve que cette difpofition ne regarde que les prés hayés ou foffoyés d'ancienneté, & non ceux acquis nouvellement par un particulier, qui, en achetant toute une prairie, la fermeroit, & nuiroit en cela au pâturage de la Commune de la Paroiffe.

(2) ¶ Ainfi a été jugé en ce Bailliage, pour les habitans de la Chauffée, contre les Religieux Barnabites.

. Tout vu & confidéré, ayant égard que les vingt-huit arpens de prés, appartenans auxdits Religieux Barnabites de cette Ville, & affermés par eux audit Jean Jacquiot, font fitués en pleine prairie, & ne font point clos fuffifamment, & entourés de foffés de toutes parts, les pe-

tits cours d'eau qui demeurent à fec une partie de l'année n'y pouvant fuppléer, difons que lefdits prés ne doivent point par conféquent être cenfés être en défenfe en tout tems. Ayant auffi égard que les trois arpens d'iceux prés deftinés par ledit Jean Jacquiot pour en faire regain, ayant été coupés feulement au mois d'Août de l'année 1742, au lieu de l'être, fuivant l'ufage, aux environs de la St. Jean, difons pareillement qu'ils ne pouvoient être regardés comme deftinés à faire regain, ni la lifiere laiffée le long dudit prétendu regain, pour faire connoître l'intention dudit Jacquiot, qui le premier a jugé à propos de faire un regain defdits trois arpens: pourquoi Nous avons ren-

Le mois de Mars a été appellé par Charlemagne en sa réformation du Calendrier, le *vezin monat*, qui est à dire mois doux, & pour cette cause la défense des prés commence le premier jour de ce mois, afin que l'herbe qui commence à croître par le renouvellement de la saison ne soit foulée & mangée des bêtes au préjudice des particuliers propriétaires desdits prés. La défense finit quand l'herbe est enlevée, ou au plus tard le 15 Octob. & n'a le propriétaire aucun sujet de se plaindre, car après que le pré est fauché, il n'y a plus rien à prendre, *& saltus sunt certo tempore relicti à dominis*, dit la *l. 3. §. saltus. D. de acquirenda possess.* Et la négligence du propriétaire ne doit retarder la commodité publique, joint que l'herbe qui a commencé à se pourrir après l'équinoxe automnal, qui est le 23 jour de Septembre, est en fumier le 15 jour du mois d'Octobre.

ALLER.) Il ne faut pas prendre ce mot à la rigueur, *argumento* de l'art. 4. ci-après, mais bien de ceux qui meneroient leur bestial, ou passeroient avec charrettes & harnois au travers d'un pré, hors le tems & la saison des fauchaisons, encore voudrois-je y apporter un tempérament hors le cas de la nécessité, *si via sit immunita, lex jubet qua velit agere jumentum*, dit Cic. *pro Cecinna*, & faut entendre que les prés sont défendus *scilicet maximè*, pour le pâturage des bêtes, depuis le premier Mars jusqu'au 15 Octobre, ou bien que les prés soient fauchés.

NE ÈS PASTURES.) Communes *videlicet*, &

---

voyé & renvoyons lesdits Vallet & Rué, défendeurs originaires, Jean Lioret & autres intervenans ; Étienne Taupinier & autres, sommés en cause & joints, tant des fins & conclusions formées contr'eux par ledit Jacquiot, par son exploit de demande du 3 Septembre 1742, que de celles aussi prises par lesdits sieurs Religieux Barnabites, intervenans à l'instance, par leur requête du 10 Juillet 1743, & avons condamné en tous les dépens envers lesdits défendeurs, ledit Jean Jacquiot, & lesdits sieurs Religieux, en ceux seulement de leur intervention.

a-t-on jugé à propos de donner du tems pour laisser croître l'herbe ès pâtures, afin qu'ès grandes chaleurs de l'été les bêtes trouvent de quoi se nourrir & rafraîchir : Boërius sur la Cout. de Berry, tit. des Cout. prédiales, art. 9. dit que s'il est besoin faire enquête pour dommage ou pâturage fait ès pâtures publiques pendant les défenses, aucun de la Communauté ne doit être admis à témoigner.

MAIS ON NE PEUT.) La défense de clorre le pré en prairie, est afin que le bestial puisse trouver de quoi se nourrir en hiver, & pour retrancher aussi l'occasion des procès sur la prise des bêtes, y ayant moins de prés que de terres labourables où les bêtes se peuvent sûrement écarter, quelque clôture que l'on y ait faite, art. 2. ci-devant. Ce qui est dit à la fin de cet art. du premier jour de Juillet, s'entend non-seulement des pâtures publiques, dont l'entrée doit être libre à ceux de la Communauté après ledit jour, mais encore se doit entendre des prés en prairie, esquels, outre qu'il n'est pas permis faire une clôture permanente, il n'est pas encore permis y en laisser une légere ou momentanée après le 1er. Juillet ; c'est-à-dire, que la clôture qu'un bon ménager auroit mise à l'entour de sa piéce de pré, pendant que la prairie est en défenses, il la doit ôter dans ledit premier Juillet, afin qu'elle ne nuise aux voisins qui voudront dans ce mois enlever l'herbe de leurs prés, lesquels sont ouverts pour la fauchaison au premier jour de Juillet. Ainsi a été jugé en la Prévôté de cette Ville le 21 Janvier 1621, pour Laurent Giraut, de la Chaussée, contre Maître Barthelemi Guyon, Avocat, qui ne vouloit permettre le passage par son pré pour enlever l'herbe de son voisin, que le 15 Octobre ne fût passé, ou bien que l'on lui payât le passage : Charlemagne appella le mois de Juillet d'enlemmonat. *Id est foeni-secans.*

ARTICLE IV.

QUand prairie eſt bouchée, & y a prés à deux herbes, tous ceux qui y paſſeront ſeront tenus reboucher le paſſage de leur voiſin où auront paſſé, ſur peine d'être tenus du dommage.

Trois choſes ſont requiſes pour faire payer le dommage, que le pré ſoit bouché, qu'il ſoit à deux herbes, & que le paſſant ne le rebouche. Grégoire de Tours remarque en la vie de Saint Martin, la punition qui arriva au ſerviteur d'un Villageois, pour avoir bouché un paſſage le jour de Pâques : les Gentils n'en faiſoient pas tant de difficulté. *Virgil. 1. Georg.*

Quippe etiam feſtis quædam exercere diebus
Fas & jura ſinunt, rivos deducere nulla
Religio vetui, ſegeti protendere ſepem.

ARTICLE V.

EN tout tems les vignes ſont défendues, & n'y peut-on mener pâturer aucunes bêtes, quelles qu'elles ſoient.

La raiſon de cet art. eſt, parce que les bêtes peuvent faire dommage en tout tems aux vignes, ſoit en rompant les ceps ou les paiſſeaux, ou broutant le plan de la vigne. Le public a intérêt que les fruits ſervans à la vie de l'homme ſoient conſervés : auſſi quelques Cout. comme Nevers, art. 11. tit. des priſes de bêtes, veut que les bêtes trouvées ès vignes depuis la Notre-Dame de Mars juſqu'à la fin de vendange, ſoient confiſquées. Voyez dans Coquille, *ib.* tit. des vignes, art. 5. quelle façon il faut donner aux vignes.

., AUCUNES BÊTES, &c.) *Generali deſigna-tione* ſont compriſes les bêtes du propriétaire de la vigne, *intereſt enim reipublicæ, ne quis re ſuâ male utatur.*

ARTICLE VI.

ET n'ont pas lieu lesdites Coutumes contenues esdits trois articles premiers, ès Comté de Gien, Châtillon-sur-Loire, le Molinet, la Cour de Marigny, & Châtellenie de Lorris, parce qu'on ne peut mener pâturer ses bêtes en héritage d'autrui, sans congé.

La plupart des lieux nommés en cet art. ne sont à présent de cette Cout., mais d'Orléans qui a ordonné le semblable, art. 148. La raison est qu'esdits lieux & Seigneuries il y a fort peu de terres & grande quantité de bois; & si les terres étoient libres pour le pâturage, à grande peine les terres d'une Paroisse suffiroient pour le bestial d'un riche & aisé laboureur, au préjudice des autres.

ARTICLE VII.

ON ne peut mener pourceaux pâturer ès prés, ne vignes, en quelque tems que ce soit.

Orl. art.152. & 153. Troies art.172.

Encore qu'il soit permis en quelque saison de l'année de mener bêtes aux prés, art. 5 ci-devant, toutefois il est défendu d'y mener porcs, pource que leur naturel est de fouir & remuer la terre avec le grouin; ce qui renverse les racines de l'herbe & rend le pré inégal & mal-aisé à faucher. Ce qui est ici dit des vignes est inutile, l'art. 5 ci-devant y ayant déjà pourvu.

ARTICLE VIII.

EN tems de glandée & paisson, aucun ne peut aller ne mener ses bêtes en escrue des bois venus ès terres labourables, depuis la sainte-Croix jusques au premier jour de

Orl. art.154. Troies art.175. Aux. art.16.

Bb 3

Janvier , ne ès forêts , ne autres bois anciens , en quelque tems que ce foit ; finon
qu'on ait titre ou privilége exprès.

EN ÉCRUE.) Encore que le droit commun
& les Ordonnances des Rois Jean , 1355. &
Charles V. 1356. empêchent les accroiſſemens
des nouveaux bois , comme nuiſans à la liberté
publique , toutefois d'autant que par le même
droit il eſt permis à un chacun de tirer profit de
fon bien , notre Cout. s'accommode aux particuliers , fans l'intérêt du public , en limitant un tems
dans lequel les propriétaires peuvent recueillir
les fruits de leurs accrues , favoir depuis la Ste.-
Croix en Septembre , juſqu'au premier jour de
Janvier , & de-là en avant permet aux voiſins de
mener leur beſtial eſdites accrues , comme au
reſte des autres terres labourables.

NE ÉS FORÊTS.) Les forêts & bois anciens,
principalement les garennes, font en défenfe perpétuelle , de peur que fous prétexte de pâturage
le propriétaire ne reçoive dommage en fon bois,
& que le beſtial ou les pâ res n'eſtraient les bêtes
fauves ou noires qui font ès forêts , & les lapins
ès garennes , qui fe retireroient en autres lieux.
Les bois ne font pas réputés anciens, que l'on peut
prouver par titre de 40 ans , comme eſtime Rat
fur la Cout. de Poitou, art. 188. par argument
qu'il tire de ladite Ordonn. 1356. laquelle n'eſt
que pour les garennes nouvelles en ce tems-là ;
mais feulement les bois font anciens , dont l'accrue ou écrue , *quod idem eſt* , eſt hors la mémoire
des hommes vivans , parce que quand le droit
commun réſiſte & eſt contraire à une prétention
de droit , la poſſeſſion immémoriale eſt requife
pour la preſcription , *cap. de præfcr. in 6. & l.*
præfcriptio. C. de operib. pub. comme dit Coquille
fur la Cout. de Nevers , tit. des bois & forêts,
art. 1. où vous pourrez voir quelle doit être la
preuve de l'ancienneté. Il faut noter que ce qui

est ici dit du pâturage ès forêts & bois anciens, a
lieu aussi pour la chasse : Cout. de Poitou, *& od.*
laquelle doit être tenue pour générale, ce dit Coquille : notre ancienne Cout. ajoutoit en fin du présent art. ces mots, (ou droit d'usage) qui ont été
retranchés comme inutiles, & compris sous le tit.
dont il est parlé au présent article. Et à ce propos
on pourroit demander s'il est loisible à un usager
mener ès bois où il a son usage, non-seulement
ses bêtes propres, mais encore celles qu'il tient à
chetel. J'ai appris que la question a été jugée
par arrêt l'an 1620. au rapport de M. Chauvelin,
entre Maître Gabriel Ruellon, appellant, &
Leonard Bailly, intimé. Mais d'autant que je ne
sais encore le jugement, je dirai après Coquille,
sur les articles 15. 19 & 20. de la Coutume de
Nevers, que le droit d'usage ne comprend le
chetel, qui est plutôt une négociation du ché-
tolier, qu'une nourriture pour sa famille. La liberté ès terres labourables & prés, art. 2 & 3 ci-
devant, ne doit être tirée à conséquence ; car le
pâturage esdits lieux est plutôt vaine pâture pour
égayer les bêtes, que pour les engraisser. Les forêts & bois de haute-fûtaie sont appellés vives
pâtures en la Cout. de Bourgogne, tit. des forêts,
art. 4. *& argumentum à generali ad particulare non*
valet, pour les intérêts des autres usagers. Voyez
esdits articles de la Coutume de Nevers, quelles bêtes sont censées & réputées être de la
nourriture & pour la famille.

ARTICLE IX.

BEtes qui sont trouvées esdits prés, pâ- Orl.
tures, vignes, terres, bois, escrues, art.158.
& autres choses défendues, peuvent être Aux.
prises par le propriétaire du lieu, & autre art.271.
à qui le dommage peut appartenir, ses gens,
serviteurs, ou autres de son commandement,

& mener à Juftice dedans vingt-quatre
heures pour être fatisfait & payé des intérêts & dommages qu'ont fait leldites bêtes;
& s'il en prend pan ou gage, il fuffit l'apporter à Juftice dedans huitaine.

PRISE.) Il eft auffi permis au propriétaire de
l'héritage ou autre, de chaffer les bêtes faifant
dommage, *fed utroque cafu :* il n'eft pas licite de
les furmener ou offenfer, mais on les-doit traiter
comme les fiennes, *Euftatius lib. 6. legum ruftic.
& l. Quintus Mutius. D. ad leg. aquil. & tit. 10.
cap. 1. legum. fal.* en l'affife tenue à Montargis le
18 Nov. 1614. *una voce,* en celle tenue le mardi
14 Nov. 1623. fur un appel du Bailli de Châtillon,
pour Sauget, appellant, contre Amiot Goveau &
Jean Cherier, intimés. La pratique de quelques
Juges fubalternes fut réprouvée, qui pour débats
ou noifes des parties leur avoient fait défenfes de
s'entreprendre beftial, finon avec témoins, parce que telles défenfes font contre la liberté de
la Cout. fondée fur l'abbréviation des procès &
fur la modicité de la fomme portée par icelle.

DEDANS 24 HEURES.) Il n'eft pas permis de
retenir plus de vingt-quatre heures les bêtes prifes en dommage, pour le péril & dépériffement
qui peut arriver aux bêtes, autrement le preneur
eft condamnable aux dommages & intérêts : *Bar-
thol. in l. amplius. §. de his. D. de dam. infecto.* &
pendant ces 24 heures, celui qui a pris le beftial
peut le rendre à celui à qui il appartient, art. 15
ci-après, ou le retenir en fa maifon, laquelle en
ce cas eft au lieu de prifon publique. La loi Ro-
maine défendoit les prifons privées, *l. 1. Cod. de
primat.* car *inhib.* fors le cas de la *l. cap. 5. D. ad
leg. Jul. de adult.*

POUR ÊTRE) Argentré en la rubrique des affifes, fur la Cout. de Bretagne, met différence entre
le dommage & l'affife, difant que le dommage eft

une liquidation arbitraire , pour récompenſe de
la perte, & que l'aſſiſe eſt une ſomme de deniers,
taxée & arrêtée par la Cout. *hæc legis eſt altera
hominis.* La loi de Dieu en l'Fxode, ch. 22. vouloit que la récompenſe fût faite du meilleur du
champ de celui qui avoit fait le dommage : on a
demandé qui étoit tenu de payer l'amende & le
dommage, le Maître ou le Pâtre ? Boërius ſur la
Cout. de Berry , art. 7. tit. des Cout. prédiales ,
veut que le pâtre ſeul en ſoit tenu , ſinon que le
maitre fût préſent ou eût induit ſon pâtre au dommage , *l. videamus D. loc.* Toutefois *ex uſu* nous
obſervons de faire appeller le pâtre ou le maître
des bètes, pour reconnoître le pan ou gage, pour
ſe voir condamner en l'amende , au dommage &
ès dépens ; à quoi eſt conforme la Cout. de Nevers , tit. des priſes de bètes , art. 12. La Cout.
d'Orléans, art. 156. rend le maitre reſponſable de
l'amende & du dommage , & y a bien de l'apparence. La pauvreté des pâtres rendroit le plus
ſouvent la condamnation inutile, ſi le maitre n'en
étoit reſponſable , ſauf ſon recours ſur les ſervices de ſon pâtre , échus ou à écheoir.

ET S'IL, &c.) L'ancienne Cout. de Montargis,
ou plutôt privilége de l'an 1170. octroyé par Pierre de France , fils de Louis VI. dit le Gros, Seig.
de Montargis, à cauſe d'Yſabeau de Courtenay
ſa femme , & après le délai qu'en fit Pierre de
Courtenay, fils deſdits Pierre & Yſabeau , dont
fait mention du Tillet en l'Inventaire de la Maiſon de Courtenay ſous Louis le Gros, furent leſdits priviléges confirmés par le Roi Philippes V.
dit le Bel, à Château-Neuf-ſur-Loire , l'an
1320. où il eſt dit que *nullus Montiſargi vadium alterius tenebit ultra 8 dies, niſi ſponte.* Ce qui a quelque rapport à notre texte, ſinon que celui-là défend abſolument de retenir le gage plus de huitaine, celui-ci dit qu'il ſuffit le rapporter dans la huitaine ; nous ne pouvons ſavoir ſi lors de cette ancienne Cout. l'amende s'enſuivroit pour avoir re-

tenu le gage plus long-tems, comme porte la
Cout. de Nevers, tit. des prifes de bêtes, art. 4.
Mais à préfent nous tenons que celui qui rapporte
le gage après la huitaine, femble renoncer au privilége octroyé par l'art. fubféquent, auquel faut
rapporter la derniere partie de cet article, & les
joindre par la conjonctive &, par où le fubféquent
commence. Celui qui rapporte à Juftice le pan ou
gage dans le tems de la Coutume, commence fon
action pour jouir du privilége d'icelle ; au contraire le délai de rapporter que prendroit un demandeur hors ledit tems, feroit croire qu'il voudroit ufer du droit commun, & le rendroit non
recevable audit privilége d'être cru par ferment
du lieu de la prife & du dommage. C'eft l'opinion
reçue en l'affife d'Août 1616. fur une caufe d'appel
du Prévôt de Montargis : *fed notandum* qu'il faut
porter le gage & amener les bêtes en la Juftice
où l'héritage eft affis, fi mieux n'aime le demandeur
en dommage faire appeller le défendeur pardevant fon Juge domicilier ; & n'eft pas permis procéder criminellement en cas de dommage & recouffe de bêtes, mais civilement fuivant l'art. 18.
de la Cout. d'Orl. tit. des pâturages, lequel art.
fert d'interprétation à celui-ci & au 16. ci-après.

ARTICLE X.

Orl.
art. 158.
Aux.
art. 270.

ET ceux qui prennent lefdites bêtes, en
amenant icelles bêtes à Juftice, ou ap-
portant le gage, ou pan de pâtre, reconnus par ledit pâtre, ou celui à qui appartiennent lefdites bêtes, ils feront crus par
leur ferment, de la prife du lieu, & du
dommage, jufques à cinq fols, & au-deffous, felon la Coutume des lieux.

ET CEUX, &c.) Le ferment eft perfonnel,
& faut que celui qui a fait la prife affirme, & non
autre ; ainfi le propriétaire ne fera reçu à affirmer

pour fon ferviteur, quoiqu'il fe dife certiorité d'i-
celui, comme il fut obfervé en ce Bailliage le 9
Décembre 1620. fur un appel de Châtillon ; mais
après l'affirmation faite par celui qui a fait la prife, le propriétaire fera cru jufqu'à cinq fols, en
affirmant : tel peut bien prendre un gage, qui ne
peut eftimer un dommage, ou bien ne le veut par
fcrupule, *metu divini numinis*. Ainfi fut jugé pour
Georges Daultry, Écuyer, fieur de la Mincye,
contre Jacques Jourdier, le 4 Mars 1625. fur un
appel de Châtillon.

RECONNUS, &c.) Cette reconnoiffance n'eft
pas abfolument néceffaire, autrement le privilége d'être cru de la prife feroit inutile, & la preuve
trop difficile & de plus grand coût que ne feroit
la récompenfe du dommage ; d'ailleurs le demandeur eft fondé en préfomption de fait, par la prife
& rapport du gage ou repréfentation des bêtes ;
mais fi la négative *implicitam continuat affirmati-
vam*, comme fi le pâtre dénie que le gage lui ait
été pris, ainfi à un autre fi en compagnon qu'il nomme, ou que le maître dife n'avoir aucun pâtre ou
bêtes de l'efpéce de celles qui ont fait dommage,
en ce cas ou femblable, la reconnoiffance eft néceffaire, fur le fait allégué par le défendeur. On
fe peut tromper & prendre l'un pour l'autre, &
c'eft pourquoi *in fpecie*, les parties furent reçues
à informer en ce Bailliage, par avis commun du
Siége, le 30 d'Août 1616. en la caufe d'un nommé Commérat. Il y a pareille raifon des bêtes
vûes & données prifonnieres, dont eft parlé en
l'art. 19. ci-après.

SERONT CRUS.) Le Droit romain a admis le
ferment du demandeur en pareil cas, *& quod ejuf-
modi juramento dato fuerit declaratum Judicem con-
demnare oportet*, dit la *l. fi quando. C. unde vi.*
Mais il falloit, comme encore à préfent, que
celui qui doit être cru par ferment foit de bonne
réputation, non parjure ou infâme, *Barth. ad l.
1. §. fervi. D. de furt. adverf. naut. caup.* Argentré

fur la Cout. de Bretagne , art. 168. gloſſe 3. Voy.
dans le ſtyle des Requêtes du Palais, liv. 3. tit. 26.
de quelles gens le témoignage n'eſt reçu pour
leur mauvaiſe vie , & par conſéquent ne ſeront
crus par ferment. Notre Cout. diſant que celui
qui a pris les bêtes ſera cru par ferment , ſemble
avoir rejetté toute autre preuve que voudroit
faire le défendeur au contraire ; & tel eſt l'uſage
& pratique de cette Cout. *à qua obſervantia non
eſt temere recedendum* , encore qu'elle ſoit contre
le droit commun : Tiraqueau *tract. de retractu.* §.
4. *gl. 1.* même contre la pratique d'autres Provinces en ſemblables cas : Sanſon fur la Cout. de
Touraine , tit. des hérit. défen. art. 1. être cru
juſqu'à cinq ſols , eſt pratiqué en cette Coutume ,
au tit. des exécutions de louages , art. 61. La
modicité de la ſomme rend le demandeur , en
cas de dommage , juge en ſa cauſe , n'étant pas
croyable qu'un homme ſe voulût parjurer pour
peu , *l. ult. C. ad leg. Jul. repet.* Du Moulin fur la
Cout. de Paris, tit. des fiefs , art. 9. gl. 6. n. 27.
Cout. de Bretagne , art. 379. Quelques Docteurs & Praticiens ont tenu qu'il falloit entendre
cet art. quand il eſt queſtion de peu d'intérêt: mais
que ſi on qualifioit la priſe comme de garde faite
ou autre circonſtance aggravante, la preuve ordinaire de deux témoins y ſeroit requiſe , ou bien
avec un témoin le ferment ſupplétif, *quia juramen-
tum delictum non probat* , *gl. in l. 3. C. de reb. cred.*
Barthole *ind. videamus. D. de in lit. jur.* & Coquille fur la Cout. de Nevers , tit. des priſes de
bêtes , art. 3. Toutefois nous pratiquons au contraire, par ce diſons-nous que l'intérêt du demandeur ne conſiſte qu'en la réparation de ſon dommage , dont la Coutume veut qu'il ſoit cru juſqu'à
cinq ſols. Qu'elle parle ſans diſtinction , auſſi que
la qualité du fait n'ajoute rien à la réparation ,
mais ſeulement rend l'amende plus groſſe ſuivant
cela , par avis de tous les Juges & Avocats de ce
Bailliage, *jure Dominorum illæſo,* pour l'amende ,

il fut

il fut ainſi jugé le 2 Août 1622. ſur un appel de la Prévôté, entre Jean Saillant, appellant, & Me. Claude Granger, intimé: *& licet* que le défendeur ne ſoit recevable à prouver le contraire, il n'eſt pas pourtant exclus de demander que vûe lui ſoit faite de l'héritage ſur lequel on prétend le dommage, afin de connoître s'il appartient au demandeur, ou s'il a quelque intérêt à la conſervation d'icelui, *& ſic obſervatur :* un demandeur auſſi en cas de dommage n'eſt pas recevable à demander d'être cru par ſerment, ſuivant la Cout., quand premierement il a demandé à informer du lieu de la priſe & du dommage, car il ſemble avoir renoncé tacitement à ſon privilége, & qu'il ſoit incertain de la vérité du fait de ſa demande, *l. 5. ſ. ult. D. de jurejur.* & ainſi fut jugé en ce Bailliage le 22 Novemb. 1610. Sera auſſi remarqué que cet art. a lieu pour le dommage fait par les perſonnes ou par les bêtes, dans la ville & aux champs, d'autant que la Cout. *generaliter concepta eſt*, eſt ſans diſtinction, comme il fut dit en ce Bailliage, ſur un appel de Châtillon-ſur-Loing, pour un nommé Huart, le ſamedi 28 Décembre 1566. & cela ſert d'interprétation à l'article 12.

DE LA PRISE.) L'art. 16. ci-après ajoute de la recouſſe, le 17. du refus de donner gage, & le 19. de la vûe & bail de priſon. Être cru de la priſe, c'eſt d'avoir pris ou fait prendre le gage du pâtre qui gardoit ou étoit proche des bêtes faiſant dommage, nonobſtant que le défendeur ſoutint ſimplement que les bêtes ou gage ne lui appartinſſent, parce que par préſomption de fait le gage a été pris au pâtre qui s'eſt trouvé préſent ou plus proche des bêtes lors du dommage, & que les bêtes ſont en la garde de celui à qui on a ôté la panetiere ou autre gage : ainſi par l'avis du ſiége a été obſervé ès aſſiſes d'après Pâques 1564. & de Novembre 1608.

DU LIEU.) Le propriétaire de l'héritage ou autre ayant intérêt, même le ſerviteur du pro-

priétaire , font crus du lieu , c'eſt-à-dire , que le
dommage a été fait en ſon héritage , ou de ſon
maître aſſis en tel lieu, pourvu que ledit héritage
ne ſoit contentieux entre les parties : & ainſi fut
obſervé le 5 Novembre 1619. ſur un appel de S.
Fargeau.

ET DU DOMMAGE.) C'eſt-à-dire que celui
qui a fait la priſe eſt cru juſqu'à cinq ſols , pour la
récompenſe du dommage reçu ; & ſi c'eſt un Sergent qui ait pris les bêtes , ſans autre charge que
de ſon Office , il ſera cru auſſi juſqu'à cinq ſols
pour l'amende , ſauf ſes ſalaires qui ſeront pris
ſur ladite amende : Troies , art. 122. tit. des
droits de Juſtice. La Cour. de Nevers , tit. des
priſes de bêtes , art. 3. lui attribue ſix deniers
tournois pour ſes ſalaires.

SUIVANT LA COUT. &c.) Ceci eſt ajouté ,
parce qu'en quelques lieux régis ſous cette Cout.
& qui ne ſont du Bailliage , l'eſtimation du dommage n'eſt pas réglée à cinq ſols, comme à Touci,
art. 21. ci-après, & autres endroits dénommés en
l'art. 20. leſquels n'ont accepté les articles de ce
titre pour Coutume.

ARTICLE XI.

ET ſi leſdits preneurs ne ſe veulent reſtreindre auxdits cinq ſols de dommage , ils pourront prouver que leſdites bêtes,
ou perſonnes , lors de ladite priſe , leur firent plus grand dommage.

ILS POURRONT PROUVER.) Le cas de dommage eſt ordinairement matiere ſommaire , dont
la preuve doit être de deux ou trois témoins au
plus , ou d'un témoin avec le ſerment du demandeur , *in ſupplementum probationis* , & doivent
leſdits témoins être ouïs: & l'affaire jugée *de plano,* ſans vocation ni épices, *auth. niſi breves. C. de
ſent. ex perit. recit.* Cela eſt commandé par les
Ordonnances d'Orléans , art. 57. & de Blois ,

art. 153. Notre Cout. a entendu que les cinq fols fussent adjugés au preneur des bêtes , seulement en cas de restriction à ladite fomme : & c'est pourquoi au cas de preuve par témoins , le demandeur endommagé ne sera cru jusqu'à cinq fols, c'est-à-dire que par provision & sans préjudice du surplus, il ne lui sera pas adjugé cinq fols, quoique Pyrrhus Englebermeus sur l'ancienne Cout. d'Orléans , art. 9. ne soit de cet avis ; & la raison est , qu'il pourroit arriver inconvénient de parjure , si le défendeur vérifioit le dommage être de moindre valeur que cinq fols. En interrogeant les témoins, le Juge prendra garde à faire estimer le dommage qui a été fait lors de la prise par les bêtes ou personnes du défendeur , afin qu'il ne soit intéressé en payant le dommage fait auparavant ou par autre , *neve ex facto alterius damnum sentiat,* comme il est expressément porté en cet art. Et quant à l'estimation du dommage, Boërius sur la Cout. de Berry , art. 1. tit. des Cout. prédiales , conclut que les convenus ou témoins doivent avoir égard au tems du dommage , & à l'incertain événement de la récolte des fruits.

ARTICLE XII.

ET de semblable * privilége & dégage-* ment peuvent user lesdits propriétaires, ou leurs gens & Commis, sur, & contre les personnes qui font trouvées faire dommage en héritage d'autrui, par passer, rompre haies, labourer, ou autre chose d'entreprise faisant dommage ; sauf qu'il ne peut emprisonner ladite personne faisant ledit dommage.

*PRISE

ET DE SEMBLABLE PRIVILÉGE.) *Id est ,* d'être cru jusqu'à cinq fols de la prise du lieu & du dommage , portée par l'art. 10. ci-devant.

SUR ET CONTRE LES PERSONNES.) Le privilége fur les perfonnes eft de les dégager lorfqu'elles feront trouvées faifant dommage ; &
contre les perfonnes, c'eft qu'en rapportant le
gage à Juftice, d'être cru de la prife du lieu &
du dommage jufqu'à cinq fols.

SAUF, &c.) La raifon de cette exception eft,
parce qu'il n'appartient qu'au Seigneur Jufticier
de faire prendre au corps, & n'y auroit point
d'équité de mettre un homme en prifon pour un
paffage fait en une haie, ou pour une pomme
cueillie lui faire fouffrir le déshonneur de la prifon, fans avoir délinqué.

ARTICLE XIII.

Orl.
art.156.
Troies
art.171.

EN cas de prife de bêtes, l'amende de
Juftice eft de foixante fols, à garde
faite, & de foixante fols à abandon & fans
garde, & de cinq fols d'une échappée; mais
fi plufieurs bêtes font prifes fous un pâtre,
ne doivent qu'une amende. Et en prife &
dégagement de dommage de perfonnes,
n'y a amende pour Juftice que de cinq fols.

Ci-devant en l'art 74. tit, des fiefs, nous avons
noté que telles amendes font à tournois, & non à
parifis ; & celle-ci qui eft pour la prife des bêtes
appartient au Seigneur Jufticier de l'héritage endommagé, après que le dommage a été vérifié par
deux témoins, ou par un feul, joint l'affirmation
du demandeur. La Cout.de Bretagne, ès articles
403 & 631.veut que ces amendes de Juftice foient
pour habiller ou amender les mauvais chemins.
Nous obfervons en France que le Seigneur Jufticier n'eft tenu de cela, mais les Seigneurs des
péages. Quoi qu'il en foit, l'amende de prife de
bêtes doit être payée par le pâtre, *ex quafi delic-*
to, ou par le maître, comme nous avons dit fur

l'art. 9. ci-devant *ad fimilitudinem inftitur, actionis* : & outre ce, avec la reftitution du dommage : Cout. de Troies, art. 171. Convient noter que les amendes dont eft ici parlé, font pour les cas fpécifiés : car s'il y avoit quelque circonftance qui aggravât le fait, comme fi la prife ou dommage avoit été fait de nuit, l'amende pourroit être plus groffe, à l'arbitrage du Juge : l'ancienne Cout. d'Orléans, art. 16. *hoc tit.* Nevers, tit. des prifes de bêtes, art. 9. ou bien le beftial feroit confifqué, dit Mazuere, tit. 34. n. 6. & 19. *crefcit enim delictum ratione temporis.*

A GARDE FAITE.) La Cout. d'Orléans, art. 156. dit que c'eft quand le pâtre eft trouvé gardant fes bêtes de jour en l'héritage d'autrui.

A ABANDON, &c.) C'eft-à-dire quand il n'y a point de pâtre qui garde les bêtes, ou bien que le pâtre fuit ou fe cache lorfqu'il voit fes bêtes en dommage ; car fi le pâtre répond étant appellé, & furvient à la voix, le dommage n'eft réputé que par échappée, ainfi qu'il fut obfervé en l'affife de Novembre 1614. contre le Seigneur de Malicorne. Il fe peut faire que le pâtre foit diverti à détourner quelques bêtes, ou bien qu'aucune fe foit retirée de la troupe, par inadvertence de patteur, *ideo fuccurendum ejus ætati & imprudentiæ. l. fere. l. fraudis. D. de reg. jur.* Par un ancien privilége de Pierre de France, de l'an 1170. confirmé par les Rois, les amendes de foixante fols font réduites à cinq, en faveur des habitans de Montargis, & de cinq fols à douze deniers, & de douze à quatre.

MAIS SI, &c.) La raifon eft qu'il n'y a qu'un *quafi delict. l. illud. D. ad leg. aquil. Quid* fi plufieurs bêtes avoient été prifes fans garde, appartenantes à plufieurs Seigneurs, j'eftime qu'il doit y avoir autant d'amendes comme il y a de Seigneurs, parce que chacun a commis cas pour lequel échet amende.

ET EN PRISE ET, &c.) La Cout. pour fim-

ple dommage, comme de paſſer par l'héritage ou
baie d'autrui, a proportionné l'amende au fait,
lequel étant léger, l'amende en eſt auſſi légere :
mais ſi malicieuſement on avoit gâté l'héritage,
coupé ou enlevé le bled d'autrui, l'amende ſeroit
arbitraire, ſelon la qualité du délit.

ARTICLE XIV.

Orl.
art.157.
TOutefois quand il advient que les bêtes
fuyent par mouches, épouvantement,
pourſuites de loup, chaleur, & chaſſe de
bêtes, ou autre inconvénient, ſi le pâtre
fait diligence de les ſuivre, il n'y a point
d'amende (1).

Les loix ſont faites comme régles, pour vivre
doucement & ſagement les uns avec les autres,
& non comme piéges, pour attirer & ſurprendre
les hommes. Il a fallu donc interprêter l'art. précédent ſelon ſon ſens, puiſque la raiſon eſt l'ame
de la loi. Il n'y auroit point d'équité de condamner un homme en l'amende pour un accident, *qui
in quemcumque cadere poteſt*, & où il ne peut être
argué de faute, *negligentia punitur non caſus*,

(1) ¶ Par les art. 1. 2. 3. &
4. de la Coutume du Bailliage
de Labour, dont la Capitale
eſt Saint-Jean-de-Luz &
Bayonne, il eſt dit que ſi aucune bête occit ou affole la
bête d'un autre, & le Seigneur de la bête qui a fait le
dommage ſait le vice de la
bête, il doit payer le dommage à la diſcrétion du Seigneur ou de ſon Juge, art. 2.
& s'il ne ſait ſa bête être vicieuſe, il doit être quitte en
baillant & délaiſſant ſa bête
à celui de qui la bête a été
damnifiérée, ſi mieux n'aime
payer le dommage, art. 3.

ſi aucune bête occit ou affole
aucune perſonne, le Sei-
gneur haut-Juſticier peut mettre à la main telle bête, &
néanmoins le Seigneur d'i-
celle bête qui la ſauroit être
vicieuſe, & qui en eſt en
compte, par faute de la garder ou autrement, doit être
condamné envers la partie
intéreſſée, à la diſcrétion
d'icelui Seigneur Juſticier,
Voy. Mornac, *lib. 9 ff. tit.* 1.
ſi quadrupes, parag. *cùm arie-
tes*, page 402. Les loix civiles dans leur ordre naturel,
& les autres Coutumes avec
les diſpoſitions de droit.

*lib. 1. §. sed & si instigatu. D. si quadrup. pope-
riam sec. dic. & l. si ex plagis §. Cliv. D. ad leg.
aquil.* Il y a toutefois restitution du dommage,
comme j'ai vu pratiquer : *secus* à Orl. art. 157.

ARTICLE XV.

ET s'il avenoit que celui qui a pris les- Orl.
dites bêtes, les rende à partie dedans art.159.
lesdites vingt-quatre heures, le pan, ou le
gage, dedans la huitaine sans prendre ne
exiger aucun dommage de partie, il n'y a
point d'amende envers Justice.

Par notre ancien privilége ou Coutume de l'an
1170. il y a un art. qui porte, *& si alius erga alium
inimicitiam incurrerit, absque Castelli vel Burgi in-
fractura ; vel clamore præposito, non facto concor-
daverit : nihil ab hoc Domino, vel ejus præposito
emendabit : Et si clamor factus fuerit, licet illos
concordare ex quo destructum persolvitur,* qui est
limiter la remise de l'amende, quand le fait est
léger : aussi Pyrrhus Englebermeus, sur l'art. 9.
de ce titre, en l'ancienne Cout. d'Orléans,
dit, qu'il faut excepter de cet art. la garde faite, *quia est juris publici, quod à privato remitti
non potest.* Il y a pareille raison pour le dommage fait à abandon, puisque l'un & l'autre *fit ex
destinatione animi & consilio,* qui est la cause de
la punition. Ce qui n'est pas en une échappée,
qui est *sine fraudis suspicione,* encore faut-il que
la remise soit gratuite, & auparavant que la Justice soit, ou ait dû être saisie de l'affaire, étant
permis à un particulier *rebus adhuc integris,* remettre une essence légere. Mais si aucune de ces
considérations cesse, il y a amende pour le Seigneur Justicier, la composition des parties étant
réputée frauduleuse, & au préjudice des droits
de la Justice. Il y a quelque apparence de condamner en l'amende celui qui par composition

prend quelque chofe de fon dommage, pour avoi
recélé la prife ; ainfi que j'ai vu dans un vieu
Réglement de la Juftice de Montargis, au tem
de la réformation de cette Cout. Les amende
font fruits de la Jurifdiction, dit Barthole, *l. fin.*
D. fol. matr. dont celui qui compofe, & prend
argent pour le dommage, femble qu'il en a voulu fruftrer la Juftice.

<h2 style="text-align:center">A R T I C L E XVI.</h2>

Orl.
art.161, QUi recoût bêtes, gages, ou pan, de
mains de celui qui a fait la prife, il eft
amendable d'amende arbitraire, s'il eft
prouvé contre lui ; & s'il ne peut être prouvé, le preneur en fera cru, auquel cas n'y
aura que cinq fols d'amende.

DES MAINS.) La recouffe des bêtes eft punif-
fable, non-feulement pour raifon du mépris &
offenfe faite à la Juftice, qui reconnoit en cas
de prife de bêtes, la perfonne privée pour publique, mais encore pour le péril qui peut arriver en tel contrafte ; & c'eft pourquoi l'amende
eft arbitraire, & croit felon la qualité de la recouffe, comme fi elle eft faite avec armes, ou à
un Sergent de la Juftice, connu par fon enfeigne,
Barth. ad l. prohibitum. C. de jure fici. lib. 10. &
Chaffanée fur la Cout. de Bourgogne, art. 7. n.
25. tit. des Juftices ; & outre ladite amende,
celui à qui appartient les bêtes fera condamné en
l'amende de 60 fols, fi elles ont fait dommage
à garde faite, fuivant l'art. 1 ; ci-devant : & ainfi
a été jugé en ce Bailliage contre Barbier & conforts, pour François Cochard, fur un appel de
Charny, le 27 Mai 1622.

S'IL EST PROUVÉ.) *Videlicet* par deux témoins fuffifans, autres que ceux fur qui la recouffe
a été faite : Cout. de Bourgogne, tit. des Juftices,
art. 7. La recouffe toutefois ne doit être pourfui-

vie extraordinairement, mais civilement, *argumento* de l'art. 18. de la Cout. d'Orléans : & ainsi fut jugé au Présidial dudit lieu, sur un appel de Montargis, au mois de Novembre 1619. contre un Sergent de Giy-les-Nonains. *Idem* jugé en ce Bailliage sur un appel de Charny pour Jean Barbier, contre François Cochard, le 27. jour de Mai 1622.

Et s'il, &c.) C'est-à-dire que celui sur qui la recousse a été faite, n'ait demandé à informer de la recousse ; autrement s'il avoit demandé à en faire preuve, il ne seroit pas recevable à demander d'être cru par serment, comme il a été dit sur l'art. 10 ci-devant.

Article XVII.

Qui refuse de bailler gage, le refusant est amendable de cinq sols tournois.

Orl. art. 160.

La Cout. d'Orl. art. 160. requiert en ce cas la preuve d'un témoin, avec l'affirmation de la partie. Nous observons que le demandeur en refus de gage en est seul cru jusqu'à cinq sols, puisque même il est cru de la vûe des bêtes, & bail de prison au pâtre ; art. 19 ci-après.

Article XVIII.

Quand Oies, ou outres bêtes volantes, sont trouvées en dommage, il loit au Seigneur à qui est l'héritage, en tuer une ou deux, & les laisser sur le lieu, ou les jetter devant ledit héritage ; ou si ledit Seigneur ne les veut tuer, les peut amener à Justice, & requérir réparation de son intérêt, sans amende de Justice.

Orl. art. 162.

La nature & le Droit civil permettent à un chacun de détourner son dommage innocemment, *quovis modo, l. quemadmodum §. item labeo & l.*

ſi quis ſimir. §. *quod dicitur D. ad leg. aquil.* à
quoi nôtre Coutume s'accommodant, permet au
propriétaire de tuer les volatiles trouvées en ſon
héritage, non pour les appliquer à ſon profit, mais
pour ſervir de témoignage, s'il veut intenter ſon
action en cas de dommage, laquelle il peut intenter comme non ſatisfait, encore qu'il ait tué leſdites volatiles : ainſi fut obſervé en l'aſſiſe de
Nov. 1608. Sanſon ſur la Cout. de Touraine, tit.
des héritages défenſables, art. 5. tient que la mort
des volatiles eſt ſatisfaction ſuffiſante: & du Moulin en ſes notes ſur la Cout. de Loudun, *titulo eodem*, art. 6. dit que les volatiles ſont pour récompenſe du dommage, *& lucro cedunt damnum paſſi;*
ce qui n'a pas lieu en cette Coutume. Il faut excepter de cet article les pigeons, parce que *nobi-
lius eſt animal anſere aut galinâ*, dit Pyrrhus Englebermeus ſur l'ancienne Cout. d'Orléans, *hoc
titulo*, art. 15. ou bien d'autant que *innocens eſt
virtus columbæ*, dit Boërius ſur la Cout. de Berry, tit. des Coutumes prédiales, art. 5.

SANS AMENDE DE JUSTICE.) *Scilicet quia
volatilia retineri non poſſunt ;* & on ne leur donne
point de garde : & pour ce le maître d'icelles eſt
exempt de coulpe & négligence, ſi elles font
dommage.

ARTICLE XIX.

BEtes qui ſont vûes faiſant dommage,
ou que l'on chaſſe, & qui s'enfuyent,
peuvent par celui auquel ledit dommage
eſt fait, ou ſes gens, être baillées priſon-
nieres au pâtre, ou maître deſdites bêtes,
& ſeront crus de la vûe, bail de priſon, &
dommage, juſques à cinq ſols; mais ne
fera l'amende que de cinq ſols.

Il faut rapporter en ce lieu ce qui a été remarqué fur les articles 9 & 10 ci-devant, & noter qu'il faut que celui qui veut être cru par ferment, affirme non-feulement de la vûe, mais que les bêtes n'ont pû être prifes, ni données en garde, ni aucun pâtre dégagé, foit pour la fuite des bêtes, difficulté de les amener, ou bien qu'il n'eft apparu aucun gardien d'icelles. Et tout ainfi comme en l'art. 10. il faut rapporter le pan dans la huitaine, ce qui eft comme le principe de l'action, afin d'être le demandeur cru du dommage jufqu'à cinq fols ; auffi faut-il que l'action foit principiée dans la huitaine, lorfqu'il n'y a que fimple vûe : & de-là en après fera le demandeur cru jufqu'à cinq fols, quand l'occafion fe préfentera d'affirmer auparavant la conteftation. Ainfi fut interprêté cet art. en l'affife de la Chandeleur, le 6 Février 1629. plaidans Sambon & Robeau, fur un appel du Bailli de St. Maurice-fur-Laveron, entre Jean Gefteau & Martin Ifaac.

ARticle ajouté audit Chapitre des Pâturages & Herbages, que lefdits Seigneur & Habitans de Sanxerre, Châtellenie d'Aubigny-fur-Nerre, la Chapelle-d'Angillon & d'Argent, les Aiz-d'Angillon, de Concreffault, Saint-Briffon, Cernoy, Terres & Juftice d'Aultry, la Ville d'Aultry, le Châtel, Pierre-Ficte-ès-Bois, Blancaffort, Châtellenie & Juftice de Vailly, Varlieu, Charpignon, Maifontout, Sologne, & autres Châtellenies, Juftices & Seigneuries du Bailliage de Berry, régies & gouvernées fclon lefdites Coutumes de Lorris, que difent être obfervé & gardé pour Coutume locale, & requis être inféré en ce préfent Coutumier, duquel la teneur s'enfuit.

ARTICLE XX.

ITem, par les articles précédens, ne sera dérogé aux droits qui appartiennent au Comté de Sanxerre, en ses forêts de Charmes, garennes de Sanxerre, & Motte de Bannon, assise au Comté dudit Sanxerre, bois & forêts de Vailly, & autres, les forêts de Vignolles, de Brumarois, & autres ses bois, St. Brisson, Aultry, Pierre-Ficte-ès-Bois, Blancaffort, appartenant à la Dame de la Chapelle-d'Argent, desquels droits ils jouiront ainsi qu'ils ont accoutumé par ci-devant.

ARticle ajouté au Chapitre des Pâturages, Herbages & Paissons, que le Baron de Touci, & habitans dudit lieu, ont dit être tenu & observé par Coutume locale audit lieu, & requis être inséré en ce présent Coutumier, comme s'ensuit.

ARTICLE XXI.

LE Baron de Touci, & les habitans dudit lieu, disent & accordent, que l'amende d'une simple prise de bêtes aumaillés, & bêtes à laine par échappée, est de douze deniers tournois ; & pareillement de bêtes chevalines non empêtrées.

CHAPITRE V.

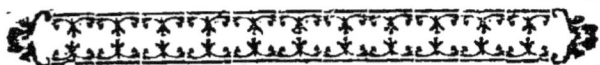

CHAPITRE V.
Des Épaves & Confiscations.

Article Premier.

Épaves se doivent garder par quarante jours, & les crier par trois huitaines, & appartiennent au Justicier en la terre duquel sont trouvées : sinon que le Seigneur apparût dedans lesdits quarante , ou après lesdits quarante jours , avant la délivrance ; auquel cas seront rendues au Seigneur en payant les frais raisonnables , & après non.

Orl. art. 163. Troies art. 128.

Épaves.) Le mot d'épave vient de *pavor*, qui signifie épouvantement , parce que les animaux domestiques épouvantés s'égarent & deviennent errans , *l. possideri. §. nerva D. de acq. poss.* & sont réputés appartenir au Seigneur temporel, en la Jurisdiction où ils seront trouvés, *idque* contre la disposition du Droit Romain. §. *Apium institut. de rer. divis. & l. 3. §. in amittenda. D. de acq. possess.* Faber sur la *l. naturalem. §. examen. D. de acq. rer. dom.* tient que le faucon, le lanier, l'épervier , & autres semblables oiseaux de proie , *non sunt primi occupantis* , comme les autres oiseaux , par une usance particuliere de la France. Les autres choses mobiliaires non mouvantes , dont on ignore le Seigneur , sont aussi par accommodation de nom appellées épaves. Et en conséquence, les trésors que les Jurisconsultes disent être *vetus quœdam dispositio rei mobilis, cujus non extat memoria, ut ea jam Dominum non habeat. l. unic. C. de thesaur. lib. 10. & dicta l. 3. §. 1. D. de acq. rer. dom.*

Tome I.   D d

On dit qu'autrefois le Parlement en l'an 1259. auroit adjugé au Seigneur haut-Justicier un tréfor trouvé à Sens, hormis l'or, qui est appellé fortune d'or, qui fut adjugé au Roi. Au contraire il se trouve des arrêts qui ont adjugé le tréfor au propriétaire : Bacquet au traité des droits de Justice, ch. 32. n. 26. en remarque un de l'an 1555. & Coquille, Cout. de Nevers, titre des droits de Justice, art. 1. un autre de l'an 1561. A préfent, fans nous arrêter à difcuter les raifons du Droit Romain, & les opinions des Docteurs fur l'interprêtation de la *l. 3. §. pend. de jure fifci.* & du *§. thefauros de rer. div.* d'où le Docteur Godefroy fait un abrégé en fes notes fur la N. 51. de l'Empereur Leon ; nous obfervons ce qui eft jugé par l'arrêt du 29 Juillet 1570. rapporté par Bacquet au lieu ci-deffus, qui divife le tréfor trouvé en l'héritage d'autrui par tiers, entre le Seigneur Jufticier, le propriétaire & celui qui l'a trouvé ; ce qui a depuis été obfervé, comme dit Bacquet, par Meffieurs de la Chambre du Tréfor, le 30 Mars 1580. *Sed* fi le propriétaire trouve le tréfor, ou bien un particulier *in loco publico*, le tréfor eft parti en deux, entre celui qui l'a trouvé & le Seigneur de la Juftice, pourvu toutefois que le lieu public n'appartienne pas au Roi, comme font les chemins publics, *Mol. in arreftis Parlamenti, quæft. 360.* car en ce cas la moitié du tréfor appartiendroit privativement au Roi : *locus publicus non eft feparandus à patrimonio fifci, argumento l. pacta. §. ult. D. de contrah. empt. Vide Ant. Contium* fur ledit *§. thefauros. Si verò* le tréfor eft trouvé *in loco facro, qui in mullius bonis eft. §. nullius inft. de rer. divif. ex præfumptâ volontate ejus qui depofuit.* Il femble que le tréfor foit deftiné pour le fervice de Dieu, ainfi la moitié fera à l'Églife & l'autre moitié à celui qui l'a trouvé, en confidération de l'utilité que le public reçoit par telle découverte. C'eft la raifon que rend l'Empereur Leon dans ladite N.

51. Bacquet auffi au lieu ci-deffus eft de cet avis; il faut toutefois excepter quand le tréfor a été trouvé par art magique ; car tant s'en faut que celui qui l'a trouvé mérite récompenfe, que tant s'en faut mérite punition, *l. unica. C. de thefauris, lib. 10.* & Chaffanée, titre des Juftices. §. 1. *in verbo* épaves, n. 7. Pour les minieres, je n'eftime pas qu'en conféquence du droit que les Seigneurs Jufticiers ont fur les épaves, il leur en appartienne aucune chofe, la mine fait partie du fonds, & n'en paye le propriétaire que les droits de fief ou de cens, felon la qualité de l'héritage; ainfi il s'obferve pour les lieux où il y a miniere de fer au pays de Puifaye, Bailliage de Montargis : toutefois fi la miniere étoit d'or ou d'argent, *ratione nobilioris metalli ex quo pecunia conficitur, cujus fabricatio ad folum Principem pertinet*, & à cette caufe telle miniere eft plutôt réputée richeffe du Royaume, que des particuliers; j'eftime que le Roi y pourroit prétendre moindre ou plus grand droit, felon le lieu où feroit ladite miniere. Chaffanée au lieu ci-deffus, n. 14. dit que des minieres d'or ou d'argent ès héritages des particuliers, le Prince prend la dixiéme, & que même il peut faire fouir *invitis dominis*, pour chercher telles minieres, mais ne peut pas faire fouir pour chercher des tréfors. Le Roi Henri IV. ayant octroyé au fieur de Vic, lors Maitre des Requêtes, Ambaffadeur en Suiffe, & depuis Garde-des-Sceaux, les mines d'or & d'argent ès pays de Lyonnois & Baujelois, s'eft feulement réfervé la dixiéme du profit, par fes Lettres patentes du 17 Juillet 1599. vérifiées en Parlement le 7 Septembre 1601. Machiavel en fon Hiftoire Florentine, liv. 7. blâme la Seigneurie de Florence d'avoir adjugé à des particuliers une roche d'alun de grand prix, trouvée au Comtat de Volterre, en lieu public, en payant feulement un petit tribut au public, en figne de reconnoiffance. La riche mine de Potofi, trouvée au Perou l'an

D d 2

1525. fut adjugée à l'Indien Guença pour la fouir, en tirer l'or & l'argent comme de fon propre, en payant au Roi d'Efpagne fon droit de cinquiéme, ainfi que rapporte Jofeph Acofta en fon Hiftoire naturelle des Indes, liv. 4. ch. 6. Enfuite du droit d'épave, les Seigneurs ayans Juftice, prétendent qu'à eux eft permis de chaffer fur leurs terres: ce qui a été jugé par la Cour de Parlement le 4 Août 1612. entre les Religieux, Abbé & Couvent de Fontaine-Jean, & le Seigneur de St. Maurice ; & fut dit que lefdits Religieux, Abbé & Couvent, bas-Jufticiers, pourroient chaffer en l'étendue de leur baffe-Juftice, & le Seigneur Châtelain de St. Maurice, haut-Jufticier, fur les terres & héritages appartenans auxdits Religieux, Abbé & Couvent, enclavés en fa Châtellenie de St. Maurice, & le Burfon, autres que le corps de ladite Abbaye & clôture d'icelle, avec tout droit de chaffe en toute l'étendue de ladite Châtellenie, haute & moyenne Juftice. Quelquefois auffi le Roi permet aux Seigneurs, aux Gentils-hommes & nobles, de chaffer & faire chaffer fur leurs héritages, par Édit de Henri IV. en Juin 1601. Voyez Choppin, Cout. d'Angers, liv. 1. ch. 33. n 3. une ancienne loi pour les chaffes.

SE DOIVENT GARDER.) Voyez au Deutéronome, ch. 22. les 40 jours ne commencent à courir que du jour du premier cri folemnellement fait. Orléans, art. 164.

ET LES CRIER.) *Scilicet* à jour de fiége ou autre affemblée, comme de Meffe Paroiffiale à jour de Dimanche, ou jour de marché, & au lieu accoutumé à faire les proclamations de Juftice, art. 2. titre des criées ci-après: Orléans, art. 163. Troies, art. 118. Ces trois huitaines font appellées *tres hebdomadæ* par Pyrrhus Englebermeus, fur l'ancienne Cout. d'Orléans, & le nouvel art. 163. dit par trois Dimanches. Encore faut-il que les cris foient par trois huitaines continuelles, autrement l'interruption empêche la prefcriptión,

nec admittitur cumulatio temporis in odiosis, comme
font les confifcations. C'eft la réfolution de Chaffanée, après avoir bien agité la queftion fur la
Cout. de Bourgogne, art. 2. *in verbo* par l'efpace
de 40 jours. Le même *ibidem*, *in verbo* crié par
trois Édits, nombre 3 & 4. & Labbé fur la Cout.
de Berry, art. 8. tient que ces proclamations ne
vont contre les demeurans hors le territoire de
Juftice du Seigneur qui les fait faire, par arg. du
ch. *cum in tua tit. qui matr. accuf. poff.* ni contre les
mineurs, *arg. l. fanfimus. C. in quibus cauf. reftit.
non eft neceff. & tibi Barth.* Ce que je ne voudrois
tenir pour certain en cette Coutume, qui parle
généralement, *ut in fimili*, art. 18. tit. des fiefs :
autrement le Seigneur Jufticier pourroit fouffrir dommage, s'il étoit contraint payer la valeur de l'épave qu'il auroit par aventure fait tuer
pour la nourriture de fa famille, fans autre néceffité, croyant qu'incommutablement l'épave
fût fienne.

APPARTIENT, &c.) Quelques Cout. difent
au haut-Jufticier, & la nôtre anciennement le
portoit expreffément; ce qui a été ôté, & le droit
d'épave & confifcation attribué aux Jufticiers
indifféremment, tant à celui qui a baffe-Juftice,
qu'à celui qui l'a haute, prenant *videlicet* par le
bas Jufticier, fur la confifcation ou épave, la
fomme jufqu'à laquelle il a Juftice, art. 4 ci-
après, Orléans art. 163 & 164. Nevers, art. 1.
titre des Juftices, Chaffanée fur la Cout. de
Bourgogne, tit. des Juftices, §. 1. *in porcip.*

EN LA TERRE.) Autres Cout. difent territoire,
*quid autem fit territorium & unde dictum : vide l.
Pupillus. §. territorium. D. de verb. fign. Clement.
ne Romani. §. fane de elect. & elect. poteft.*

TROUVÉES.) La Cout. de Bourges, tit. des
épaves, art. 7. ajoute (& prifes :) ce qu'il faut
auffi entendre en la nôtre. Il ne fuffit pas aux Seigneurs de la Juftice ou fes gens d'avoir vu l'épave
les premiers, fi par même moyen ils ne l'ont prife,

aliàs erit primi occupantis : multa enim accidere fo-
lent , ut eam non capiat , dit le §. illud quæſitum
inſtit. de rer. diviſ.

SINON QUE, &c.) Et prouve l'épave être
ſienne , auquel cas elle lui ſera rendue en payant
les frais raiſonnables , tant de la garde que de la
nourriture.

ET APRÉS NON.) *Idem* après leſdits 40 jours,
pendant leſquels auroient été faits les cris ſolemnellement , & adjudication d'icelle au Seigneur
Juſticier ; il appliquera l'épave à ſon profit , &
ne ſera reçu le Seigneur ou propriétaire de l'é-
pave à en demander la délivrance , *quia termini à*
l. ſtatuti ſunt peremptori, cap. quoniam in fine de
electione & elect. poteſt. in 6.

ARTICLE II.

Orl.
art 166.
Troies
art 119. CElui qui trouve quelque Epave , eſt
tenu la rendre à Juſtice dedans huitaine , ſur peine de l'amende.

Celui qui a trouvé une épave la peut rendre
dans la huitaine au Seigneur d'icelle ſans offenſe,
par l'argument de l'art. 15. tit. des pâturages ci-
devant. *Vide* Coquille ſur la Cout. de NEVERS,
art. 6. tit. des droits de Juſtice; & s'il ne la rend
au Seigneur , il doit la rendre à Juſtice dans ladite huitaine , *nihil enim ad furtum minuendum fa-*
cit , quod cujus ſit ignoret, l. falens. §. qui alienum.
D. de furt. Licet, que l'épave ait fait dommage
en ſon héritage. Mais auparavant la rendre à
Juſtice , il doit être rembourſé des frais de la
capture , ſi aucun y a , enſemble de la nourriture
de l'épave , *quia cum quilibet ſit in pari cauſa , po-*
tior eſt conditio poſſidentis. Barthole ſur la *l. ratis.*
D. de incend. ruina & nauf. & l. ſi ſervum. §. ſequi-
tur. D. de verb. oblig. & ce , ſans préjudice de
ſon action , pour le dommage contre le Seigneur
Juſticier , tout ainſi qu'il feroit contre le maître
de l'épave s'il le connoiſſoit.

SUR PEINE DE L'AMENDE.) Boutillier en
ſa Somme rurale , livre 2. tit. de retenir choſe

épave, dit que celui qui retient l'épave, chet en
l'amende de rendre le double que la chose vaut,
avec la chose restituée. Quelques Cout. limitent
l'amende à soixante sols. Orléans, art. 166. Bourgogne, tit. des Justices, §. 3. La nôtre laisse
l'amende à la discrétion du Juge, *qui augeat vel
minuat secundum circonstantias.*

ARTICLE III.

QUand le mari confisque, il ne confisque que ses propres, & la moitié
des ses meubles & conquêts; & l'autre moitié desdits meubles & conquêts demeurera
à sa femme, avec son douaire, & sera
ladite femme tenue de la moitié des dettes.
Et si la femme confisque, elle confisque
seulement ses propres, ès lieux où confiscation a lieu. *

Orl.
art. 209.
& 224.

Par régle générale de la France, qui confisque
le corps confisque les biens. Et d'autant qu'il y a
deux sortes de biens, meubles & immeubles, il
faut distinguer. Pour les meubles, il n'y a point
de doute que la part afférante au mari qui confisque elle n'appartienne au fisc, & l'autre part à la
femme, *quœ non fuit particeps delicti, quia in per-
nitien alterius, quis puniri non debet. l. si quis post
h.c. C. de bon. præscript. Vide Mol.* sur la Cout.
d'Auxerre, art. 30. tit. de forfaiture. Je voudrois dire que notre Cout. art. 3. tit. de communauté, ne permettant au mari aliéner les meubles
de la communauté à son plaisir en fraude, elle a
réputé l'aliénation totale d'iceux, par la confiscation du mari, être une espéce de fraude, *re ipsa
ratione eventus*; c'est pourquoi elle a laissé la
moitié des meubles à la femme pour se subvenir,
& à ses enfans. Quant aux immeubles, il faut encore distinguer les propres d'avec les acquêts; car

---

* *Jure societatis præmanente marito per jus non decrescendi.*
C. M.

les acquêts font de même nature que les meubles,
art. 2. tit. des donations pour caufe de mort , &
art. 10. tit. des fucceffions ; pour les propres ils
font confifqués *ubicumque fita fint* , fans réferva-
tion de la légitime , quoique cela foit rigoureux,
tamen eo jure utimur , ut charitas liberorum amicio-
res parentes reipublicæ reddat. dit Ciceron , *pro do-*
mo fua : vide l. 5. *C. ad leg Jul. majeft.* M. Louet,
lettre C. n. 35. & Chaffanée , Cout. de Bourgogne , tit. des contifcations , art. 1. n. 7. jufqu'au 19. Bacquet , traité des droits de Juftice,
chap. 15. n. 2. Ce qui eft dit que le marine confifque que la moitié des meubles , il faut excepter les meubles des comptables envers le Roi ,
pour malverfations en leurs charges , parce que
la communauté eft enflée des biens mal pris par
lefdits comptables : même leurs héritiers ne peuvent appréhender la fucceffion fous bénéfice d'inventaire. Ordonnance de Rouffillon , art. 16. Il
convient noter qu'après la confifcation des propres , les parens du confifqué ne font tenus montrer au Seigneur confifquant les partages de leurs
biens , pour lui faire connoitre les chofes confif-
quées , *l. eft & decretum. D. de jure fifci. Mol. ad*
l. 1. C. de edendo.

ET SERA TENUE.) Non pas des réparations
civiles , des amendes , ni des dépens , *quia ea*
ex delicto , il n'y a point de fociété ès délits , *l.*
fi fratres. §. fin. D. pro foc.

ET SI , &c.) La confifcation de la femme n'a
pas le même effet qu'au mari ; il peut aliéner , perdre & donner tous fes meubles tant que la communauté dure , art. 3. tit. de communauté, *qui pac-*
to alienat, etiam & delicto ; c'eft pourquoi le mari
confifque la moitié d'iceux. Mais quand la femme confifque , elle ne confifque rien ès meubles,
parce qu'elle n'en eft pas dame & maîtreffe , elle
n'en a que l'ufage commun. *Et cum de talibus dif-*
ponere nequeat, ergo nec de linquendo poteft. On
peut demander à qui appartient donc la part &

portion des meubles & acquêts que la femme ou
ses héritiers eussent pû prétendre après la dissolution du mariage. Je sais bien que la Cout. d'Orléans, art. 209. dit qu'ils demeurent aux héritiers
de la femme, & qu'ils prennent les meubles en
quelques lieux qu'ils soient, *quia sequuntur con-*
suetudinem loci, in quo mulier habebat domicilium,
dit du Moulin sur l'ancienne Cout. d'Orléans,
art. 253. & que Bacquet au traité des droits de
Justice, ch. 15. n. 91. tient que le mari en jouira
durant sa vie, & qu'ainsi doit être entendue ladite Cout. d'Orléans, *huc pertinet. l. Statius Plorus.*
§. *Cornelio felisci D. de jure fisci.* Toutefois puisque notre Cout. n'en dispose point, il ne sera im-
pertinent de dire que lesdits meubles demeurent
au mari, *per non existentiam personæ capacis,*
ce qui a effet de renonciation à la communauté,
fiscus non est hæres, sed successor non per repræ-
sentationem, sed per annihilationem personæ, disent les Docteurs. Voyez Chassanée sur la Cout.
de Bourgogne, tit. des confiscations, art. 1. *in*
verbo, & appartiennent *num.* 10. Quant aux enfans & autres proches parens de la femme qui
ont fisc, ils n'y peuvent rien prétendre, *à succes-*
sione & hæreditate habentur alieni, dit la *l. quis-*
quis. C. ad leg. Jul. majest. si la femme peut demander douaire, *pedente contumacia:* voyez M.
Louet, lettre D. n. 36.

Ès LIEUX, &c.) Par les anciennes Cout. &
priviléges concédés aux Paroisses de Montargis,
qui sont les habitans de la Ville, & une partie du
fauxbourg de la Chaussée, par Pierre de France,
fils du Roi Louis le Gros, Seigneur de Montargis, à cause d'Ysabeau de Courtenay sa femme,
de l'an 1170. confirmés particulierement par le
Roi Philippes V. dit le Long, au mois d'Avril
1320. & depuis consécutivement par les Rois subséquens, avec les autres priviléges de Montargis,
il est dit, *quicumque in Parochiâ Montisargi posses-*
sionem habuerit, nihil ex eâ perdet pro quocumque

fore facto : nifi fori factum Domino vel hospiti ejus.
Omne foris factum Domino, c'eft le crime de léze-
Majefté , & *vel hospiti,* c'eft l'infraction de fauve-garde, dont la connoiffance appartient au Roi
& à fes Officiers, comme des autres cas Royaux,
lefquels font énoncés amplement par l'arrêt de réglement pour les Juges de Riom , contre les Officiers de Montpenfier, du 21 Juin 1614. rapporté par Chenu en fon livre des Offices , tit. 41.
On dit que le Roi·feul & fes Officiers peuvent
donner fauve-garde , & les Juges Seigneuriaux
feulement , affurement. Carondas fur le grand
Coutumier , *lib. 1. cap. 3. & lib. 2. in f.* Toutefois l'arrêt ci-deffus dit que le Bailli de Riom
connoitra des affuremens , fauves-garde du Roi
& infraction d'icelles , des injures , excès & empêchemens donnés à ceux qui feront députés
vers le Roi , ou par lui mandés. Ce qui fait juger
que le Roi donne affurement & fauve-garde ,
qui enim plus poteft , poteft & minus.

ARTICLE IV.

Orl.
art. 331.
Troies
art. 120. L Efdits biens confifqués appartiennent
au haut-Jufticier, en la Jurifdiction
duquel lefdits biens & héritages font affis,
fur lefquels biens le moyen ou bas-Jufticier,
fi aucuns font , prennent pareille fomme ,
jufques à laquelle ils ont Juftice.

HAUT-JUSTICIER.) On peut conférer la haute-Juftice au *merum imperium* des Romains, pour
l'effet , & non pour l'exercice attaché ou dépendant de certains lieux. Voyez Loyfeau , livre
des Seigneuries , tit. des fimples Juftices , ch. 10.
n. 6. La haute-Juftice comprend en foi la connoiffance de toutes chofes , tant civiles que cri-
minelles au-dedans de fon détroit , fauf de quelques cas dont du Moulin fait un récueil ès arrêts du
Parlement , queftion 360. & Carondas au grand
Coutumier , *lib. 1. cap. 3. Vide* le narré de Chenu
en fes Offices , à la fin du tit. 41. Le Veft en fon

recueil d'arrêts, arrêt 57. en rapporte un donné
au Parlement de Touloufe le 13 Septembre 1552.
contenant un notable réglement & déclaration
par le menu des cas appartenans à la haute, baffe
& moyenne Juftice : Choppin, traité du droit de
haute-Juftice, en fon Commentaire fur la Cout.
d'Angers, *lib. 1. cap. 24.* Celui donc qui a haute-
Juftice confifque les meubles qui font trouvés, &
les immeubles affis en fa Jurifdiction. *Mol.* fur
l'art. 157. de la Cout. d'Orl. Rat, fur la Cout. de
Poitiers, art. 201. *Vide* l'annotation fur le ch. 21.
lettre R. ès arrêts de M. Louet, à la charge par
chacun des Jufticiers de payer les dettes de l'e-
xercice, *pro rata emolumenti*, & jufqu'à concurrence de ce qu'ils amendent defdits biens. Orl.
art. 331. Nevers art. 3. tit. de confifcation, *argumento l. mulier bona D. de jure dot. & l. non poffunt.
D. de jure fifci. Vide* Bacquet des droits de Juftice, ch. 21. n. 27. & 28. & encore à la charge
de vuider leurs mains des fiefs confifqués dans
l'an, ou faire la foi au Seigneur dominant, fuivant l'art. 47. tit. des fiefs. Il y a toutefois une exception, que les biens meubles & immeubles confifqués pour crime de léze-Majefté, en tous fes
cas appartiennent au Roi. *Auth. bona damn. C. de
bonis præfcrip. Mol. in arreft. Parlam. cap. 361.* &
Bacquet au traité ci-deffus, ch. 7. n. 15. Et fi en
iceux biens il y a fief de dignité, comme Duché
ou Comté, il eft réuni à la Couronne de France,
par Ordonnance du Roi Charles en l'an 1566. fuivant un établiffement ou rétabliffement ordonné
par le Roi Hugues Capet, & depuis perpétuellement obfervé, comme remarque M. de la Guefle,
Procureur-Général, en une de fes remontrances
du 29 Juillet 1591. & Bodin dans fa République,
liv. 5. vers la fin, où il rapporte les Duchés &
Comtés réunis à la Couronne par confifcation.
Sous le nom de meubles *continentur. nomina &
actiones, quæ creditoris perfonam fequuntur, & ipfius medullis. inhærent.* Chaffanée fur la Cout. de

Bourgogne, tit. des Juftices, art. 1. & *in verbo*, & appartiennent, n. 14. Quant aux rentes conftituées, il y a eu plus de difficulté en la réfolution. Enfin il a été jugé par arrêt qu'elles fuivent le domicile du créancier, à caufe de l'action qui eft une faculté inhérente à fa perfonne; l'hypothéque *non afficit fundum ut pars fundi, fed accedit ad perfonalem obligationem, quo magis in tuto fit creditum.* *Chaff. ib. num. 22.* La Cour de Parlement a jugé cette fuite de domicile pour rentes conftituées fur des particuliers, par arrêt du 6 Mars 1598. en entre Maître Pierre du Moulin & conforts, appellans du Juge de Châlons, & Charles Lhofte, fieur de Soudey, & conforts, intimés. Quant aux rentes *quæ habent fitum* comme font celles à prendre fur l'Hôtel-de-Ville de Paris, *fequuntur territorium. Vide* M. Louet, lettre R. ch. 31. avec l'annotation. Et encore qu'il foit dit que les biens confifqués appartiennent aux hauts-Jufticiers, il ne s'enfuit pas que fous ombre de fa prétention il puiffe débattre ou empêcher la rémiffion obtenue par ce condamné, *cum non procedere videretur, nifi ex radice cupiditatis, non Jufticiæ amore,* comme il a été jugé par arrêt rapporté par du Moulin, *in quæft. Joan. Galli. quæft.* 284. 312. & 581. Il convient noter que la confifcation vient *à die latæ fententiæ,* fauf ès crimes de léze-Majefté où la confifcation eft acquife *à die delicti.* Et fait-on efdits cas le procès au criminel, *etiam* après fa mort, *l. quifquis. C. ad leg. Jul. Majeft.* Mazuere, tit. 37. n. 10 & 11. Eft auffi à remarquer que l'Ordonn. d'Orléans, art. 87. déclare nul le don que l'on auroit obtenu du Roi avant le Jugement. Et l'Ordonn. de Blois, art. 204. défend aux Juges d'y avoir égard. *Item*, que la confifcation rachetée par l'héritier fe partit comme s'il n'y avoit point eu de confifcation, *ratione reverfionis in priorem naturam.* Jugé par arrêt en la Chambre de l'Édit le 26 Avril 1614. MM. Bouchet, Rapporteur, & Charton Compart.

CHAPITRE VI.

CHAPITRE VI.

Des Étangs & Garennes.

ARTICLE PREMIER.

ETangs & Rivieres portant garennes, & aussi Garennes, sont défendues, & qui y chasse ou pêche sera puni comme de larcin.

Orl.
art.167.
Troies
art.179.

RIVIERES PORTANT GARENNES.) *Id est,* qui sont en défense : Nevers, tit. des eaux & rivieres, art. 1. Saint-Yon, sur l'Ordonnance des Eaux & Forêts, liv. 1. tit. 21. art. 3. dit que le mot de garenne vient de garder. Il convient observer que la plupart des Coutumes ne mettent en même qualité de délit la pêche aux étangs & ès rivieres portant garennes, *idque ratione primævi juris.* Ceux qui pêchent ès rivieres, quoique bannales, sont punis par lesdites Cout. d'amende arbitraire seulement, avec restitution de poisson. Et ceux qui pêchent ès étangs, sont punis comme de larcin, *argumento l. Pomponius. §. Pomponius. D. fam. hercis.* En quoi ceux qui ont réformé lesdites Cout. ont considéré que les rivieres ayant anciennement été publiques, *§. quidem cum seq. §. inst. de rer. divis.* il étoit à présumer que le domaine particulier des rivieres, qui est maintenant établi, *illegitimam originem habuit :* ce qui rend ceux qui auroient pêché *quodammodo* excusables; mais pour les étangs, ils ont de tout tems été *juris privati. l. injuriarum in fine D. de injur. & famos. li-*

bell. dans iceux il n'y auroit point de poiſſon s'il n'y étoit mis : ils ſont entretenus de main d'homme , *& àqua aliena continentur.* Les chauſſées, bondes & déchargeoirs , & autres telles bouchures , ſont évidemment connoître que le lieu eſt en défenſe. C'eſt pourquoi ceux qui y pêchent n'ont point d'excuſe, ſont réputés & punis comme larrons. Sans avoir égard à ces conſidérations, les Réformateurs de notre Cout. ont jugé être à propos d'ajouter en cet art. ces mots, *les rivieres portant garennes*, pour faire courir même riſque à celui qui pêche en une riviere en défenſe , comme dans un étang, *quia uterque eſt in dominio , uſuſque inveteratus & antiquiſſimus pro lege habendus eſt.*

AUSSI GARENNES.) Il y a des garennes forcées qui ſont fermées de murs , & des garennes ouvertes qui ſont foſſoyées & hayées : des premieres les voiſins n'en reſſentent point d'incommodité, & en peut-on avoir ſans titre : des autres non, à cauſe des dégâts que les conils font ès blés, vignes & jeunes arbres. Voyez St.-Yon au lieu ci-deſſus: les Ordonn. des Rois Jean en Décembre 1355. art. 13. & Charles V. lors Régent en France, au mois de Mars 1536. art. 27. défendent l'accroiſſement des anciennes garennes, & l'établiſſement des nouvelles, avec licence & congé à un chacun d'y chaſſer & prendre , ſans amende. On ne peut avoir garennes que par permiſſion du Roi ou du Seigneur & des voiſins. Papon en ſes arrêts, liv. 18. tit. 9. art. 5. Imber en ſon Enchiridion, *in verbo vicinus* , ſi ce n'eſt que la garenne ait été faite d'ancienneté. Le tems excédant la mémoire des hommes , ſuffit pour acquérir preſcription de quelque choſe , quand le droit commun & l'utilité publique n'y réſiſtent point, *cap. 1. de præſcript. in 6. l. præſcr. C. de oper. pub.*

ARTICLE II.

Ord. art. 170. Troies art. 180. IL eſt loiſible à chacun de ſon autorité privée , faire en ſon propre héritage

Étangs, & y affeoir bondes, pourvu qu'il n'entreprenne fur chemin, ou fur héritage ou droit d'autrui.

EN SON PROPRE HÉRITAGE.) Mais la queftion eft, fi le Curé peut demander la dime du poiffon, la terre autrefois en labour étant changée en étang ; j'eftime que non, *argumento* de l'arrêt rendu de relevée en l'audience le 8 d'Avril 1622. par lequel il fut jugé qu'au Curé du Port-au-Pec n'étoit dû dime du fainfoin, autrement appellé foin de Bourgogne, nouvellement femé en terre labourable auparavant portant bled, d'autant que la dime ne s'étend que fur ce qui de fa nature eft décimable, & eft à la liberté du propriétaire de laiffer la terre inculte, & la planter en bois fans charge de dime.

OU SUR L'HÉRITAGE D'AUTRUI.) Quelques Coutumes, comme Troies, art. 180. Chaumont, art. 3. & autres, permettent au Seigneur haut-Jufticier d'entreprendre fur l'héritage d'autrui, en récompenfant. *Guido Papæ, Concil. 91.* eft auffi de cet avis. Je ne voudrois entendre cette licence outre les limites des Coutumes qui en difpofent. La raifon eft qu'aucun ne doit être contraint de vendre fon bien. *Vide* l'hiftoire de Naboth au livre 3. des Rois, ch. 21. & celle d'Antifthene d'Agrigente, rapportée par Diodore Sicilien en fes Hiftoires, *lib. 13. cap. 28.*

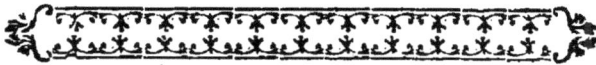

CHAPITRE VII.

Des Droits des Gens, & comme enfans
font faits à leurs droits, & font
hors de puiffancè de pere.

Article Premier.

TOutes perfonnes demeurans & fujets
à ladite Coutume, font francs & de
condition libre, fans fervitude. Et fi gens
de ferve condition y venoient demeurer,
& ils font réfidens, eux & leurs enfans
vingt ans, fans réclamation de leurs Seigneurs, il acquierent * ample liberté de
leurs perfonnes & biens acquis & poffédés
au pays de ladite Coutume, fans plus,
pour ce, être inquiétés en perfonne, ni
en biens.

Je n'eftime pas qu'il faille prendre ce qui eft dit
en cet article parlant des gens de ferve condition,
pour ceux dont eft fait mention au §. *fervi inft. de*
jure. perfon. qui nafcuntur ex ancillis, aut fiunt fer-
vi captivitate : parce que les francs, amateurs de
la liberté plus qu'aucune autre nation, n'ont
point fouffert cette diftinction de perfonnes, mais
feulement retinrent les Gaulois en l'état ou con-

---

* *Etiam is qui demigravit, quantumvis dicatur furtum fui*
feciffe, l. 1. C. de fervis fugit, quia de filiis eft jus commune,
quum prætendant ignorantiam ; l. 2. C. de præfcript. longi
tempoque pro libertate. l. 7. C. M.

dition qu'ils les avoient trouvés lors de leurs con-
quêtes, dont aucuns n'étoient entierement libres,
ains étoient de condition fervile, nommés *adfcrip-
titii coloni cenfiti*, ou *inquilini*, felon la diverfité
de leurs fonctions & du tribut qu'ils rendoient à
leurs Seigneurs. Pour ceux-là eſt le tit. du Code
de Agricoli & cenfitis & colonis & ibi. Vide Cuj.
Les francs, dis-je, laifferent ces gens-là en leur
condition, & appellerent les uns *Fifcalini Mau-
farii indominicati*, qui labouroient les terres du
Roi, ou lui payoient un certain tribut en argent,
bled ou autre efpéce; les autres étoient nommés
Ecclefiaftici ou *ferviles*, quand ils appartenoient
aux Églifes ou à des particuliers. *Vide* Fauchet ès
Antiquités Gauloifes, liv. 4. ch. 5. Et à ce propos
vient à remarquer un ancien monument de l'affranchiffement d'un ferf, gravé au jambage dextre en
entrant de la grande & principale porte de l'Églife
de Sainte-Croix d'Orléans, dont fait mention M.
Cujas en fes notes fur les Inſt. tit. de libertin. &
Charles de la Sauffaye, très-docte & très-pieux
perfonnage, en fes Annales Ecclefiaftiques de l'É-
vêché d'Orléans, a remarqué ce monument avoir
été fait du tems de Jean I. Évêque dudit lieu,
environ l'an 1095. A préfent telle forte de gens
font nommés de main-morte mortaillables &
main-mortaillables ès Coutumes qui reçoivent
gens de ferve condition. *Guill. Ben.* fur le chapitre *reint. in verbo & uxorem, num. 954. ufque ad
n. 979.* difcourt amplement de telles perfonnes,
de leurs offices & inclinations.

Y VENOIENT DEMEURER.) Quelques Coutumes n'octroyent franchife par la prefcription du
tems aux gens de ferve condition, venant demeurer en pays de franchife. Vitry, tit. de fervitude de morte-main, art. 146. Châlons, tit.
de gens de main-morte, art. 18. Bourgogne,
Duché, titre de main-morte, art. 9. Bourgogne,
Comté *eod.* art. 83. & autres. *Vide Mol. Conf.*
16. & *Guid. Papæ quæft.* 316.

E e 3

ARTICLE II.

Paris
art.265.
Orl.
art.179.
Aus.
art.257 LEs enfans nobles ou non nobles , font
en la puiſſance de leurs peres , tant
qu'ils ont pere ou mere , ſinon qu'ils ſoient
mariés ; car par ledit mariage ils font hors
de la puiſſance de leurdit pere.

La puiſſance des peres envers les enfans par
l'ancien droit des Gaulois, remarquée par Céſar,
lib. 6. de Bello Gallico , & des Romains , *dicta l.
in ſuis. D. de lib. & poſth.* étoit tellement grande,
que *habebant jus vitæ & necis in liberos.* Ce qui
fut retranché du tems de Ulpian. *D. l. in ſuis oc-
cidere licebat ,* dit-il , qui montre un changement,
comme a obſervé Edmond Merille, Docteur Régent ès Droits à Bourges , en ſes obſervations ,
lib. 1. cap. ult. La puiſſance paternelle à préſent
eſt réglée , *idem dominus qui & pater indulgere,
quia pater eſt ; cohercere , quia dominus* dit Lactan-
ce Firmian, *de Juſt. Chriſt. lib. 4. cap. 3.* M. Expilly , Avocat-Général au Parlement de Grenoble,
ch. 43. remarque un arrêt , par lequel ledit Parlement renvoya au pere le jugement & correction
des mœurs & fautes de ſon fils, lui donnant pouvoir de le condamner, avec le conſeil de ſes proches parens , à telles peines qu'il aviſeroit néceſſaires pour ſon amendement. Outre ce pouvoir
qui va à la correction des mœurs, la gloſſe ſur le §.
jus. autem juſt. de pat. poteſt. rapporte huit effets de
la puiſſance paternelle, leſquels le lecteur pourra
voir , & le §. *igitur inſt. per quas perſonas nobis
acquir.* Et Imber , en ſon Enchiridion , *in verbo ,*
fils en France. Les enfans de famille donc demeurent en la puiſſance du pere ; *nullumque tempus
per ſe etiam ſexaginta annis ab eâ eximit,* gl. in l.
ult. §. *pupillus. D. de verb. oblig.*

SINON QU'ILS SOIENT MARIÉS.) *Id propter
dignitatem matrimonii , & licet* que le fils marié
ſoit exempt de la puiſſance de ſon pere , *id eſt ha-*

beatur pro emancipato, il ne peut toutefois vendre
ni aliéner immeuble pendant la minorité: Orléans
art. 18 & 182. Pour cela même l'amortiſſement
d'une rente ne peut être faite à un mineur ſeul,
étant marié. Jugé par arrêt du 9 Avril 1572. rapporté par Tronçon ſur la Cout. de Paris, art. 239.
Les dignités, même l'ordre de Prêtriſe, ne font
ſortir les enfans de la puiſſance paternelle, ſi ce
n'eſt la dignité d'Évêque, ou s'il n'eſt Religieux.
§. *filius fam. inſt. quib. mod. jus. pat. poteſt. ſol. &
auth. presbyteros 1. & auth. ſed epiſcopalis. C. de
epiſc. & cleri.* Imber au lieu ci-deſſus, & Chaſſanée ſur la Cout. de Bourgogne, §. 3. n. 16. & ſeq.
titre des enfans de pluſieurs lits. Pour les filles, il
eſt certain que le mariage les exempt de la puiſſance paternelle, pour rentrer en celle d'un mari.
Imber *ibid.* & Argentré *ib.* ſur l'art. 410. gl. 1.
num. 3. Sed ſi mòrtuo marito, la fille eſt encore mineure, on peut dire que *omnimodo alienâ poteſtate
eximitur,* que le mariage par où elle a paſſé ſup-
plet deffeἀum œtatis, qu'elle eſt ſortie de la puiſſance paternelle, *& habetur ut ſui juris,* Barthole
*in l. ſi maritus. §. legis Juliæ. D. ad leg. Jul. de
adult.* Au contraire, que la veuve principalement
minor annis caret conſilio, que la viduité la rend
miſérable *& in judiciis improvida,* partant que *re-
dit in poteſtatem paternam.* La Cour de Parlement
ſur cette queſtion le 28 Mai 1556, a ordonné que
la veuve mineure, tant de ſon chef qu'en qualité
de tutrice, ne pouvoit eſter en jugement ſans
autorité de tuteur ou curateur; tellement qu'elle
ne retombe pas en la puiſſance du pere, mais elle
a beſoin d'un curateur; c'eſt auſſi l'opinion d'Argentré *ibid.* ſur l'art. 472. *Vide* M. Louet, lett.
M. ch. 18. avec l'annotation.

Ils sont hors, &c.) Du Moulin ſur l'art.
1. de la Cout. de Blois, dit, *id eſt ut emancipati,
niſi nupſerint in familia, id eſt, manente in domo
& priori adminiſtratione patris,* car en ce cas ils
demeurent en la puiſſance du pere comme ils

étoient auparavant : le même du Moulin en dit autant fur la Cout. de Bourgogne , art. 166.

ARTICLE III.

Paris
art.266.
Orl.
art.178.

ENtre gens non nobles , quand l'un des conjoints , pere ou mere , va de vie à trépas , les enfans font à leurs droits * ; & a le furvivant la garde d'iceux durant leur minorité ; mais ne fait les meubles defdits enfans , ne les fruits de leurs héritages fiens (1).

ET LE SURVIVANT.) La mere & l'ayeule , & non autres femmes , peuvent être tutrices & gardiennes légitimes de leurs enfans. *Auth. matri & aviæ. C. quando mul. tut. off. fungi poteft.* fous la modification portée en l'art. 30. titre des fiefs ci-devant. *Vide* ce qui eft annoté fur ledit article.

(1) ¶ Voy. art. 30 & 31. des fiefs.

---

* *Id eft fui juris : idem Confuetu. Victriaca.* paragr. 143.
C. M.

ARTICLE IV.

Orl.
art.179.

AU regard des nobles mineurs , ils demeureront en la garde de pere ou mere ayeul ou ayeule furvivant , felon prérogative de dégré ; & s'ils n'ont parens en ligne directe , ils chéent au bail de leur prochain parent , s'ils en veulent prendre la charge ; ainfi qu'il eft couché dans la rubrique des fiefs.

AINSI QU'IL EST , &c.) Articles 26. 31. & 35. titre des fiefs.

ARTICLE V.

TOus enfans mâles, par l'âge de vingt ans & un jour (1), foient mariés ou non, font à leurs droits, ayans pere ou non, & peuvent contracter, efter en jugement, & faire tous actes de liberté, & à cet âge font finir toutes gardes, bail & tutelles efquels pourroient être, par Coutume ou Juftice ; & avant ledit âge, pofé qu'ils foient mariés *, ne font finir leurfdites gardes. *Ord. art. 18*

VINGT ANS ET UN JOUR.) Bodin en fa République, l. 5. ch. 1. dit que les Septentrionaux *tardius fapiunt,* c'eft pourquoi plus les hommes tirent au Septentrion, plus tard ils font mis en leurs droits. Les Méridionaux au contraire, & aux pays maritimes, où les hommes pour le trafic & négociation font toujours plus rufés.

SONT A LEURS DROITS.) M. Marion, trèsdigne Avocat-Général en Parlement, au feptiéme de fes plaidoyers, dit, que ce font chofes grandement diverfes, être en fes droits, & ufer de fes droits : l'une fe référe du tout à l'habileté d'acquérir des biens par la confidération libre de la perfonne, & non à la puiffance d'en difpofer. Et l'autre regarde feulement l'âge & le jugement de leurs perfonnes, & le moyen d'ufer des biens acquis. Nous pourrions dire comme les Phi-

(1) ¶ Le 23 Août 1656. aux affifes, en l'Audience, fut le teftament de fieur Pierre Menard, âgé de 16 ans, déclaré nul, fondé fur la difpofition de cet art. 5. & Ricard en fon Traité des Donations, part. 1. chap. 3. fect. 3. n. 182. dit qu'il a été jugé par arrêt du 24 Mai 1632, aux Rôles de Champagne, que pour l'âge requis pour tefter, il faut fuivre la difpofition du Droit écrit.

* *Sed hoc eft contra,* paragr. 2. f. eo, *nifi quod ifte limites priorem.* C. M.

lofophes, l'un être en fes droits *in actu primo*, &
l'autre *in actu fecundo*. Par cette raifon le mineur
qui eft en fes droits par l'âge de 20 ans, peut *quidem* difpofer de fes meubles, *quorum vilis eft pof-
feffio*, & de fes acquêts, qui font de la nature des
meubles, art. 2. tit. des donations teftamentaires,
& art. 10. tit. des fucceffions, tant par mort qu'entre-vifs ; mais non pas de fes propres ; *licet* qu'autrefois on ait tenu que les mineurs de 25 ans puf-
fent donner par teftament jufqu'à la concurrence
qui eft prefcrite par la loi, fans paffer outre. M.
Bourdin fur l'Ordonnance de 1539. art. 131. *Idque* fuivant la difpofition du droit Romain par la
loi des douze tables, §. *præterea inft. quib. non eft
permiff. facere teft.* lequel droit Romain, combien
qu'il foit reçu en notre Cout. art. 11. *in fine*, tit.
des donations entre-vifs, & que le cas obmis par
les ftatuts demeure en la difpofition du droit commun, dit Choppin fur la Cout. de Paris, liv. 2. tit.
4. n. 6. Mais au cas particulier du teftament, avec
raifon l'opinion ci-deffus doit être rejettée en
cette Cout. (1) & devons nous conformer à celle
de Paris, art. 293. non tant pour l'autorité & dignité de la Ville, que pour ce qu'elle comprend
en fon art. ce qu'il faut obferver en notre Cout.
par des conféquences tirées d'elle-même. On ne
doit jamais puifer au droit commun qu'après avoir
profondément fouillé en la Cout. La loi nouvelle
ne reçoit interprétation de l'ancienne qu'elle a
corrigée en tout ou en partie. C'eft la doctrine
de Balde *in cap. cum non liceat ext. de probat. &
Alexand. Conf. 227 & 229. lib. 6.* cette correction
eft en cet art. qui permet au majeur de vingt ans
de faire feulement acte de liberté, & non de ma-
jorité. Sans donc nous arrêter au droit Romain,

---

(1) ¶ Nous obfervons en
cette Coutume l'arrêt du 5
Avril 1672, au 3 v. l. du
Journal des Audiences, qui
veut que dans le filence des
Coutumes on ait recours à
celle de Paris, où on ne peut
tefter de fes meubles & acquêts qu'à 20 ans, & de fes
propres qu'à 25.

il nous faut dire que le fils mâle âgé de vingt ans
& un jour eſt en ſes droits pour l'adminiſtration
de ſon bien, pour eſter en jugement, diſpoſer entre-vifs & par teſtament, de ſes meubles & acquêts, & non pas de ſes propres, parce que cette diſpoſition de propre outre-paſſe un acte de liberté, à quoi ſe réfère l'effet de *ſui juris.*

CONTRACTER.) Toutefois ſi contractant ils
étoient lézés, ils en ſeroient relevés *ratione mi-
noris ætatis l. ſi curatorem. C. de integ. reſt. minor,
niſi minor ceſſante dole adverſarii ſe majorem dixe-
rit l. ſi alterius. C. ſi minor ſe major, dix. Vide* M.
Louet, lettre M. ch. 7.

ESTER EN JUGEMENT.) *Videlicet* ſous l'autorité d'un curateur que l'on recrée à cette fin,
§. *item inviti inſt. de curat.* excepté au cas que la
choſe dont ſeroit queſtion fût ſpirituelle, le mineur peut eſter en jugement ſans curateur, *cap. ſi
animum de ind. in 6. juncta gloſſa. Vide Panor. Conſil. 71. Idem* en matiere de retrait lignager, toutes forcluſions ou préſentations tiennent contre
le mineur comme s'il étoit majeur : arrêt de relevée en l'audience du 12 Avril 1531. Toutefois il
y a arrêt par défaut à l'encontre d'un mineur en
matiere bénéficiale, le jugement eſt nul, & requête civile bonne, arrêt du Jeudi 12 Avril
1548.

NE FONT FINIR, &c.) Je ne trouve point
qu'il y ait raiſon en la note que l'on met en ce lieu
ſous le nom de du Moulin, car il eſt certain que
garde - noble ne finit qu'à vingt ans & un jour :
art. 28. tit. des fiefs. Le mariage du mineur qui
eſt en garde ne doit nuire au gardien, accourcir
le tems dans lequel il peut prendre les meubles,
& jouir des fruits des héritages, ni détériorer la
condition du mineur durant le tems que le gardien eſt chargé du payement des dettes & de la
nourriture & entretenement de celui qui eſt en
garde, art. 27. *eod.*

ARTICLE VI.

Ille mariée en âge nubile, eſt réputée âgée, pour contracter, ou l'autorité de ſon mari.

EN AGE NUBILE.) Il ſe trouve diverſité d'opinions entre les Docteurs ſur la définition de cet âge nubile. Les uns tiennent que la proximité de puberté eſt priſe pour la puberté , *& ſufficit ad matrimonium cap. continebatur, & cap. de illis 9. de deſp. impub. lib. 4. decret. Et ibi Cujac. cap. puberes eodem* , qui dit que *puerperæ eæ ſunt , quæ in annis puerilibus pariunt.* Et la gloſe ſur le chapitre *in verbo oſtendit* ajoute , *& generare cap. juvenis eod. tit. de ſponſalibus cap. unico ſi infantes.* §. *Idem quoque de deſp. impub.* tous leſquels lieux approuvent le mariage contracté auparavant l'âge de puberté préfini par le droit Romain. Toutefois la plus ſaine opinion eſt que *non ex inſpectione corporis* , comme choſe déshonnête , *inſt. quib. mod. tut. finitur* , mais à quatorze ans ès mâles , & douze ès femelles , qui eſt l'âge de puberté défini par les Juriſconſultes civils & canoniſtes , non-ſeulement pour les tutelles & curatelles , mais auſſi pour les mariages, *l. minorum D. de ritu nupt.* Voyez S. Auguſtin en ſes Confeſſions, *lib. 6. cap. 13.* S. Thomas part. 3. queſt. 43. art. 2. Cujas *in quæſtionib. papin. l. dolis. D. de jure dot.* Choppin, *de privileg. ruſt. cap. 3.* Pithou ſur la Coutume de Troies , art. 18. titre des droits & prérogatives des nobles. La Cour a jugé l'âge nubile ſuivant la derniere opinion, par deux arrêts, l'un au rapport de M. de Turnebus, le 14 Août 1614. entre le ſieur Comte de St. Paul, & Dame Anne de Caumont , ſa femme , & Jacques Stuard , Comte de Lavauguyon ; l'autre au rapport de M. de Bruxelles, le 7 de Septembre 1620. au profit de Jean-Paul Odier, ſieur de Douzon, appellant du Sénéchal de Moulins , contre Gilbert de Chaufeu , ſieur du Riage , intimé. EST

, Est réputée.) Ce mot *est réputée*, montre bien qu'elle n'est pas en âge requis, mais que la dignité du mariage la fait estimer en âge, joint l'autorité du mari.

Ou l'autorité du mari.) Il est parlé de cette autorité ci-après, tit. de communauté, art. 4.

ARTICLE VII.

TUtelle & curatelle (1) n'est qu'un, & durent aux mâles jusqu'à vingt ans & un jour, & aux filles jusqu'à quatorze ans & un jour (2).

Aux.
art. 259.

La Cout. d'Orléans, art. 183. dit que tutelle d'enfans mineurs se doit donner par élection de cinq des proches parens ou affins, & au défaut

---

(1) ¶ Jugé en ce Bailliage à l'assise de St. Martin, le 16 Novembre 1746. moi tenant l'Audience, Benou, Commis-Greffier, sur les Conclusions des Gens du Roi, M. Foucher, Avocat du Roi, portant la parole, qu'un exploit de demande étoit nul, donné par le sieur Guerignon, Seigneur de la Motte-Blaineau, au nommé Petit, dudit Blaineau, âgé de 24 ans 7 ou 8 mois, faute d'avoir assigné par le même exploit le curateur de ce mineur, que la Justice lui avoit donné, ou assigné ce mineur aux fins qu'il seroit tenu de se choisir & nommer un curateur; & le Sr. Guerignon a été condamné aux dépens.

En cette Coutume, les peres & meres survivans, sont tuteurs naturels & légitimes de leurs enfans. Voyez ma Note sur l'art. 30 des fiefs.

(2) ¶ Fille de 17 ans domiciliée en cette Coutume, n'ayant ni pere ni mere, signe des

articles de mariage avec un fils de famille âgé de 30 ans. Ces articles sont aussi signés de la grand'mere de la fille, de son curateur, & de tous ses autres parens & amis, dispense de parenté obtenue à la réquisition par son curateur. Sur le refus d'épouser, demande de la part du jeune homme, en restitution du prix de la dépense par lui faite dans la vûe du mariage. Jugé par le Bailli de Bonny contre la fille, & la Sentence confirmée en ce Bailliage le 4 Juillet 1724. entre le Sr. Bouzi de Gien, & la Dlle. Grangier de Bonny.

Nota. Le tuteur qui a donné à rente les deniers de son pupille à un homme notoirement solvable, laquelle rente le pupille hors de tutelle a prise en payement, sans autre garantie contre le tuteur que d'avoir agi comme pour soi-même, ne peut être inquiété par le pupille.

d'eux, faut appeller des voifins; laquelle élection fe fera du plus prochain parent, habile à fuccéder, idoine, capable & fuffifant, *ubi fucceffionis eft emolumentum, ibi & tutelæ onus effe debet.* §. *1. inft. de leg. patr. tut. fallit tamen hæc regula.* Quand les biens du pupille font en un autre Bailliage, les parens en doivent nommer un audit Bailliage pour le foulagement des mineurs. *Carond. lib. 6. refp. cap. 42.* dit que cela a été jugé par arrêt du 19 Novembre 1569. La Cour toutefois a jugé autrement pour la tutelle des Ravaux, demeurans à Montargis, & y avoient tout leur bien, qui étoit la fucceffion de leur pere, contre le fieur du Portail, oncle maternel, au profit de Maitre Thomas Guyon, Receveur du Domaine, & Avocat audit Montargis, coufin paternel. Il y avoit en la caufe une particularité qui pourroit avoir bien meu la Cour à juger de la façon; c'eft que la belle-mere dudit Guyon avoit un gros procès *de maxima parte bonorum,* contre les pupilles.

ARTICLE VIII.

Orl. art. 185. EMancipation fe peut faire de pere aux enfans, en quelque âge que foient lefdits enfans, tant en jugement que dehors, préfence qu'abfence defdits enfans, pardevant Notaires & témoins, & fuccédent en rapportant.

L'émancipation eft un bénéfice dépendant de la grace du pere, fans qu'on l'y puiffe contraindre, par lequel l'enfant auparavant en la puiffance du pere eft fait *fui juris,* d'enfant de famille devient pere de famille, & fut-il au berceau, la l. *emancipatus.* D. *fi à parente quis manumiffus fuerit,* appelle l'émancipation *beneficium quærendorum bonorum,* d'autant que le fils de famille qui auparavant ne pouvoit acquérir que pour fon pere, *saltem quoad usumfructuum. l. cum oportet. C. de bonis quæ lib.* est rendu capable par l'émancipation d'acquérir pour soi-même. Par l'acte d'émancipation, le pere n'est tenu déclarer les causes qui le meuvent à ce faire, suffit que l'acte soit solemnel, tel que desire la Cout. (1) *l. non modo. C. de emancipatione lib.*

(1) ¶ Le premier Juillet 1673, Pierre Boussier, Marchand à Montargis, émancipe Pierre Boussier, son fils, mineur, âgé de dix-sept ans, & lui nomme pour curateur Laurent Landois, qui en accepte la charge, par Acte signé le Roi, Notaire à Montargis. Le même jour & les cinq jours suivans, ledit Boussier pere, en présence de tous ses enfans, & dudit curateur, fait faire inventaire de tous ses biens & effets pardevant ledit le Roi. Le 9 dudit mois, ledit Boussier pere, meurt ; les héritiers & curateur font signifier à l'instant l'acte de ladite émancipation, & déclarent la confection dudit inventaire aux Officiers de la Prévôté de Montargis, au domicile du Greffier ; le lendemain lesdits Officiers & Greffier, avec le Garde-Scel, se transportent dans la maison où ledit Boussier pere étoit décédé, & font procès-verbal de l'apposition du scellé, nonobstant l'empêchement desdits héritiers & dudit curateur, auxquels, sur leur requis, trois jours après, on permit la levée du scellé, & la vente des meubles qui s'en est ensuivie, & les deniers en provenans, avec les cédules, obligations, chetels & dettes actives, & ses immeubles, sont estimés par Esperts, lottis, jettés au

sort, partagés & délivrés à chacun, selon ce qui lui est échu. Le sieur Vison ayant épousé Marie Boussier, à laquelle étoit échue la troisiéme partie desdits biens, agissant de concert avec ledit Boussier fils, son beau-frere, & cohéritier, font recherche, reçoivent & donnent des quittances à leurs débiteurs ; & dans la suite, ledit Vison qui veilloit à la conservation des deniers dudit Boussier, auquel depuis il en rend compte, a l'autorité dudit Landois, son curateur, pardevant Notaire ; ledit Boussier obtient Lettres de rescision contre ledit compte, le 30 Janvier 1683. & 9 Mai 1685. contre ladite partie ; & après plusieurs procédures & Sentences interlocutoires en ladite Prévôté, les appellations dévolues au Bailliage de Montargis, intervient Sentence en procès par écrit, au rapport de Monsieur Mussart, Lieutenant-Particulier, le   Mai 1689. signée Foucher, Greffier ; par laquelle en infirmant la Sentence de ladite Prévôté dont est appel, lesdites Lettres ont été entérinées ; & sans avoir égard audit acte d'émancipation, ledit Vison est condamné à rendre nouveau compte par chapitre de recette & dépense, audit Boussier, majeur.

F f 2

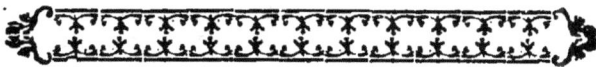

CHAPITRE VIII.

De Communauté d'entre Homme & Femme mariés.

ARTICLE PREMIER.

Paris
art.220.
Orl.
art.186.
Troies
art. 83.
Aux.
art.190.

HOmme & femme conjoints par mariage, font uns & communs en biens, meubles, dettes & crédits, faits tant devant leur mariage, que durant & conſtant icelui, & ès conquêts immeubles, faits durant & conſtant ledit mariage (1).

CONJOINTS PAR MARIAGE.) *Secundum formam & ritum Ecclefiæ Romanæ*, ou des Édits de pacification pour ceux qui font de la Religion prétendue réformée.

SONT UNS & COMMUNS.) Le mariage fimplement célébré fans convention contraire à la

(1) ¶ Quand pere & mere décédent, laiffant un feul enfant qui a confondu leur hérédité, & meurt enfuite fans enfans, laiffant des héritiers des propres paternels & maternels, le propre maternel ameubli & réputé conquêt par le contrat de mariage de la mere, doit appartenir aux héritiers des propres maternels, parce que la fiction a eu autrefois fon effet, & qu'après cela le propre ameubli reprend fa nature de propre. Jugé par arrêt du 10 Avril 1668. Renuffon, Traité des propres, chapit. 6, feĉt.

9. n. 31 & fuiv. De Lalande, fur la Coutume d'Orléans, articles 316 & 324.

Il eſt prudent de ftipuler dans un contrat de mariage, que la veuve fera faifie de fon douaire, tel qu'il foit ftipulé, de fon deuil, préciput, droit d'habitation, & autres femblables conventions & avantages, dès l'inftant du décès du mari, & fans qu'il foit befoin qu'elle en faffe demande en Juftice ni autrement, & que le tout porte intérêt dès ledit décès, pour éviter à procès.

Cout. où fe fait le dit mariage, eft par ce filence réputé convenu felon la Cout. infufe en cet acte par fes fujets en fon territoire, non feulement par autorité publique de la loi, mais auffi comme par efpéce de convention particuliere des contractans, qui femblent fe foumettre tacitement à la difpofition & volonté de la Coutume; & pour cette caufe, la convention expreffe ou tacite regarde plus l'acte des perfonnes, que les biens affis au détroit de la Cout. Cet acte paffe le détroit de la Cout. fous laquelle on a contracté & abftreint les perfonnes à entretenir ce qu'ils ont convenu, en quelque lieu que les biens des contractans foient fitués (1). Voyez Maître Charles du Moulin en fon confeil 53. Balde, *in l. multum intereft. C. fi quis alteri vel fibi num. 29.* dit que *confenfus cum fit res incorporalis vere fe extendit ad omnem locum.* Lucius *lib. 8. tit. 3. cap. 3.* en rapporte un arrêt du mois de Mars 1549. & fi les parties font un contrat, *non eis imponitur neceffitas,* d'établir une communauté pendant leur mariage, ne pourtant leurs biens, meubles feront affectés aux créanciers l'un de l'autre, comme quelquesuns ont voulu dire en interprêtant l'art. 8. de ce titre: les renonciations dont parle ledit art. 8. fe doivent entendre de celles qui fe font après y avoir eu communauté. On ne renonce point à une

---

(1) ¶ Bois taillis. Le mardi 25 Mai 1751, en l'Audience de ce Bailliage, plaidant Maître Mefange pour le demandeur, & Maître Hureau de Livoy pour le défendeur, M. Charroyer, Préfident, il a été jugé que le nommé Devin auroit à fon profit, à titre de commun avec la Paumier, fa défunte femme, la moitié des feuilles de taillis provenus fur le fonds propre de fa femme pendant leur communauté, quoiqu'ils n'euffent point été coupés avant la diffolution, & le nommé Paumier, oncle & tuteur des mineurs, héritiers de leur mere, a été condamné aux dépens; d'où il réfulte, que felon l'efprit de notre Coutume, le partage dans la communauté de ces fruits purement naturels, eft fondé fur la difpofition du droit & fur l'équité, que le Commentateur a principalement eu vûe.

F f 3

chofe qui n'eſt pas, *oportet ut ſubſiſtat ſubjeƈtum.*
Voyez Boërius ſur la Cout. de Berry, art. 2. tit.
des douaires: M. Marion, plaidoyer 8. & Maître Pierre Aireault en un de ſes plaidoyers. Il y a
différence entre communauté & ſociété: la communauté eſt introduite par la Cout. *ineſt proviſio*
legis, & eſt continuée ſans autre déclaration; la
ſociété eſt de droit civil, & produit une obligation *ex ſolo conſenſu. l. qui admittitur, & l. ut in*
conduƈtionib. D. pro ſoc. Voyez Fontanon ſur
Mazuere, tit. des aſſociations. On a demandé
de quel tems commence la communauté: Argentré ſur la Cout. de Bretagne, tit. des mariages,
art. 403. dit qu'elle commence après l'an & jour,
conférant en cela la ſociété conjugale avec la ſociété contraƈtée par habitation, dont ſera parlé
ſur l'art. 1. tit. des ſociétés ci-après. La Cout. de
Paris, art. 220. porte du jour des épouſailles &
bénédiƈtion nuptiale, fondé ſur ce que les mariages ſont préſumés, *non ex carnali copula, ſed be-*
nediƈtione Sacerdotali, qua ſolus conſenſus non
concubitus facit matrimonium ſan. 27. quæſt. joint
l'autorité du Concile de Trente, *ſeſſion 24. de*
reformat. matrimonii, cap. 1. & l'Ordonnance de
Blois, art. 40. Ce qui eſt vrai & a lieu, *in cauſa*
favorabili & materia ſtriƈta, cap. ex publico de con-
verſ. conjugator. Pour cette raiſon j'eſtime qu'il
n'y a point de communauté auparavant la con-
ſommation du mariage: l'ancienne Cout. d'Orléans, art. 178. & la gl. ſur la Pragmat. Sanƈtion,
§. *& eum omne de concubinariis in verbo uxorem*,
le diſent ainſi fait à ce propos: l'art. 450: de la
Cout. de Bretagne, laquelle donne le commencement à la communauté à mettre le pied au lit.

BIENS, &c.) *Generali appellatione bonorum.*
En matiere de contrats de mariage, les propres
ne ſont compris, *& licet*, qu'au contrat de mariage il y eût clauſe en ces termes, *ſeront uns &*
communs en propres, il ne s'enſuit pas que les propres entrent en la communauté, *eodem modo &*

qualitate, que les meubles & conquêts, comme il sera dit ci-après sur l'art. 11. Il faut pour ce faire qu'ils soient ameublis, *hac vel simili clausula,* entreront lesdits propres en la communauté pour sortir nature de meubles, tout ainsi que s'ils avoient été acquis par les contractans pendant ledit mariage. Jugé par arrêt le 23 Décemb. 1574. entre la veuve Combaut, ès noms qu'elle procédoit, appellante, & les Charriers, intimés. Encore la stipulation de communauté de propre *intelligitur tantum favore liberorum*, & non pas des héritiers collatéraux, pour cela les héritages ne changent leur qualité de propre, *argum. l. cum aliis. C. de secund. nuptiis.* Voyez Choppin sur la Cout. de Paris, liv. 2. tit. 1. n. 26 & 27. Carondas sur la Cout. de Paris, art. 120. où il cote deux arrêts à ce propos. Le mot de meubles comprend en ce lieu, non-seulement les choses qui de leur nature se meuvent, comme les bestiaux, & celles qui pour leur usage se peuvent transporter, mais encore les immeubles, destinés pour être convertis en meubles, desquels aussi le mari peut disposer, comme des autres choses de la communauté. *Vide* Argentré, tit. de mariage, art. 408. & ce qui est annoté ci-après sur l'art. 3. tit. des successions, & sur l'art. 27. tit. des fiefs.

DETTES.) *Carond. lib. 11. resp. cap.* 129. estime que le mari n'est tenu des dettes de sa femme, créées auparavant le mariage, sinon comme tiers détenteur, & que quittant & abandonnant les immeubles, représentant l'inventaire que sa femme auroit fait auparavant leur mariage, il est déchargé pour l'avenir du payement des dettes de ladite femme. Ce que je ne voudrois admettre, parce que *sciens & lubens*, le mari se met en communauté, qui porte avec soi confusion de dettes. *Aliter*, en un tiers détenteur, *qui non contraxit ea intentione*, de payer les dettes de son vendeur. Il est vrai que cette obligation que contracte le mari par cette communauté n'est que

perfonnelle , c'eft-à-dire , qu'il n'eft tenu des
dettes de fa femme , d'autant qu'elle eft obligée
perfonnellement, & non hypothécairement obligée *in folidum* avec autres , comme détentereffe
des biens affectés à la dette entiere , finon après
la condamnation. *Vide* ès arrêts de M. Bouguier,
lettre A. ch. 2. & lettre C. ch. 5.

ET ÈS CONQUÊTS , &c.) Pour la différence
entre acquêts & conquêts, voyez la Cout. d'Orl.
art. 203. M. Guymier fur la Pragmatique Sanction, tit. de concub. §. *quia vero in verbo quæftus.*
Boërius fur la Cout. de Berry , art. 2. tit. des mariages , & plus amplement Argentré fur la Cout.
de Bretagne , tit. des mariages , art. 418. & ce
qui eft noté fur l'art. 44. tit. des fiefs ci-devant.
Il fuffira noter que notre Cout. fous l'appellation
des conquêts en plufieurs lieux , entend tout ce
qui n'eft pas propre , en confidération des droits
fucceffifs ; mais en ce lieu par le mot de conquêts,
intelligitur id quod collaboratione quæfitum eft , les
mots faits durant & conftant le mariage fe font
connoître ; tellement que l'immeuble acquis
avant le mariage n'entre point en la communauté , finon que le payement en eût été fait pendant le mariage : le Veft , n. 228. en rapporte un
arrêt du 1 Mars 1567. *Idem* des immeubles acquis par un collatéral , recueillis par fucceffion
pendant la communauté ; *legata feu donationes
eaufâ mortis* , font dits conquêts , *quia ex negotia-
tione legatarii videntur quodammodo quæfita. gloff.
in l. cætera. §. fed ut fi quis ad opus in verbo non
commercii caufa. D. de leg. 1.*

ARTICLE II.

Paris
art. 221.
Orl.
art. 286
& 187.
Aux.
art. 191. LEs crédits & dettes defdits conjoints
font divifés aprés le trépas de l'un d'eux,
entre le furvivant & héritiers du trépaffé ,
tellement qu'ils en font tenus chacun par

moitié, dont l'obligé feulement * peut être exécuté pour ladite moitié.

L'article précédent veut une communauté de dettes paffives entre les conjoints ; celui-ci en régle le payement par moitié, après la diffolution de la communauté, fans préjudice de l'hypothéque folidaire contre l'obligé ou fes héritiers ; c'eft-à-dire, que l'obligé pourra être pourfuivi par les créanciers, pour le payement du total de la dette, fauf à lui fon recours pour la moitié afférante à fon conjoint, & dont il eft tenu à caufe de la communauté. Voyez les articles 8. 9 & 10. de la Cout. de Nevers, titre des droits des gens mariés. Il eft à remarquer que les frais funéraux ne font une dette commune, mais héréditaire, comme-créée après la diffolution de la communauté : Boërius fur la Cout. de Berry, titre des mariages, §. 2. gl. 2. *in fin.*

Après le trépas.) L'ordinaire eft que la mort fait ceffer la communauté, & c'eft pourquoi notre Cout. a dit après le trépas ; ce n'eft pas qu'il n'y ait d'autres cas pour lefquels la communauté eft diffoute, comme par la féparation de biens pour adultere & autres.

Ou sont tenus.) *Sed quid*, favoir fi la femme eft tenue des dettes, outre les biens de la communauté : Paris, art. 221. & Orléans, art. 187. difpofent pour la négative. On peut tenir l'affirmative en cette Cout. *pari ratione*, que le mari n'eft déchargé en rapportant les meubles felon l'inventaire, comme il a été dit fur l'article

---

* *Hic debet effe hypoftigma*, id eft, *non folum fuperftes non poteft executionem refta nifi pro media, fed etiam hæres defunfti non poteft pro altera dimidia pati executionem refta, nifi conftet ipfum effe heredem*, ou qu'il foit maintenu tel au péril du créancier exécutant, *ut j. cap. 20. parag. 4. tamen fi fuperftes folus fe obligaveris, folus poteft executionem pati, falvo fibi fuo recurfu, ut dixi in Confuetud. Parifienf.* parag. 116. C. M.

précédent.Toutefois en confidération du fexe, la
négative femble auffi être équitable, & de ce y a
deux arrêts en l'ancienne Cout. d'Orléans , qui
étoit femblable à la nôtre , l'un rendu en la premiere des Enquêtes , au mois de Juin 1574. l'autre le 15 Décembre 1575. J'ai appris des Mémoires de défunt M. Delavau , mon Oncle , qu'ainfi
avoit été jugé en la Cout. de Paris , au rapport de
M. Befnard , le 3 Mars 1588. & que cela devoit
avoir lieu en toutes les autres Coutumes qui n'en
difpofent au contraire.

Article III.

(marginal note:) Pa is art.225 & 233. Orl. art.193. & 195. Troies art. 81. Aux. art.194. 196. & 237.

COnftant le mariage , le mari peut difpofer fans le confentement de fa femme de tous lefdits biens meubles & conquêts immeubles , à fon plaifir & volonté ,
par contrats faits entre - vifs , fans fraude ,
& non pas en teftament , auquel teftament
n'en peut difpofer que de la moitié ; peut
feul , fans fa femme , pourfuivre , conduire &
défendre les actions perfonnelles & poffef-
foires qui procédent , à caufe de fadite
femme.

LE MARI PEUT DISPOSER.) *Ergo & donare* ,
non pas dilapider la communauté , parce que telle
profufion abforberoit *totam fubftantiam communitatis* , & y auroit préfomption de dol & fraude ,
l. omnes §. Lucius Titius D. quæft. in fraud. credit.
Le Veft. n. 114. en rapporte un arrêt du 14 Août
1571. où les raifons font amplement déduites de
part & d'autre. Les Jurifconfultes n'ont pas défiri
jufqu'à quelle partie ou portion il y a préfomption
de la dilapidation de communauté , cela dépend
ex confilio & eventu. La Cout. de Bret. tit. des
mariages , art. 408. dit , jufqu'à ce que le mari fe
trouve mal-ufant ; & encore qu'il foit permis au

mari de difpofer des biens de la communauté à fon plaifir, cela s'entend *inter vivos*, & non par teftament; pource que l'on eft volontiers plus libéral au tems de la mort, comme ne pouvant retenir, qu'entre-vifs, où l'on craint d'avoir néceffité, joint que l'effet de la donation après la mort arriveroit au tems que la communauté feroit diffoute, *arg. l. fufiæ Caniniæ, inft. de leg. fuf. Can. tol. & l. unica. C. eod.* On tient que le mari peut renoncer à une fucceffion mobiliaire, & non la femme; & *fub dubio eft* fi la femme peut renoncer à fon propre, pour l'utilité des fruits que le mari pourroit percevoir: Pithou fur la Cout. de Troies, art. 103.

BIENS MEUBLES, &c.) *A confequenti*, le mari ne peut difpofer du propre de fa femme, fans fon confentement; que s'il le fait, la femme peut rentrer en fon héritage, *folutâ communitate*, par action de revendication, en rembourfant l'acquéreur de la moitié du prix, fi elle eft commune, parce que la communauté en eft d'autant augmentée: *nec interim currit præfcriptio.* Voyez Coquille, Cout. de Nevers, titre des droits des gens mariés, article 4.

A SON PLAISIR ET VOLONTÉ.) Ces mots font mis par exagération, pour montrer la grande & pleine liberté que le mari a ès biens de la communauté, & que d'icelle il eft Seigneur & maître.

SANS FRAUDE.) Pour empêcher les difpofitions que les maris en pourroient faire à des perfonnes tierces, pour s'enrichir au préjudice de leurs femmes ou leurs héritiers. *Vide* ce qui eft noté fur l'article 3. titre des confications.

ARTICLE IV.

FEmme mariée ne peut donner, aliéner, difpofer, ne autrement contracter entre-vifs, fans l'autorité & confentement de fon mari, finon qu'elle fût marchande publique, auquel cas elle peut con-

Paris
art. 223
& 234.
Orl.
art. 194.
& 196.
Troies
art. 80.
& 139.
Aux.
art. 207
& 221.

traĉter touchant le fait de fa marchandife, dont le mari fera tenu & pourra être exécuté , fi à ce ladite femme eft obligée,

ENTRE-VIFS.) *Aliter* par teftament : *Carond. lib.* 5. *refp. cap.* 5. parce que la difpofition teftamentaire n'a effet qu'après la mort , & n'altere la communauté qui eft diffoute ; & ainfi ceffe l'intérêt du mari.

SANS L'AUTORITÉ , &c.) Tiraqueau en fon traité des loix du mariage, gloffe 4. traite amplement de la force de ces mots , *autorité & confentement*, où il réfout que l'un eft pour rendre la femme capable , *quæ eft in poteftate viri propter fragilitatem fexûs :* l'autre regarde la commodité ou incommodité du mari, réfultant de l'aĉte:toutefois la Coutume *potius confiderat viri commodum quàm uxoris facilitatem* , tirant en argument la liberté qu'a une veuve , *quæ non prudentior eft foluta quàm maritata. Multa de hac autoritate præftanda poffunt peti. à l. fi cum dotem, & quæ illic notat. Barth. D. fol. matr.* & à Tiraqueau *de leg. connubia lib. gl.* 5. Le Droit Romain , qui ne favoit ce que c'étoit que la communauté d'entre homme & femme, comme nous en ufons, approuve en la loi *velles. C. de revoc. donat.* une donation faite par une femme, fans le confentement de fon mari, difant que *hujus donationis firmitas ipfius mariti præfentiâ non indigeat.* Notre Droit François au contraire , tient cette autorité & confentement tellement néceffaire , que fans icelle *nihil geftum à muliere*, & ce pour l'intérêt qu'a le mari à la communauté, en laquelle rien ne doit être innové fans fon confentement. *Vide* Tiraqueau en fon traité des mariages, gl. 6. n. 48. & ce qui eft annoté fur l'art. 5. ci-après. *Quid*, fi le mari ne veut autorifer fa femme , elle doit fe faire autorifer en Juftice, art. 15. ci-après. Et faut pour la validité de l'aĉte,que l'autorité du mari ou de Juftice précéde , *ut individuum quod ab aĉtu dividi &*
feparari

feparari non poteft, dit Tiraqueau *ibid.* gl. 4. n. 4.
& il y a arrêt du 3 Avril 1535.

Sinon, &c.) Pource que l'exercice public de
marchandife préfuppofe être, avec l'autorité &
confentement du mari, *tanquam inftitutrix*, la
Cout. de Paris, art. 235. & Orléans, art. 197. ont
reftreint la qualité de femme marchande publique, à l'exercice qu'elle en fait féparément, &
autre que celui de fon mari. Notre Cout. parle
plus au large & fans diftinction, & en cela s'accorde avec le Droit Romain, qui requiert feulement la tolérance du maitre pour le rendre obligé
de la négociation de fon facteur, *licet non in eam
rem præpofitus fuiffet. l. ult. D. quod cum eo.* Ainfi il
fuffit que le mari fache & endure que fa femme
faffe trafic de marchandife notoirement & ordinairement. *Idem* en la Cout. de Nevers, titre des
droits des gens mariés, art. 1. La femme donc
marchande publique s'oblige tout ainfi que pourroit faire fon mari, & peut être emprifonnée,
fi elle eft obligée par corps, bien qu'elle fût mineure. *Vide* Choppin fur la Cout. de Paris, liv. 2.
tit. 1. n. 9. & fur la Cout. d'Angers, liv. 3. tit. 2.
n. 6. & Brodeau ès annotations fur les arrêts de
M. Louet, lettre F. nombre 11.

Et pourra être exécuté.) Le tablier
de la femme oblige le mari ; ce qui eft tellement
vrai, que non-feulement elle oblige les biens de
fon mari, mais même le corps d'icelui, encore
qu'il ne foit intervenu en l'obligation : Brodeau
au lieu ci-deffus.

Article V.

Femme qui eft marchande publique (1)
eft recevable à intenter toute action,
touchant fa marchandife, & auffi en peut
être convenue

Paris
ar. 235.
Orl.
art. 197.

---

(1) ¶ Marchande publi- | féparé de celui de fon ma-
que eft celle qui fait trafic | ri.

La derniere partie de l'article précédent eſt pour la validité des contrats faits par une femme marchande publique ; celui-ci eſt pour la capacité d'elle, d'eſter en jugement ſans l'autorité de ſon mari, afin de pourſuivre & ſe défendre, étant convenue pour raiſon de ſon tratic.

ARTICLE VI.

ITem, femme ſéparée (1) de ſon mari, quant aux biens, ſolemnellement, peut & lui loiſt contracter & diſpoſer de ſes biens meubles & immeubles, ainſi & en la maniere qu'elle pourroit faire ſi elle n'étoit mariée.

(1) ¶ Orléans, art. 198. veut que les ſéparations de biens entre mari & femme ſe faſſent avec connoiſſance de cauſe, & informations préalablement faites par les Juges des lieux où ſont demeurans ceux qui requierent leſdites ſéparations, & veut que les ſéparations ne ſoient valables, ſi les Sentences d'icelles n'ont été publiées en jugement à jour ordinaire, le Juge ſéant, & enregiſtrées en la Juriſdiction dudit Juge, & exécutées ſans fraude. Voyez les art. 1 & 2 de l'Ordonnance de 1673. titre 8. des ſéparations de biens, & Bornier ſur leſdits articles, & auſſi le nouveau Dictionnaire Civil & Canonique, imprimé en 1697. page 809. qui établit les mêmes & plus grandes formalités, & qui dit qu'on donne à la femme ſéparée une penſion pour ſon douaire, & qu'elle eſt tenue de nourrir ſon mari lorſqu'il eſt tombé en indigence *fortunæ vitio* & non par ſa faute. Voyez de Lalande ſur ledit article 198. l'art. 6. des Sociétés ci-après, Louet, lett. S. n. 16. & Brodeau, *ibid.* Ferrieres ſur l'art. 224 de Paris, où il dit que le mari étant tombé dans le déſordre de ſes affaires par malheur & non par ſa faute, ſa femme peut demander ſéparation de biens. *Ut res ſuas ſibi habeat*, l. 2. parag. 1. ff. *de Divort.* & que c'eſt l'uſage. Voyez la Thaumaſſiere & le nouvel Édit du mois de Mars 1673. à la fin de Bornier, au tom. 2. tit. 8. Suivant l'uſage, ſur la requête de la femme, tendante à ſéparation ; on lui permet de ſaiſir & arrêter à ſes riſques, périls & fortunes, entre les mains des débiteurs. Le mardi 2 Juin 1733. au rapport de M. Frogier, Conſeiller en ce Bailliage, ſur un appel de Sentence de ſéparation de biens, prononcée en cette Prévôté au profit de la femme de Luc Lahauſſois

Pour certaines caufes le Juge d'Églife ordonne la féparation de corps, & le Juge féculier la féparation de biens. La Cour toutefois par arrêt du 4 Juillet 1626. a féparé non-feulement de biens, mais encore d'habitation, Marie Guyon de cette Ville, d'avec Ifaac Rouffillard, fon mari. Voyez la forme & folemnité dans l'art. 6. tit. des Sociétés; & dans la Cout. d'Orléans, art. 198. (1) Et outre les folemnités ordinaires ès féparations de biens, feroit raifonnable qu'elles fuffent publiées par 3 Dimanches ès Prônes des Églifes, afin que par telle plus ample notoriété l'on fache mieux ceux qui feroient féparés, & que l'on fe donnât garde de leur prêter. Il eft à noter que l'inftance de féparation de biens fait ceffer celle *in caufa adhæfionis.* Voyez Bacquet, tit. des droits de Juftice, ch. 15. nombre 63.

Ainsi, &c.) Ces mots font mis *ad pleniorem demonftrationem*; que la femme féparée de biens eft femblable en liberté & pouvoir de contracter, à une fille ou à une veuve. Auffi Tronçon fur la Cout. de Paris, art. 224. a fort bien remarqué que cette Cout. eft différente des autres. Si la femme eft mineure, *dandus eft ei curator*, dit du Moulin fur la Cout. de Bourbonnois, art. 232. L'autorité donc du mari n'eft point néceffaire à une femme féparée de biens, pour pouvoir valablement difpofer de fes meubles & immeubles; ce qui me femble bien raifonnable, puifque le mari n'en reçoit aucune incommodité en fes biens; à quoi femble que notre Cout. ait principalement égard, ayant d'ailleurs donné tout pouvoir & liberté aux femmes non féparées de difpofer par

---

Marchand en cette ville, contre ledit Lahauffois, fans enquête faite de diffipation & mauvaife adminiftration de la part du mari. Nous avons dit mal jugé, & infirmé lad. Sentence en tous fes chefs, ladite femme condamnée aux

dépens des caufes principales & d'appel, fauf à elle à fe pourvoir par nouvelle action devant Nous.

(1) ¶ Il faut une enquête à peine de nullité, à défaut d'autres moyens fuffifans & valables.

teſtament, art. 4. ci-devant, & d'eſter en juge
ment pour pourſuivre leurs injures, art. 7. ci-après,
d'autant que eſdits cas la communauté n'eſt intéreſſée. Cette liberté ne bleſſe l'honneur qui eſt dû
aux maris, quoique l'on veuille dire : l'honneur
& le reſpect eſt en conſéquence du Sacrement,
Paul. ad Epheſios, cap. 5. ou plutôt il eſt dû à cauſe
de la puiſſance que naturellement les maris ont ſur
leurs femmes, *Geneſ. cap. 3.* de cette puiſſance
parle du Moulin ſur la Cout. de Bourbonnois, art.
170. & faut diſtinguer la puiſſance civile d'avec la
naturelle : celle-ci eſt inſéparable du mariage ;
l'autre qui vient ſeulement en conſéquence du
contrat peut n'être point, quand en faiſant mariage il n'y a point de communauté de biens; & ceſſe
ladite puiſſance maritale, par la ſéparation de
biens : *ſimplex ſeparatio bonorum reddit mulierem*
ſeparatam à poteſtate viri, dit le même du Moulin
ſur la même Cout. art. 232. Nous voyons que
l'honneur des maris étoit en ſon entier ſous les
loix Romaines, où il n'y avoit point de communauté : là, les femmes diſpoſoient de leurs propres
& biens paraphernaux, ſans l'autorité de leurs
maris, & n'étoit pourtant l'honneur d'iceux aucunement bleſſé : Tiraqueau en ſon traité des loix
de mariage, gl. 6. n. 5. dit que les Cout. qui requierent l'autoriſation, *tanquam correctoria Juris*
Civilis ſtrictè ſunt interpretandæ. Et quand après la
ſéparation des biens les conjoints ſe raſſemblent,
nous ſuivons la Cout. ancienne d'Orléans, art.
171. & la nouvelle, art. 199. comme conforme
au droit commun. Voyez Choppin ſur la Cout.
de Paris, livre 2. titre 9. nombre 22.

Article VII.

ITem, une femme mariée peut intenter
& pourſuivre en jugement ſans ſon mari, l'action d'injure, pour raiſon de l'injure
dite ou faite à elle ; & auſſi peut être con-

venue en action d'injures sans sondit mari,
pour injures qu'elle auroit faites ou dites ;
mais le mari, ne ses biens, n'en répon-
dront en sa vie.

. La raison est, parce que telle poursuite, soit
en demandant ou défendant, ne concerne la
communauté ou intérêt des biens du mari : mais
pourtant il ne s'ensuit pas que le mari ne puisse
intenter l'action d'injure faite à sa femme, ou se
joindre en cause avec elle, car il a intérêt à la
conservation de l'honneur de sa femme.

Article VIII.

EN traité de mariage, & avant la foi   Ord.
baillée, homme & femme qui se veu-   ar.202.
lent marier par premieres & autres nôces,
peuvent faire & apposer telles conditions,
conventions, donations, & autres contrats
que bon leur semblera en leurdit mariage,
qui sortiront effet : toutefois les renonciations de communauté de biens ne pourront
préjudicier aux créanciers *.

---

* En traité de mariage, convenû que la future épouse survivant pourra renoncer à la communauté, & soi tenir à ses conventions, ce qu'elle fait. Les créanciers lui demandent la moitié des deux cédules de son mari ; elle dit qu'elle a renoncé. Le
demandeur réplique de cette Coutume, & gagne sa cause par
le Juge du lieu ; la veuve appelle en Parlement. Les gens du Roi
en ce Parlement disoient, qu'il ne doit pas être en la puissance
du mari de charger les propres de sa femme, & partant restrei-
gnoient cette Coutume, quand c'est une veuve qui se remarie,
laquelle se doit enquérir des mœurs & biens de son mari. Je ne
tiens compte de cette raison, & dis qu'il avoit été mal jugé,
& que cette Coutume avoit plûtôt lieu en une fille qu'en une
veuve, & n'y fait rien cette Coutume ; car attendu que la veuve
ne prend rien en la communauté, & n'y fait fraude, les créanciers ne rapportent dommage de cette renonciation ; ce qui
est assez, combien qu'ils n'en rapportent profit. Et ainsi (selon
mon opinion) sut jugé pour la veuve *etiam*, de son premier
mariage, par arrêt prononcé le vendredi premier Mars 1552.
.C. M.

AVANT LA FOI BAILLÉE.) *Per verba de præ-*
senti, auparavant la bénédiction nuptiale, car les
articles de mariage, même le contrat, ne font que
promeffes de bailler la foi.

TOUTES CONDITIONS, &c.) Pourvu que lefdites conditions & conventions ne foient prohi-
bées, comme font celles qui font faites contre
l'Édit des fecondes nôces de l'an 1560. *Vide* les
Cout. de Paris, art. 279. & Orléans 203. la *l. hac*
æditali C. de fecund. nupt. M. Louet, lettre N.
nombre 3. avec l'annotation ; & Chenu en fes
queftions, queft. 64 & 65. & les fuivantes, où
font traitées plufieurs queftions à ce propos.

QUI SORTIRONT EFFET.) *Joannes Galli*,
part. 5. queft. 83. en rend la raifon, difant que
conventiones in contractu matrimonii factæ funt te-
nendæ, quia aliàs fortè non fuiffet matrimonium fac-
tum, quod aliàs factum teneret, & non adimpleren-
tur conventiones, quod effet iniquum. Tellement
que quelque convention que puiffent faire les
conjoints au contraire de ce qui a été premierement accordé eft nul, c'eft pourquoi non-feulement les contre-lettres dont parlent les Cout. de
Paris, art. 258. & Orléans 223. font réprouvées,
comme contraires à l'intégrité qui doit être ès
contrats de mariage. Et ainfi a été jugé par plufieurs arrêts rapporté par M. Louet, lettre C.
nomb. 28. Mais encore font nulles toutes conventions faites après le mariage, dérogeantes au contrat qui en a été fait, ou qui y changent quelque
chofe, voire même quand ce feroit pour réduire
les pactions y portées, & les remettre à ce qui eft
du droit commun & ordinaire, & à leur vraie forme & nature : ce qui a été jugé au rapport de M.
de Grieu, en la 5. Chambre des Enquêtes, & depuis prononcé en robes rouges, le 5. Avril 1605. par
lequel arrêt la donation faite en mariage de tous
les meubles & acquêts fut confirmée, nonobftant
la convention poftérieure que ce feroit feulement
par ufufruit : Guenois en la Conférence des Cout.

tit. de communauté de biens, art. 222. en rapporte un du 7 Janvier 1584. où la convention de communauté fut déclarée nulle, comme contraire au contrat de mariage, par lequel étoit dit qu'il n'y auroit point de communauté : le même a été jugé par autre arrêt en la même Chambre, au rapport de M. Scarron, le 19 Mai 1589. Voyez Chenu, question 63. L'avis des parens en telles secondes pactions n'est considérable, car ce qui est de soi nul ne peut être étayé d'aucune autorité privée. La raison pourquoi les secondes conventions contraires aux premieres ne sont reçues, est parce que nous tenons le contrat de mariage de droit public, & pourtant inviolable ; & comme le mariage une fois contracté ne se peut changer, rompre ni révoquer, non plus les conventions d'icelui ni tout ce qui en dépend ; joint que la seconde convention apporteroit avantage à l'un des conjoints, contre la disposition de l'art. 3. tit. de donation entre-vifs. Voyez M. Louet, lettre M. nombre 4. avec l'annotation de Brodeau.

TOUTEFOIS, &c.) Encore qu'à la rigueur on puisse dire que ce texte qui parle seulement des conventions que l'on peut apposer en traité de mariage, ne concerne la renonciation à la communauté que peut faire la veuve sans l'avoir stipulé par son contrat de mariage : toutefois puisque telle renonciation ne préjudicie aux créanciers, non plus que celle qui se fait, *in vim*, de la convention, nous pouvons adapter cette modification à toutes les espéces de renonciation de communauté qui se peut défaire, soit en force de la Cout. ou de la stipulation. Je sais bien, & l'annotation de Maitre Charles du Moulin, & le plaidoyer de Maitre Pierre Ayraut, nous fait connoître qu'autrefois on faisoit difficulté de décharger une veuve du payement des dettes contractées par son mari pendant la communauté, quelque renonciation qu'elle pût faire, & disoit-on que ce passe-droit avoit seulement lieu pour les femmes

de Gentilshommes, en mettant par elles la clef sur
la fosse de leurs maris, où déclarant hautement
dûment qu'elles renonçoient à la communauté, &
de ce y avoit un art. exprès en notre ancienne Cout.
Mais cette distinction par un commun consentement est abolie, & permet notre Cout. à toutes
veuves de renoncer, art. 11. *in fine*, ci-après.
Voyez sur cela Choppin en ses Commentaires sur
la Cout. de Paris, liv. 2. tit. 1. n. 21. & les nouveaux arrêts de Papon, livre 15. tit. 2. arrêt 1.
Et quant à la solemnité, notre Cout. ne prescri-
vant la forme de renoncer à la communauté, il
suffit que par quelqu'acte exprès & public la veuve fasse entendre son intention; de fait, qu'en plusieurs endroits de ce Bailliage, les bonnes gens
au village observent encore de mettre publique-
ment la clef & ceinture sur la fosse, pour déclarer
qu'elles renoncent à la communauté. Quant au
tems, puisque notre Cout. n'en dispose point, il
est en la puissance du Juge de le prescrire à la requête des héritiers du défunt, ou des créanciers
de la communauté, pourvu que la femme n'ait fait
acte de communauté en prenant les biens d'icelle.
Voy. Argentré sur la Cout. de Bretagn. art. 415.
gl. 3. n. 2. Il y a cela de particulier en la renonciation qui se fait *in vim conventionis appositæ in contractu*, que la femme reprend franchement ce
qu'elle a apporté, d'autant que la convention a
lieu du jour du contrat; ce que ne peut faire la
veuve, *quæ solo utitur consuetudinis beneficio*. Toutefois l'une & l'autre renonciation ne préjudicie
point aux créanciers; c'est-à-dire, que pour les
dettes contractées par la femme devant ou pendant son mariage, les héritiers du mari en peuvent
être convenus, comme ayans seuls les biens de la
communauté. Et si la veuve étoit contrainte de
payer comme obligée personnellement, elle auroit son recours contre les héritiers de son mari.
On peut encore dire que les renonciations ne préjudicient aux créanciers, à savoir qu'une dette

dûe par la femme auparavant le mariage, *commu-nitate dissoluta* : & ayant renoncé, est encore to-talement dûe par la femme, *quid enim ad credito-res, si postea habuit maritum*, dit du Moulin sur l'ancienne Cout. d'Orléans, art. 187. & la Cout. de Paris, art. 222. Sans cette clause modificative, l'héritier du défunt eût pû avec quelqu'apparence exciper contre le créancier particulier de la veu-ve qui a renoncé, disant que l'acte de renoncia-tion *retrotrahitur ad tempus* de la stipulation, & ré-duisoit la convention de la communauté *ad non esse* : Que la communauté *quæ fuit in habitu cons-tante matrimonio per non existentiam in actu*, au moyen de la renonciation ne pouvoit être dite avoir été entre les conjoints, du moins avec effet; partant que n'y ayant point eu de communauté, le créancier ne pouvoit s'adresser aux biens d'i-celle. Pour à quoi obvier, la Cout. retranchant toutes les difficultés & fraudes qui peuvent naître des renonciations, a voulu qu'elles ne portâssent aucun détriment ou préjudice au droit des créan-ciers, soit sur les biens de l'obligé, ou sur les biens de la communauté qui leur ont été affectés, sauf aux héritiers du mari leur recours contre la fem-me principale obligée. Or d'autant que notre Cout. en ce lieu parle en pluriel nombre des re-nonciations de communauté, il est conséquent de dire qu'outre la précédente espéce de renoncia-tion il y en a encore d'autres. Nous appellons re-nonciation de communauté, quand les parties après avoir convenu qu'il y aura communauté de biens, suivant la Cout. ils apposent au contrat d'autres clauses, pactions ou conditions contraires ou répugnantes à leur communauté. Comme quand les futurs époux s'accordent que chacun payera ses dettes, telle convention n'empêche que le créancier de la femme ne s'adresse au mari, auteur de la communauté, & ne fasse saisir les biens d'i-celle ; parce que telle paction est contre la com-munion des dettes passives. Ainsi a été jugé en ce

Bailliage le 11 Décembre 1610. pour Me. Georges Braille, contre Robert Chamoin ; & le 6 de
Février 1621. pour Pierre Roi, contre Maître
Edme Boloy, fur un appel de Morman. L'accord
que chacun payera fes dettes, eft pour avoir recours par celui qui aura moins diminué la communauté du payement de fes dettes, contre l'autre
qui l'auroit plus chargée. *Aliter*, à Paris, article
221. & à Orléans, art. 212. qui ont été ajoutés
lors de la réformation, contre le droit commun
des communautés. Il convient noter que la faculté
ftipulée par la femme de pouvoir renoncer *non*
extenditur de perfona ad perfonam, de qua non eft
cogitatum, ni la faculté de reprendre par la femme ce qu'elle a apporté en renonçant, ne paffe
aux enfans ou héritiers, parce que la renonciation
eft *jus odiofum*, & la reprife eft *contra communem*
contrahendi modum. Voyez M. Louet, lettre F.
n.28.avec l'annotation de Brodeau; auffi la veuve
recélant les biens de la communauté, n'eft reçue
à renoncer ; mais ne perd fon droit de communauté de biens par elle recélés. *Joannes Galli*,
queft. 131. & M. Louet, lettre R. n. 1. Il eft auffi
à remarquer qu'après que la femme a renoncé à la
communauté, elle n'eft entendue la reprendre en
faifant acte de jouiffance, contraire à la renonciation, ains peut feulement être contrainte à rendre ce qu'elle a pris defdits biens. *Idem in hære-di-*
tate repudiata l. fi fervum. §. ult. D. de acquir. vel
omitt. hæred. Voyez Argentré fur la Cout. de
Bretagne, art. 415.gl. 3. n. 3. & Carondas, *lib. 2.*
refponf. cap. 103. & encore que la femme ait renoncé à la communauté après la mort de fon mari, elle en peut être relevée pour caufe légitime
& raifonnable : *fic tamen ut interim gefta ab hære-*
de valeant, dit Argentré audit lieu ; & Me René
Choppin fur la Cout. de Paris, liv. 2. tit. 5. n. 18.
Notre Cout. ne dit point qu'en renonçant par la
veuve elle doive faire inventaire, comme à Paris, art. 237. & à Orléans, art. 204. C'eft pour-

quoi *utimur jure communi*, qui ne charge les veuves d'aucun inventaire, puisqu'elles n'ont point d'intérêts aux biens de la communauté, *videant* ceux qui en profitent, & à qui ils appartiennent.

Avoir, &c.) Il faut prendre cette raison, que le plus souvent la veuve étant en ses droits se marie *inconsultis parentibus*, & la fille par l'avis des siens *prævisis mariti moribus & facultatibus :* Toutefois la Cout. donne secours à l'une & à l'autre en renonçant ; à celle-ci pour cause du malheur, & à l'autre à cause de son imprudence.

Aʀᴛɪᴄʟᴇ IX.

COmbien que par traité de mariage, & par paroles expresses, les futurs époux renoncent à la communauté des biens, néanmoins telle renonciation ne peut nuire ne préjudicier à leurs créanciers, & ainsi peut être entendue la Coutume dessus alléguée, par laquelle est dit, qu'en traité de mariage, par les futurs époux peuvent être faites telles pactions que bon leur semble.

Cet article est une exception de l'art. 1. de ce titre, & qui sert aussi d'hypothèse particuliere à la Thèse ou faculté générale que la Cout. donne aux futurs époux qu'ils puissent apposer en leurs contrats de mariage telles conditions & conventions que bon leur semblera. En ce lieu, renoncer à la communauté, veut dire délaisser ou quitter la communauté que la Cout. offre : voire c'est comme un droit acquis à ceux qui se veulent marier, s'ils en veulent user. Nous pourrions civilement dire, que les mariages faits sans communauté de biens sont *usu liberorum tantum quærendorum causa*, comme porte la loi 1. C. *de indicta viduitate*, & où Me. Antoine Hotoman, en son traité de la dissolution de mariage, remarque que le mot de *tantum* eſt mis pour faire la différence d'avec le mariage qui étoit *jure quiritum,* que nous pouvons par accommodation appeller mariage fait ſelon le droit ordinaire , & communauté coutumiere, qui eſt toujours entendue avoir lieu entre les con- tractans, ſi expreſſément ils n'y dérogent, comme il a été noté ſur l'art. 1. de ce tit. Outre l'explica- tion ci-deſſus , on peut encore approprier à cet art. ce qui a été dit ſur l'art. précédent , parlant des conventions appoſées en traité de mariage , répugnantes ou changeantes l'effet de la commu- nauté , introduit par la Coutume.

NÉANMOINS , &c.) Pyrrhus Englebermeus ſur l'ancienne Cout. d'Orléans , ſemblable à la nôtre, art. 188. ſemble interpréter qu'encore que les conjoints ayent ſtipulé qu'il n'y aura point de communauté , toutefois qu'elle eſt réputée être à l'égard des créanciers ; par ainſi que *ad dimidiam mulier tenetur, quæ non eſt communis cum marito,* ce qui eſt inique & contre le droit Romain, au tit. *ne uxor pro marito :* auſſi notre texte diſant , que telle renonciation des futurs époux ne peut nuire à leurs créanciers, a voulu entendre diſtributive- ment chacun en droit ſoi, que les droits actifs des créanciers *illæſa manent,* qu'ils demeurent en l'é- tat qu'ils ſe trouvent lors de ladite renonciation. Cela eſt bien raiſonnable , *quia nihil eis deperit :* mais de cette diſpoſition limitative il s'enſuit une abſurdité, *quaſi vero,* le mariage ſans la commun. qui d'ailleurs conſerve au detteur la propriété utile & directe de ſes biens , puiſſe apporter nui- ſance aux créanciers, *illud impoſſibile,* & par con- ſéquent la prohibition illuſoire & ridicule. Il eſt donc, ce me ſemble, plus à propos de dire que cette conjonction néanmoins déclare & non pas limite ou reſtreint l'effet de la renonciation que font les futurs époux à la communauté , à ſavoir que puiſqu'elle ne préjudicie point à leurs créan- ciers, il eſt permis en traité de mariage faire telle paction. Cette interprétation eſt conforme au

texte

texte & à la raison , & n'induit difpofition contraire à la précédente : j'eftime toutefois qu'il faut
que tels conjoints *argumento* de la féparation, faffent inventaire afin de difcerner les meubles ; autrement on pourroit tenir qu'ils auroient contracté fociété par deme irance par an & jour , fuivant
l'art. 1. tit. de fociété ; & ainfi les créanciers de
l'un & de l'autre fe pourroient prendre aux meubles & conquêts indifféremment de tous les deux.
Voy. les art. de la Cout. de Paris 222. & Orl. 212.

Et ainsi , &c.) C'eft une obfervation que
fait la Coutume, en confirmant l'hypothèfe particuliere avec la Thèfe générale qui eft en l'art.
précédent.

Article X.

Ente conftituée fous faculté rédempti-
ve & de réméré , eft réputée héritage, tant du côté du créancier, que du conftituant , & leurs héritiers; tellement que fi
elles font rachetées * , les deniers comme
propres retourneront à celui des conjoints
ou leurs héritiers, du côté duquel ladite
rente eft venue ; & fi elle étoit rachetée
durant que mineurs nobles, ou non, font
en garde de leurs parens, lefdits parens font
tenus employer ledit argent, ou le rendre
auxdits mineurs.

Orl.
art. 191.
& 351.
Troies
art. 66.
& 67.
Aux.
art. 120.

Quelques Coutumes ont mis les rentes conftituées entre les chofes meubles , les autres entre

---

* Faut entendre , non pas de rentes acquifes pendant le mariage , mais des rentes anciennes , qui étoient propres à l'un
des deux conjoints feulement , defquelles n'a pas été dit par
contrat de mariage qu'elles tomberoient en communauté ,
mais font demeurees propres à celui auquel elles appartenoient. C. M.

les immeubles, comme Paris , art. 94, & Orléans
191. Et pour savoir quelle Cout. il faut garder
quand le detteur & le créancier & les héritages
sont assis en Cout. diverses, il a été jugé par plusieurs arrêts qu'il faut suivre le domicile du créancier. Voy. M. Louet , lett. R. n. 31. avec l'annotation. Notre Cout. ne dit pas indistinctement
que les rentes constituées soient héritages, comme font les Coutumes ci-dessus ; mais seulement
qu'elles sont réputées héritages à l'égard du
créancier & du constituant , & leurs héritiers ,
inclusio aliquorum est exclusio cæterorum : & c'est
pourquoi au Seigneur féodal ou censuel sont dûs
profits de quint & requint , ou lods & ventes,
pour l'échange d'un héritage , avec rentes constituées comme d'une vente, parce qu'à son égard,
telles ventes ne sont héritages , & le contrat est
réputé de vente, comme il a été annoté ci-devant
sur l'art. 61. tit. des fiefs , & sur l'art. 24. tit. des
cens ; aussi l'héritage changé avec rente chet en
retrait. *Vide* ce qui est annoté sur l'art. 9. tit. de
retrait. Le mot de réputé *fictionem denotat,* comme le mot de *videtur* en droit , *l. fructus pendentes. D. de rei vindic.* Le mot d'héritage est pris
largement pour immeubles, & ce , en considération du sujet , afin de discerner les rentes constituées d'avec les choses mobiliaires, & non pas
pour les rendre susceptibles de toutes les qualités que peuvent avoir les héritages , comme d'ê-
tre retrayables. M. Louet, lettre R. n. 2. dit que
l'opinion de ceux qui ont estimé le retrait avoir
lieu aux rentes constituées, n'a été reçue du Palais , d'autant que ce sont rentes volantes, *quæsi-
tum non habent nec perpetuo fundum afficiunt.*

RÉPUTÉES HÉRITAGES.) Il faut entendre
jusqu'à ce qu'elles soient rachetées, comme portent les Coutumes de Paris & Orléans ci-dessus,
& ce encore quant au sort principal , & non pas
les arrérages, art. suivant.

TELLEMENT , &c.) Cet adverbe *tellement*

conjoint l'une & l'autre clause par une conséquence, à savoir que les rentes étant réputées héritages, retournent aux héritiers de celui des conjoints à qui elles appartenoient ; mais il n'induit
pas qu'après le rachat des rentes constituées elles
soient réputées subsister en qualité d'immeubles,
res enim recidit in purum mobile, ce n'est plus que
de l'argent. Ce que la Cout. veut, que les deniers
retournent aux héritiers de celui à qui les rentes
appartenoient, & ne les fasse entrer en la communauté comme les autres meubles, est afin d'empêcher que les conjoints par mariage ne soient
avantagés par un rachat nécessaire & forcé, j'estime que *eadem est ratio*, des deniers d'un héritage
vendu par décret pendant la communauté, comme
l'on observoit en l'ancienne Cout. de Paris, ainsi
que remarque Tronçon sur l'art. 233. de ladite
Cout. Ces deniers donc retournent aux héritiers
du côté duquel les rentes sont venues, non pour
tenir lieu d'immeubles simplement en qualité d'acquêts, mais pour appartenir auxdits héritiers,
suivant la régle *paterna paternis, materna mater-
nis*, comme il est annoté sur l'art. 3. tit. des successions ci-après. Il faut observer que cet art. ne
parle que des rentes constituées amorties pendant
le mariage, & non pas des héritages propres,
vendus par l'un des conjoints, lesquels n'en peuvent demander le remploi ni les deniers, sinon
qu'il ait été stipulé par le contrat de mariage, ou
bien que les héritiers du vendeur prouvent que
la vente ait été faite en fraude, pour avantager
indirectement l'autre conjoint. Voyez M. Louet,
lett. R. n. 30. où il remarque un arrêt du dernier
Mai 1603. général, pour les Coutumes qui ne disposent point de remploi comme la nôtre. J'ai appris que depuis cet arrêt les autres plus nouveaux
avoient ordonné qu'esdites Cout. il seroit néanmoins fait remploi des propres de la femme vendus: Tronçon sur l'art. 232. de la Cout. de Paris en
rapporte un donné en la Cout. de Vermandois,

du 20 Avril 1614. Je crois que la Cour a eu égard
à la facilité des femmes, & du pouvoir que les
maris ont fur elles : qui font les raifons de la l.
Julia D. de fundo dotali. Or de favoir fur quoi le
remploi doit être pris, & comme il doit être fait.
Voyez M. Louet au lieu ci-deffus, fur la fin, &
n. 24. M. Bouguier, lett. R. ch. 1. & la Cout. de
Paris, art. 222. Et d'autant que notre Cout. a dit
que les rentes étoient réputées héritages du côté du créancier & du conftituant, & qu'elle en a
donné un exemple pour le créancier, délaiffant le
conftituant, j'ai eftimé n'être hors de propos d'en
pofer un hypothèfe ; favoir quand l'un des conjoints communs en biens eft detteur d'une rente
conftituée auparavant le mariage, laquelle après
le mariage contracté a été amortie ; la vérité eft,
que ladite rente n'eft plus à l'égard du créancier,
mais ayant été amortie des deniers communs, la
moitié d'icelle, après la diffolution du mariage,
appartient à l'autre conjoint ou fes héritiers : cet
amortiffement étant à leur égard une acquifition
pour la moitié, *ad inftar* d'un héritage qui auroit
été acquis pendant la communauté. Voyez du
Moulin fur la Cout. de Paris, art. 94. gl. 1. n. 6.

/Ou LE RENDRE, &c.) *Scilicet*, avec l'intérêt, *non propter moram, fed propter perfonam, l.
Titia fcio. §. ufuras D. de leg.* 2. Voyez la Cout.
de Paris, art. 94. & d'Orléans, art. 351. portent
que le femblable aura lieu pour deniers procé-
dans de la vente des héritages des mineurs:
Tronçon fur ledit art. ajoute que le reliquat d'un
compte rendu aux mineurs eft tenu pour immeuble, de forte que l'intérêt en eft dû, encore qu'il
n'en ait été fait aucune demande en Juftice.

ARTICLE XI.

TOutefois fi rente étoit conftituée par le
mari, conftant le mariage, fur fes
biens meubles & immeubles, après fon
trépas ladite femme ne répondra de ladite

rente, que pour les arrérages échus constant ledit mariage, sinon qu'il y eût conquêts; car lors ladite femme en répondra de la moitié, sinon qu'elle quittât lesdits conquêts & meubles ; à quoi faire sera reçue.

L'article 2. de ce tit. veut que la veuve en acceptant la communauté soit tenue de la moitié des dettes mobiliaires ; celui-ci pour ôter toute difficulté, la charge, non-seulement des arrérages de rentes qui font dettes mobiliaires, mais encore de la moitié du fort principal de la rente, qui est dette immobiliaire. Et si ladite veuve renonce à la communauté, elle est exempte des dettes où elle n'a point parlé ; ainsi en vain cette grande question du 4. plaidoyer d'Ayraut. On a demandé si en communauté de propres, meubles & conquêts, après la mort du mari la veuve renonçant à la communauté, ou bien disertement à la communauté des meubles & conquêts, elle a part & portion ès propres ? Aucuns disoient que la communauté est *jus quod dividi non potest* ; & la renonciation un acte légitime qui ne reçoit aucune condition ; les autres fondés sur la commisération du sexe, approuvoient que la veuve reprit les propres qu'elle avoient apportés, *saltem*, ceux qui restoient, *tanquam tabulæ è naufragio*. Pour moi j'estime que la convention de communauté de propres est plutôt un contrat de société que de communauté coutumiere, comme fait outre & pardessus le desir & intention de la Cout. Que la renonciation à la communauté se doit entendre de celle que la Cout. introduit ; savoir des meubles & acquêts, & qui vraiment doit être appellée communauté, & non pas de la société des propres, *quæ est ex pacto*. Si quelquefois la société est appellée communauté, comme ès art. 3 & 4. de société, *id abusive fit*, comme par une espéce de continuation ; car véritablement ès cas desdits art. la communauté se trouve en société, par argument de l'art. 5. *eod.* où les meubles n'entrent en la communauté. Pour ces raisons il y a lieu de soutenir en la question susdite que cette société de propres ne rend le mari Seigneur absolu de tous lesdits propres, mais de la moitié seulement (1) : Qu'ils sont communs par moitié auxdits deux conjoints, comme il fût jugé en ce Bailliage au profit de Barbe Lesguillon, veuve de Gravot, sur un appel de Montbouy, le 9 Juin 1607. *soluta autem communitate & societate,* la renonciation concerne seulement les biens de la communauté, & non pas ceux de la société, *cui renunciatum non videtur,* & doivent lesdits biens être divisés entre les associés ou leurs héritiers, ne répondant de-là en après la part de l'un pour les dettes de l'autre.

Article XII.

TOus bâtimens faits en héritages roturiers & censuels, propre de l'un des deux conjoints par mariage, sont communs entr'eux, en remboursant par celui à qui n'est la propriété, ou ses enfans ou héritiers, la moitié de l'estimation & valeur du fonds de l'héritage où aura été fait ledit bâtiment, pour en jouir commodément ; toutefois après le trépas de l'un des conjoints, il sera au choix & élection du propriétaire, s'il survit, ou ses enfans & héritiers, de rem-

---

(1) ¶ Ce sentiment est contraire à celui de Renusson, traité des propres, chapit. 6. sect. 8. n. 26. Du Moulin sur l'article 108. de l'ancienne Coutume de Paris.

La femme qui renonce à la communauté, ne peut rien prétendre dans ses propres aumeublis. Le même Renusson *loco citato* ; & si tous ses propres, ou partie, reviennent à la femme par les partages, ils reprennent leur première nature & qualité pour tous effets. Les propres à venir n'entrent point en communauté, à moins qu'il n'y en ait clause expresse.

bourfer le vivant ou héritiers, de l'eftimation * de la moitié defdits bâtimens.

EN HÉRITAGES ROTURIERS.) *Argumento à
picturâ in alienâ tabulâ §. fi quis in alienâ inftit. de
rer. divif. Non idem* ès héritages féodaux, *propter
digniorem qualitatem,* arg. §. *litteræ quoque eod.*
joint que le Seigneur dominant recevroit dommage ; n'y ayant point de démiffion de foi, icelle
demeuroit féparée de fon fujet, & fi le propriétaire s'en démet, à quoi il ne peut être contraint,
alors l'affaire changeant de face, ce fera un contrat de vente, dont fera dû quint & requint pour
la valeur de fes moitiés des bâtimens & du total
du fonds : & encore que la Cout. ne permette à
celui des conjoints qui n'eft pas propriétaire de
l'héritage féodal, de pouvoir rembourfer, elle
ne lui ôte pas toutefois fon action pour être payé
de la moitié de l'édifice, §. *cum in fuo circa medium inftit. eod.*

EN REMBOURSANT.) *Ædificium folo cedit :*
toutefois *fallit regula.* Quand l'édifice a été fait
par tel qui ne peut donner, & à qui ne peut être
donné, dit Boërius fur la Cout. de Berry, tit.
des mariages, §. 2. Et pour cette caufe le Droit
Civil & les Cout. permettent la répétition des
impenfes faites en l'édifice : *verùm in poffeffione
conftituto ædificatore in alieno folo,* le Droit Civil
ne lui permet pas de rembourfer le propriétaire
du fonds où eft l'édifice, mais feulement de retenir la chofe *per exceptionem doli mali,* repouffant
l'action dudit propriétaire, *non parato folvere præ-
tium materiæ & mercedis fabrorum.* §. *certe.* & §.

---

* *Tempore præfenti inf'ecto juxta l. domos, & ibi Alexand.
ff. de legat.* 1. *Caro. Ruin. Confil.* 117. *lib.* 3. *Confil.* 165. *num.*
5. *lib.* 4. *Hieronim. Grttus Confil.* 9. *num.* 15. *lib.* 2. *Idem
Jacob, de Arenis. Barth. Bal. Arg. Peruf. Joan. I. mol. in
d. l. domos. text. in l. omnimodo. paragr. imputari videlicet,
ita tamen G. de inoff. tefta. dixi in Confuet, Parifienf. paragr.*
1, *glof.* 5, *num.* 113. C. M.

cæterum inſtit. eod. & l. ſi vir. §. ſi vir. uxori D. de donat. inter vir. & uxor. Notre Cout. paſſant plus outre, de plain-ſaut donne pouvoir au conjoint non propriétaire en cas de refus, de rembourſer la part du propriétaire, pour la moitié de l'édifice & le total du fonds ; & ce, pour éviter le circuit de l'action & de l'exception, retrancher tout d'un coup les procès qui pourroient naître entre l'un des conjoints pour ſon rembourſement, contre l'autre conjoint propriétaire, & ſur le tems dudit rembourſement.

ARTICLE XIII.

Paris art.231. Orl. ar.208. Troies art. 88. Aux. art.195.

BLeds (1) & autres ſemences, en terres & héritages de gens mariés, ſeront communs après le trépas de l'un d'iceux, combien qu'il fût en l'héritage propre de l'un d'eux ; & au regard des guérets, le propriétaire ou ſes héritiers, en récompenſeront de la moitié l'autre, ou ſes héritiers : & quant aux fruits des vignes, après Pâque charnel, ſe partiront également, & auparavant, auront la moitié des labourages, en payant les charges, *pro rata.*

Le Droit Civil veut que *fructus pendentes ſint pars fundi,* ce qui a lieu en matiere de ſucceſſion,

---

(1) ¶ Vente de bled en verd eſt défendue par les anciennes Ordonnances, renouvellées par Louis XIV. du 23 Juin 1694 ; mais on peut après la St. Jean les faire ſaiſir, & y établir Commiſſaire, lequel fait faire la moiſſon en ce qui eſt de ſa commiſſion. Voyez la nouvelle introduction à la Pratique, de Claude-Joſeph de Ferrieres, imprimée en 1729. tome 1.

page 171. qui cite d'Olives, liv. 4. chap. 9. *in notis.*
Pour éviter conteſtations, on peut ſtipuler dans le contrat de mariage, que les propres, après le trépas de l'un des conjoints, retourneront à chacun, avec tous les bleds & ſemences, & autres fruits & guérets étant en iceux, en payant moitié des labours & ſemences.

où les héritages retournent aux héritiers de l'eſtoc & ſouche dont ils ſont deſcendus, en rembourſant par eux les labours & ſemences, (1) *frućtus enim eos eſſe conſtat, qui deducta impenſa ſupererunt*, dit la *l. frućtus D. ſolut. matrim.* mais en matiere de communauté, *quia ex collaboratione & re communi proveniunt, aliter ſtatuitur.* En droit ils ſont partis à proportion du tems, eu égard au jour de la diſſolution de la communauté, *l. de diviſione. & l. divortio. D. eod.* Les Coutumes de Paris, article 231. & d'Orléans 208.

(1) ¶ Bacquet, traité des droits de Juſtice, ch. 15. n. 58. & Ferrieres ſur l'art. 231. de la Coutume de Paris, n. 15. ſont d'avis qu'il n'eſt dû aucun rembourſement, & tel eſt l'uſage obſervé en cette Coutume.

M. de Ferrieres, en ſa nouvelle introduction à la Pratique, de l'édition de 1729. lettre B. dit que la coupe des bois n'étant pas échue, & n'ayant pas été faite durant le mariage, & ſe faiſant après qu'il eſt diſſolu, le mari ou la communauté en doit avoir ſa part, à proportion de ce que le mariage a duré, & cite M. le Brun, traité de la communauté, livre 1. chapitre 5. n. 12. Il ne diſtingue point entre les taillis qui ſe coupent tous les 10 ans, & ceux qui ſe coupent tous les 15. 18 ou 20 ans, ſelon les uſages des lieux. Monſieur Durzy, Avocat en ce Bailliage, l'a décidé de même en 1750. fondé ſur la diſpoſition de la plupart des Coutumes, le ſentiment des Commentateurs, Juriſconſultes & Arrêtiſtes, & notamment ſur le ſentiment de M. le Brun, contre le ſentiment de M. Menager, Avocat à Château-Landon,

& il ſe fonde en outre ſur la juſtice & l'équité. Pour moi, j'aurois entierement ſouſcris aux ſentimens de M. Durzy, & aurois adhéré aux autorités ſur leſquelles il s'eſt fondé dans ſon avis, qui eſt fort étendu & bien expliqué, n'étoit que Meſſieurs Foucher, Vian, & autres Juriſconſultes, ſont d'avis contraire; ce qui m'a déterminé à écrire à M. Veſinier, célebre Avocat conſultant à Paris, qui m'a fait une réponſe par laquelle il décide en faveur du mari, fondé ſur la loi 17. paragraphe 7. ff. ſol. matrim. ſur un arrêt qu'il ne date pas, rendu en la premiere des Enquêtes, au rapport de M. Thomé, au profit de l'héritier du ſucceſſeur Évêque prédéceſſeur de Nevers, contre M. de Fontaine, Évêque ſucceſſeur, ſur la diſtinction des Bois taillis en coupe réglée, & ceux qui n'y ſont pas, ſur la partie entre le mari ſurvivant & le bénéficier, & ſur l'équité, qui ne permet pas que le ſurvivant ſoit privé des fruits que produit un fonds dotal de ſa femme, & au *pro rata* du tems que le mariage a duré. Sa réponſe eſt du 29 Mars 1751.

les font fuivre l'héritage, en rembourfant la moitié des labours & femences. Notre Coutume,
æquitatem fecuta , a voulu qu'ils fuffent divifés
par moitié , afin que chacun eût part à la fortune
des faifons.

APRÈS PASQUE CHARNEL.) Lors de la ré-
daction de notre Coutume, Pâque étoit plus haut
en l'année de dix jours qu'il n'eft à préfent, à
caufe du retranchement qui en fut fait en 158.
C'eft pourquoi notre Coutume veut qu'après Pâque les gelées qui gâtent les vignes font paffées,
& que l'on commence à voir le raifin hors du
bourgeon , les fruits des vignes fe partiffent par
moitié : il ne feroit pas raifonnable , les fortunes
étant paffées, d'admettre le propriétaire à récompenfer fon confort , *qui onus fuftinuit & emolumentum fentire debet.* Il ne fera par aventure point
inutile de remarquer qu'auparavant l'an 1561. on
commençoit à compter l'année au jour de Pâque;
& durant le mois qu'il échéoit, on difoit devant ou
après Pâque. Ainfi l'année 1560. qui commença
le 14 Avril , jour de Pâque , ne fut que de huit
mois feize jours , parce qu'au premier jour de
Janvier enfuivant commença l'année 1561.

ARTICLE XIV.

DOns ou legs, faits à l'un des conjoints,
foit en mariage faifant , ou conftant
icelui, font communs par moitié auxdits
deux conjoints; finon qu'il fût dit expreffément être propre à l'un d'eux.

DONS OU LEGS.) Le don fait à l'un des conjoints eft réputé avoir été fait en contemplation de
l'alliance contractée ou à contracter par mariage,
comme quand Scevola doutoit *de eo quod datur
agnato commilitoni , l. de hæreditate. D. de caftr.
pecul. vide l. cum allegas. C. eod.* Ces diverfes
conjectures engendrent beaucoup de procès , &

n'y en a point de fi difficiles que ceux qui fe con-
duifent par des vraifemblances & fe décident *jure
voluntatis.* Nos Docteurs ne pouvant difcerner au
vrai la caufe particuliere de la donation faite à l'un
des conjoints, ont rendu la chofe donnée commune
entr'eux. *Aliter* des fucceffions ; elles viennent
*jure fanguinis , non gratiâ perfonali aut communi ,
præfertim* en cette Cout. où le mort faifit le vif.
Un ancien difoit , *ubi liberalitas ibi donatio ; ubi
naturæ debitum , ibi fucceffio.* Toutefois on a diftingué les donations faites *fucceffu in lineâ direc-
tâ*, d'avec celles qui font *in lineâ collaterali*, rendant celles-ci communes, les autres non, *quia in
anticipationem fucceffionis.* Voyez Argentré fur la
Cout. de Bretagne , tit. des mariages , art. 418.
gl. 1. n. 6. & M. Louet, lettre A. n. 2. avec l'annotation. On a encore diftingué le legs particulier d'avec l'univerfel ; celui-là fait *etiam fuccef-
fure*, eft commun pour les raifons ci-deffus , &
jugé par arrêt du 24 Juillet 1563. pour André
Bernard , appellant du Prévôt de Paris , contre
Anne Morin , intimée. L'autre appartient entierement au légataire, *quia fucceffionem imitatur ,
& perfona donatarii , quæ hæredis vicem fuftinet ,
maximè attenditur* , arrêt en la 4. des Enquêtes,
le 5 de Septembre 1609. M. de Vertamon, Rapporteur. Eft à remarquer que notre Coutume ne
dit pas que les dons entrent en la communauté ,
mais qu'ils font communs entre lefdits deux conjoints, c'eft-à-dire, que chacun en a la moitié : le
mari ne peut difpofer de la part appartenante à fa
femme, comme il peut des biens de la communauté. *Vide Molin.* fur la Cout. de Paris, art. 27. n. 3.
Par ainfi c'eft plutôt une fociété qu'une communauté coutumiere, fauf s'il y a des meubles ; car
par l'article 1. de ce titre , il y a communauté de
meubles faits, *id eft* acquis tant devant qu'après le
mariage. Les Cout. de Paris , art. 246. & d'Orléans, art. 211. ne parlent que des immeubles ,
Toutefois les meubles peuvent être propres à celui

des conjoints à qui ils font donnés, *nominatim*
pour être propres. Auffi notre Cout. par ex ception, ajoute, finon qu'il fût dit expreflément être
propre à l'un d'eux. Voyez ce qui eft annoté fur
l'art. 3. tit. des fucceffions, où il eft parlé de la
deftination ; & M. Louet, lettre P. n. 40.

ARTICLE XV.

Paris
ar.224.
Orl.
art.201.

FEmme mariée peut pourfuivre fes droits
& actions, à l'autorité de fon mari ;
& au refus de l'autorifer, elle peut requérir être autorifée par Juftice, & en ladite
qualité icelles actions pourfuivre.

Ci-devant fur l'art. 4. de ce titre, il a été parlé de l'effet de cette autorité.

ET AU REFUS, &c.) Afin que par le défaut
d'autorifation la femme ne vienne à perdre fes
droits: Loyfeau en fon traité du déguerpiffement,
livre 2. ch. 4. n. 12. & fuivans, dit qu'en conféquence de ce refus eft venue cette groffiere pratique, que les maris craignant les dépens, ne veulent autorifer leurs femmes, & n'étant en caufe,
femblent être exempts des dépens ; ce qu'il réprouve, d'autant, dit-il, que les maris reçoivent
l'utilité des procès, fi aucune y a: auffi la Cour re-
connoiffant le refus d'un mari, d'autorifer fa femme fans caufe apparente en un procès, touchant
la fucceffion ou propres d'elle, ordonna que la
Juftice en ce cas autoriferoit ladite femme,
quant à la procédure feulement; & néanmoins
que le jugement qui interviendroit contre ladite
femme, feroit exécuté contre ledit mari, pour
les dépens, dommages, intérêts & amendes,
comme s'il étoit donné contre lui: l'arrêt eft du
4 Juill. 1547. *Idem*, par un autre arrêt du 5 dudit
mois 1548. fur une préfentation de lettres en forme de requête civile par la femme, contre un
arrêt rendu contre fon mari & elle.

CHAP. IX.

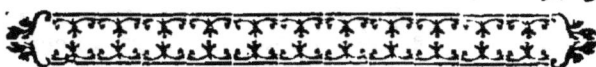

CHAPITRE IX.
Des Sociétés.

ARTICLE PREMIER.

SOciété ne se contracte point entre personnes, sinon qu'il y ait entr'eux convention
expresse, ou par demeurance *, ou communication de biens faite ensemble , par
deux parens & lignagers (1) & demeurans
ensemble par an & jour entiers , auquel
cas, société est contractée entr'eux de tous
leurs biens , meubles & conquêts immeubles **, faits durant icelle société.

Orl.
art. 213.
Troies
art. 105.
Aux.
art. 201.

Notre Cout. laisse au Droit Romain les régles
de la société contractuelle ; mais d'autant que le
Droit François a introduit une espéce de société,
qui approche de la communauté, les compila-
teurs des Coutumes font ordinairement un titre à
part , qui traite de cette matiere.

OU PAR DEMEURANCE, &c.) Il est impossible de fonder une société de biens sans quelque
communication d'iceux ; aussi M. Charles du Moulin en ce lieu a fort à propos remarqué que cette
alternative ou communication doit être prise pour
copulative ; c'est-à-dire, qu'à l'effet de la conven-

---

(1) ¶ Majeurs & non entre
mineurs , car la société ne se
contracte point par demeurance entre alliés simplement;
mais il faut qu'ils soient
parens & lignagers , dit M.
Durand en ses Mémoires sur
cet article.

---

* *Hæc alternativa stare debet pro copula : alias , multa ab-*
surda sequerentur , ut dixi in Consuet. Paris. C. M.
** *In fi. scilicet de mobilibus quibuscunque, & des conquêts*
faits durant icelle société seulement, secus, des précedens. C. M.

tion de fociété, les aſſociés doivent contribuer
tous leurs biens ou partie d'iceux : la feule habitation n'induit pas une fociété, ſi elle n'eſt accompagnée de quelque communication de biens. Nō-
tre Coutume dit par demeurance, ce que Pirrbus
Englebermeus ſur l'ancienne Coutume d'Orléans , art. 1. de ce titre, a mis en latin, *contu-*
bernium id eſt , convictus & converſatio. Steph.
Bertrandi , Conf. 2. n. 8. Chaſſanée ſur la Cout.
de Bourgogne, tit. des ſucceſſions , §. 2. n. 28.
diſent *communis uſus vivendi ;* les bonnes gens
appellent cela, vivre à pot & à même chanteau,
ex utriuſque lucro non reditâ invicem ratione ; &
en ce cas les chofes communes qui ſervent à cette demeurance & maniere de vivre, comme ſont
les meubles, argent, revenus , & ce qui s'acquiert d'iceux , que nous appellons conquêts ,
entrent en la fociété , *Barth. in l. Titium & Mæ-*
vium. §. ex altero, num. 5. D. de admo. tut. Vide l.
focietates , & l. cum duobus. §. ſi fratres. D. pro
focio. Joan. Fabr. inſtit. de ſociet. Boërius ad Conf.
Bitur. titre des mariages.

PAR DEUX PARENS OU LIGNAGERS.) La
fociété ne ſe contracte point entre perfonnes
étrangeres ſans convention expreſſe ; mais entre
parens ou lignagers *per actus extrinfecos ,* comme
par demeurance , *præfumitur tacite conventum ,*
nam facto quoque voluntas. præfumitur maximè ,
où il y a déjà liaifon & conjonction de ſang , *l.*
procula. D. de probationib. Quæritur ſi telle fociété peut être entre mineurs , on dit que *cum*
impubere nulla. eſt focietas , quia contractus focie-
tatis eſt ultro citroque obligatorius. l. focietas. §.
fin. D. pro focio. Voyez Bertrand & Chaſſanée
aux lieux ci-deſſus. Toutéfois Chaſſanée limite
niſi eſſet utile ipſi pupillo quod focietas fuiſſet con-
tracta, quod verius eſt. Quant au mineur qui eſt en
ſes droits , il n'y a point de difficulté qu'il ne
puiſſe contracter fociété de meubles & acquêts.
Chaſſanée *ibidem , num. 27. Vide* ce qui eſt an-

noté fur l'article 5. titre du droit des gens ; & Labbé fur la Cout. de Berry, tit. des confifcations, art. 34. *Quid*, fi l'un des parens n'a aucuns biens, mais feulement *operam præftet*, femble que l'on ne doit préfumer une convention tacite de fociété, *argumento* de l'art. 101. de la Cout. de Troies. Toutefois le contraire a été jugé par arrêt du 19 Mai 1601. pour Me. Étienne Ravault, Prévôt de Montargis, contre Antoine Marchant, lequel difoit nourrir par pitié fa belle-mere, qui avoit fait ceffion de biens ; il fut vérifié qu'elle trafiquoit en la taverne, *opera erat communicatio eorum, quæ habebat. l. focietates. §. focietates. D. pro focio.*

PAR AN ET JOUR.) *Argumento* du droit de Bourgeoifie qui s'acquiert par la demeure en une Ville par an & jour. M. Bourdin, Procureur-Général, fur l'Ordonnance de l'an 1539. art. 9. Autrefois après que l'homme & la femme s'étoient fait féparer de biens, l'un louoit l'autre *nummo uno*, croyant que l'habitation *diuturni temporis* pouvoit nuire à leur féparation. Cela fût réprouvé en ce Bailliage l'onziéme Décembre 1610. fur un appel de Saint-Privé, & fut jugé être indécent que l'un fût aux gages de l'autre, comme ferviteur, *qui aliùs effet particeps vitæ* ; & non néceffaire, puifque l'acte de féparation répugne à la fociété, joint que les mariés doivent demeurer enfemble, *ex voto.*

ARTICLE II.

ET fi aucun acquiert fociété avec deux conjoints * par mariage, par telle fociété & communauté de biens, il n'acquiert que la tierce partie. ^{Orl. art. 215.}

Quelques Docteurs ont tenu que le fils ayant pere & mere en l'âge de dix-huit ans, qui eft la

---

* *Scilicet ab initio vel fcienter cum talibus, fecus fi poftea alter. fociorum uxorem forte pauperem ducit.* C. M.

pleine puberté, doit être compté pour affocié en
la communauté avec fefdits pere & mere; & fur la
part que ledit fils doit prendre, il y a diverfité
d'opinions entre les Docteurs. Voy. Coquille fur
la Cout. de Nevers, titre des droits appartenans
à gens mariés, art. 21. Sans m'arrêter à cette
queftion qui n'eft décidée par notre Coutume,
j'eftime que le fils qui n'a point de droits acquis,
n'entre point en fociété avec fes pere & mere,
fans convention expreffe : l'induftrie du fils eft par
devoir, comme eft fa nourriture & entretenement.

ARTICLE III.

Paris
ar.240.
Orl.
art 216.
Troies
art.109.
Aux.
art.204.

ITem, fi l'un des deux va de vie à trépas,
& laiffe fes enfans, qui font fes héritiers,
& le furvivant leur pere ou mere ne fait
inventaire, partage & divifion, ou autre
convention équipollente (1), icelle communauté continue & conferve auxdits enfans leur faifine & poffeffion, pour leurs
portions viriles & héréditaires de la fucceffion de leur pere & mere, jufqu'à ce que
partage ou divifion en foit fait, ou autrement entre lefdites parties en foit difpofé,
& ainfi eft des héritiers collatéraux.

Cet article & les deux fuivans font pour les fo-
ciétés entre roturiers feulement: ce qui fe collige
de l'article fubféquent de ce titre, & le dit expreffément l'art. 216. de la Coutume d'Orléans ;
car entre nobles, le furvivant prend les meubles,

---

(1) ¶ Savoir fi pour empêcher continuation de com-
munauté, l'inventaire doit
être folemnel, comme à Paris, articles 240 & 241. Par
l'arrêt dit des Perots, du 4
Avril 1735, a été jugé en
cette Coutume, qu'il fuffit
qu'il y ait acte équipollent
à inventaire.

comme le gardien, article 26. titre des fiefs. En conféquence, fi le furvivant noble ne prend la garde-noble, ou bien que les enfans foient âgés de vingt ans & un jour, & ne fait inventaire, la communauté fe continue. Donc entre non-nobles la communauté fe continue faute d'inventaire, foit *in odium* du furvivant, qui néglige de faire fon devoir, ou en faveur des enfans & héritiers; étant vraifemblable que les pere & mere font plus capables de conferver & acquérir des biens que leurs enfans, qui le plus fouvent font mineurs; auquel cas de minorité, ou qu'autrement il leur foit utile, il eft en leur choix d'accepter ou refufer ladite continuation de communauté: Orléans, art. 216. Guenois en la Conférence des Cout. art. 243. de la Cout. de Paris, parce que cette continuation eft une efpéce d'aliénation qui ne doit avoir lieu fans l'autorité du tuteur ou curateur, *l. ut in conductionib. D. pro focio.* Le mariage des enfans, foit devant ou après, n'empêche ou diffout ladite continuation, fauf d'égalifer le profit ou perte qui arrivera à proportion du tems & du bien que chacun avoit en ladite communauté. Mais d'autant que cet également & liquidation eft difficile à faire, il eft plus fûr de régler avec celui qui eft trouvé marié lors du trépas, quelle part il aura en ladite communauté, & pour celui qui fera marié pendant ladite continuation, fuivant l'avis de Cothereau en fa Théorique des Notaires, chap. 4. lui faire renoncer par contrat de mariage à la continuation de communauté, tant pour le paffé que pour l'avenir.

INVENTAIRE.) La Cout. de Paris, art. 240 & 241. veut que ledit inventaire foit bien & dûement fait & parfait. Toutefois *alio jure utimur*, & fuffit avoir fait inventaire, quoique moins folemnel; *veluti* s'il n'avoit point été affirmé, pourvu que l'affirmation n'ait été requife. On en cote un arrêt rendu en cette Coutume, du 30 Novembre 1593. Pithou en remarque plufieurs fur le 110.

article de la Coutume de Troies , & le Veſt ,
chap. 63. un en la Coutume de Senlis. La raiſon
eſt que *ex aĉtu declaratur volontas , & ſicut hæc
ſocietas tacitâ voluntate contrahitur , ſic tacitâ voluntate diſſolvitur.* Voyez M. Louet , lettre O.
n. 30. avec l'annotation.

PARTAGE ET DIVISION.) *Hæc alternativè ac-
cipi debent ,* arrêt de l'an 1540. rapporté par Pithou au lieu ci-deſſus.

SE CONTINUE.) Et ne peuvent les enfans prétendre communauté qu'avec le ſurvivant , & non
avec l'autre conjoint , s'il ſe remarie , comme
rapporte Guenois en ſa Conférence des Coutumes avoir été jugé part arrêt du 21 Mars 1542.
ſur l'art 243. Coutume de Paris.

POUR LEURS PORTIONS VIRILES.) *Nec ta-
men impeditur jus accreſcendi inter hæredes ,* dit du
Moulin ſur l'ancienne Cout. d'Orléans, art. 182.
pour les portions des enfans qui ne veulent être
héritiers , *ſuccedentibus enim adcreſcunt , id eſt
maſſæ hæreditatis ,* comme il a été noté ci-devant
ſur l'art. 22. tit. des fiefs. En conſéquence de cette diviſion intellectuelle , ſi le ſurvivant ſe remarie , ſa femme n'eſt aſſociée qu'en ſa moitié , *quia
ſocii mei , ſocius meus , ſocius non eſt.* Voyez l'annotation de du Moulin , ſur l'art. 2. de ce tit.
Aliter , à Paris , art. 242.

EN SOIT DISPOSÉ.) *Videlicet ,* par quelqu'acte
équipollent à partage , ou du moins faſſe apparoitre que l'intention des parties a été de diſſoudre la communauté , art. 5. ci-après , comme il
fut jugé en ce Bailliage le 16 Décembre 1625.
pour Pierre Morin , pere , contre Pierre Morin ,
fils , appellant du Bailliage de Bonny.

ET AINSI.) Cet art. a lieu entre le Vitric &
les Privignes. *Idem ,* à Orléans , contre l'opinion
de Cothereau au lieu ci-deſſus , qui écrit ſuivant la Cout. de Paris, qui ne parle que des pere
& mere & enfans.

ARTICLE IV.

ITem, que si durant icelle communauté, Orl. art. 216. aucunes acquisitions soient faites desdits biens communs, par le survivant, icelles acquisitions sont communes entre le survivant & lesdits enfans, & y a chacun droit & portion, & s'en peuvent dire saisis chacun desdits enfans pour sa portion, quand lesdits enfans sont non-nobles; & si lesdits enfans sont nobles, & la partie qui survit veut prendre les meubles, elle le peut faire en payant lesdites dettes; pourvu que les enfans demeurés du décès du défunt, soient mineurs ou en bas âge.

ARTICLE V.

MAis si pendant ladite communauté Orl. art. 217. échéoient quelques biens meubles & héritages, par successions, legs, ou donations, tels biens ne sont compris en ladite communauté: toutefois, si au survivant desdits conjoints avenoit succession de l'un ou plusieurs de leurs enfans, étant en ladite communauté, & ne fit partage, inventaire (1), ou autre chose équipollente dedans

---

(1) ¶ Suivant l'art. 3. précédent, la communauté se continue faute d'inventaire; donc le survivant ne peut succéder à l'enfant qui meurt pendant cette continuation, tant qu'il n'a point fait d'inventaire, encore bien qu'il fit cet inventaire dans l'an du décès de cet enfant, d'autant que suivant l'art. 4. cet enfant, de même que les autres, ayant été saisi, il a laissé tout son droit de communauté continuée, dans ladite communauté, qui ne peut finir & être dissoute que par un inventaire, & du jour d'icelui.

Nous n'admettons pas la disposition de l'art. 217 d'Orl, qui a été réformé.

l'an, il fera compris en ladite communauté, comme deſſus.

Ces deux articl. font reconnoître la différence qui eſt entre la communauté conjugale, & la ſociété par continuation de communauté : *illic*, le mari eſt maître, & peut diſpoſer des acquiſitions: *hic verò*, les enfans ſe peuvent dire enſaiſinés des acquiſitions faites pendant la continuation, chacun pour ſa part & portion, comme en l'art. précédent, où il eſt dit ; ils font enſaiſinés de leur part & portion héréditaire du jour du trépas de leur pere ou mere, leſquelles parts & portions le ſurvivant, quelque communauté qu'il y ait, ne peut vendre ſans l'avis des parens, & autorité de Juſtice, non plus qu'un tuteur. *Item*, ce qui vient de ſucceſſion, legs ou donation, n'entre point en la communauté, contre ce qui eſt porté au tit. précédent, art. 3 & 14. le tout pour empêcher les avantages que le ſurvivant ſe pourroit procurer en omettant de faire inventaire pour l'expectation de quelqu'hérédité prochaine, ou gratification à faire à ſes enfans.

Lesdits enfans.) Encore qu'il ne ſoit fait mention en ces deux art. que des deſcendans en ligne directe, il faut néanmoins croire que les diſpoſitions d'iceux art. font auſſi pour les héritiers collatéraux, dont eſt parlé en la fin de l'art. précédent, n'étant ces trois art. que pour un même fait, à ſavoir de régler la continuation de communauté, à faute d'inventaire.

S'en peuvent dire saisis.) Le mot *peuvent*, montre qu'il eſt au pouvoir de l'un ou de pluſieurs enfans de ne ſe dire point ſaiſis, *id ex eorum poteſtate pendet*, *veluti ſi ex poſt facto*, ils n'avoient la continuation de communauté agréable, comme il a été dit ſur l'art. 3 ci-devant, *& pars recuſantis auget communitatem. Quid*, ſi tous acceptent cette continuation, *eâ diſſolutâ*, telles acquiſitions ſe partiſſent également entre les enfans, *abſque jure primogenituræ.* Du Moulin ſur l'art. 181. de l'ancienne Cout. d'Orléans, & la nouvelle, art. 116. *quia ex pecunia communi.*

POURVU QUE LES ENFANS.) Cette modification explique l'art. 16. tit. des fiefs.

PAR SUCCESSION.) *Et re vera* ce qui arrive par ſucceſſion, donation ou legs n'eſt compris ſous le nom de conquêts, prenant le mot ainſi qu'il eſt défini en la *l. quæſtus cum ſeq. D. pro ſocio.*

ET SI AU SURVIVANT.) Pour l'explication de cet art. & des deux précédens, il ne ſera hors de propos de mettre cette eſpéce : un pere ſurvivant a quatre enfans, deux mâles & deux femelles ; ce pere dans l'an de la mort de ſa femme ne fait aucun inventaire ou choſe équipollente pour diſſoudre la communauté, laquelle conſiſte en héritages acquis, dont il y en a un en fief, en argent ou autres meubles. Pendant cette continuation de communauté le pere acquiert un héritage en fief ; en après le fils aîné meurt, *eoque mortuo*, le pere veut diviſer avec ſes enfans : *Quæſtionis eſt*, en cette diviſion quelle portion appartient à chacun deſdits pere & enfans ? Pour les propres du pere & de ceux qui avoient appartenu à ſa défunte femme, il n'y a point de difficulté que ceux du pere ne lui demeurent, & ceux de la mere qu'ils n'appartiennent à ſes enfans, *id.* des acquiſitions faites pendant le mariage, tels héritages acquis ſont propres aux enfans, eſquels le pere outre ſa moitié, à cauſe de la communauté conjugale, n'a aucun droit, à cauſe du trépas de ſon fils ; parce qu'en notre Cout. nous n'admettons aucuns propres naiſſans, comme fait celle d'Orléans, article 313. par ainſi tous leſdits héritages, tant propres de mere que la moitié des conquêts appartiennent aux enfans, en ayant été chacun d'eux ſaiſis par le trépas de leur mere, & conſervés en leur poſſeſſion virile héréditaire, dit notre Cout. art. 3. *Id eſt*, que chacun des quatre enfans qui étoit lors du décès de la mere a eu la quatriéme partie en

tout ce qu'elle a délaiffé, *fervato fucceſſionis jure,*
à l'aîné Or cette portion qui a appartenu à l'aîné
n'eſt point commune, car il en a été faifi ; & après
la diſſolution de la communauté , cette portion
doit être divifée entre fes héritiers : à favoir ce
qui eſt en roture également, & le fief appartient
au frere à l'exclufion de fes fœurs , par l'art. 41.
tit. des fiefs. Quant aux meubles qui fe trouvent
en la communauté continuée, & aux acquifitions
faites pendant icelle , ils fe partiſſent également
entre le pere & les trois enfans ; & n'a le pere aucun droit fucceſſif en la part afférente à fon fils
aîné décédé, comme il eût pû avoir par l'art. 10.
des fucceſſions, s'il eût fait inventaire dans l'an du
trépas de fa femme, & après avoir acquis. Notre
Cout. dit que cela eſt compris en la communauté :
& ainfi a été jugé par arrêt rapporté avec les raifons par M. Bouguier, lett. C. n. 6. & dit cela devoir être étendu aux autres Cout. Ces acquifitions
donc ainfi parties également entre le pere & les
enfans, c'eſt-à-dire, pour moitié au pere & pour
moitié aux enfans , ne fe partiſſent pas de même
entre lefdits enfans, parce qu'il leur convient re-
partir en quatre le fief acquis : & la quatriéme
partie , qui eſt la portion dont le fils aîné fe pouvoit dire faifi , appartient à fon frere , privativement à fes fœurs, comme deſſus. La continuation
de communauté *fuit refpeƈtu patris* avec eux , &
non pas entr'eux. Auſſi Me. Charles du Moulin
fur le 182. art. de l'ancienne Coutume d'Orléans,
parlant de la divifion des biens de la communauté
d'entre le furvivant & les enfans, dit que *liberi
omnes tanquam unum caput ;* ce qui eſt entendu
refpeƈtive ad fuperſtitem : car en vain notre Cout.
eût-elle expreſſément défigné en l'art. 4. que chacun des enfans fe peut dire faifi de fa part & portion : & le mot *tanquam* de du Moulin *fiƈtionem
denotat , & re vera,* chacun des enfans dès-lors
de l'acquifition a été fait Seigneur de fa portion
par indivis , comme fi les quatre enfans euſſent

enſemblement acheté l'héritage , & qu'après cette acquiſition le filsaîné fût mort : le défaut du pere de n'avoir fait inventaire , & continué la communauté , *nocere non debet filio.*

Dedans l'an.) Savoir du trépas du pere ou mere , *quia ſilentium inducit remiſſionem juris fuuri* , & *ſibi imputet* , de n'avoir fait inventaire dans l'an , *à contrario* , ſi le ſurvivant fait inventaire dans l'an , *etiam* après la mort de ſon enfant , ſes biens ne ſont compris en la communauté , & y ſuccédent les héritiers ſelon la diſpoſition de la Coutume.

ARTICLE VI.

SEparations de biens d'entre homme & femme mariés , & ceſſions de biens , ne ſont valables & ne préjudicieront aux créanciers , juſqu'à ce qu'elles ſeront inſinuées , publiées en jugement , & enregiſtrées en la juriſdiction du Juge lai , où ſeront demeurans ceux qui feront leſdites ſéparations & ceſſions , & ſe feront à jours ordinaires , & non au Greffe. Orl. art.198.

Ci-devant ſur l'art. 6. du tit. précédent , a été parlé de cette matiere.

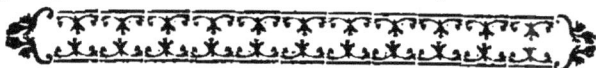

CHAPITRE X.
Des Servitudes réelles.

ARTICLE PREMIER.

Paris
art.186.
Orl.
ar.225.
Troies
art. 61.
Aux.
art.100.

VUes & égoûts ne portent point de fai-
sine à celui qui les a contre autrui, ne
passer par héritage d'autrui, s'il n'a titre ; &
sans titre ne les peut prescrire par quelque
tems que ce soit, & peut-on contraindre à
boucher lesdites vûes.

NE PORTENT, &c.) Puisque la jouissance
ne porte point de saisine, on ne peut former complainte en matiere de nouvelleté. *Secus*, à Paris
article 186.

ET SANS TITRE, &c.) *Idem* par une ancienne
Ordonnance de Charles VIII. de l'an 1485. *idque
speciale* pour les vûes & passages. A tels exploits
donc n'appartient l'art. 1. titre des prescriptions :
& ainsi fut jugé par arret confirmatif d'une sentence rendue en ce Bailliage au rapport de M.
Viallard, peu après Pâque 1567. pour Jean Auger,
dit Didier, contre les Guenichots de Châtillon-
sur-Loing : quoiqu'ils eussent vérifié pleinement
leur jouissance de passage par plus de soixante ans
consécutifs. Quelques-uns ont douté si la jouissance centenaire pouvoit acquérir prescription, *l.* 1.
§. is qui judex. C. de servitut. Nous observons la
négative, *ut in specie*, de l'art. 9. tit. des fiefs,
parce qu'il est dit qu'on ne peut prescrire par quelque tems que ce soit : Qui est dénier la faculté
de commencer une jouissance qui puisse produire
une disposition contraire à la Cout. & la terminer
par tel tems que la prescription puisse être alléguée ;

guée , *prohibitum in termino* , *prohibetur in via :*
la raison de cette prohibition vient de ce que la
jouiſſance ne porte point de ſaiſine , *quia contra*
libertatem. A liter vero quando pro libertate : Paris ,
art. 186. & Orléans 126. & en ce cas a lieu l'art.
1. des preſcriptions. Or, parce que le plus ſouvent
on tolére par voiſinage ou familiarité quelque
choſe , ſans intention d'aſſervir ſon héritage ,
que ces premiers actes , *non ſiunt jure acquirendæ*
ſervitutis l. pour ce la notre Cout. ne veut pas que
telle jouiſſance nuiſe au voiſin , & que l'on puiſſe
acquérir aucun droit ou preſcription contre lui.
Toutefois Imber en ſon Enchiridion , tit. quelles
ſont ſervitudes continues, tient que la preuve ſert
de titre à celui qui prétend droit de ſervitude ,
s'il montre qu'il a dit en préſence de partie adverſe & de pluſieurs autres, que l'exploit qu'il auroit fait en la choſe , il l'auroit fait *jure ſervitutis* ,
qu'il montre en avoir ainſi uſé autrefois , ou bien
qu'il a fait un acte qui ne pouvoit être fait que
par perſonne , ayant droit de ſervitude , comme
en la Cout. de Nevers, art. 2. des ſervitudes réelles , *& ibi* le Commentaire de Coquille. Il ſemble que M. Argentré ſoit de même avis , ſur le
372. art. de la Cout. de Bretagne. Je ne voudrois
tenir cette opinion en cette Cout. où la jouiſſance
de vûes , égoûts & paſſages n'emporte point de
ſaiſine ſans titre. L'autorité du prétendant droit
de ſervitude, & par aventure la timidité de la partie adverſe , ou la facilité des témoins eſt de trop
périlleuſe conſéquence : au procès jugé en ce Bailliage le 26 Juin 1607. pour EdmeOzon, Marchand
à Montargis , contre Jean Foucher , fut dit que
ledit Ozon avoit acquis par longue jouiſſance la
preſcription d'un droit de gouttiere , aſſis ſur la
muraille dudit Foucher , ſuivant la doctrine de
du Moulin , ſur l'art. 230. de la Cout. de Blois ,
conforme à la nôtre : Choppin , Cout. de Paris ,
liv. 1. tit. 4. n. 2. & Coquille , Cout. de Nevers ,
art. 2. tit. des ſervitudes réelles , faiſant par ainſi

une diftinction entre l'égoût inhérent, bâti &
édifié fur le fonds d'autrui, *quod immiffum eft*,
c'eft-à-dire, qui part d'un héritage, & repofe fur
l'héritage du voifin : & l'égoût fimple venant du
toit, ou qui eft fufpendu en l'air fur l'héritage du
voifin, fans autre incorporation avec ledit héritage, que les Jurifconfultes appellent *projectum*, &
dire que celui-ci ne peut être prefcrit, parce que
par aventure c'eft par droit de voifinage, ou que
la gouttiere n'a pas été vûe, que l'on a négligé ou
ignoré le droit qu'on avoit d'empêcher le voifin
de faire telle chofe en fon héritage, *fine mutatione
rei alienæ*. Et quant à l'autre efpéce d'égoût, qu'il
fe peut prefcrire en force de l'art. 1. tit. des prefcriptions, *argumento ab eo qui fundum fuum fciens
ab alio colere patitur*. Il y eut appel de la fentence
de ce Bailliage au Parlement ; mais le procès fut
brûlé à Paris lors de l'incendie de la grand'Salle
du Palais, le mardi 7. jour du mois de Mars 1618.
& la queftion demeurée indécife. On ne peut
pas par identité de raifon adapter cette diftinction aux vûes & clartés, *quia nihil per ea incor-
poratur, fed tantum immutatur infundo*, elles peuvent par aventure n'avoir été vûes, ou ont été
tolérées par voifinage, *l. qui jure D. de acquir.
poff.* Quant aux chevrons ou autres bois qui paffent & pendent fur le fonds du voifin, *idem ut in
ftilicidio pendenti*, dont eft parlé ci-deffus, & y
font formelles les Cout. de Melun, art. 191. de
Laon, 146. de Troies, 61. *conftat* donc *& in
certo eft*, qu'il y a prohibition en cette Cout. de
ne pouvoir prefcrire contre les fervitudes, *quæ
actum non habent continuum in ædificatum, & in-
corporatum in fundo alieno*, comme eft le *ftilici-
dium & jus profpectus, aut luminis & itineris*.
Nous obfervons que la deftination du pere de
famille fert de titre quand l'héritage a été parti entre les enfans ou héritiers, fans acte contraire à la deftination : ainfi fut jugé en ce Bailliage, le   jour de   pour la veuve

& enfans du fecond lit de Me. Claude Quarré , contre Me. Jean Quarré, du premier lit. Il y a arrêt du 15 Avril 1589. en la Cout. de Dreux , femblable à la nôtre, entre Pierre Benoit, appellant, & Jean Durand , intimé, au rapport de M. Delavau, mon Oncle. Voyez la *l. 1. D. de fer. leg. & l. binas ædes. D. de fer. lib. præd.* & l'annotation ès arrêts de M. Louet , lettre S. ch. 1. où il rapporte plufieurs arrêts en l'ancienne Cout. de Paris , femblable à la nôtre , *& Cujac. obfer. lib. 17. cap. 35. Sed quæritur,* fi un voifin peut être contraint de bailler paffage à celui qui a des terres où il ne peut aller ou conduire fon charroi pour fon ufage & néceffité. Sans m'arrêter aux raifons contraires, il eft vrai de dire que , fi autrement l'héritage étoit inutile , & que l'on ne pût s'en fervir à ce que requiert la qualité du fonds , le voifin qui a héritage plus commode doit donner paffage , en l'indemnifant, *argumento l. fi quis fepulchrum D. de religiofis & fumpt. fuer. l. Julianus. §. glans verf. fed fi extet. D. ad exib. & l. unicæ. D. de glande leg.* La fociété defire par néceffité l'aide des uns & des autres : ainfi a été jugé par arrêt du 16 Mai 1615. confirmatif de la fentence rendue en ce Bailliage pour Touffaints Moulin de Morman, contre Marc Maugeton. Voyez Choppin, Cout. de Paris , liv. 1. ch. 4. n. 3. Ce qui eft dit ci-deffus des égoûts qui ne peuvent être faits pour jetter l'eau en l'héritage du voifin, fe doit entendre des égoûts *in prædiis urbanis :* car au champ & terres labourables, il eft permis de faire des petits canaux ou rigoles pour faire égoutter l'eau de fes terres , quoique ce foit avec l'incommodité du voifin, & que l'eau aille dans fon héritage , *l. 1. §. de eo D. de aqua & aquæ pluviæ arc.*

ARTICLE II.

EN mur mitoyen & commun, on ne peut fans confentement de partie , faire vûes, ne égoût

Paris art.199. Orl. art.231.

K k 2

Cela eſt conforme au droit Romain, *l. eos D. de ſervit. præd. urb.* & quiconque fait au contraire , doit rétablir le mur en ſon premier état, *l. 3 §. in pariete, C. de ſer. & aqua,* parce qu'en choſe commune il n'eſt pas permis d'innover ſans le gré de ſon compagnon (1). La Cout. de Paris défend de faire vûes & fenêtres en la muraille commune ſans le conſentement de l'autre, en quelque maniere que ce ſoit , à voire dormant ni autrement. *Quid ſit* voire dormant. Voyez la Cout. d'Orl. art. 230.

ÉGOUTS.) La Cout. d'Orl. art. 231. ajoute retraits ne cîternes, *& quod magis eſt.* Par notre Cout. art. 6. ci-après, il eſt dit que s'il en eſt fait proche le mur mitoyen , on doit faire un contremur d'un pied, *propter graveolentiam.*

ARTICLE III.

Orl. ar.237. & 241. Aux. art.103.

SI en terre commune l'un des voiſins édifie mur , & l'autre voiſin s'en veut aider pour édifier ou autrement, faire le pourra, en payant la moitié du mur , *pro rata* dont il ſe voudra aider ; & le pourra empêcher celui qui l'aura édifié , juſqu'à ce qu'il ſoit payé ; & les corbeaux , fenêtres , & autres enſeignes mis du côté dudit voiſin, ſerviront ſeulement pour démontrer la communauté de la muraille , & non pas de payement.

ÉDIFIE MUR.) *Quod permittitur non ſolum*

(1) ¶ Ce qui ſe doit entendre de choſe conſidérable & nuiſible au commun ou copropriétaire , *alias non l. ſiſſulam 19. ff. de ſervit. urb. præ. communi in re invito ſocio facere aliquid , licet quod nobis proſit, ſocio non noceat ; car en ce cas , meum dici po-* *teſt quod commune eſt.* Voyez la gloſſe ſur la loi *Sabin. 28. ff. de comm. divid.* Voyez auſſi l'arrêt du 3 Août 1688, rapporté au tome 5. du Journal des Audiences , livre 5. chap. 21. où on voit les principes ſur cette matiere.

in prædiis urbanis , pour la décoration des Villes, mais encore pour féparer les maifons , foit des Villes ou des champs. Choppin fur la Cout. de Paris, *l. 1. cap. 4. num. 5.* & ne peut le voifin être contraint de bâtir un nouveau mur pour fa moitié. *Quia ,* dit le *Speculator , part. 3 cap. de exactio-nib. num. 10. focius poteft renuntiare rei communi in quam impenfæ funt faciendæ ,* fauf à redemander la moitié lorfqu'il fe voudra fervir de la muraille : Paris , art. 212.

Pro rata.) La Cout. de Paris, art. 194. explique comme fe doit entendre ce *pro rata ,* difant que c'eft le payement de la moitié du mur , jufqu'à fon héberge : & la Cout. d'Orléans, art. 235. jufqu'à la hauteur dont il fe voudra aider.

Fenêtres.) *Videlicet ,* qui ne paſſent outre le mur , que l'on appelle en ce pays fenêtres borgnes.

Et autres enseignes mis.) *Vide* la Cout. d'Orl. art. 242. & faut entendre que ces corbeaux, fenêtres & enfeignes , ayent été mis après le mur édifié , *figna affixa retinent poffeffionem fignati.* Voyez Argentré fur la Cout. de Bretagne , tit. des appropriances art. 271. *in verbo ,* fans tit. *num. 8. & feq.* autrement s'ils y avoient été appofés en faifant l'œuvre & fans fraude , ils feroient foi , non-feulement de la communauté , mais encore de la contribution au payement de l'édifice , fuivant la Cout. d'Orl. art. 241. lequel nous obfervons en ce Bailliage par interprétation. La communauté en une muraille de clôture fe reconnoit par le chapiteau quand il eft à deux pans ; & s'il n'eft qu'à un pan , la muraille appartient entièrement à celui du côté où eft le pan.

Et non du payement.) Le corbeau ou fenêtre fait par le voifin depuis l'édificationdu mur, démontre , *quidem ,* que la muraille eft commune, mais pourtant que celui qui l'a édifiée peut demander la moitié de la façon & frais de lad. muraille dans 30 ans que le corbeau a été mis , & 30

ans paffés y a prefcription , fuivant l'art. 1. titre
des prefcriptions.

ARTICLE IV.

Paris
ar.206.
& 208.
Orl.
ar.232.
Aux.
art.111.

ITem , en mur mitoyen , chacune des
parties peut percer tout outre ledit mur,
pour y mettre & affeoir fes poutres , foli-
ves & autres bois , en rebouchant les trous,
fauf que dedans la muraille de la cheminée
on ne peut ancrer bois.

ARTICLE V.

Orl.
ar.233.
Aux.
art.111.

ITem , en mur mitoyen , le premier qui
affied fes cheminées , l'autre ne les lui
peut faire ôter ne reculer , en laiffant la
moitié du mur , & une chantille pour con-
tre-feu; mais au regard des lanciers & jam-
bes de cheminées & fimaifes , il peut percer le mur tout outre , & y affeoir fes lanciers & fimaifes à fleur dudit mur.

Notre Coutume ne parle point des murailles
pro divifo , comme celle de Paris , art. 208. *Vide
Barth. in l. inter quos. D. de damno infeſt.* & Boërius en l'un de fes confeils , à la fin des Coutumes
de Berry. On peut percer tout outre le mur ,
pour y mettre & affeoir fes poutres & autres matériaux d'édifices , pourvu que *ex eo non immi-
neat periculum : aliàs cavendum eft de damno infecto* , & que la muraille foit fuffifante pour foutenir les poutres.

SAUF QUE , &c.) Non pas même à la moitié
ni au tiers de la muraille , encore que quelques Coutumes le permettent ; Blois , article
234. & Rheims 371. afin d'éviter l'inconvénient
du feu : il n'eft pas auffi permis de mettre poutre
contre poutre , parce que la muraille ne pourroit porter telle charge en même endroit ; Cout.
d'Orléans , article 238.

Article VI.

Aucun ne peut & n'est licite faire chambres aisées, nommées fosses coyes, ou latrines, ou fosse de cuisine, pour tenir eau de maison, auprès du mur d'autrui ou mitoyen, qu'on ne laisse franc ledit mur, & avec ce, faire le mur & puits desdites fosses coyes, au danger de celui qui fait ledit puits, de pied & demi d'épaisseur du moins, ou autre, selon le rapport des Jurés où il sera.

Paris
art. 191.
& 217.
Orl.
ar. 243.
Troies
art. 64.
Aux.
art. 110.

Et n'est licite.) Notre Cout. ne considere pas seulement l'intérêt du particulier pour sa muraille, mais encore celui du public ; & pour cela elle ajoute ces mots, *& n'est licite*, qui est un empêchement de la *l. legis virtus D. de leg.* de peur que le pourrissement fît cheoir la muraille, *& urbs deformetur*, & que la puanteur pénétrant, excitât un air mauvais & pestilentieux. En conséquence de cela notre Cout. aussi ne reçoit la paction contraire, comme fait celle d'Orléans, art. 243. *Id eoque nec præscriptioni locus est.*

Pour tenir eau, &c.) *Propter graveolentiam & assiduum humorem*, qui pourroient nuire au voisin, *l. fistulam versic. sed neratius D. de ser. pred. urb.* Telle eau ou matiere pourriroit les fondemens de la muraille ; aussi cet article ne s'entend pas des puits & eau claire, & que l'on tire pour la nécessité de la maison ; car telle eau n'est puante & ne pourrit la muraille *& sic observatur. Aliter*, à Paris, article 191.

Et avec ce, &c.) La Coutume de Bourbonnois, art. 516. l'appelle contre-mur, & dit qu'il faut qu'il soit de pierre, chaux & sable, pour éviter que la fiente ne pourrisse le mur.

Ou autre, &c.) C'est-à-dire, que s'il est nécessaire pour éviter le pourrissement ou puan-

teur , que le contre-mur foit plus épais que d'un
pied & demi , on en croit les Maîtres Maçons ,
Jurés ou autres experts demeurans fur le lieu ,
dont fera pris le ferment. Il faut quelquefois faire
le contre-mur plus épais , à caufe que les matériaux dont on fe fert au pays pour maçonner , ne
font fi bons & folides que ceux d'un autre pays, ce
que ceux qui font fur les lieux favent & recon-
noiffent mieux que les étrangers qui n'y demeurent pas. Notre Cout. donc n'ayant autre confidération , finon que l'ouvrage ne nuife au voifin , on
peut ajouter en ce lieu ce qui eft dit en la Cout.
d'Orl. art. 243. pour la profondeur des puits defd.
foffes crues , qu'elles feront percées enforte que
la plus grande crue des eaux ne puiffe atteindre
audit mur d'autrui ou mitoyen , fi elles ne font ès
rues prochaines de la riviere. Il y a plufieurs autres réglemens touchant les foffes à immondices,
que nous pouvons emprunter de la Cout. d'Orl.
comme étant fondés en grande raifon & équité.

Article VII.

Paris
art.190.
Orl.
ar.247.
Troies
art. 64.
Aux.
art.109.
ENtre un four & mur mitoyen , doit
avoir demi-pied d'efpace vuide, pour
éviter le danger de la chaleur & inconvénient du feu.

Article VIII.

ON ne peut empêcher les rivieres cou-
rant perpétuellement , que les moulins ne moulent , ou qu'ils n'ayent une abée,
ou lanciere ouverte , pour donner cours à
l'eau ; fauf ès moulins qui ne peuvent autrement moudre fans éclufe.

L'hypothèfe de cet art. eft d'un meûnier au-deffous de l'eau, qui, pour avoir commodité de rha-
biller fon moulin, voudroit que le meûnier d'au-
deffus retînt l'eau , *jure fervitutis quodammodo*

naturalis, à caufe de la fociété & néceffité humaine. La Cout. diftingue que fi l'eau vient de riviere fluant continuellement en abondance, le meûnier d'au-deffus ne peut être contraint de retenir l'eau; c'eft-à-dire, qu'il ne moule ou qu'il n'ait une abée ou une lanciere ouverte pour donner cours à l'eau, afin qu'elle ne faffe dommage à fon moulin : mais fi le moulin d'au-deffus ne peut moudre fans éclufe, c'eft-à-dire, fans conferver l'eau par éclufe, ce qui fait connoitre que l'eau ne vient en trop grande abondance, en ce cas le meûnier d'au-deffus doit retenir l'eau, & ne lui eft permis moudre ou avoir une abée ou lanciere ouverte, pendant que le meûnier d'au - deffous rhabillera fon moulin. Notre Cout. ne parle point fi le meûnier du moulin fupérieur fera indemnifé pour le tems que fon moulin aura été inutile, ce que j'eftime toutefois devoir être entendu par argument de l'indemnité, pour le paffage donné au voifin, dont eft fait mention en l'article 1. de ce titre, & de l'article 240. de la Coutume d'Orléans.

Article IX.

TOutes murailles étant dedans les Villes fermées de ladite Coutume, feront communes aux voifins d'icelles, en payant toutefois par ceux qui ne les auront faites, ne bâties, ne aidé à faire ou bâtir à celui qui les aura fait faire, ou à fes ayans caufe, la moitié de la façon & frais de ladite muraille, & la moitié du fonds d'icelle, quand ils s'en voudront aider, fi toutefois ladite muraille eft fuffifante pour porter & foutenir lefdits bâtimens.

Paris art.195. & 211.
Orl. ar.234.
Aux. art.106.

ET LA MOITIÉ DU FONDS.) Sinon que la muraille ait été bâtie fur fonds commun; article 3. ci-devant.

QUAND ILS , &c.) Le payement fe fait *pro rata* de ce dont on fe veut aider , *ibid.*

DANS LES VILLES FERMÉES.) L'ancienne Cout. d'Orleans , art. 196. & la nouvelle , art. 236. donnent pareil droit aux fauxbourgs d'Orléans qu'à la Ville , à l'exclufion des fauxbourgs des autres Villes du Bailliage , *idque propter urbis authoritatem.* Ce que nous pouvons adapter aux fauxbourgs de la ville de Montargis, Capitale du Gâtinois & de la Coutume , décorée de beaux priviléges, pour la valeur & fidélité des habitans; joint que l'ancien & principal fauxbourg de la Ville, qui s'appelle *de la Chauffée* , eft compris ès anciennes Coutumes & priviléges octroyés à la Ville par Pierre de France , Seigneur de Montargis , à caufe d'Yfabeau de Courtenay, fa femme , de l'an 1170. confirmés de tems en tems par les Rois de France , avec les autres priviléges poftérieurs, concédés aux habitans de la Ville.

ET TOUTEFOIS.) *Quid* , fi la muraille n'eft fuffifante , il faut diftinguer , fi c'eft par vice ou corruption , le mur doit être réédifié à frais communs , chacun felon la contenue de fon héberge, & pour la part & portion que les parties ont & peuvent avoir audit mur : Cout. de Paris, art.205. & Orléans 238. *Si verò* le mur eft bon & fuffifant, *quidem* pour porter l'édifice de celui qui l'a fait faire , mais trop foible pour en foutenir un fecond , en ce cas il eft permis au voifin qui veut bâtir de nouveau , de refaire le mur & le rendre fuffifant pour porter les deux bâtimens : Boërius, confeil 2. *ex opinione Cæpolæ.*

ARTICLE X.

Paris
ar.205.
& 209.
Orl.
ar.236.
Aux.
art.102.
& 107.

ET où , entre places de maifons, cours, jardins , ou autres , dedans lefdites Villes , n'y aura muraille , & l'un d'eux voudroit bâtir , ou clorre , pourra également & raifonnablement prendre terre fur

lui & fon voifin , pour le faire en fonds
commun ; & quand celui qui n'aura bâti
voudra bâtir , ou s'aider de ladite muraille,
fera tenu rembourfer le premier bâtiffeur
des frais de l'autre moitié , *pro rata* de ce
dont il fe voudra aider.

DEDANS LESDITES VILLES.) *Non item* hors
les Villes, mais bien on peut contraindre le voifin
à l'entretenement & réparation néceffaire des
murs anciens, ou quitter fon droit:Cout. de Paris,
art. 210. lequel quittement de droit n'a pas lieu
pour les anciennes murailles qu'il faut refaire dans
les Villes , *argumento* de l'art. 239. de la Cout.
d'Orl. , afin que les Villes foient plus facilement
décorées par l'entretien des bâtimens & murailles. *Pertinet ad decus urbium ædificia non derelin-
qui. l. prætor ait. §. hoc interdictum. D. de operis
novi enonciatione præfes ædificia diruta , ut reædi-
ficentur dominum compellet , & adverfus detrectan-
tem competenti remedio deformitati auxilium feret.
l. prætor. D. de offic. pref.*

N'Y AURA MURAILLE.) *Videlicet* de maçon-
nerie , autrement s'il y a feulement féparation de
colombage & torchis, *huic articulo locus eft.*

ET QUAND, &c.) De ce texte l'on tire en
conféquence que le voifin qui ne veut bâtir une
muraille nouvelle , peut quitter le mur & la terre
fur laquelle il eft affis, même dans les Villes. *Aliter* à Paris, ainfi qu'a remarqué Me. Jean Tronçon
avoir été jugé par arrêt du 19 Mars 1612. pour
interprêtation de l'art. 211. de ladite Coutume.

ARTICLE XI.

AYant fervitude & droit de vûe fur hé- Paris
ritage d'autrui, & fenêtres ou autres ar.202.
Orl.
ouvertures, doivent tenir lefdites fenêtres af.229.
Aux.
& ouvertures, barrées de barreaux de fer art.105.

& voire dormant ; tellement que ceux qui ont ladite servitude ne puissent passer ne jetter aucune chose sur l'héritage servant , sinon qu'il y eût convention au contraire.

A proprement parler , il y a différence entre droit de vûe & droit de clarté ou lumiere, comme en latin il y a *jus prospectûs & jus luminis* ; mais notre Cout. confond l'un & l'autre sous le nom de vûe , soit que l'ouverture soit de la hauteur de l'accoudoir ou plus haute , & doit y avoir voire dormant , qui est , comme porte la Cout. d'Orl. art. 230. un voire attaché & scellé en plâtre ou champ , que l'on ne peut ouvrir , ni au travers d'icelui avoir regard pénétratif sur l'héritage d'autrui. Et s'il convient refaire le mur où est l'ouverture , est fort à propos d'observer ce que dit une ancienne Ordonnance de Charles VIII. de l'an 1485. art. 12. Il convient remarquer que par arrêt du Parlement, en la quatriéme Chambre des Enquêtes, au rapport de M. Delavau , le 23 Janvier 1616. fut jugé contre Dame Gabrielle Girault, veuve de M. le Fevre, Procureur-Général à Rennes, pour l'Abbesse & Religieuses de St. Georges de lad. Ville , par renvoi audit Parlement, qu'un jeu de paume construit par ladite Girault près les jardins de ladite Abbaye, une ruelle entre deux, seroit démoli , si mieux n'aimoit ladite Dame le faire servir à autre édifice que de jeu de paume : & les vûes, tant des vieux que des nouveaux logis, ensemble de ceux qui se pourroient puis après construire en l'étendue des bâtimers & étages d'au-dessus du rez-de-chaussée , ayant leur aspect sur lesdits jardins & pourpris de ladite Abbaye , seroient réduits à la hauteur de cinq pieds.

ARTICLE XII.

Orl.
ar. 252.

LE jet d'un fossé étant entre deux héritages , démontre que le fossé est & appartient

appartient à celui du côté duquel est ledit
jet, & lui appartient ledit fossé.

Les fossés, les bornes, les haies & sentes, sont
pour distinguer les héritages : celui qui fait faire
le fossé *in suo*, jette la terre qui en est issue en son
héritage, *quia in fundum vicini non liceret*; & si
le jet est desdeux côtés, le fossé est présumé commun. *Idem*, s'il n'y a apparence de jet: Berry, art.
14. tit. des Servitudes. Les bornes sont dites en
latin *termini*, *l. primo & secundo. D. de terminat.*
mot. quia terminant agros. Elles sont aussi appellées *monumenta*, *l. secundo in fin. Cod. sui regnand.*
quia movent. seu docent sines agrorum uniuscujusque.
Ces bornes sont appellées *sacri lapides*; Juvenal,
Satyre seiziéme, à cause des sacrifices & cérémonies que l'on observoit en les plantant. *Vide*
Notar. Pithei, *libro 2. capite 13.* & le Docteur
Godefroi sur ladite *leg. secundo. D. de terminat.*
mot. Nous pouvons avec meilleure raison appeller les bornes sacrées, à cause des défenses &
malédictions que Dieu a prononcées contre ceux
qui les transportent : Deutéronome, ch. 19 &
27. Les haies sont aussi séparation des héritages,
mais elles ne doivent être plantées plus près de
l'héritage du voisin que d'un pied & demi ; &
sera lad. haie d'épine blanche & non d'épine noire : Orléans, art. 159. parce que la racine de la
haie attire l'humeur de la terre du voisin, & l'é-
pine noire court & s'étend par trop. La haie vive
entre le pré & la terre est présumée être du pré:
Coquille sur la Cout. de Nevers, art. 1. titre de
prises de bêtes. Les sentiers aussi quelquefois,
sines seu termini agrorum sunt, *quod hæ partes prop-*
ter limitare iter maximè teruntur.

ARTICLE XIII.

QUand une place est commune à bâtir Orl.
entre plusieurs personnes, par haut & ar.257.
Aux.
bas, ou qu'il les faut réparer, celui à qui ar.116.

Tome I.   L l

appartient le bas eſt tenu faire & entretenir
tout le tour du bas de la muraille ou cloi-
ſon, tellement que le haut ſe puiſſe porter
deſſus ; enſemble tenu faire le plancher de
deſſus lui, de poutres, ſoliveaux & torchis.
Et celui qui a le deſſus, eſt tenu autant en
faire du haut qui lui appartient ; tellement
carreler & entretenir après la premiere façon, le plancher ſur quoi il marche, que
celui de deſſous n'en ſouffre intérêt, & ainſi
en avant, s'il y a pluſieurs étages ou cena-
cles ; & en tous cas, celui ou ceux auxquels
le dernier étage & grenier appartiendra,
feront tenus de faire & entretenir la couverture, & *idem*, de la vis & montée.

Quid ſi incendio & ruinâ domus tota corruat, &
que le Seigneur de l'étage ſupérieur veuille faire bâtir *domino inferioris partis domûs renuente*,
quæritur an compelli poſsit ? Il a été conſulté en
cè Bailliage pour une maiſon à Châtillon-ſur-
Loing, que le Seigneur du bas devoit bâtir en
telle ſorte, que le haut puiſſe porter le deſſus,
ſinon quitter ſon droit à celui qui veut bâtir, ſauf
à rentrer en ſon premier droit, en rembourſant
les frais du bâtiment de deſſous, *argumento* de
l'article 10 ci-devant, & des articles 210 & 212.
de la Cout. de Paris.

Fin du premier Volume.

TABLE

DES PRINCIPALES MATIERES

Contenues au Commentaire de M. Lhofte, & aux Notes de M. le Page *, dans ce premier Volume.

A

D

E

G

Mari

Fin de la Table du premier Volume.

www.ingramcontent.com/pod-product-compliance
Lightning Source LLC
Chambersburg PA
CBHW072003270326
41928CB00009B/1532